행 정 학

행 정 학

今村 都南雄・武藤 博己・真山 達志・武智 秀之 著
김성기・민병로 譯

전남대학교출판부

| 한국어판 서문 |

"HORN BOOK 행정학" 초판이 출판된 것은 지금부터 10년 전의 일이다. 일본에서 최근의 10년은 그야말로 "변혁의 10년"이었다. 중앙성청의 편성도 바뀌었으며, 지방자치의 변화도 컸다. NPO법이 제정되었고, 신지방자치법과 동시에 개호보험법도 시행되었다. 또한 21세기에 들어와서는 일본사회의 '구조개혁'을 전면에 내세운 수상의 등장으로 인해 각 방면의 제도개혁에 가일층 박차가 가해졌다. 연이은 제도개혁에 대한 평가는 아직 정리되지 않았지만, 행정학의 대상인 현실의 事象에 커다란 변화가 생긴 것만은 틀림없는 사실이다.

그러나, 다른 한편 최근 10년간의 변화에만 얽매여서는 안될 것이다. 일본에서 정부체계의 재편성은 이미 1980년대 초부터 시작되었다. 제2차 임시행정조사회부터 제3차 임시행정개혁추진심의회에 이르기까지 '임시'를 타이틀로 붙인 행정개혁추진기관이 10년 이상에 걸쳐 계속 설치되어 온 사실을 잊어서는 안된다. 일본국민에게 친숙해진 2개의 행정개혁 표어, 즉 「민간에서 할 수 있는 것은 민간으로」라는 "官에서 民으로", 그리고 「지방에서 할 수 있는 것은 지방으로」라는 "중앙정부에서 지방으로"가 집약적으로 제시된 것은 제3차 임시행정개혁추진위원회의 답신(1993년)이었다. 공교롭게도 그 해에 장기간에 걸친 자민당 단독정권이 붕괴되었고, 그 이후 일본의 국정은 연립정권 시대로 이행하게 되었다. “官에서 民으로”와“중앙정부에서 지방으로”에 덧붙여, 정치주도의 확립을 의미하는 “官에서 政으로”의 개혁과제가 추가 된 것이다.

본서의 제1장 「정부체계의 구조」에서 서술한 주요한 3가지 관계가 모두 크게 재편과정에 있다는 것, 이점이 중요하다. 더욱이 이 3가지 주요한 관계의 재편이 상호 뒤엉키면서 지금도 진행 중이라는 점을 간과해서는 안된다. 수상과 내각이 바뀌어도 변하지 않는 기본적인 구조변동의 현상이다.

다시 한번 최근의 새로운 동향을 되돌아본다면, 본서에서는 다루고 있지 않는 NPM의 영향이 강화되고 있다는 것에 유의해야 한다. 작년 총선거에서 쟁점이 된 우체국민영화, 그리고 이번 정기국회에서 시장성시험의 도입을 도모한 공공서비스 개혁의 성립이 그것을 상징하고 있다. 지방분권의 추진에 관해서는 1990년대 중반부터 시작된 제1차 분권개혁에 이은 제2차 분권개혁이 어떻게 전개될 지가 초점이다. 道州制의 도입이 언제 구체화될 지도 향후의 관심사이다. 또한 고이즈미(小泉)내각 하에서 명시된 정치주도 확립의 동향이 어디까지 불가역적인 변화일 것인가? 官(霞ヶ關)에 대한 政(永田町)의 활성화와 내각기능의 강화 사이에 어느 쪽이 표면에 등장할 것인가? 지반침하가 지적된 성청의 복권은 가능한 것인가? 그 어느 것도 눈여겨보지 않을 수 없다.

이번 “HORN BOOK 행정학”의 한국어판이 간행되게 되어 대단히 기쁘며 영광스럽게 생각한다. 내가 일본행정학회 이사장의 자격으로 한국행정학회를 방문한 것은 4년 전의 일이지만, 그 때 한국과의 내실있는 연구교류에 보다 더 힘을 쏟을 필요가 있다는 인식을 새롭게 가졌다. 본서의 간행이 양국의 연구교류에 조금이라도 공헌할 수 있다면 다행이다. 간행에 관련한 분들께 공저자를 대표해서 진심으로 감사드린다.

마지막으로 서두에 기술한 최근 10년간의 변화에 대해서는 금년 봄에 같은 출판사에서 간행된 "HORN BOOK 기초행정학"을 참고하기 바란다. 집필자는 동일하지 않지만, 공통된 章도 있으며, 최근의 제도개혁 동향을 파악하는데 도움이 될 것이다.

2006년 8월

집필자를 대표해서
이마무라 쯔나오(今村 都南雄)

| 역자 서문 |

이 책은 일본 北樹出版社의 Horn Book 시리즈의 行政學(2005년판)을 번역한 것이다.

외국 나들이 길에는 의레 인근 대학의 구내서점이나 방문하는 도시의 대표적인 서점을 들러보곤 한다. 몇 년 전 일본을 처음 여행할 때도「일본의 행정학은 어떠한가?」하는 생각에 동경의 한 대형서점을 찾았다. 이 책 행정학은 놀랍게도 역자의 마음을 설레게 했다. 그것은 몇 가지 이유 때문이었다. 그리고 그 이유가 이 책을 한글로 번역하게 하였다.

우선 책의 편제가 역자의 개론강의 순서와 거의 일치했다. 즉 행정학설사 내지 방법론이 이 책의 맨 나중에 기술되어 있었다. 그리고 행정학설사는 일본의 근대화 역사를 알게 할 수 있을 만큼 깊이 있고 흥미로웠다. 사실 행정학설사나 방법론은 행정학에 입문하는 사람들에게는 대체적으로 어렵고 딱딱하다. 그래서 행정학 개론서에 방법론이나 학설사가 보통처럼 앞부분에 등장하면 행정학의 초심자들은 초반에 십중팔구 포기하기 쉽다. 행정학의 기본 내용을 어느 정도 공부하고 난 뒤에 이를 학습하게 되면, 방법론 자체에 대한 이해도 보다 쉽고 행정학에 대한 흥미도 유지할 수 있다. 그런 점에서 이 책은 역자의 마음을 끌었다.

두 번째로 이 책 행정학은 개론서이지만, 정치경제학적 시각의 틀을 시종 일관 유지하면서 기술되어 있었다. 개론서의 저술에서 일정한 시각을 유지한다는 것이 쉬운 일은 아니다. 그러나 개론서이기 때문에 더욱 더 일정한 시각이 체계적으로 전개되어야 할 것이다. 그런 점을 이 책 행정학은 충실히 유지하고 있다.

세 번째로 이 책 행정학은 국민의 일상생활과 행정을 잘 접목시키고 있었다. 고담준론도 국민생활의 일상사를 통해 전달해 준다. 예를 들어, 지역사회 복지의 문제, 도로나 하천의 문제 등 국민의 일상생활과 가까운 문제를 세세히 다루고 있다.

그리고 마지막으로 서구에서 유행하는 최신의 이론도 우리보다 한발 앞서 신중히 도입하고 있었다. 이른바 토착화를 먼저 생각하면서 외국 이론을 도입 하는 듯한 인상을 갖게 했다.

본문의 번역은 민병로가 심혈을 기울였다. 일본 와세다대학에서 헌법학을 전공하면서 행정학에 대한 이해의 바탕을 갖춘 것이 이 책을 번역하는데 크게 도움이 되었다. 민 교수의 번역을 기본으로 김성기가 행정학의 논리와 사실들에 맞춰 용어와 문맥을 정리했다. 헌법과 행정학이 통치기구와 그 운영 방법을 통해 작은 조화를 이룰 수 있음을 알았다.

한국어판 출판을 허락해준 北樹出版社와 저자들에게 감사한다. 아울러 본서의 출간을 위해 바쁜 중에도 꼼꼼히 교정을 보아 준 박사과정의 김행희 양에게 크게 감사한다. 또한 본서의 출간을 지원한 전남대 법률행정연구소 저술기금과, 출판에 힘써 주신 전남대학교 출판부장 남호정 교수님과 박방배 출판과장님께 감사한다.

이 작은 책이 말로는 쉽지만, 실제는 매우 힘든 학문의 국제적 교류와 발전에 작게나마 기여하기 바란다.

2007년 1월 20일

전남대 연구실에서 역자들

목 차

序. 행정학으로의 초대

[본장의 학습내용]

행정학은 널리 행정이라고 불리는 事象에 관한 사회과학이다. 정치학의 한 전공분야로서 자리 매겨지는 것이 통례이지만, 거기에만 머무는 것은 아니다. 생활에 밀접한 지역사회 수준에서부터 국제사회 수준에까지 미치는 각종 기관의 행정활동이나 공공서비스의 공급시스템과 이것을 둘러싼 여러 문제를 정확히 파악하기 위해서는 인접분야의 연구 성과를 적극적으로 흡수하면서 독자적인 시각을 가져야 한다.

1. 수업과목으로서의 행정학

1) 미국과 일본의 차이

일본과 미국은 고등교육의 대중화가 상당히 진행되고 있다는 점에서 같지만, 전문적인 교육과목의 배열방법이나 교육방법 등에 있어서는 매우 큰 차이가 있어 보인다. 이것은 특히 일본의 사회·인문과학의 영역에서 지금까지 대학원 교육보다도 학부단계의 교육에 중점을 두어 온 것에서 연유한다.

행정학의 연구·교육이 발달한 미국에서는 변호사와 같은 법조전문가가 될 사람들을 위한 로스쿨, 기업 경영관리에 종사할 사람들을 위한 경영대학원과 함께, 각 분야의 정부의 행정관리 업무에 종사할 사람들을 위한 행정대학원(Graduate School for Public Administration)이 다수 설립되어, 거기에서의 연구·교육을 중심으로 하여 행정학이 발달해오고 있다. 그런데 일본에서는 행정학 전문대학원은 국제기독교대학 대학원(행정학 연구과)의 일례가 있을 뿐으로, 실무지향 내지 전문직 지향도 미국만큼 강하지 않다.

최근 일본에서 대학원만 설치된 대학이나 독립연구과의 구상이 제안되어, 행정학과 밀접한 관련을 갖는 정책과학 내지 그것을 편재한 대학원 전문과정이 연이어 설치되는 등, 주목할 만한 동향이 보이지만 아직 일반화되어 있지 않다. 일본에서의 전문과목에 관한 학부교육 중시 전통은 앞으로도 그다지 쉽게 무너질 것 같지 않다.

2) 학부 교과과정에서의 위상

일본의 대학에 행정학 과목이 설치되어 있는 학부는 법학부가 압도적으로 많고, 정치·경제학부가 그 다음을 잇고 있다. 최근 정책과학 전공의 대학원 전문과정과 나란히 몇 개의 학부가 설치되고, 거기에도 행정학 과목이 설강되어 있지만 아직 몇 대학에 한정되어 있다. 또한 학부명칭에 「행정」 및 그것과 유사한 명칭이 사용되고 있는 것은 현재로서는 후쿠시마대학(福島大学) 행정사회학부 및 쿠마모토켄리쯔대학(態本県立大学) 종합관리학부의 예가 있을 뿐이다.

학부 교과과정 속에서의 위상이 학부 성격 및 학과 구성에 의해서 달라진다는 것은 말할 필요도 없다. 법학부 속에 행정학을 중심으로 한 독립학과를 만든 예(山梨学院大学, 北九州大学)도 나오고 있다. 여기에서는 법학부 속에 법률학 전공(학과)과 정치학 전공(학과)으로 분리하고 있는 경우를 토대로, 각각의 경우 행정학 과목의 자리매김을 개관하는데 그친다.

법률학 전공의 학생에게 행정학은 공법과목의 관련과목으로서 자리 매겨지는 것이 보통이다. 관련과목이기 때문에 헌법이나 행정법 등과 달리 교과과정의 중심에 배치되지 않고, 따라서 필수·준필수 과목이 되지 못한다. 그러나 현대 법치국가에서는 법치행정이 원칙이고, 행정제도는 법제도로서의 측면을 갖고 있기 때문에 행정학과 법률학, 특히 공법학과의 관계는 결코 소원한 것이 아니다. 오히려 필연적인 것이라고 말해도 좋다.

이에 비해 정치학 전공의 학생에게는 교과과정에 있어서 가장 중요한 위치가 부여된다. 정치이론, 정치사, 정치사상사, 국제정치학 등과 함께 주요과목의 하나로 열거되는 경우가 많다. 대학에 따라서는 지방자치나 공공정책 등에 관련된 과목이 배치되거나, 비교관료제론이나 행정관리론 등 한층 전문화된 과목이 설치되어 있는 경우도 있을 것이다. 핵심과목의 하나로써 필수·준필수 과목이 되거나, 그렇게 취급되지 않는 경우라도 이수모델이나 수업편성에서 중심에 놓여지게 된다.

3) 인접학문과의 관계

행정학은 정치학의 한 전공분야로서 자리 매겨지는 경우가 많다. 그러나 이것은 행정학이 정치학의 한 전공분야에 그치거나 그쳐도 좋다는 것을 의미하는 것은 아니다. 현대 행정학이 형성된 미국에서도 지금으로부터 반세기 전에 「행정이론은 현대에서 동시에 정치이론이다」고 불린 경우가 있는데, 그것을 용인한 뒤에 오늘날 일본에서는 오히려 「행정이론은 정치이론에 그치는 것이 아니다」고 바꿔 말하는 편이 바람직하다.

그 이유로서는 행정학이 통상의 정치학이론보다 매우 광범위한 학문분야와 관계하고 있으며, 거기에 행정학의 하나의 특징이 있기 때문이다. 행정학에서 초점을 형성하는 관료제에 관하여는 사회학이나 조직이론이, 행정조직에서의 관리나 경영의 메커니즘에 관하여는 경영학이, 재원조달이나 배분에 관하여는 재정학이, 행정활동을 구속하는 법제도의 틀에 관하여는 법률학이 각각 관련되어 있다.

각종 실체적 정책분야로 나누어 간다면, 각각의 분야를 대상으로 하는 학문과의 상호교류가 요구된다. 또 이미 지적한 바와 같이, 각 수준의 정책의 실체 · 과정 · 분석방법을 다루는 정책과학이나 정책연구와도 밀접하게 관련되어 있고, 그 연계를 통하여 특히 공공경제학 등과의 경합, 교류가 강해지고 있다. 행정학 자체가 학제적 과학으로서의 양상을 짙게 띠고 있는 것이다.

4) 행정실무와의 관계

또 한 가지 정치학 과목 속에 행정학은 행정실무와의 관련이 강하게 의식되고 있다는 점에서 두드러진다. 미국의 대학원 과정과 비교하면, 위에서 본 바와 같이 그 실무 · 전문직 지향은 그다지 강하지 않지만, 그래도 정치이론, 정치사, 정치사상사 등과 비교해본다면, 행정학에서는 행정실무와의 관련이 중시되고, 학계와 실무계의 교류도 비교적 잘 되고 있다.

그렇지만, 이것은 일본의 뿌리 깊은 비판적 사회과학으로서의 자립을 겨냥한 학문적 전통이 소홀해지고 있는 것을 의미하는 것은 아니다. 행정학에 관하여 그것이 「官吏를 위한 官吏의 학문」에 불과하다는 단정이 베버(Max Weber)나 경제학자인 슘페터(Joseph A.

Schumpeter)에 의해서 행해지고 있지만, 오늘날에는 그렇게 일면적으로 단정지울 수 없다. 정치학이 정치가를 위한 학문이 아닌 것과 같이 행정학도 행정관료나 일반공무원을 위한 학문이 아니라 오히려 시민과 유리된 존재로 되기 쉬운 행정기관을 우리와 밀접하게 하고, 우리들의 일상생활에 깊이 관련된 행정활동이나 공공서비스의 형태에 대한 공공적 논의에 공헌하는 것이 실천적인 과제가 되고 있다.

2. 행정학의 관심사

1) 행정학의 이수의 사례

행정학에 특유한 학습방법이 존재하는 것은 아니다. 특히 대학에서 하나의 수업과목으로서의 행정학에 관하여 다른 수업과목과 다른 학습방법이 요구되는 일은 그다지 없을 것이다. 많은 대학에서 행정학은 통상 4학점의 과목으로 설정되어, 20수회 정도의 강의형식으로 수업이 이루어진다. 따라서 수강하는 학생입장에서는 1년간 담당자에 의해 강의된 것이 행정학이고, 다른 많은 수업과목과 마찬가지로 학년말에 행해지는 논술식의 학년시험에서 무사히 단위를 취득할 수 있으면, 그것으로 「행정학을 이수했다」라는 것이 된다.

그렇지만 각각의 학문에는 그것들을 형성해 온 특유의 배경이 있고, 따라서 그에 따른 독자적인 과제가 설정되어 있는 경우가 많고, 더 나아가 하나의 「学」의 형성을 지향하는 한, 많든 적든 이론적인 체계화를 도모하려고 하는 의도가 작용하고 있는 것이 보통이기 때문에, 그들에 관한 이해 내지 이해하려고 하는 관심문제가 있는 것과 없는 것 간에는 학습방법에 커다란 차이가 생긴다. 대학교육에서 교과목의 하나로서 수강하는 경우에도 단지 강의내용을 그대로 노트에 옮겨 쓰는 것뿐만 아니라, 행정학이 어떤 학문일까 하는 것에 반드시 관심을 가져주기 바란다.

일본에서 행정학이 독자적인 분야로서 확립되는 데에는 크게 두 개의 과제가 있다. 그 하나는 행정법학으로부터의 독립이고, 다른 하나는 광의의 정치학 속에 독자적인 대상과 방법을 확립하지 않으면 안된다는 과제이다. 행정학 수강에서 유념해야 할 것을 이들 두 개의 과제와 관련해서 간단하게 기술하고자 한다.

2) 법률학적 사고와의 차이

넓게 보면 행정에 관한 학문으로 법률학인 행정법학이 있다. 국가에서부터 지방자치단체에 이르기까지 행정기관에서의 행정에 관해 공인된 이론은 오랫동안 행정법학에 의하여 독점되어 왔다. 이것은 일본에서 명치(明治) 이래 법률학 우위의 학문적 전통과 깊게 결부되어 있다. 행정이론이라고 하면 행정법학이론이었고, 오늘날에도 이와 같은 인식은 깊게 자리 잡고 있다.

그런데 행정법학과 다른 학문형성을 목표로 한 행정학에서는 그것이 정치학의 한 분야로서 형성된 역사적 사정도 감안하여, 법률학적 사고보다 정치학적 사고를 중시하는 방향으로 치우치게 되었다. 즉 실정법의 해석을 주로 하는 법률학적 사고에서는 사법제도의 실천적 요청에 기초하여 적법한가 위법한가, 유죄인가 무죄인가를 분명하게 하기 위한 양자택일적 논리가 중심임에 비해, 정치학적 사고에서는 그러한 양자택일적 사고를 배제하고 사물의 가변성이나 변화 추이를 한층 중시한다. 흑백을 나누는 것보다도 그 중간영역을 좋아하고, 시간의 경과나 상황의 추이에 따라 한쪽으로부터 다른 한쪽으로 경향이 어떻게 변화하는가를 문제로 삼는다. 또 이념이나 규범적 원리를 다루는 경우에도, 그들을 일정불변의 것으로 다루거나 그들의 논리적 귀결로서 특정 결론을 연역하는 것을 피하고, 오히려 그들의 형성과정이나 현실화 과정에 관심을 기울인다.

더욱이 행정법학과 행정학은 행정활동에 대한 관심에서도 상당한 차이가 난다. 행정법학이 이른바 행정주체로부터 나오는 행정작용이나 행정행위에 착안하여 그 객체에 대한 법적 효과를 문제 삼는 반면, 행정학은 행정조직의 내부과정에도 강한 관심을 갖고, 다양한 행정수단의 조합인 각 행정기관의 활동이 직접적인 행정대상을 넘어 국민사회나 지역사회에 미치는 다면적인 효과도 문제 삼는다. 행정조직을 블랙박스(Black box)로 보지 않고 그 내부에 깊이 파고들 뿐 아니라, 대외적인 활동에 관해서도, 그 피드백 과정에도 시야를 넓히는 것이다.

3) 제도와 관리와 정책에의 관심

그러면, 정치학 속에서 행정학은 어떠한 독자성이 있는 것일까? 가장 분명한 것은 행정관료제를 연구대상의 중심에 두고 있다는 점이다. 관료집단은 정치과정 분석에서도 하나의 집합적 관계자로서 다루어지지만, 행정학에서는 행정관료제 그 자체가 주요 관심대상이기 때문에 관료집단이 다른 어떤 행위자에게 어느 정도의 영향력을 행사하고, 어떠한 정치적 역학이 전개되는가 하는 것뿐만 아니라 관료제의 작동양식을 구속하는 제도나 조직관리의 구조, 관료제의 조직 환경에서 전개되는 정책과 그 형성 및 집행과정에 관심을 집중시키려고 한다.

행정학에서 중시되는 제도 속에는 법률제도도 당연히 포함되지만 법률학과 같은 실정법령의 해석이 목적은 아니다. 행정활동을 구속하는 제도의 고찰에는 계획이나 예산이나 통달 등을 대상으로 포함해야 한다. 또 행정활동은 각종 조직체나 조직화된 관계를 통하여 전개되기 때문에, 그 조직 활동을 통제하고 조정하기 위한 관리 메커니즘에 대한 고찰도 빠져서는 안된다. 더욱이 법령도 계획도 예산도 통달도, 각종 관리활동도, 다양한 시책이나 정책을 실현하기 위한 수단이고 그들의 조합이 매우 중요하기 때문에 정치학 속의 행정학에서는 정책에 대한 관심이 일반적으로 강해진다. 제도와 관리와 정책에 대한 강한 관심은 행정학에서 두드러진 것이다.

마지막으로 또 하나 추가하고 싶은 것은 혹시 의외라고 생각될지도 모르지만, 행정학이 가진 시야의 넓이이다. 우선 행정학자의 다수는 지방자치의 문제에 강한 관심을 갖는다. 일본에는 3,000개가 넘는 정부가 있다는 것이 행정학의 상식이다. 이와 같은 지역 차원을 중시하는 것은 물론이고 최근에는 국제수준까지 시야를 넓히고 있다. 더욱이 각 차원의 정부기관에 의한 활동뿐만 아니라 국내·국제에 걸친 각종 공공문제나 민간기업으로부터 NPO, NGO를 동원하여 전개되는 공공서비스의 공급체계도 시야에 넣으려고 한다. 행정학은 광범위한 학문인 것이다.

제1장 정부체계의 구조

[본장의 학습내용]

근대국가가 형성되던 때의 정부의 기능은 극히 한정되어 있었다. 그러나, 오늘날 현대국가에서의 정부의 역할은 다방면에 걸쳐있고, 실로 다채로운 활동이 전개되고 있다. 그 결과, 조직, 인원, 재정, 활동량의 모든 면에서 정부규모는 확대되었다. 본장에서는 이 거대정부라 불리는 현대정부의 등장배경을 밝히고, 이어서 정치와 행정의 관계, 행정과 민간의 관계, 중앙정부와 지방정부의 관계가 어떻게 변화되어 왔는가를 검토한다.

1. 거대정부의 성립

1) 근대국가의 성립과 「작은 정부」

18세기 근대국가가 성립한 당시의 정부에 대한 국민의 기대는 오늘날과 비교하면 극히 작았다고 말할 수 있을 것이다. 즉 치안을 유지하기 위한 경찰기능, 외국과의 관계를 원활하게 하고 국제질서를 유지하기 위한 외교기능, 자국의 안전이 위협받는 사태에 대처하기 위한 국방(군사)기능, 그리고 국내의 사회・경제활동을 원활하게 하기 위해 필요한 도량형과 통화제도의 유지・관리 등, 국내외의 사회・경제의 질서유지에 관련된 기능만이 기대되었던 것이다. 물론 이들 기능을 수행하는 데에는 일정한 세입이 필요하기 때문에 필요 적정한 세제도의 운용이라는 것도 정부의 기능 속에 포함되어 있었다.

이와 같은 기능만을 수행하는 것이라면 정부규모는 그다지 크지 않아도 된다. 국방기능을 강조하면 상당한 규모의 군대를 보유해야 한다고 해도, 그 이외의 정부기능의 수행은 자연히 규모가 한정되게 된다. 그리하여 현대국가의 정부와 상대적인 비교이지만 18세기 정부는 「값싼 정부」(Cheap Government)라 불린다. 또 정부의 역할은 질서유지에 관한 것에 집중되었고, 경찰이 시민의 안전을 지키기 위해 야간순찰을 도는 것과 같다는 말로 「야경국가」(Nachtwachterstaat)라고도 불리고 있다.

자본주의 초기의 발달단계에서는 이와 같은 야경국가의 값싼 정부가 매우 당연한 요청이었다. 즉 시민혁명이전의 절대주의국가 시대에는 국왕과 그 관리가 식산흥업정책의 이름 아래 경제활동에 대하여 자의적으로 관여하거나 법에 정하지 않은 세금을 부과하고 있었다. 그 무렵 대두되어 온 「시민계급」이라고 불리는 자본가계급은 경제활동을 보다 확대하여 이익을 자기 것으로 하기 위해 국왕의 지배에 의한 「구체제」(Ancien Régime)를 타파하고, 정치적 권리와 경제적 자유를 쟁취하려고 했다. 이것이 바로 「근대시민혁명」이다. 따라서 구체제를 지지해 온 통치구조(정부)의 약체화를 도모하는 것이야말로, 그 당시 시급하면서도 근본적인 문제였다. 그리고 경제는 국가에 의한 보호, 조성, 혹은 규제에 의해서 움직이는 것이 아니라 시장에서 「보이지 않는 손」에 의해 자동적으로 최선의 상태에 이르는 「자유방임주의」(laissez faire)가 지배적 사상이 되었다. 1776년에 쓰여 진 아담 스미스(Adam Smith)의 『국부론』이 그러한 주장의 이른바 바이블이었다.

이처럼 자본주의의 경제적 필요로부터 연유한 값싼 정부였지만, 동시에 그것은 민주주의의 본질적 요청에 꼭 맞는 것이기도 했다. 왜냐하면, 국가가 커다란 역할과 기능을 갖는다는 것은 결과적으로 국가권력의 확대로 이어질 우려가 있기 때문에, 그 국가권력의 남용을 막고, 시민의 자유와 권리를 지킨다는 민주주의 사상에서 보면 국가는 가능한 한 작게, 통제하기 쉬운 것일 필요가 있었던 것이다.

이와 같은 견해가 보다 두드러지게 나타난 곳이 미국이었다. 미국에서는 건국 이래, 전문적이고 복잡한 업무를 담당하지 않은 작은 정부야말로 민주주의의 근간이라는 기본적인 생각이 지배적이었다. 특히 제3대 대통령 제퍼슨(Thomas Jefferson)이 작은 정부를 강조한 것은 잘 알려져 있다. 또 제7대 대통령 잭슨(Andrew Jackson)은 행정은 「보통사람」(common man) 혹은 평범한 사람이라도 행할 수 있는 것이라고 주장했다. 이와 같은 생각에 기초한 민주주의관과 실제 운동을 「잭슨니안 민주주의」(Jacksonian Democracy)라고 칭한다.

2) 정부의 확대

근대국가의 성립 직후는 규모가 작고, 해야 할 기능도 적은 정부였지만, 19세기 중반 자본주의가 본격적으로 발달하게 되자 정부에 대한 기대에 변화가 생겨, 정부기능에 새로운 기능이 추가되게 되었다. 즉 자본주의의 발달에 수반해서 급속한 도시화가 진전되고, 도시의 과밀화로 인한 주택난, 교통난, 치안 악화, 빈곤화 등의 도시문제가 발생하게 되었다. 또 자본주의의 발달은 빈부의 차를 심화시키고 빈곤층의 사람들은 일상생활이나 건강을 유지하는 것조차 어렵게 되었다. 이른바 사회문제의 등장이다. 더 나아가 기업가가 이윤 추구에 치우친 나머지 노동조건이 열악한 경우가 많았고, 저임금, 장기간의 중노동, 위험하면서 위생적이지 못한 작업환경, 미성년 노동 등 많은 노동문제가 발생했다. 이들 도시문제, 사회문제, 이른바 노동문제라 불리는 것들은 자본주의의 그늘진 부분으로써 항상 발생할 위험이 내재해 있다.

이들 문제이외에도 보이지 않는 손에 의해서 자동 조절되어야 할 시장에서 종종 경제적 혼란이 생겨나게 된다. 즉 호경기와 불경기가 번갈아 찾아오는 경기순환이 현저하게 나타나고, 특히 불경기 때에는 도산이나 실업 등의 경제 불안이 일어나게 된다. 또 자유경쟁을 대전제로 하고 있는 시장에서 독점화라는 새로운 문제가 발생한 것이다.

이와 같은 자본주의의 발달에 수반하여 생겨난 다양한 사회적·경제적 제 문제의 해결을 위해서는 이미 시장의 자유로운 경쟁에 맡겨둘 수 없다는 것이 분명하게 되었다. 오히려 정부가 사회나 경제에 대하여 적극적으로 관여하고, 자유로운 시장을 어느 정도 통제할 필요성이 인식되게 되었다. 왜냐하면, 자본주의경제의 발달이 낳은 사회문제의 해결을 경제 메커니즘의 자정작용에 맡기지 않고, 정부가 그 해결에 나서는 것으로 보다 신속한 해결을 도모함과 동시에 경제발달을 한층 촉진시키고, 국제적인 경제력을 높일 수 있다고 생각할 수 있게 되었기 때문이다. 그래서 지금까지 극히 한정된 기능만을 수행할 것으로 기대되었던 정부에 대해서 이번에는 이러한 문제해결의 기능을 기대할 수 있게 되었다. 이리하여 국가 혹은 정부의 기능이 서서히 질적으로 변화하고, 양적으로도 확대해 가게 된다. 이것이 「입법국가」에서 「행정국가」로, 혹은 「근대국가」에서 「현대국가」로의 이행으로 불리는 변화이다. 또한 이와 같은 경향을 가리켜서 「야경국가」에서 「직능국가」(Service State)로, 혹은 「소극국가」에서 「적극국가」로의 변화라 부르는 경우도 많다.

이러한 국가와 정부기능의 변화는 19세기 후반부터 20세기에 걸쳐 한층 급속히 진전되었다. 자본주의경제의 발달이 가속화되고, 도시화와 그에 따른 각종 사회문제가 확대된 것은 정부가 대응해야 할 과제의 확대를 의미하고 있었다. 또한 보통선거제도가 보급됨에 따라 정치에 참가할 수 있는 사람들의 수가 확대된 것은 스스로의 이익을 실현 가능하게 하고 정부에 요구하여, 결과로서 정부에 대한 요구가 확대되었다.

3) 세계대전과 세계공황

정부의 확대에 특히 커다란 역할을 했던 것은 20세기 전반에 일어났던 두 차례에 걸친 세계대전이었다. 전쟁이 막대한 소모이고, 그 비용을 마련하기 위해 국민에게 커다란 부담을 강요하는 것은 말할 필요도 없다. 이들 부담은 평상시에는 인정되지 않은 수준에 달하고 있음에도 불구하고, 그것이 전쟁이라는 위기상황이기 때문에 임시적·일시적 부담이라는 구실로 강제되어 버린다. 또 전시체제 하에서는 사회나 경제에 대한 정부의 통제가 정당화되어, 정부활동의 대상과 활동량도 증대한다. 그리고 정부의 재정규모는 급속하게 팽창한다. 이리하여 팽창한 정부의 재정규모는 전쟁이 종결됨과 동시에 축소로 전환되어야 하지만, 실제로는 그 규모가 기정사실로 되어 버린 것이다. 즉 전승국은 기존 정책을 계속하고, 더 나아가 새로운 정책을 추가하는 것으로 한층 확대되게 된다. 패전국에서는 절대적인 정부 규모가 일시적으로 축소되지만, 전쟁부흥을 위해 정부가 차지하는 역할은 상대적으로 확대되는 것이다.

그러나 정부의 기능을 근본적으로 변경하고, 그 활동영역을 확대시키는 것에 커다란 영향을 미친 것은 양 대전 사이에 일어난 세계 공황이다. 1929년 뉴욕주식시장의 주가 대폭락으로 시작한 세계 대공황은 자본주의경제가 신봉하는 자유시장원리에 한계가 있음을 똑똑히 보여주었다. 시장에 대한 신뢰실추는 그것에 대신하는 경제안전장치로서의 정부의 역할을 기대하게 되었다. 즉 많은 구미제국 정부는 정부의 정책이 유효수요를 창출한다는 케인즈 경제이론에 기초하여 경기회복을 위한 정책을 연달아 내세웠던 것이다. 미국의 루즈벨트(Franklin D. Roosevelt) 대통령이 실시한 뉴딜(New Deal) 정책은 그러한 새로운 정부의 역할을 구체화한 정책의 대표적인 예이다.

뉴딜정책이란 단독사업이 아니라 전국산업부흥법, 농업조정법, T.V.A.(테네시계곡개발공사), 연방긴급구제법, 농업신용법, 사회보장법 등을 내용으로 하는 시책군에 대한 총칭이다. 이 가운데에서도 1933년에 제정된 전국산업부흥법은 뉴딜의 핵심적인 법률로서, 완전고용을 실현하기 위해 대통령에게 산업 통제권한을 부여한 것이었다. 너무나 커다란 통제권한을 주고 있었기 때문에, 위헌판결을 받아 불과 2년 만에 소멸했지만 정부가 경제에 적극 개입할 수 있는 계기를 만들었다고 말할 수 있다. 또 같은 해 1933년에 설립된 T.V.A.는 테네시 강 유역의 치수, 수력발전, 초석공업, 조림, 토지개량 등을 시행하는 종합개발공사이지만, 정부가 직접 대규모 공공사업을 수행하고 고용창출과 산업기반의 정비를 행하는 것을 정착시키게 된 것이다.

이리하여 정부는 재정정책, 금융정책을 통하여 경제에 개입하고 경제활동이나 산업활동을 통제하게 되었다. 또 고용, 노동, 사회보장 등의 분야에서도 정부정책의 역할이 한층 확대되었다. 그 결과 이른바 「거대정부」(Big Government)가 나타난 것이다.

4) 복지국가의 형성과 전개

위와 같이 현대국가가 다양한 기능을 담당하게 되고, 사회 · 경제에 대해 보다 적극적으로 관여하게 됨에 따라, 「복지국가」로서의 성격을 강하게 갖게 되었다. 여기에서 말하는 복지국가란 19세기부터 20세기에 걸쳐 복지를 국가의 중요기능으로 하여 행정서비스를 전개하게 된 국가이다. 여기에서는 왜 복지 측면을 중시하게 되었는가를 생각해보고자 한다.

복지국가가 등장한 19세기는 자본주의가 급속하게 발전한 시기이고, 그것에 수반하여 노동운동이 활발해지고 계급대립도 극심하게 되었다. 그에 대하여 정부는 노동운동이나 노동조합 활동을 합법화하여, 노사대립이 필요 이상으로 격화되는 것을 피하고자 했다. 또 보통선거제도를 도입하여 정치적 불만을 흡수하려고 했다. 특히 보통선거제도의 도입은 일반대중이 정치에 참가할 계기를 만들고, 「대중민주주의」(Mass Democracy)의 시대를 맞이하게 하였다. 대중민주주의 하에서의 정치는 많은 유권자의 지지를 모아야 하기 때문에 인구상으로 압도적인 다수인 노동자나 일반대중으로부터 지지를 받을 수 있는 정책을 제시할 필요가 있었다. 구체적으로는 노동정책이나 사회정책, 그리고 복지정책 등 사회적, 경제적 약자에게 유리한 정책이 전개되었다. 이들 복지국가로의 움직임은 헌법상의 권리로서도 인정된 것이고, 제1차 대전 후에 독일에서 제정된 바이마르헌법에서 「생존권」이 인정되고, 일본에서도 현행 일본헌법 제25조에 생존권 규정을 두고 있다.

복지국가시대가 되면 정부는 다양한 행정서비스를 공급하는 주체가 된다. 즉 사회보장, 사회복지, 공중위생, 보건·의료·교육·주택 등의 분야에서, 정부기관이 직접 서비스를 공급하는 경우가 증가한다. 그 배경에는 정부가 국민 복지의 최저한을 보장해야 된다는 생존권으로부터의 정책적 요청이 있었다. 그리고 이것을 보다 구체적인 정책수준으로 요구하고 있는 것이 「국민의 최저생활수준의 보장」(national minimum)이라는 생각이다. 국민의 최저생활수준의 보장은 영국의 사회보장제도에 관하여 검토한 결과를 정리한 베버리지(Beveridege) 보고서(이 보고서의 정식명칭은 「사회보험 및 관련사업에 관한 보고서」이다)에 나타난 개념이다. 이것은 각 정책분야마다 정부가 달성해야 할 목표를 설정하고 그것을 최저한으로 실현하는 것을 정부의 과제로 한 것이다.

그러나 기대되는 서비스의 질적·양적 증대에 따라, 모든 수요를 정부기관이 조달하는 것이 곤란하게 되었기 때문에 일부 서비스는 민간기관에게 공급을 부담시켜 왔다. 더 나아가 국민의 최저생활수준의 보장이 달성된 분야에서는 보다 높은 서비스의 공급이 요구되는 경향이 있기 때문에, 정부가 공급하는 서비스와는 별도로 민간기관에 의한 질 높은 서비스의 공급이 증가한다. 어느 시기까지는 정부가 공급하는 서비스와 민간이 공급하는 서비스의 공존, 보완관계를 유지하였으나 20세기 후반 이후로는 점차 경합하게 되었다. 그것은 일본의 주택정책을 보면 분명할 것이다.

전후부터 고도경제성장기의 주택난 시대에는 특히 1세대 1주택을 실현하는 것이 최저조건이었기 때문에, 정부나 지방자치단체가 공영주택이나 공단주택을 건설하여 주택공급을 추진했다. 그러나 서서히 주택의 호수가 충족되게 되면, 일부 층에서는 보다 넓고 쾌적한 주택을 요구하게 되어, 민간업자에 의한 독채나 아파트 공급이 증가하기 시작한다. 이와 같이 당초에는 정부의 공공주택공급이 중·저소득 세대나 도시에서 주택취득이 곤란한 세대에 대한 주택공급을 담당하고, 민간이 그들 이외의 세대 주택을 공급하는 형태로 보완관계에 있었다. 그러나 고도경제성장의 후반이 되면 공공주택에 대해서도 높은 질이 요구되게 되고, 공공주택과 민간이 공급하는 주택과의 차이가 없어지게 되지만, 경우에 따라서는 일부 악질 민간업자의 주택보다도 염가이면서 고품질인 것으로 평가되기도 한다. 공공주택과 민간주택은 경합관계가 되게 된다. 이렇게 되어가면 정부가 서비스의 공급주체라는 의의가 의문시되게 된다. 그것이 정치적 쟁점으로 크게 다루어지기 시작한 것은 1970년대 후반부터 80년대 사이였다. 이 점에 관하여는 제3장에서 다시 검토하려고 한다.

5) 정부규모의 파악 방식

그런데 정부 규모가 확대되었다고 말하는 경우, 정부의 어떤 측면에서 그 규모를 측정하는가 하는 문제가 있다. 즉 원래 크다든지 작다든지 하는 것은 무엇을 기준으로 말하는 것인가이다. 국가의 중앙정부가 지방정부(지방자치단체) 보다 크다는 것은 대체로 알 수 있을 것 같다. 그러나 동경도라는 하나의 지방정부와 개발도상국의

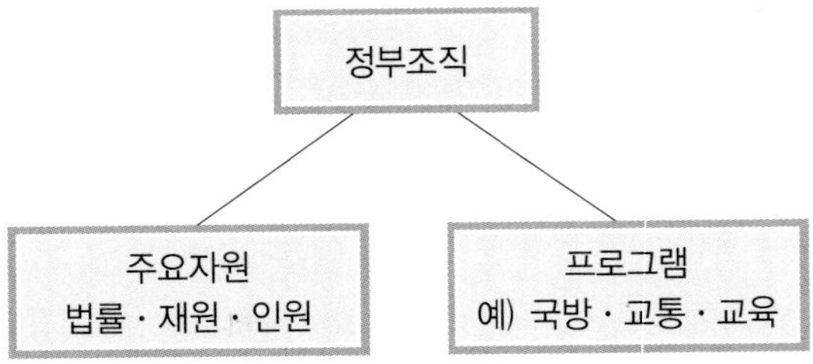

(출처) Richard Rose (1984) Understanding Big Government, Sage. p.17

도표 1-1 정부모델

중앙정부를 비교했을 때에는 국가정부 쪽이 크다고 말할 수 없다. 따라서 국가인가 지방인가를 묻지 않고 정부의 규모를 나타내는 지표와 같은 것이 필요하다.

정부규모를 생각할 때 참고로 되는 것이 로즈(Richard Rose)의 정부모델이다. 로즈는 도표 1-1과 같이 정부모델을 제시하고 있다. 여기서는 독립변수(설명변수)로서 프로그램이 설정되어 있고, 종속변수(피설명변수)로서 자원(재원, 법률, 인원)이 사용되고 있다. 그리고 이러한 것들은 정부조직에 의해서 동원된다고 생각되고 있다.

로즈의 견해의 특징은 지금까지 정부의 규모를 측정하는 경우, 걸핏하면 정부가 이용하는 자원의 양을 이용하는 경우가 많았음에 비해, 프로그램이라는 개념을 강조하고 있는 점에 있다. 즉 종래에는 정부의 예산규모가 확대된 것이나, 제정된 법률 수가 몇 개인가, 혹은 공무원이나 군인 등과 같이 정부에 의해 고용되어 있는 사람 수가 얼마만큼 늘어났는가 라는 것을 들어, 정부가 확대되었다고 하는 것이 일반적이었다. 그러나 로즈는 자원이 어떤 목적으로 이용되고 있는가 하는 측면을 무시하고, 수량(금액)의 변화만을 파악하고 정부 규모의 변화를 운운하는 것을 피하고 있다.

실제 정부가 교육이나 보건위생관계 행정을 충실하게 하려고 하면 많은 예산이 필요할 뿐만 아니라 직원도 대량으로 고용해야 하지만, 그것에 비하면 법률 수는 그만큼 증가되지 않아도 좋다. 그런데 사회보장관계에서는 중앙정부에 관한 한 역시 재원을 필요로 할 뿐, 인원이나 법률 수에는 그다지 변화가 생기지 않는다. 더 나아가 질서유지관계에서는 경찰관의 증원이라는 경우도 있지만, 많은 경우 단속법령의 증가, 강화라는 대응이 중심이 될 뿐, 인원이나 재원은 그다지 변화하지 않는다. 따라서 정부가 무엇을 하는가 라는 측면에 주목하지 않으면, 단순히 예산(재원), 법률, 인원이라는 수량적인 지표만으로 정부활동의 변화나 그것에 수반하여 생긴 정부규모의 변화를 이해하는 것은 곤란하다.

2. 정치와 행정

1) 민주주의와 행정

근대국가가 탄생하여 오늘날과 같은 현대국가로 변모하여 가는 과정에서 정치와 행정 사이의 관계에도 변화가 생겼다. 이미 지적한 바와 같이, 18세기 국가에서 정부는 수행해야 할 임무가 극히 한정적이었기 때문에, 한정된 범위의 주요기능을 수행하는데 국내에서의 정치적인 이해 조정에 어려운 것은 그다지 없었다. 사적자치원칙하에서 서로 다른 이해관계간의 조정은 오히려 원칙적으로 시장에서 행해져야 한다고 생각되고 있었다. 애당초, 시민혁명이 실현하려고 했던 것은 강권적 국가권력으로부터의 시민적 자유의 확보였기 때문에, 설령 민주계급이 주인공으로서 구성된 정부라 하더라도, 그것이 국민(시민)의 이해관계조정에 관여하는 것을 허용하게 된다. 역시 주권자인 국민(시민)의 권리나 재산을 침해할 위험을 내포한 것이다.

따라서 이 시기의 정부 행정에 대하여는 국민(시민)의 권리나 재산이 침해되는 경우가 없도록 하기 위해, 절대왕정시대와 같은 강력한 권력을 갖지 못하도록 하고 있었다. 그리고 의회를 기반으로 한 정치의 최대 기능의 하나는 행정이 권력을 남용하거나 국민이 통제할 수 없을 정도로 행정부가 강대해지는 것을 막는 것이었다. 요컨대 정치가 갖고 있는 행정 감시 기능이 중요하였다.

19세기에 들어서 국가 기능이 서서히 확대되었던 시기에도 정치의 행정에 대한 상대적 우위는 유지되고 있었다. 즉 시장에서 해결할 수 없는 여러 문제가 정치적으로 조정되게 되었지만, 결정은 어디까지나 정치의 역할이었으며, 행정이 결정을 내려 실질적인 조정 기능을 하는 것은 상정되어 있지 않았던 것이다. 행정의 역할은 정치가 명한 사항을 충실하게 실행하는 것이며, 그에 필요한 최저한도의 규모와 능력을 부여하는데 불과하게 되어 있었다. 특히 미국에서 그 경향이 현저하여, 앞에서도 서술한 바와 같이 행정의 일반인(common man)화가 진행되었고, 관료제가 등장하는 것조차 허용되지 않는 자세를 보여주었다.

그러나 독일과 일본에서는 사정이 달라, 근대국가 등장 시점에서부터 이미 강력한 관료제를 갖고 있었다. 따라서 관료제가 정부의 권위 하에 이해관계조정을 행하고 어느 정도까지 정치적 기능도 수행하고 있었다.

2) 행정의 정치화

여느 국가에서도 정부의 기능이 확대됨에 따라 행정의 역할이 확대되어 왔다. 도시문제나 노동, 보건, 복지, 교육 등 각 분야에 행정이 다양한 관여를 하거나, 서비스를 공급하게 되면, 그 제도의 설립이나 유지관리에서 실제로 실무를 담당하는 행정부문의 지식과 경험, 전문성이 중요하게 되기 때문이다.

또한 정부의 관여가 사회·경제의 거의 모든 분야로 확대되면, 국민으로부터의 새로운 요구라고 해도, 신규 정책분야를 개척하는 것보다도 기존 정책영역의 어딘가에 포함되게 된다. 즉 새로운 요구가 있어도 기존 행정활동 내에서 가장 관련이 깊다고 생각되는 부분에서 대응하게 된다. 그렇다고 하면, 기존의 행정활동에 의하여 혜택을 받고 있는 사람간의 조정이나, 새로운 행정활동의 설계 등은 실제로 일을 하고 있는 행정관료제가 가장 잘 처리할 수 있게 된다. 그 결과 이해관계조정이나 새로운 시책·사업의 기획입안인 정책결정의 전제가 될 중요한 작업은 행정이 주도적으로 행하게 되는 것이다.

이와 같이 다양한 정부활동과 항상 관계함으로써 갖추어진 전문성과 조정능력을 배경으로, 20세기 행정은 정치에 대하여 상대적으로 우위에 서게 된 것이다. 본래 정치의 기능으로 생각되어 왔던 이해관계 조정이나 정책결정이라는 역할을 실질적으로 행정이 담당하게 되고, 정치는 형식적인 결정을 행하는데 불과하다는 경향이 생겨났다. 어떤 의미에서는 행정이 정치의 기능을 분담하게 된 것이다.

3) 행정에 대한 정치적 통제 시도

이와 같은 경향에 대한 정치 측의 반격도 보인다. 정치 측의 반격의 구체적인 전개는 나라마다 다르다. 예를 들면, 미국에서는 의회가 그 전문성을 높이는 것으로 행정에 대항해 왔다. 원래 미국의회는 의원의 정책입안을 지원하기 위한 스탭기구가 갖추어져 있지만, 예산이나 법률을 입안하거나 심사하기 위한 의회예산국이나 의회조사국을 충실하게 하여, 행정에 의존하지 않고서도 정책입안이나 전문적인 심의가 가능하도록 체제를 갖추고 있었다.

한편 일본의 경우는 의회(국회)의 스탭조직의 충실이라는 형태로서의 대응은 없고, 집권정당의 정책능력의 향상이라는 형태로 정치력이 유지되어 왔다. 즉 1955년 이래, 자유민주당의 장기단독정권이 38년간 지속된 특수사정 때문에, 집권정당인 자민당이 행정에 버금갈 정도의 정책능력이나 전문성을 갖게 된 것이다. 장기정권을 배경으로 행정에 대하여 상대적으로 우위에 섰다고도 말할 수 있다. 또 일상적으로 집권당과 관료제가 접촉하는 것이 장기에 걸쳐 계속되고, 더 나아가 관료출신의 자민당 국회의원이 많아짐에 따라 자민당과 행정관료제의 일체화 기미조차 보이게 되었다.

단, 이 관계는 자민당이 장기단독정권을 유지하고 있는 한에서 유효하였지만, 자민당이 집권정당으로부터 물러나거나 연합정권 시대를 거치면서, 오늘날의 정당과 관료제와의 정관관계는 상당히 유동적으로 변모하였다. 이와 같은 움직임 속에 1997년 하시모토 유타로우(橋本龍太郎) 내각시대에 행정개혁의 일환으로서 중앙관청의 재편이 시작되었다. 전후 얼마 뒤부터 일본의 중앙관청은 최소한 省 수준에서 자치성이 설치된 것을 빼고는 전혀 변동이 없었다. 이처럼 안정된 중앙관청을 발본적으로 재검토 재편성한다는 것이기 때문에 이것은 전후 개혁 가운데서도 특필할 사건이었다. 그러면, 이와 같은 대규모 개혁의 의미는 도대체 무엇일까?

관청조직을 변경하려고 하는 시도는 당연히 각 부처가 담당하고 있는 정책분야에 변동이 일어나고 있는 것이 원인이었다. 실제 막대한 자금을 투입한 국토개발과 그것에 의한 경제발전을 지향한 고도경제성장시대로부터, 환경을 배려하면서 한정된 자원을 유효하게 이용하여 국토를 활용하려고 하는 시대로 변화되고 있기 때문에, 공공사업을 기획·입안하거나 실시하는 관청의 조직도 변하지 않으면 안된다. 예를 들면, 건설성와 운수성을 통합하여 국토교통성을 만들려고 한 것은 통합에 의한 간소화를 겨냥한 것뿐만 아니라, 사회환경의 변화에 대응하여 관청조직을 다시 편성하려는 취지도 포함되어 있다.

그러나 하시모토 내각시대에 시작한 중앙관청의 재편에는 또 하나의 중요한 요소가 포함되어 있다. 그것은 내각기능을 강화하는 것을 통하여 정치와 행정의 관계에서 정치의 우위를 확립하려고 하는 시도였다. 국민의 대표인 국회나 그 국회에서 선출된 수상이 주체적으로 정책을 입안하고 법률을 만들어 갈 수 없고, 거의 모든 관료가 하라는 대로 하게 되어 버린 관료정치가 전개되고 있는 것이 현실이다. 이와 같은 상황을 타파하기 위해서는 정치가 개인의 정책능력을 높이는 것도 중요하지만, 정치력을 발휘할 수 있는 제도나 조직도 필요하다. 그 중 하나가 내각기능의 강화이다.

구체적으로는 ① 총리대신이 내각의 수장으로서 국정의 기본방침에 관하여 각의에 붙일 수 있도록 법제상 분명하게 한 점, ② 내각

관방이 총리대신의 직무를 직접 보좌하는 기능을 갖고 있음을 명확하게 한 뒤 그 기능의 강화를 도모한 점, ③ 종래의 총리부에 대신하여 내각부를 설치한 점, ④ 중앙부서간 종합조정기능을 가지고 있던 총무청에 자치성과 우정성의 일부를 통합한 총무성이라는 거대한 종합조정관청을 만든 점, ⑤ 부성(府省) 간 정책조정의 틀을 만든 점 등이다.

4) 미국의 정치와 행정의 관계

미국에서는 건국 당시부터 국민의 권리를 정부의 권력으로부터 지키는 것을 민주주의의 기본으로 해 왔기 때문에, 정부행정부문에 대한 통제가 엄격하다. 대통령제를 채택한 것도 어떤 의미에서는 행정을 국민의 대표가 직접 통제하도록 제도화한 것이라고 말할 수 있을 것이다. 그리고 대통령에 의한 행정통제를 실효성 있게 하기 위해서는 관료제 기구의 주요 직위에 취임하는 인물을 대통령 자신이 임명하는 것으로 하고 있다. 이들 직위를 「정치적 임명직」(political appointee)이라 한다. 이에 비해 일생동안 공무원직에 재직하는 사람들은 「종신직 공무원」이라 한다. 연방정부에서는 이들 정치적 임명직이 2,000명 정도 있기 때문에 대통령이 바뀌면 정치적 임명직에 재임 중인 사람들도 거의 모두 교체된다. 대통령의 교체에 의하여 연방정부의 관료기구가 상당 정도까지 새로워지게 된다. 따라서 연방정부 가운데 종신직 공무원이 오랜 동안의 경력과 전문성을 무기로 권력을 장악하는 것은 어렵다.

이와 같이 행정에 대한 정치적 통제를 강화하려는 생각은 앞에서도 서술한 바와 같이 잭슨대통령이 강조한 것이기 때문에 잭슨니안이라고 불리고 있다. 미국에서는 1970년대부터 잭슨니안적 사고가 특히 지배적이었고, 레이건 정권의 행정개혁이나 「작은 정부」론은 이와 같은 사고에 기초한 전형적인 정책이다.

또 미국에서는 의회와 행정 사이의 독립성이 명확하여, 의회에 의한 행정통제도 엄격하다. 특히 법안의 작성자체를 모두 의회가 하고, 일본처럼 의원이 법안의 작성이나 의안심의 시 관료의 힘을 빌리는 일이 없기 때문에, 정치와 행정의 관계는 꽤 명확하게 구별된다.

5) 영국의 정치와 행정의 관계

의원내각제를 채택한 영국이지만, 내각은 행정의 최고지도기관임과 동시에 여당의 최고지도기관이기도 하므로, 일본과 같이 정부와 여당을 구별하고 있지는 않다. 결국 전통적으로 다수당의 정책이 정부의 정책이라는 사고가 일반적이다. 또 여당의 중견의원이 부대신(=차관) 직위에 취임하여 정당주도의 정책결정을 실현하려고 하고 있다. 그리고 2대 정당제를 채용하고 있기 때문에 정권교체도 어느 정도까지 이루어지고 있다. 따라서 어느 정당이 정권을 획득하는가에 따라 정부의 정책은 크게 달라진다. 그 점이 같은 의원내각제를 채택하고 있다고 해도 장기정권을 계속하는 일본과 사정이 다르다. 그와 같은 점에서 정당정치가가 관료제에 대하여 비교적 우위에 서 있던 것이지만, 최근 그 경향이 급속하게 강화되고 있다. 즉 대처 보수당정권시대에는 관료수가 줄어든 반면 수상관저의 직원은 증가되고, 현업부분이 통상의 행정기관에서 분리되거나 민간위탁으로 전환되며, 더 나아가 민간인을 관료로서 적극 등용하는 등에 의해

관료제의 약체화가 도모된 것이다. 그 결과 관료들 사이의 사기 저하가 문제로 되고 있는 정도이다.

6) 프랑스의 정치와 행정의 관계

프랑스의 관료 중 엘리뜨라 불리는 사람들은 국립행정학원(ENA)의 졸업생이다. 관료 등용 단계에서 엘리뜨와 엘리뜨 아닌 자를 구분하는 점에서는 일본의 관료제와 유사하다. 그러나 관료가 된 후의 행동양식에서는 프랑스의 관료와 일본의 관료는 꽤 차이가 있다.

프랑스에서는 내각이 교체될 때마다 관료가 담당하는 관청의 범위에 대한 재검토가 이루어진다. 따라서 엘리뜨 후보의 관료도 1개의 관청에 안주하고 있을 수 없으며, 몇 개의 관청을 전전하는 것이 일반적이다. 또 관료기구 가운데 개개의 관료를 평가할 때에 적극평가를 하는 풍토가 있는 점도 일본과 다른 특징이다. 일본에서는 감점주의의 평가를 행하고 있음에 비하여 프랑스에서는 가점주의의 평가를 행하고 있다. 프랑스의 엘리뜨 관료들은 잘못을 범하지 않고 무난하게 일을 하고 있는 것만으로는 좋은 평가를 받을 수 없기 때문에 적극적이면서 대담하게 정책제안 등을 행하려고 한다.

이와 같은 행동양식을 취하기 때문에 관료들은 정치적 중립이라는 애매한 입장에 서지 않고, 정치색이 강하다고 할 수 있다. 정치가도 유능한 관료를 수상부와 각 성의 관방으로 끌어들여, 이른바 「고용관료」가 되는 경향이 있다. 정권의 중추와 결부된 엘리뜨 관료들의 힘은 상당히 커지기 때문에 그와 같은 관료들을 효과적으로 통제할 각료의 능력도 문제가 된다.

7) 독일의 정치와 행정의 관계

독일에서도 관료는 정치적 중립이 요구되고 있지만, 개개 관료의 정당 소속은 완전히 자유롭기 때문에 정당색이 강한 관료가 많다. 또 각 정당이 각 省의 대신(=장관) 직위를 「지정석」으로 확보하고 있기 때문에, 당 소속 관료가 각 성의 주요 직위에 취임하고 있다. 즉 정당이 관료 인사에 커다란 힘을 가지고 있다. 따라서 정권교체가 있으면, 이제까지 불우했던 관료가 일약 주요 직위에 취임하는 경우도 있다. 이와 같은 정당의 관료인사권은 주 정부 등의 지방에도 미치고 있다.

그러나 독일의 정당은 각 당마다 이데올로기적으로 커다란 차이가 없기 때문에, 관료가 이와 같이 정당색을 명확하게 나타내어도, 그다지 커다란 문제가 되지 않는다. 오히려 행정스타일 자체는 당파성을 전면으로 내세우는 것보다 원칙대로 법령을 엄격하게 적용하는 경향이 있다.

3. 정부와 민간의 관계

1) 정부와 민간과의 접점의 확대

정부기능이 외교, 국방, 치안유지, 통화 등의 측면에 한정되어 있던 시대에는 정부와 민간의 구별이 명확하고, 양자의 관계도 단순하였다. 즉 이 시대에는 거의 모든 정부활동이 국가권력 내지 공권력을 배경으로 한 문자 그대로의 권력활동이었기 때문에, 그와 같은 권력을 행사할 수 없는 민간과는 준별될 수 있었던 것이다. 또 자유방임(laissez faire)의 원칙 하에서 정부는 국내의 민간 활동에 대해 최저한도의 관여 밖에 할 수 없었기 때문에, 양자간에 밀접하면서 일상적인 관계가 구축되지 못했던 것이다. 사회의 치안을 어지럽히지 않는 한, 바꾸어 말하면 법령에 저촉되지 않는 한, 정부의 관여를 받지 않는 것이 원칙이었다.

19세기 후반 들어 정부가 사회문제나 도시문제의 해결에 적극적으로 나서게 되자, 정부와 민간의 관계는 비약적으로 증대되었다. 즉 정부는 서비스의 공급주체로서 민간과 접촉하게 된다. 건강 · 위생, 복지, 사회보장, 교육 등의 분야에서, 정부의 서비스를 공급하기 위한 조직이 국가나 지방정부 내에 만들어지고, 많은 직원이 고용되게 되었다. 또한 노동조건이나 노동안전, 위생, 혹은 도시계획에 부수하는 많은 규제활동을 통해서도, 정부와 민간의 관계는 증대되었다.

20세기에 들어오면, 정부의 기능이 한층 증대됨에 따라 정부와 민간의 관계는 보다 밀접하게 된다. 특히 세계공황 이후의 선진제국 정부의 역할변화는 경제정책이나 산업정책을 통하여, 경제활동이나 산업활동에 밀접하게 관여하게 되었다. 재정금융정책을 통한 경기대책, 독점금지정책에 기초한 시장에의 개입, 산업정책을 명목으로 한 특정기업 또는 특정업계에 대한 규제나 조성 등 경제면 내지 시장을 통한 민간에의 관여가 확대되었다.

2) 정부 · 민간관계의 환경변화

이와 같이 정부와 민간과의 관계는 근대국가 성립 이후 20세기 후반에 이르기까지 접촉의 확대, 관계의 농밀화라는 방향으로 움직여 왔다고 말할 수 있을 것이다. 그러나 여기에서는 정부와 민간의 관계 변화는 인정된다고 해도, 쌍방 사이에 일정한 경계선을 설정하여, 양자가 근본적으로 차이가 있음을 논의 하는 것이 가능하였다. 예를 들면, 정부는 공권력을 배경으로 하여 권력적인 활동을 행할 수 있지만, 민간에는 그와 같은 권력이 존재하지 않는다는 것도, 명확한 구별의 근거였다. 또 정부는 공공성을 존중하고, 공평, 평등을 원칙으로 한 비영리 활동을 행하는데 대하여, 민간은 자기의 이익을 추구하는 영리활동을 전제로 하고 있는 점도 정부와 민간을 구별할 때 이용되는 근거 중 하나이다.

그런데 20세기 후반 무렵부터 이와 같은 정부와 민간의 구별이 서서히 어렵게 되고, 그 차이가 애매하게 되고 있다. 특히 1980년대 이래 그것이 현저한 경향으로 나타나고 있다. 이 시기는 선진제국이 그때까지의 복지를 충실하게 하고, 다양한 서비스를 공급하는 정부에서, 국내적으로는 필요 최소한의 기능과 역할만을 담당하는 정부로의 전환을 지향한 시기이다. 즉 종래 목표로 하여 왔던 복지국가체계를 재검토하고, 새로운 국가상을 모색하기 시작한 것이다. 이러한 움직임은 각 국 내부의 사정뿐만 아니라, 국가의 범위를 넘어 국제적인 정치 · 경제의 변화에 의한 것이다.

3) 정치 · 경제의 국제화

일본을 예로 들어보면, 1970년대의 오일쇼크를 계기로 그때까지의 고도경제성장이 어렵게 되어, 이른바 「저성장시대」 내지 「안정성장시대」라고 표현되는 상황이 나타났다. 그 결과 경제성장에 비례하여 확대되어 온 정부의 재정도, 그 이상의 확대가 어렵게 되었다. 재정 신장을 기대할 수 없다면, 우선은 현상유지만 해도 좋겠지만,

단지 현상유지를 하는 것만으로는 문제해결이 되지 않았다. 왜냐하면 정부에는 시대마다의 새로운 역할이나 기능이 기대되기 때문에, 거기에 대응한 신규정책을 전개해야 하기 때문이다. 일본에서는 80년대 이후 급속하게 국제적 과제에 대처하는 정부의 역할이 커졌다. 정부의 국제화가 필요하게 되었던 것이다.

이 무렵, 아시아 신흥공업국가들은 저임금노동을 무기로 국제경제에 급속하게 진출하여 왔다. 가격과 기술로 세계시장을 석권한 일본 브랜드도 성능 면에서 그만큼 못해 보이고, 훨씬 낮은 가격의 신흥공업국 제품에 눌리는 경향으로 되어 버렸다. 그래서 일본기업은 국내생산을 단념하고, 저임금노동력을 확보할 수 있는 해외생산으로 전환하는 경우가 속출했다. 기업의 생산 면에서의 해외진출이 확대된 것이다.

한편, 선진제국들은 일본 시장의 폐쇄성에 대한 불만을 터트렸다. 일본은 자국제품을 세계 시장에 계속 팔고, 자유무역체계의 혜택을 독점하고 있음에도 불구하고, 자국시장에서는 관세나 여러 가지 행정규제를 부과함으로써, 자국산업을 보호함과 동시에 외국제품의 수입을 제한하고 있었던 것이다. 특히 미국으로부터는 시장개방의 강한 요구가 나왔다. 이리하여 자유주의경제의 원점으로 되돌아가, 경제에 대한 정부의 관여를 필요 최소한으로 머물게 하기 위해, 시대적 요청인 「민영화」와 「규제완화」를 강력하게 추진해야 한다는 주장이 점점 강해지게 되었다.

국제화에의 대응은 경제면에만 그치는 것이 아니었다. 1980년대 이후 국제사회가 격동기를 맞고, 1989년 베를린 장벽의 붕괴로 상징되는 바와 같이, 그때까지의 미국과 구소련의 대립을 기축으로 한

동서대립이라는 구도가 사회주의국가의 자유화에 의해 붕괴되고, 새로운 국제질서가 모색되지 않으면 안 되게 되었다. 그러나 현실에서는 민족이나 종교의 대립이 심각해지고, 전쟁이나 내전이 다발하는 등, 국제질서는 혼란의 방향으로 나아가 버렸다. 그러한 국제정세 가운데, 일본에 대해서는 발전도상국이나 분쟁에서 피폐해진 여러 나라에 대한 경제원조, 혹은 국제질서유지에 대한 정치적・군사적 공헌이 우선 기대되게 되었다. 정부는 정부개발원조(ODA)를 확대시키고, UN의 평화유지활동(PKO)에 자위대를 참가시키는 등, 이른바 국제공헌을 적극적으로 진행하지 않으면 안 되게 된 것이다.

4) 행정개혁에 의한 재편성

지금에 와서 예전과 같은 고도성장을 바랄 수 없는 가운데, 국제화의 요청에 따른 정책전개를 추진하려고 하면 지금까지와 같은 정도의 자금이나 에너지를 내정문제에 향하게 하는 것은 어렵게 된다. 즉, 막대한 복지예산이나 교육예산을 삭감하거나, 공공사업에 대하여 적극적으로 민간자금을 도입하는 등을 하지 않으면 국제공헌에 사용할 예산이 생기지 않는다. 여기에서 국내의 보건, 복지, 교육이라는 민생부문에서의 정부의 역할을 재검토하고, 거대한 재정적자에 고민하는 국철 등의 민영화를 추진할 필요성이 표면화되어 가게 된다. 거기서 등장했던 것이 1980년대 초두에 설치된 제2차 임시행정조사회 이후의 일련의 행정개혁이다. 거기에서 다음 절에서 서술할 중앙과 지방의 관계 재검토와 함께, 정부와 민간의 관계 재검토와 재편성이 촉진되게 되었다.

단, 국제정책을 중시하고 내정정책을 최소화 한다고 해도 지금까지 정부의 책임 하에 행해 온 행정서비스를 갑자기 중지해서는 안 된다. 정도의 차이는 있다고 해도, 필요하기 때문에 행해져 온 활동이기 때문에 상당 정도까지는 어떠한 형태로든 계속되어야 한다. 어떻게 하면 좋을까? 하나의 대응책은 정책을 실시할 때 민간활력을 도입 내지 활용하는 것이고, 또 하나는 수익자 부담원칙을 철저하게 하는 것이다.

이에 민간의 활력을 도입, 활용하는 경우, 정부와 민간이 공동으로 활동하는 경우와 원칙적으로 민간에게 맡겨두는 경우를 생각할 수 있다. 여기서 말하는 정부에는 지방자치단체도 포함된다. 예를 들면, 지방자치단체와 민간이 공동 출자하여 「제3섹터」를 만들어 철도를 경영하는 경우는 전자인 공동형의 경우이다. 한편, 지방자치단체는 리조트 개발의 추진이라는 기본방침과 그 구역을 결정할 뿐이고, 구체적인 개발계획의 책정과 사업은 민간 개발업자에게 맡기는 경우는 후자에 속한다. 어느 경우라고 해도 정책집행과정에 정부 이외의 조직이 관여되는 것이 특징이다. 즉, 정부활동을 정하는 정책을 집행할 때, 정부 이외의 조직이 그 정책집행을 담당하고 있는 이다.

5) 회색지대의 확대

이와 같은 상황이 되면, 집행과 관련된 조직을 정부조직과 민간조직으로 구별할 수 없게 된다. 예를 들면, 제3섹터는 정부조직인가 민간조직인가는 바로 답이 나오지 않는다. 정부로도 민간으로도 구별하기 어려운 조직을 「회색지대」의 조직이라고 한다. 20세기 후반 들어, 이 회색지대가 점점 확대되어 왔지만 특히, 1980년대 이후 그

확대가 현저하고, 회색지대에 포함되는 조직의 수와 종류의 증가가 현대 행정의 하나의 특징이다.

도표 1-2는 정책집행을 담당하는 조직의 종류를 정리한 것이다. 도표 속에서 「행정조직」이라고 하는 것은 국가의 각 관청조직이나 시·도청이나 구청 등의 조직이 전형이다. 「준행정조직」이란 국가의 부속기관, 특수법인, 지방자치단체의 지방공사 등이다. 이들 조직은 활동내용, 예산·회계, 간부인사 등에서 거의 완전하게 정부의 통제 하에 있지만, 독립채산을 원칙으로 하거나 직원의 채용이나 인사이동에서는 어느 정도의 독립성이 인정되고 있는 등, 일반 행정조직과는 구별되는 부분도 크다. 민간부문의 「복합 조직」이란 제3섹터나 정부가 일부주식을 보유하고 있는 것과 같은 조직이다. 최근

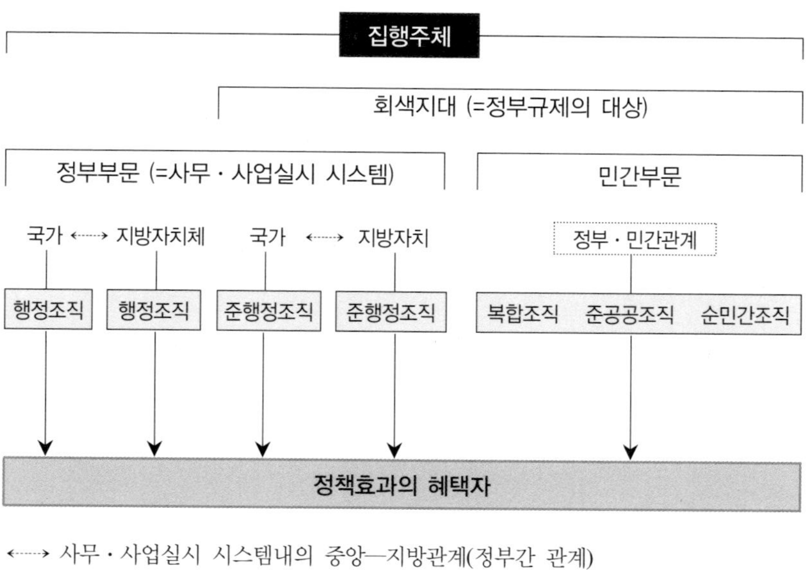

도표 1-2 정책집행주체의 조직

의 경향으로서는, 형태로서는 주식회사제를 취하고, 국가나 지방자치단체가 참가함으로써 조직을 통제하고 있다. 물론, 정부부문이 간부나 일반사원을 파견하고 있는 경우도 적지 않다. 「준공공조직」이란 재단법인이나 사단법인과 같이, 설립에 있어 주무장관이나 시도지사의 인가를 필요로 하는 등, 설립과 그 후의 운영에서 정부부문의 관여가 강한 반면, 비영리활동(공익활동)을 행하는 것을 전제로 세제면 등에서 우대조치를 받고 있는 것과 같은 조직이다. 더 나아가 「순민간조직」이란 그 이름 그대로 영리를 목적으로 설립되어 있는 주식회사 등의 순수한 민간조직으로, 시장원리에 기초하여 경제활동을 행하는 조직이다. 이와 같은 조직은 본래 정책의 주체가 되지 않고 객체(대상)가 되는 것이 일반적이지만, 최근에는 이와 같은 순수민간조직까지도 행정서비스의 공급주체로 편입되는 경우가 적지 않다. 시정촌(市町村: 지방자치단체, 역자주)과 계약을 맺어 쓰레기 수거작업을 도급 받고 있는 업자 등이 그 예이다.

「복합 조직」, 「준공공조직」, 「순민간조직」의 어떤 것도, 정부부문과 민간부문의 이분법을 취하면, 민간부문에 들어갈 수밖에 없지만, 정부활동의 한 끝을 담당하고 있는 것을 보면 보통의 민간조직과는 다른 것도 분명하다. 즉 정부부문, 민간부문이라고 잘라 말할 수 없고 흑백을 분명하게 하지 않는다는 점에서 「회색지대」인 것이다.

일본형 시스템의 기원

일본 경제시스템의 특징은 가격을 소비자가 아닌, 공급자나 생산자가 결정하고 있는 점에 있다. 시장이 아닌 조직(정부나 기업)이 가격평가를 행하기 때문에 가격탄력성이 적고, 완전 경쟁원리는 작동하지 않는다. 이 공급주권의 특징은 식품관리제도, 유통제도, 메인뱅크, 주주를 경시한 노동협조관계 등 일본의 경제·행정제도 전반에 나타나 있다.

이 경제제도는 원래 1930년대에 한정된 자원을 전쟁목적으로 총동원하는 「총력전체계」를 위해, 기업을 행정의 대리인으로 통제하면서 기획원이 작성한 물자동원계획 등에 의한 계획적인 자원배분을 실현하기 위한 제도였다. 이 계획경제적 방법은 당시의 블록경제 하에서 높은 경제성장을 거두고 있던 구소련의 Gosplan(국가계획위원회)을 모방한 것이고, 이 기획입안의 중심에 위치하고 있었던 것은 만주국 건설에서 계획경제방법을 경험했던 기시 노부스케(岸 信介)의 혁신관료들이었다. 1937년의 「통제3법」과 1938년의 국가총동원법이 일본형 시스템의 기원이었던 것은 말할 필요도 없다.

전후에도, 재원과 인원 양측의 자원은 한정되어 있었기 때문에, 戰前의 행정방법이 답습되었다. 대장성이나 통상성이 행정지도로 경제정책을 주도하는 제도를 「호송선단식」(護送船團式)이라 하고 「칸막이된 경쟁」 속에서 기업활동이 행해진 것도, 바로 한정된 자원을 유효하게 이용하는 메커니즘이 작동하고 있었기 때문이다.

근대화에서 후발국가에게 특유한 제도는 공급자의 안정을 도모하고, 간접적으로 국민의 복지, 이익을 향상시키려는 구조이기 때문에, 어떤 조건하에서는 자원배분이 매우 효율적이게 된다. 확실히 구미 생활수준을 목표로 해온 catch-up 시대에는 어느 정도 유효한 방법이었는지 모른다.

그렇지만 국민의 소득수준이 향상됨에 따라 선택이 불가능하다는 단점이 두드러지게 되었다. 일본사회가 성숙하고, 일본의 기업활동이 타국의 기업활동을 넘어서는 시대에는 정부를 전지전능한 신으로 내세워 국민을 지도할 필요는 없다. 최근 종종 제창되고 있는 규제완화는 이와 같이 경제사회의 변화에 수반하는 풍요로운 시대의 사회적 요청이라 말할 수 있다(H·T).

참고문헌

岡崎哲二·奧野正寬編『現代日本經濟システムの原流<シリーズ現代經濟研究6>』(日本經濟新聞社, 1993)

小野英夫ほか『「日本株式會社」の昭和史』(創元社, 1995)

野口悠紀雄『1940年體系』(東洋經濟新報社, 1995)

村上泰亮『新中間大衆の時代』(中公文庫, 1986)

4. 중앙과 지방의 관계

1) 앵글로색슨형의 지방자치

전술한 바와 같이 근대국가가 막 형성된 무렵 국가나 정부의 역할이나 기능은 극히 한정적인 것으로 생각되고 있었기 때문에, 국민의 일상생활과 관련된 활동은 국가나 정부의 역할이 아니었다. 그것은 오히려, 국민의 생활에 가까운 곳에서 처리되어야 하는 것이었다. 즉 최소한의 치안유지는 국가의 책임으로 정부에 의해 보장된다고 해도, 일상생활에 필요한 물자확보나 쾌적한 생활은 국민 한 사람 한 사람의 자기책임으로 확보되지 않으면 안 되는 원칙이었다.

그렇지만, 공교육, 보건, 위생, 가로수나 수도의 청소 등의 활동은 개개인이 따로 따로 행하여도 좋다는 것을 의미하는 것이 아니고, 일정한 같은 지역에서 생활하고 있는 사람들이 공동으로 처리하지 않으면 안 되는 어려운 일이다. 따라서 근대국가가 형성되기 훨씬 이전부터 일정 지역에서 공공서비스를 행하는 체계가 극히 자연스럽게 형성되어온 것이다. 또 그들 공공서비스의 공급에 관한 이해관계 대립이나 누가 어느 정도로 공급할 것인가 등에 관한 조정을 행하기 위해서 지방정치가 성립했다고 할 수 있을 것이다. 사회에서 종교적 관련성이 강한 국가들에서는 교회 등의 종교시설 내지 종교상의 구획이 이들의 공공서비스의 공급활동을 행하는 기초단위이기도 했다.

근대국가는 이와 같은 지역차원에서의 공공서비스의 공급활동이나 그것에 수반하여 형성된 다양한 조직에 관해서는 그다지 관심이 없었다고 할 수 있을 것이다. 물론 이와 같이 국가가 지방에 대하여 무관심하거나 관용하였던 것은 근대국가가 형성되는데 지방 봉건영주의 저항을 그다지 받지 않고 끝났기 때문이다. 이와 같은 조건을 가장 잘 구비하고 있던 곳이 영국이었다. 영국과 같이 지방자치를 국가의 성립 이전부터 존재하는 것으로 인정하고, 지방의 자치성이나 독립성을 인정하는 형태로 중앙-지방관계가 성립되는 경우를 「앵글로색슨형」의 지방자치라 부른다.

그렇지만 앵글로색슨형 국가에서도 경제가 발전하고 사회가 복잡하게 됨에 따라, 주민자신이 부담해 온 공공서비스 공급활동을 전문적으로 행하는 사람들의 집단이 필요하게 되었다. 동시에 이와 같은 공공서비스의 공급주체가 국가기능의 일부로 편입되게 되었다. 이렇게 되면 국가도 각 지방에서 독자적으로 전개하고 있는 공공서비스에 무관심하고 있을 수만은 없게 된다. 국가가 지방의 공공서비스 내용이나 공급활동에 참견하거나, 경우에 따라서는 직접 국가가 적극적으로 개입하는 일이 일어나기 시작한 것이다. 이리하여 사회·경제의 발전과 함께, 국가와 지방의 관계는 밀접하면서 긴장이 높은 것으로 변해가게 되었다.

2) 대륙형의 지방자치

일본의 경우는 근대국가가 형성된 상당히 이른 시기부터, 국가가 지방에 대해 관여하기 시작했다. 우선, 부국강병을 국가의 중요한 정책으로 한 명치정부는 징병제도를 완성시키기 위해 호적 정비부터 시작했다. 그때에 호적정비에 필요한 행정상의 구획을 설정하고 국가가 직접 지방을 구획하였다. 그러나 명치 10년경까지의 명치정부는 아직 정권의 안전을 도모하는 것에 급급했기 때문에, 본격적인 지방제도 만들기 자체는 약간 지체되었다. 그러나 그것은 제도창설이 늦은 것뿐이고, 에도(江戸)시대의 봉건영주의 독립성을 인정하고 있던 국가체제에서 통일국가로 변경해 가기 위해서는 중앙집권적인 국가의 건설이 필요하다고 생각되고 있었다.

그리고 드디어 1888년(명치 21년)에 지방으로부터의 불만이 중앙 정계에까지 직접 미치지 않게 하고 지방의 자세한 사정을 지방 스스로 처리하게 하는 것을 목적으로 하여, 시제정촌제(市制町村制)라 불리는 지방제도를 법제화하고, 국가가 지방단체를 창설하였다. 이 제도에 기초한 市町村의 구획은 에도시대부터의 자연발생적인 촌을 기초로 하고 있다고는 하지만, 꽤 대규모 합병을 강행하여 일정 규모 이상을 확보하는 등, 국가에 의해서 인위적으로 만들어진 측면이 크다.

이와 같이 근대국가의 형성 단계에서부터 중앙집권적인 중앙-지방관계를 형성하는 것은 봉건제후의 세력이 강하고, 절대왕정의 시대에 중앙집권적 지방제도를 만들지 않을 수 없었던 유럽 대륙의 여러 나라들에서 특징적으로 나타난다. 그래서 이와 같은 국가가 지방자치단체를 인위적으로 창설하고 거기에 한정적인 자치를 인정해 주는 형태로 지방자치가 형성되어 온 것을「대륙형」지방자치라고 부른다. 일본의 경우는 절대주의국가의 형성과 근대국가의 형성이 중복되어 있기 때문에 유럽 대륙의 프랑스, 프로이센, 오스트리아 등과는 사정이 다르지만 근본적으로는 대륙형 지방자치제도를 구축해 왔다.

3) 복지국가의 중앙 · 지방관계

근대국가가 현대국가나 복지국가로 변용되는 가운데, 정부에 의해서 공급되는 공공서비스의 질과 양도 증대되고 있었다. 그리고 그들 공공서비스의 다수가 지방정부를 경유하여 공급되는 것이기 때문에, 앵글로색슨형과 대륙형의 어느 한 쪽의 지방제도를 취하는 나라에서도 중앙과 지방의 관계가 복잡해지고 밀접하게 되었다.

현대국가에서는 중앙정부의 공공서비스가 지방정부를 통하여 공급되기 때문에, 중앙정부도 지방정부에 의존하고 있다고 말할 수 있다. 즉, 지방정부 없이는 중앙정부의 서비스를 전국에 보급시키는 일이 물리적으로 불가능하게 된 것이다. 그런 점에서 지방정부의 역할이나 위상이 높아지고 있다. 그와 같은 현상을 받아들여, 중앙정부와 지방정부와의 사이에 상호의존관계가 성립되고 있다는 것을 지적하고 있는 것이 영국의 로즈(R.A.Rhodes)이다.

그러나 상호의존관계가 성립되고 있다는 사실이, 곧 지방정부의 자립성이나 자치의 강화를 의미하는 것은 아니다. 오히려 일본의 예에서 알 수 있는 바와 같이, 중앙정부는 다양한 법령, 통달 등을 통하여 지방정부가 공급하는 공공서비스에 대한 기준을 정함과 동시에 재원배분권한을 이용하여 지방정부의 활동을 사실상 구속하고 있는 경우가 적지 않았다. 특히 일본의 경우, 전쟁 전부터 중앙정부의 관료제에 의한 지방통제가 강하고, 그 전통 아래에서 현재도 중앙통제가 강하다는 것이 종종 지적된다.

이와 같이 복지국가의 중앙-지방관계는 극히 다양한 형태와 측면을 보이고 있다. 무라마쯔 사키오(村松 崎夫)는 한프(Keneth Hanf)와 샤프(Fritz W.Sharpf)가 제시한 중앙과 지방의 의존정도에 대한 정리를 바탕으로 중앙-지방관계에 관하여 다음과 같은 4개의 유형을 제시하고 있다.

① **상호독립** : 일본에는 그다지 예가 없다. 일찍이 미국의 연방, 주, 지방의 관계가 이와 같은 것이라고 생각할 수 있다.

② **지방의 중앙에의 일방적 의존** : 수직적 행정통제모델로 이해되는 많은 보조사업이나 기관위임사무.

③ **중앙의 지방에의 일방적 의존** : 수평적 정치경쟁모델로 이해되는 중앙정책의 실시를 지방에 의존하는 것.

④ **상호의존** : 복지국가에서는 이와 같은 사무사업이 많아지고 있다. 일본과 같이 중앙・부현(府県)・시정촌(市町村)도 전 차원이 관여하는 공유 시스템에서는 이 유형에 속하는 예가 많다.

이들 4개 유형 가운데 무라마쯔가 특히 그 중요성을 강조한 것이 ④의 상호의존모델이다.

복지국가로부터 복지국가가 재검토되는 현대적 전개 속에서는 과연 어느 정도 중앙-지방 관계가 형성되어 가고 있는 것일까? 무라마쯔가 지적한 바와 같이, 중앙과 지방간의 상호의존관계의 증가가 세계적으로 진행되고 있는 것은 분명한 사실일 것이다. 그리고 구체적인 상호의존관계는 국가에 따라서 시대에 따라서 다양한 변형이 생겨나고 있다. 따라서 「상호독립」, 「지방에의 일방적 의존」, 혹은 「중앙에의 일방적 의존」의 어느 하나만으로 성립하는 중앙-지방관계는 오늘날에는 거의 존재하지 않는다. 즉 큰 틀로는 「상호의존」 관계에 있다고 말할 수 있지만, 한편에서는 국가나 시대에 따라서 지방이 중앙에 의존하는 정도가 커지고, 반대로 중앙이 지방에 의존하는 정도가 커지거나 하는 식으로 보는 것이 적당할 것이다.

4) 현대 일본의 지방분권화 요청

복지국가이후의 이른바 「후기복지국가」상을 모색하는 가운데, 일본의 중앙-지방관계는 어떻게 변해가는 것인가를 마지막으로 살펴보고자 한다. 전술한 바와 같이, 80년대 이후 일련의 행정개혁 가운데, 중앙-지방관계의 재검토도 커다란 과제의 하나로 드러났다.

즉 사회・정치・경제가 국제화를 이루는 가운데 중앙정부의 역할이나 기능의 중점이 내정에서 외정으로 크게 전환되고, 그에 뒤따라가듯 지방정부의 역할도 변하고 있다. 예를 들면, 고도성장시대에는 중앙정부의 경제, 산업정책 하에서 대기업의 공장이 지방거점지역에 진출하고 그에 따라 지방경제의 진흥이 도모되고 있었다. 그런 의미에서 지방은 중앙의 정책과 대기업의 진출에 의존하고 있었다. 그러나 오늘날에는 기업이 값싼 노동력을 찾아 해외로 생산거점을 옮기려 하고 있기 때문에 일본 국내에서의 공장진출은 극히 한정된 조건 하에서만 기대할 수 있다. 지방이 경제부흥을 도모하려고 하면 지금까지와 같이 국가나 중앙의 대기업에 의존하는 것이 아니라 지방정부가 독자적인 노력으로 진흥책을 찾아내야 한다. 종종 지적했던 바와 같이 지방의 창의・궁리와 지방의 실정에 맞은 정책의 입안, 실시가 요구되고 있는 것이다. 그러나 지방정부가 독자적인 새로운 정책을 실시하려고 하면, 당연히 권한과 재원이 필요하게 된다. 그 때문에 오늘날의 경제상황에서는 지방분권이 진행될 수밖에 없다.

또 고령화나 저출산이 진행되는 일본에서 지역의 실정에 따라 종합적인 저출산, 고령정책을 전개하기 위해서는 지역의 실정에 자세한 지방정부가 중심이 되어 시책을 전개해 갈 필요가 있다. 그 때문에라도 지방에 독자적인 시책을 전개할 수 있을 만한 권한이나 재원이 필요하게 된다. 이 점에서도 지방분권을 진행시켜야 할 필연성이 생겨나는 것이다.

이와 같은 이유에서 지방분권의 추진이 요청되는 것이다. 그리고 지방분권을 진행함에 따라 동경일극 집중이 근본적으로 시정되고, 개성 풍부한 지역사회가 형성될 것이라는 기대도 갖고 있다. 이와 같은 환경 하에, 1993년 6월에 중의원과 참의원에서 지방분권추진 결의가 행해졌다. 일본 헌정사상 처음으로 지방분권에 대하여 국가가 구체적인 행동을 취한 것으로 주목받았다. 그 이후 동년 10월에는 제3차 임시행정개혁추진심의회(행혁심)의 최종보고에서 지방분권이 주요 과제로서 다루어지고, 다음해 94년 9월에는 지방 6단체(전국지사회, 전국시장회, 전국정촌회, 전국현의회의장회, 전국시의회의장회, 전국정촌의회의장회의)가 지방분권추진에 관한 의견서 제출권(지방자치법 263조의 3 제2항)을 처음으로 행사하거나 하는 등, 지방분권을 향한 움직임이 활발해졌다. 그리고 1995년 5월에 지방분권추진법이 2000년까지의 한시입법으로서 제정되었다. 동법에 기초하여 설치된 지방분권추진위원회가 5차에 걸친 권고안을 제출하고, 제6차 이후의 권고안을 준비 중이다. 이들 권고에 기초하여 정부는 98년 5월에 지방분권추진계획을 각의 결정하고, 이 계획에 기초한 지방분권을 위한 법개정의 준비에 들어갔다. 지방분권을 진행하기 위한 구체적인 방안은 ① 기관위임사무의 폐지, ② 국가로부터 지방으로의 대폭적인 권한 이양, ③ 필치규제(必置規制)의 완화, ④ 국가와 지방간 관계조정법의 창설, ⑤ 국고보조부담금제도의 개혁과 지방재원의 확보 등이다.

그런데 행정개혁의 커다란 목표중 하나가 「작은 정부」의 실현이었지만, 이것은 중앙정부의 규모 축소뿐만 아니라, 지방정부도 포함한 정부부문 전체의 축소를 목표로 하고 있다. 그러나 중앙정부가 정책이나 사무를 정리 통합해 나가면 지방정부가 부담해야 할 사무나 업무가 증가되기 쉽다. 실제 행정개혁 이후, 지방정부의 규모가 반드시 작아진 것도 아니다. 이와 같은 모순을 내포하고 있기는 하지만, 중앙정부는 「작은 정부」의 실현을 목표로 행정개혁을 진행하고 있는 이상, 지방정부의 규모나 활동에 무관심할 수 없게 된다. 결국 지방분권이 추진되는 한편, 행정개혁을 구실로 중앙정부가 지방정부에게 여러 가지 관여를 하여 온 것이다. 지방분권을 향한 개혁은 이제 막 시작한 단계로, 실제로 어떠한 형태로 실현하고 어느 만큼의 효과를 낳게 될지는 앞으로의 과제로서 주의 깊게 지켜보지 않으면 안된다.

5) 분권화의 저해요인

지방분권을 진행해야 할 기본조건은 정비되고 있지만, 그 한편에서는 중앙정부가 지금까지와 마찬가지로 혹은 그 이상으로 지방정부에 대한 관심을 기울이고 있다. 관심을 기울일 때에는 꼭 지금까지의 제도적 틀과 전통·풍토가 효과를 발휘한다. 왜냐하면 실로 많은 권한과 재원을 장악하고 있는 중앙정부가 지방정부에 관여하는 경우 그들 권한과 재원을 배경으로 관여하려 하기 때문이다. 특히 일본의 중앙관료제는 전통적으로 지방에 대하여 후견적 태도를 취해 오고 있다. 중앙의 우월성과 우위성을 근거로 지방에 대하여 마치 자녀를 돌보는 부모와 같이 접근해 왔다. 악의는 없을지 모르지만 결과적으로 지방의 자치성이나 자립성을 속박하고 있는 면이 있다.

또 지방분권이 구체화됨에 따라 지방정부의 행정재정능력에 대하여 중앙정부가 가지고 있는 불신감이 지방분권추진에 장애가 되고 있다. 즉 지방정부라고 동일하게 불려도 동경도와 같이 국가에 상당하는 것에서 인구 수 천 명의 작은 촌에 이르기까지 그 규모는 다양하지만, 특히 소규모의 지방정부에 대해서는 이양된 권한이나 재원을 충분하게 활용하여 지역문제를 해결하거나 개성 강한 지역을 만들어 가는 것이 과연 가능할 것인가라는 불신이 존재한다. 확실히 소규모의 정촌(町村)은 재정적 여유가 없고, 독자적인 사업을 전개할 만한 힘을 가지고 있지 않는 경우가 많다. 또 적은 수의 직원이 다양한 업무를 분담하고 있기 때문에 타운 만들기나 독자적인 정책형성을 진행하기 위한 능력이나 시간적 여유가 충분하다고 말할 수 없다. 이와 같이 지방정부 측에서 지방분권을 감당해 갈 만한 행정재정능력이나 정책능력이 있는가라는 의문이 이전부터 존재해 왔다. 지방정부가 자치 담당자로서 충분한 능력이나 자질을 갖추고 있는가의 여부를 문제로 한 논의를 「지방분권의 담당자론」이라 한다.

더 나아가 일본의 중앙관료제에 나타난 특징이 지방분권의 추진에 장애가 되고 있다는 지적도 있다. 그것은 중앙관료제 기구에서 이른바 「경력」 직과 「비경력」 직으로 불리는 사람들의 이중구조가 만들어지고 있는 것에서 기인하는 장애이다. 경력직이란 국가공무원 Ⅰ종시험에 합격하여 채용된 간부후보의 엘리트 집단이다. 한편, 비경력직은 국가공무원 Ⅱ종, Ⅲ종 시험 등에 합격하여 채용된 사람들이다. 경력직이 최종적으로 본 관청에서 정책입안 등의 일에 종사하게 됨에 비해 비경력직의 다수는 지방기관에서 정책집행 업무에 종사하고 있다. 이들 다수의 비경력직의 입장에서 보면, 지방분권이 진행되어 국가의 사무가 감소되거나 권한이 축소되면 스스로의 일이나 권한이 줄어드는 것과 직접적인 연관이 있다. 그들은 자신들의 일이나 신분이 어떻게 보장되는가에 관한 앞으로의 전망이 서지 않으면 지방분권에 쌍수를 들고 찬성할 수 없다. 그 결과 많은 비경력직 사람들을 포함한 중앙부서는 지방분권에 소극적이게 되는 것이다. 중앙차원의 지방분권론에서 총론찬성, 각론반대의 논의가 많은 이유 중의 하나는 이와 같은 사정이 배경에 있는 까닭이다.

이상에서 알 수 있는 바와 같이 「후기복지국가」라 불리는 시대에 일본의 중앙-지방관계의 바람직한 모습을 생각해 볼 때 바람직한 관계를 그릴 뿐만 아니라 그것을 실현하는데 장애가 되는 요인을 치밀하게 분석할 필요가 있다. 그러기 위해서는 국가와 지방을 포함한 정부시스템 제도 전체를 시야에 넣어야 한다. 더구나 전통적인 정부개념이 아닌, 민간부문도 어느 정도 포함한 정부시스템을 상정하지 않으면 안된다. 더욱이 일본의 정부시스템을 검토한다고 해도, 무경계가 진행되고 있는 오늘날에는 항상 국제시스템과의 관련성도 생각하면서 이루어져야 할 것이다.

발에 의한 투표가설

재정학자 M.C.Tiebout는 사람들이 지방정부 사이를 자유롭게 이동하는 것이 투표에 관련된 기구로서 작용하고, 주민획득을 위해 지방정부가 공공재의 공급을 둘러싸고 경쟁하고, 자원의 최적배분이 가능하게 되는 것을 지적했다. 주민이라는 소비자를 얻기 위해서는 가격(세금) 인하와 서비스의 질 향상을 둘러싸고 자치체가 경쟁을 펼친다고 한다. 즉 Tiebout의 이론가설은 자치체 간의 경쟁이 주민투표(정치)를 대신하는 역할을 하고 있고, 분권적인 자치제 시스템에 최적인 의사적 경쟁시장의 메커니즘을 상정한다. 그가 제시한 가설조건은 다음의 7가지이다.

① 사람들은 자신의 선호유형이 가장 충족될 수 있는 지방정부로 자유롭게 이동할 수 있다.
② 사람들은 지방정부의 세입과 세출유형의 차이에 관하여 충분한 지식이 있고 이들 차이에 대응한다.
③ 사람들이 주거를 선택할 수 있는 지방정부가 풍부하게 존재한다.
④ 고용기회의 제약은 고려되지 않는다. 모든 사람들은 배당금으로 생활하고 있다.
⑤ 공급된 공공서비스는 지방정부간 부(負)의 외부경제효과 내지 경제효과를 초래하지 않는다.
⑥ 공공재를 제공하는 지방정부에는 최적의 규모가 존재한다.
⑦ 최적규모를 하회하고 있는 지방정부는 새로운 주민을 확보하여 평균비용을 낮추려고 하고, 최적규모를 상회하고 있는 지방정부는 반대의 행동을 취한다. 최적상태에 있는 지방자치단체는 항상 그 인구 수준을 유지하려고 한다.

확실히 그가 제시한 조건에서는 효율적인 자원배분을 실현할 수 없다는 것이 실증되고 있다. 7개의 조건 관계도 명확하지 않다. 그렇지만 정부에 시장메커니즘이 들어있지 않는 것을 전제로 하고 있던 공공경제학의 이론수준에서 수정을 촉구했던 공헌이 있다. 중앙정부가 공공서비스를 제공하지 않고, 지방정부가 제공하는 경우에도 자원배분의 효율성이 달성될 수 있는 가능성을 지적한 점은 중요하다.

또 일본의 현실도 Tiebout가 상정한 사회로 이행하고 있다. 야간보육이나 연장보육서비스를 구하기 위해 이주·이동하는 부부, 특별양호 노인홈의 좌석획득을 둘러싸고 경쟁하는 지방자치단체, 대도시의 병원이나 시설의 이동, 주민등록을 옮겨버린 고령자, 이들은 인구이동이 유동화되고, 분권화됨에 따라 자치체간의 경쟁이 심화되어 가는 것을 나타내고 있는 것은 아닐까?(H·T)

참고문헌

武智秀之(1996)『保健福祉の廣域行政圈構想: モデルなき福祉社會の摸索』地方自治總合硏究所

제2장 공공서비스의 공급

[본장의 학습내용]

공공서비스는 정부(중앙정부 · 지방자치단체)에 의해서만 담당되는 것은 아니다. 민간비영리단체나 비정부조직, 민간기업, 국제기관에 의해서도 담당되고 있다. 도대체 어떤 서비스가 공공서비스로서 공급되고 있을까? 본 장에서는 공공서비스를 질서유지와 안전, 사회자본의 정비, 대인 서비스, 국제 공공서비스의 4개로 분류하여, 각각에 관하여 검토해 보고자 한다.

1. 정부활동과 정책유형

우리들이 누리고 있는 서비스는 정부, 기업, 민간비영리단체, 가족, 국제기구 등 다양한 주체로부터 제공되고 있다. 어떤 서비스는 정부가 담당하고, 어떤 서비스는 기업이 제공한다. 이러한 구분을 어떻게 설명하면 좋을까? 우선 「공공재」의 경제이론을 단서로 시작해 보도록 하자.

1) 공공재의 경제이론

경제학에서 공공재는 소비에서의 「비배제성」과 「비경합성」이라는 특징을 갖는다. 두 개의 요소가 완전하게 성립하는 공공재를 「순수공공재」라고 부른다. 단순화 시키면 시장에서 매매할 수 있는 재화 · 서비스가 사적재(私的財)이고, 반대로 매매가 성립하지 않는 재화·서비스를 공공재(公共財)라고 생각해도 좋다.

여기에서 「배제성」이란 요금이나 대금을 지불하지 않은 사람에게는 물건을 팔지 않고, 지불하지 않은 사람을 배제하는 것이다. 즉 매매(시장)가 성립할 최소한의 조건은 대금을 지불한 사람과 지불하지 않은 사람을 명확하게 구별할 수 있고, 지불하지 않은 사람은 서비스를 누릴 대상에서 배제하고 대가를 지불하는 사람에 대해서만 그 대가에 합당한 재화나 서비스를 제공하는 것이다. 서점이나 CD가게 출구에 왜 점원이 있거나 방범용 기계가 설치되어 있는 것인가? 영화관, 야구장, 역의 출입구에 직원을 배치하여 표를 받는 것은 왜일까? 그것은 요금이나 대금을 지불하지 않은 사람을 검사하여 요금을 지불하게 하기 위함이고, 이른바 「무임승차」를 배제하기 위함이다. 이것이 불가능하다면 필요 이상으로 요금이 높아지고, 최종적으로 상품이 매매되지 않게 될 것이다.

반대로 「비배제성」이란 재화의 대금이나 이용요금을 지불하지 않는 「무임승차」를 배제할 수 없는 재화의 성질을 의미하고 있다. 가로등이나 등대의 빛은 거기를 통과하고 있는 사람 모두가 누릴 수 있고, 대금을 지불하지 않은 사람을 배제할 수 없다. 또한, 무상이용자를 찾아내어 처벌하는 것이 불가능하거나 상당한 비용이 든다. 거기에 강제징수 세금이나 사회보험료가 존재하는 이유가 있고, 배제할 수 없는 재화·서비스에 관해서는 정부가 일반재원을 투입해서 그것을 제공하지 않을 수 없다. 예를 들면, 일반도로를 이용하는 사람에게 하나하나 요금을 징수하려면 길 가운데 곳곳에 요금소를 설치해야 하고, 그 비용은 막대한 것이 된다. 반대로 고속도로는 배제성을 갖추고 있다. 또 어느 지역에서 화재가 발생하면, 화재가 다른 지역으로 옮겨갈지 모르므로 특정지역에만 한정된 소방 서비스를 제공하여도 다른 화재의 영향을 면할 수 없다. 서비스의 이익은 모두 함께 누릴 수 있는 것이기 때문에, 소방 서비스에서는 배제성이 성립하기 어렵다.

다음으로 「경합성」이란 구입·소비의 경쟁을 의미한다. 하나밖에 없는 상품을 어떤 사람이 구입하면 다른 사람은 구입을 포기할 수밖에 없다. 생산량에 한계가 있는 상품은 A라는 사람의 구입·소비와 B라는 사람의 구입·소비가 경합하고 있다. 반대로 「비경합성」이란 서비스의 증가에 의하여 서비스를 제공하는 총비용이 변하지 않는 것을 가리킨다. 예를 들면, 다이아몬드는 상당히 비싸지만 공기는 일반적으로 무료이다. 다이아몬드는 없어도 살지만, 공기 없이는 살 수 없다. 왜 다이아몬드는 비싸고 공기는 무료일까?

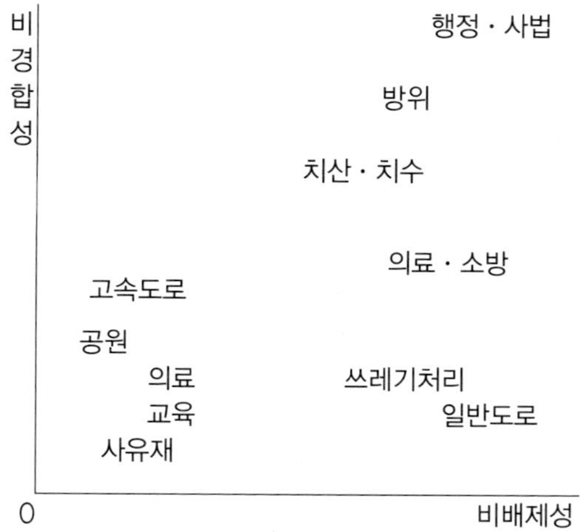

(출전) 쯔네키 아쯔시(常木 淳)『공공경제학』新世社, 1990, p.34

도표 2-1 공공재

그 문제는 경합성으로 설명할 수 있다. 즉 다이아몬드는 희소하기 때문에 경합성이 높고, 공기는 경합성이 낮기 때문이다.

2) 정부의 존재이유

경제학의 설명에 의하면, 이상과 같이 소비의 비배제성과 비경합성 때문에 매매(시장)가 성립하지 않은 경우에, 역시 사회에 필요 불가결한 재화나 서비스를 국민에게 제공하는 것이 정부의 근본적인 역할이고 존재 이유라고 말할 수 있다. 따라서 입법, 사법이라는 근본적인 통치기능은 물론이고, 소방, 외교, 경찰 등으로부터 도로, 하천, 공원정비에 이르는 서비스는 소비가 자동적으로 국민 전체에 미치고(비배제성), 수익에 거의 차별을 낳지 않는(비경합성) 것이므로, 그들 서비스를 공급하기 위해 정부가 존재하게 된다.

그러나 과연 그럴까? 현대국가가 이 두 개의 요건을 충분히 만족시키지 않는 영역에도 간여하고 있는 것에 주목하지 않으면 안 된다. 순수 사적재나 순수 공공재 사이에 있는 재화·서비스가 그것이고, 교육, 의료, 복지, 주택, 교통 등이 여기에 해당한다. 공공재 이론에서는 이들을 「준공공재」 내지 「혼합재」라 부르고, 우리들에게 긴밀한 이들 서비스 분야를 생각해 보면 분명한 것이니, 정부나 지방자치체만이 제공하고 있는 것은 아니다. 그 외의 민간시장도 존재한다. 정부가 민간시장에 개입하는 이유는 시장규모가 적절하지 않은 수요수준을 끌어올리지 않으면 안 되거나, 장래의 공급이 불안하고 소비자가 시장에서 올바른 소비행동을 취하지 않는다고 생각하기 때문이다. 준공공재 중에서도 의무교육이나 연금보험은 선택을 의무지우고 있거나 가입이 강제되어 있기 때문에 이들을 가치재라고 부르는 경우도 있다.

여하튼, 지방자치단체를 포함하여 현대국가의 정부는 그러한 준공공재의 공급에도 책임을 지고 있으며, 각종 서비스에 관하여 어느 수준까지 정부가 공급을 보장하면 좋은 것인가는 결국 정부의 의사결정에 달려 있다. 그렇다면 재화나 서비스의 성질로부터 정부의 존재 이유를 설명하려는 것 자체에 한계가 있음을 알 수 있을 것이다.

3) 행정활동의 분류

그러면 행정활동을 어떻게 분류하면 좋을까? 이 경우의 행정활동이란 우선 정부활동을 생각해 보면, 행정활동은 현실적으로 정부가 행하고 있는 활동으로 분류된다. 현실의 정부활동은 사회생활의 구석구석에 이르기까지 무엇인가와 관련이 있고, 극히 광범위하다. 삼라만상에 미치고 있다고 말해도 과언은 아니다. 그렇기 때문에 정확하게 분류하려고 하면 대단히 어려운 작업이 된다. 그러나 여기에서는 행정활동의 개요를 이해하기 위한 것을 목표로 하여, 행정활동의 분류를 시도하고자 한다. 이 때 몇 개의 분류기준을 생각할 수 있다.

우선 첫째, 정부를 분류하고 각 정부마다의 활동을 꺼내어 분류하는 방법이다. 둘째, 중앙정부의 성청 구분에 따라서 행정활동을 분류하는 방법이다. 셋째, 민간활동과의 관계로 행정활동을 분류하는 방법이다.

제1의 분류법은 정부와 중앙정부(=국가)와 지방정부(=지방자치단체)로 분류되고, 더 나아가 지방정부는 현재 일본에서 도도부현(都道府

縣)과 시정촌(市町村)으로 분류할 수 있기 때문에 각각의 정부활동에 따라 행정활동을 분류하려고 하는 방법이다. 그러나 이 방법에 기초하여 행정활동을 분류하려고 하면 대단히 어려운 것을 알 수 있다. 왜냐하면, 국가와 지방자치단체의 관계는 각종 행정활동에 대해서 공동으로 행하는 체제가 취해져 있기 때문이다. 예를 들면, 교육이라는 활동은 자치체가 운영하는 공립학교뿐 아니라 국립학교에서도 시행하고 있다. 물론 사립학교도 있다. 교사의 급여에 대해서도 국가와 지방자치단체가 공동으로 부담하고, 校舍의 건설관리에 대해서도 자치체가 행하지만, 국가의 부담도 있다. 이처럼 국가와 자치체가 한 분야의 행정활동을 공동으로 처리하는 경우가 많기 때문에, 정부의 분류로부터 행정활동을 분류하는 것은 거의 불가능하다고 말할 수 있다. 이와 같은 구조는 융합형 행정이라 불리는 것이고, 여기에 대해서 각 정부가 그 차원에 따라 행정활동을 분담하는 구조가 분리형 행정으로 불리고 있다.

제2의 분류법은 중앙성청의 구분에 따라 행정활동을 분류하는 방법이다. 현재의 이론으로 중앙성청에 대해서는 제4장에서 서술하겠으나, 규릭(Gulick)은 조직편성과 그 동질성에 착안하여 거기에는 4개의 기준이 있다고 한다. 즉 목적, 방법, 대상, 지역이다. 예를 들면, 목적으로서는 교육, 상수도 공급, 범죄방지를 들 수 있고, 방법으로서는 공학, 법제, 의료 등을 들 수 있다. 또한 대상으로서는 퇴역군인이나 이민 등의 사람인 경우나 산림이나 석탄 등의 물건인 경우가 있다. 지역으로서는 식민지나 출장기관을 들 수 있다.

정책의 유형화

정치학에서는 전통적으로 정치과정에 의하여 정책이 규정된다고 하는 관점을 고수해 왔다. 이에 대하여 미국의 정치학자 로이(Thodore J. Lowi)는 「정책이 정치를 규정한다」는 가설을 제시했다. 정부가 활용하는 강제력을 두 개의 기준으로 유형화하고 있다. 우선 첫째는 강제력이 간접적인가 직접적인가 라는 것이고, 둘째 기준은 강제력이 개인의 행동을 통한 것인가 행동의 환경을 통한 것인가 라는 것이다. 이들 두 개의 기준을 조합하면 4개의 정책유형이 성립한다.

우선 「분배정책」(Distributive Policy)은 19세기의 토지정책, 관세, 조성금이 전형이고, 당시 연방정부가 제공하는 정책의 대부분을 차지하고 있었다. 다음으로 「규제 정책」(Regulative Policy)은 법적 기준 이하의 상품, 불공정 경쟁, 부당광고를 배제하는 정부정책을 의미한다. 더 나아가 「구성 정책」(Constituent Policy)은 선거구 규정의 시정, 신기관의 설립, 선전(propaganda)과 같은 헌정상의 문제군이다. 마지막으로 「재분배 정책」(Redistributive Policy)은 연방준비금의 관리, 누진소득세, 사회보장이라는 정책군이다.

한편, 분배정책과 규제정책은 분권화, 분할화된 지방권익을 보호하는 정치과정이 되기 쉽고, 다른 한편으로 구성 정책과 재분배 정책은 거시체제의 유지를 둘러싸고 다투는 정치과정이 되기 쉽다. 더 나아가 분배정책과 구성 정책은 정당을 중심으로 한 거래라는 정치과정이 되고, 규제 정책과 재분배 정책은 이익집단의 교섭이라는 정치과정을 초래한다.

이러한 로이의 유형은 정책과 정치의 관계를 검토하는 것으로 반드시 정책형성의 시간을 범주에 넣고 있는 것은 아니다. 이에 대하여 솔리스베리(Robert H. Salisbury)는 정치가와 행정가의 관계를 고려하면서 수요가 통합적인가 분산적인가, 결정도달 비용이 높은가 낮은가 라는 두 개의 기준으로 정책을 유형화했다. 즉 재배분 정책, 분배정책, 자유규제정책, 규제정책의 4가지 유형이다.

또 미국의 정책과정은 의회위원회나 로비활동으로 특징지워지지만, 이들은 일본의 정책과정과 크게 다르다. 그렇기 때문에 야마구찌 지로우(山口二郎)는 더 나아가 정책유형의 논의를 발전시켜 정책유형과 정책과정과의 대응을 시도하고 있다. 우선 안정—적응이라는 축에서, 개념제시, 기본설계, 실시설계라는 구분을 했다. 더 나아가 통합—개별화라는 축을 설정하여 구조, 통합기능, 개별기능이라 구분했다. 이들 두 개의 축을 조합하면 9개의 셀이 생겨나지만, 야마구찌는 그들을 政爭과정, 일원적 의사결정, 다원적 상호조절이라는 정치유형으로 대응시키려고 했다.

이러한 유형화 시도는 각각의 목적에 기초한 것이고, 그 목적과 분리되어 그것을 적절하게 이해할 수 없다.

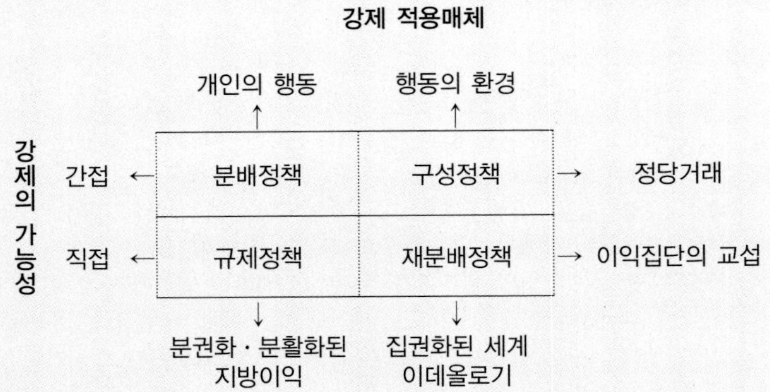

(출전) Theodore J. Lowi(1972) "Four Systems of Policy, Politics, and Choice", Public Administration Review Vol.32 No.4.

표 2-1 로이의 정책유형

이러한 사고방식은 설득적인 면도 있지만, 기준이 다르면 중복되는 활동이 나오기 때문에 복잡해지고, 개요를 파악한다는 목적에는 그다지 적합하지 않다. 즉 어느 경우에는 목적으로 분류되고 어느 경우에는 방법으로 분류 된다. 예를 들면, 개혁 전 일본의 성청을 그 기준에 맞추어 보면 문부성이나 후생성, 우정성은 목적으로 분류되고 있다고 생각할 수 있지만, 건설성은 방법이고, 농수성이나 통산성은 대상이지만, 지역을 기준으로 한 성은 없다(청 차원에서는 북해도개발청이나 오키나와 개발청이 있다). 기준에 맞추기 곤란한 대장성이나 자치성 등도 있다.

제3의 분류법은 민간활동과의 관계로 행정활동을 분류하는 방법이다. 즉 행정법학에서 ① 규제행정과 ② 급부행정이라는 이분법이 받아들여지는 경우가 있다. 전자는 국민의 권리나 자유에 제약을 가

하는 행정활동을 가리키고, 후자는 국민에게 각종 편익을 제공하는 행정활동을 의미하고 있다.

또 다음과 같은 분류도 가능하다. 즉 ① 원칙적으로 자유일 민간활동을 독점성의 배제나 공평성의 확보라는 관점에서 자격이나 자본력에 의하여 참여를 제한하거나 요금을 규제하거나 하는 행정활동, ② 상대적으로 약하거나 위험이 높은 민간활동(제1차 산업이나 첨단기술개발)에 보조금을 지급해서 민간활동의 존속, 발전을 도모하는 행정활동, ③ 민간활동만으로는 부족하기 쉬운 분야(의료, 복지, 교육 등)에 정부가 참여하여 서비스 양의 확대를 도모하는 행정활동, 그리고 ④ 사회의 존속을 위해서는 불가결하지만 민간활동으로는 공급할 수 없는 분야(국방, 경찰, 소방, 하천, 도로 등)를 정부가 직접 관할하는 행정활동의 4개로 분류할 수 있다. ③은 경제학에서 말하는 준공공재에 상당하고, 마지막의 ④는 공공재에 상당하는 개념이다.

이 제3의 분류방법은 비교적 간단하고 전체적인 의미를 파악하기 쉽지만, 실체를 보면 규제와 조성이 일체되어 있는 것이 일반적이다. 예를 들면, 철도라는 분야는 자연독점의 경향이 있기 때문에 진입에는 국토교통대신의 면허가 필요하며, 부설공사나 요금에 관하여는 국토교통대신의 인가가 필요하게 되고, 어려운 규제 하에 놓여 있지만 동시에 부설공사에 대한 보조금이나 세금공제 등의 극진한 조성 아래에도 있다.

이와 같이 보면, 어느 분야도 장단점을 겸비하고 있다고 말할 수 있다. 그래서 본서에서는 행정활동을 ① 질서유지와 안전, ② 사회자본의 정비, ③ 대인서비스, ④ 국제 공공서비스의 4개로 분류하여 각각의 전형적인 행정활동을 다루는 것으로 하고 싶다. 여기에서의 분류방법은 ① 질서유지와 안전은 사회존속을 위한 권력적인 행정활동, ② 사회자본의 정비는 사회발전을 위한 공공시설의 건설관리행정, ③ 대인서비스는 사회생활을 지탱하기 위한 대국민 서비스 행정활동, ④ 국제 공공서비스는 국제사회의 협조·협력을 위한 행정활동으로 하여 다루고자 한다.

이들에 포함되지 않은 행정활동으로는 ⑤ 정부의 존속·유지를 목적으로 하는 행정활동(징세, 예산, 공무원제도, 중앙—지방관계, 행정감찰 등) ⑥ 산업을 대상으로 한 규제·조성 행정활동을 생각할 수 있다. 이 중 ⑤의 주요 활동은 4장에서 다루지만, ⑥에 관하여는 본장에서 거의 다루지 않기 때문에 본서의 참고문헌을 참조하기 바란다.

2. 질서유지와 안전

1) 국방

외부 침입자로부터 사회를 지키는 활동은 정부의 가장 원초적인 활동이다. 인류 역사를 보면 민족 간·국가 간의 다툼이 없는 시대를 찾기 어렵다. 국방이라는 정부활동에 대하여 군비축소를 제창하는 사람들도 있지만 여전히 막대한 세금이 투입되고 있다. 일본은 이 군사비라는 점에서 이미 미국에 이어 제1급 군사비 대국이 되어 있다.

현재 일본의 방위조직으로는 총리부 산하에 방위청과 그 外局인 방위시설청이 있다. 1950년 경찰예비대 창설로 시작된 전후 방위조직은 1952년에 보안청으로 바뀌고, 더 나아가 1954년에 방위청으로 발전해 왔다. 1994년도 방위청의 직원 수는 약 30만 명이고, 그 중

육상 · 해상 · 항공의 3 자위대를 중심으로 한 자위군이 약 27만 4,000명, 자위대의 사무를 담당하는 자위군 이외의 직원이 약 2만 5,000명이다.

자위대의 최고 지휘권을 갖는 것은 내각을 대표하는 내각총리대신이고(자위대법 제7조), 내각총리대신의 지휘 · 감독을 받아, 자위대의 임무를 총괄하는 것은 대신으로서의 방위청장관이다(동 제8조). 대신이 문민이어야 하기 때문에 대신에 의하여 지휘 · 감독되는 것이 문민통제(시민통제)가 된다. 그렇지만, 실제로 대신이 지휘하는 것은 아니고, 육상, 해상, 항공의 3 자위대는 통합막료의장 하에, 각각 육상, 해상, 항공 막료장에 의하여 감독된다. 막료장은 구 군관계자가 줄곧 차지해 왔지만, 최근 들어 방위대학 출신자도 나왔다. 이 막료장 아래 막료부장이나 감리부장, 인사부장 등이 있고, 이들이 막료감부(幕僚監部)를 구성한다. 이들 막료감부는 방위대학교 출신자를 중심으로 매년 약 600명의 간부 후보자 가운데 선발된 간부에 의해 구성되고, 이 간부가 각 자위대를 통제한다. 당연히 이들은 모두 자위관(=군인)이며 이 자위관에 의한 조직이 실력조직이다.

그에 대하여 문민통제라는 관점에서 중요한 대신을 보좌하는 문관은 대신 아래 정무차관, 사무차관, 심의관(참사관), 관방장, 각 국장, 과장, 부원(방위대 독자적인 관명(官名)으로 채용 후 5년부터 17-18년의 과장승진 전의 경력직)과 비경력 직원으로 구성된다. 방위청 본청에는 약 600명이 배치된다. 방위청에 채용된 경력직은 매 년 수명에 이르고, 기타 문관직위는 각 성에서 추출되어 보충되고 있다. 이와 같은 관료와 군인의 관계를 문민통제의 관점에서 상세하게 검토한 히로세 가쯔야(廣瀨克哉)에 의하면, 문관이 군인을 통제하는 것은 전문지식이나 인재층의 두터운 면에서 어려움이 있다고 한다.

자위대의 주된 활동목적은 일본의 방위이지만, 이 역할에 그치지 않는다. 재해시의 구원, 국민체육대회 등의 운동경기대회에 대한 협력, 국빈 등 환영식전 등의 의장, 남극관측에 대한 지원, 해수관측, 항공측량, 국제평화협력업무 등의 다양한 활동을 행하고 있다. 1995년 1월 한신・이와즈(阪神・淡路)대지진에서의 구원활동은 사람들의 기억에 각인되었을 것이다.

2) 경찰

자위대와 동일하게, 계통제 구조가 엄격하게 받아들여지고 있는 조직으로서, 경찰, 해상보안, 소방 등이 있다. 여기에서는 시민생활과도 밀접한 관계를 갖는 경찰행정을 살펴보고자 한다. 경찰조직을 중앙차원에서 통솔하는 것은 국가공안위원회이다. 행정위원회방식이 채용된 것은 전쟁 전 국가경찰에 대한 반성에서 미국적인 경찰제도의 도입이 의도되었기 때문이다.

1947년의 구 경찰법에서 경찰은 국가지방경찰과 지방자치단체경찰로 구분되고 국가지방경찰의 정원은 3만을 넘지 않게 되었다. 인구 5,000명을 초과하는 시정촌은 시정촌장 아래에 시정촌 공안위원회를 두고, 시정촌 경찰을 스스로의 재원으로 운영하게 되었다. 인구 5,000명 미만의 정촌은 도도부현 공안위원회와 도도부현 국가지방경찰에 의하여 경찰업무가 수행되고, 중앙차원의 국가지방경찰의 업무는 경찰통신시설이나 범죄감식・통계 등에 관한 업무로 한정하고, 극히 자치적인 경찰조직이 형성되었다.

그렇지만, 이 자치체경찰 제도는 1951년 개정에 의해 붕괴되기 시작하였다. 즉 이 개정은 주민투표에 의하여 자치체경찰을 반려할 수 있게 된 것이 주된 내용이었고, 이것에 의하여 다수의 町村이 반려하게 되었다. 더 나아가 1954년의 신경찰법에 의하여 자치체경찰은 전면적으로 폐지되고, 도도부현 수준의 국가지방경찰에 통합되었다. 중앙차원에서는 국가공안위원회가 설치되고, 국가공안위원회가 관리하는 경찰청이 창설되었다. 경찰청장관은 국가공안위원회가 내각총리대신의 승인을 얻어 임면하지만, 도도부현 경찰을 지휘 감독하는 권한이 부여된다. 또 경찰청의 출장기관으로서 7개의 관구 경찰국이 설치되고, 그 국장도 부현 경찰을 지휘·감독하는 체계가 정비되었다.

도도부현 경찰에 관하여는 도에 경시청이 설치되고, 그 장은 경시총감으로 하고 임명은 국가공안위원회가 都공안위원회의 동의를 얻은 뒤에 내각총리대신의 승인을 얻어 행하게 되었다. 都를 뺀 각 道府県에는 경찰본부가 있고, 그 장은 경찰본부장으로 하고, 그 임명은 국가공안위원회가 도부현공안위원회의 동의를 얻어 행하게 되어 있다. 도도부현 경찰 아래에는 도도부현의 구역을 나누어 경찰서를 둔다. 그 때문에 전화 서비스와 마찬가지로 복수의 기초자치단체에 걸쳐 관할하는 경우도 있다.

이와 같은 도도부현 경찰을 자치체경찰이라고 부를 수 없는 이유는, 우선 경시정 이상의 계급에 있는 경찰관이 「지방경찰관」으로 불리지만, 그 사람들이 국가공무원이 되고, 임명절차도 국가공안위원회가 도도부현 공안위원회의 동의를 얻어 행하게 됐기 때문이다. 이것은 경찰청장관이 실질적인 인사권을 갖고, 급여도 국고에서 지출되는 것을 의미하고 있다. 또 경찰장비 및 기동대에 필요한 경비의 거의 전액을 경찰청의 국가예산에 계상하고, 이것을 도도부현 경찰에 배분하는 방법이 취해지기 때문이다.

경시정 이상의 경찰관 이외(경시, 경부, 경부보, 순사부장, 순사, 일반직원)는 「지방경찰직원」으로 불리고, 급여, 근로조건 등은 지방공무원법에 기초하여 결정되고 있다. 그러나 임명은 도도부현 공안위원회의 의견을 들어 경시총감, 경찰본부장이 행하게 되어 있다. 즉 인건비는 도도부현이 부담하지만, 인사권은 국가공무원인 경시총감, 경찰본부장에게 부여되었다. 이러한 제도적 측면을 보면, 현재 경찰조직은 전국적인 국가경찰과 실질적으로 다르지 않다.

3. 사회자본의 정비

1) 사회자본의 의미

사회자본이란, 도로 · 항만 · 상하수도 · 철도 · 통신 · 전력 · 공원 · 학교 · 병원 · 주택 등, 국민의 생활과 산업활동에 대하여 간접적인 영향을 미치는 공공시설이다. 그 때문에 사회간접자본이라 불리고, 또 사회기반으로 불리는 경우도 있다.

경제기획청 경제심의회 기획위원회의 『사회자본연구위원보고서』(1978년)에는 「사적인 동기(이윤 추구 또는 사생활 향상)에 의한 투자만으로 맡겨져 있는 때에는 국민경제사회의 필요성에서 보아, 그 존재량이 부족하든가 혹은 불균형이 현저해지는 등의 바람직하지 않은 상태에 놓일 것으로 생각되는 재화」를 사회자본이라 부른다. 이 생각은 민간부문에서 충족할 수 없는 영역, 즉 시장경제가 기능하지 않는 영역을 정부부문이 보완한다는 사회자본 기능의 일면을 강조한 개념이다. 그렇지만 현실의 정부부문 활동은 결코 민간부문의 보완이라는 기능만을 담당하는 것은 아니다.

그 때문에 1987년 경제기획청에서 새로운 생각이 제안되었다. 『사회자본정비의 새로운 전개』에 의하면, 사회자본의 특성으로서 ① 「배제가 곤란」한 것, ② 배제는 가능하지만 「기술적 외부경제를 갖는」 것, ③ 동일하게 배제는 가능하지만 「비용체감산업으로 지역독점을 낳기 쉬운 것」, ④ 「특정 정책의도의 실현을 위해 공적으로 공급되고 있는 것」으로 분류하고, 이들을 「광의의 사회자본」이라 부르고 있다.

이와 같은 사회자본의 개념과 유사한 것으로서 공공투자나 공공산업 등이 있다. 「공공투자」란 1994년 「공공투자기본계획」(1995-2004년도에 630조엔을 투자할 계획)으로 이용되고 있는 것처럼 경제계획을 중심으로 한 생각이다. 사회자본이 민간을 포함하고 있는데 대하여, 공공투자는 정부와 공기업(특수법인 · 지방공사 등)에 의한 사회자본 정비를 의미하고 있다. 공공투자에는 용지보상비가 포함되어 있지만, 용지보상비를 포함하지 않고 순수하게 고정자본에 한정한 것으로서 「공적 고정자본형성」이라는 개념도 사용되고 있다.

또 자치성이 발표한 통계서에는 「행정투자」라는 용어가 보인다. 이것은 국가와 자치체(지방공사를 포함)에 의한 투자의 전체를 가리키고 있다. 따라서 국가의 특수법인에 의한 투자가 포함되지 않는다.

더욱이 「공공사업」이라든가 「공공사업 관계비」라는 개념도 있다. 이것은 정부가 직접 투자하는 것으로 공공사업은 재정법 제4조의 규정에 의해 건설공채의 대상이 되는 것을 가리키고, 공공사업 관계비란 국가의 예산에서 그 공공사업에 상당하는 것을 의미하고 있다. 단 공공사업비에는 문화 · 교육시설 정비비 등이 포함되지만 공공사업 관계비에는 포함되지 않고, 그 대신 공공사업 관계비에는 주택대책비등이 포함되며 공공사업비에는 포함되지 않는다.

일반적으로 일본의 공공투자 수준은 낮지 않다. 공공투자의 GNP 비율도 민간투자의 비율도 구미보다 높다. 그런데 풍족함을 실감할 수 없는 것은 왜일까? 그 이유는 ① 유량(flow)의 공공투자는 높지만 저량(stock)의 축적은 적은 것, ② 산업기반정비가 우선시 되어 생활환경의 기반정비가 경시되어 온 점, ③ 지가가 높기 때문에 용지비의 비율이 높아진 점, ④ 예산상한이나 단년도 주의가 장기적 시야를 저해하여 온 점, ⑤ 담합에 의한 공사비 향상 등이 있다.

2) 공공사업의 할당(Share)

사회자본정비가 어떠한 분야를 향하고 있는가를 이해하는 하나의 방법은 공공사업 관계비가 어떻게 분배되고 있는가를 보는 것이다. 공공사업 관계비는 사회자본정비의 일부에 불과하지만, 일반회계 내 정책적 경비이기 때문에 중앙정부의 생각이 배분액과 비율에 반영되어 있다.

1998년도 당초 예산에서는 고속도로와 일반도로를 합친 도로정비의 배분비율이 가장 높아, 전체의 30.6%를 차지하고, 다음으로 수도환경위생이 17.9%, 치산치수가 15.4%, 농업농촌정비가 11.9%, 주택대책이 11.8% 등으로 되어 있다. 또한 1997년도의 당초예산과 비교하여 신장률은 전체적으로 7.8% 감소되었는데, 1997년 11월에 성립한 재정구조개혁법에 의해 공공사업이 7% 감소되었기 때문이다. 그러나 이 재정구조개혁법은 경기악화라는 이유로 이미 수정되어 보정예산이 조성되고, 경기대책으로서 공공사업이 실시되고 있다.

표 2-2 공공사업의 성청별 할당

연도	건설성	농수성	운수성	후생성	기타
1965	69.4	20.1	7.5	1.1	1.9
1975	68.5	20.4	7.2	2.7	1.2
1985	68.2	22.0	6.3	3.1	0.4
1995	68.5	20.5	6.9	3.7	0.4

(출처) 『아사히신문』 93/11/10 및 95/12/26에 의해 작성

공공사업의 문제점의 하나로서 성청별 할당에 거의 변화가 없는 점이 지적되고 있다. 표 2-2에서는 1965년부터 30년간에 걸친 성청별 할당이 10년 단위로 제시되어 있다. 30년간에 걸친 경제사회의 커다란 변화에도 불구하고, 배분비율에는 미약한 변화만 나타나 있다. 관료제의 「타성」(inertia)이 보여주는 정치성에 주목해야 한다.

이러한 공공사업에 관한 개혁으로서 1997년 12월에 공표된 행정개혁회의의 최종보고에서는 국가직할사업(국가가 직접 실시하는 공공사업)과 보조사업(자치체의 공공사업으로 국가로부터의 보조가 있는 사업)을 감축하는 방침이 세워졌다. 즉, 국가의 역할로서는 ① 전국적인 정책·계획의 기획·입안, 전국적인 견지에서 필요로 하는 사업에 한정하고, 또한 보조사업에 대해서도 ① 직할사업이나 국가적 프로젝트 관련사업, ② 선도적인 시책에 관련된 사업, ③ 단기집중시행을 요하는 사업 등에 한정되었다.

이 규정에 의해 실질적으로 감축방책을 검토한 것은 1995년에 설치된 지방분권추진위원회였고, 그 검토결과가 1998년 11월에 제5차 권고로서 공표되었다. 거기에는 효율적인 공공사업의 추진과 개성 강한 지역사회의 형성을 목적으로 직할사업을 「보다 감축할 필요가

있다」고 하여, 도로나 하천 등의 구체적인 검토는 관계심의회(도로심의회나 하천심의회 등)에 가능한 한 객관적 기준을 구체화하도록 요구했다. 또 보조사업에 관해서도 「국가가 특정지우지 않는다」는 것을 기본으로 한 통합보조금의 창설이 제안되었다.

3) 도로란 무엇인가?

이제 여기에서는 개별사업에 관하여 살펴보자. 구체적으로는 공공사업 관계비에서 가장 많은 투자가 행해지고 있는 도로에 관하여 다루기로 한다.

도로는 사회생활에 있어 가장 중요한 공공시설의 하나이고, 도로가 없으면 사람과 물건의 이동은 시작되지 않는다. 더구나 보행이 주된 수단이었던 시대에서 오늘날의 자동차를 중심으로 한 대량교통시대에 이르기까지, 도로는 공적으로 관리되어 왔다고 말할 수 있다. 그렇지만 현대 일본에서는 그 공적인 관리방법이 도로에 의하여 혹은 관리하는 측의 생각에 의하여 달라지고 있다. 다시 말하자면 모든 도로가 도로법의 도로로서 관리되고 있는 것은 아니다.

도로법의 도로에 관해서는 후술하기로 하고, 그 이외의 도로로서 우선 사도(私道)가 있다. 사도는 그 토지의 소유자가 관리하는 것이 원칙이지만, 이미 사실상의 도로로서 기능하고 있는 경우에는 자치체가 포장하기 위한 보조를 행하는 경우가 있다. 다음으로 많은 것이 일반자동차도라 불리는 유료도로가 있을 것이다. 이것은 도로운송법(제47조 1항)에 규정된 것으로, 자동차의 통행을 목적으로 하여 자동차운송사업자가 설치하고 관리하는 도로이다. 이 사업주체는 자치체나 자치체가 설치한 도로공사·개발공사 외에, 일반 철도회사나 버스회사도 설치할 수 있다. 더 나아가 유료산림도로 · 유료어항도 · 유료공원도 등이 있다. 유료산림도로는 삼림조합법에 규정되어 있으며, 산림조합이 임업에 필요한 도로를 설치하고 일반이용자로부터 이용료를 받을 수 있도록 하고 있다. 어항도 · 공원도는 어항관리자 · 공원 관리자가 각각의 개별법에 따라 관리하는 것이지만, 양적으로는 많지 않다.

또 일반적으로 이용되고 있는 것이 농업도로 혹은 광역농업도로이다. 농업도로는 농업용(농업자재 및 생산물의 운반, 경작, 관리)으로 이용되는 도로이지만, 크게 나누면 ① 간선농업도로, ② 지선농업도로로 분류된다. 간선농업도로는 집락간(集落間) 등을 잇는 주요도로이다. 이것은 종래 슈퍼농업도로로 불리웠지만, 현재는 광역농업도로로 불리고 있다. 지선농업도로는 직접 경지에 접한 농업도로이다. 이들 농업도로는 현이 정비한 경우가 많고, 또 농림관계자가 납부하는 가솔린세를 재원으로 하여 정비된 「농면(農免)도로정비사업」이 있다. 또 농업도로의 일부를 비행기가 활주할 수 있도록 하여, 신선한 농산물을 운송하기 위한 농업도로이착륙장(이른바 농업도로공항)도 있다. 단 채산성이 낮기 때문에 폐지되었다.

도로법상의 도로에 관하여 우선 관리자의 구분부터 살펴보자. 표 2-3에 제시된 바와 같이 고속자동차국도는 국토교통대신, 일반국도는 지정구간이 국토교통대신에게, 지정구간 외는 도도부현 지사 또는 지정시의 장에게 맡겨져 있다. 단 국도의 신설 · 개축은 원칙적으로 국토교통대신이 행하고, 유지, 수선, 재해복구 등에 관해서는 지정구간내는 국토교통대신이, 지정구간 외는 지사 또는 지정시의 장이 행하는 것으로 되어 있다. 나아가 지정구간은 정령에 의하여 지정된다.

표 2-3 도로법이 적용되는 도로의 관리자

도로의 종류	구 분	관리자	비 고 (1993년도 實延長)
고속자동차 국도		국토교통장관	5,677km (1994년도말)
일반국도	지정구간	국토교통장관	21,148km
	지정구간 외	都道府県 지사/ 지정시의 長	32,156km
都道府県道	지정시구역 외	都道府県	都道府県 전체 123,617km
	지정시구역 내	指定市	
市町村道		市町村	948,642km

또 도도부현 도로에 관하여는 도도부현이 관리하지만, 지정시 구역 내의 도도부현 도로는 지정시가 행한다. 이 도도부현의 지정시에 대한 위임은 자치사무로 행해지지만, 지정시 이외의 시에 대해서도 도도부현과의 협의로 적용할 수 있도록 되어 있다. 시정촌 도로에 관하여는 시정촌이 관리한다.

4) 도로행정의 집권성

원래 도로는 도로법의 절차에 기초해 인정되기 시작하여 도로법의 도로로 된다. 인정절차는 도로의 종류에 따라 다르다. 시정촌 도로에 관하여는 시정촌장이 의회의 의결을 거쳐 인정한다. 도도부현의 도로의 경우도 의회의 의결을 거쳐 인정하는 것은 같지만, 도로법 제7조 1항에 규정된 요건을 충족해야 한다. 이 요건은 「주요지」(시 또는 인구 5,000명 이상의 町)와 혹은 중요한 항만, 비행장, 철도역 등을 잇는 도로라든가, 지방개발을 위해 특히 필요한 도로 등이다.

이에 대하여 국도의 경우에는 요건이 있기는 하지만, 국토교통대신이 정령에서 지정하면 그것이 인정되고, 의회의 의결을 거칠 필요는 없다. 도로심의회의 논의를 거칠 필요는 있지만, 도로심의회는 자문기관에 불과하다.

이와 같이 국가와 자치체가 도로의 종류에 따라 역할을 분담하는 체계는 1952년의 신도로법에 의하여 형성된 것이다. 전쟁 전에는 도로를 모두 국가의 것으로 하고, 도도부현과 시정촌이 국가의 기관으로서 관리하는 극히 집권적인 체계였다. 그것과 비교하면 분권적인 제도로 개정되었다고 평가할 수 있다. 그러나 2000년 4월까지 국도를 관리하는 도도부현, 지정시는 국가의 기관으로서 관리하는 기관위임사무방식이 취해져 있기 때문에, 분권화를 요구하는 자치체의 요청이 높아지고 있다. 그러나 자치체도 집권화를 요구해 왔다. 국도승격운동을 전개해 온 것이다.

5) 국도승격운동과 고속도로

국도승격운동이란 도도부현 도로를 국도로 인정받으려는 자치단체의 운동이다. 건설성이 국도를 5만km까지 확대하려는 방침을 분명히 했기 때문에, 縣道를 국도로 변경 받으려는 자치체측이 솔선하여 진정운동을 전개한 것이다. 그러면 왜 도도부현 도로보다 국도쪽이 자치체로서 바람직하다고 생각하는 것일까? 그 해답은 비용부담의 문제에 있다.

어떤 도로가 도도부현 도로인 경우와 국도인 경우에 따라, 도도부현의 재정문제가 어떻게 다른가를 비교해 보면, 북해도나 오키나와 등의 특례를 제외하고, 비용부담의 관계는 매우 복잡하다. 즉 국도라고 하면 국가가 비용을 부담하고, 국가가 관리하고 있다고 생각하는 것이 보통이지만, 도도부현 도로 비용의 일부(1/4 - 1/2)를 부담하거나 관리하거나 하고 있는 것이다. 이에 대하여 도도부현 도로의 경우에는 도도부현이 관리하는 것이 당연하지만, 신설이나 개축에 대해서는 국가로부터 보조금(1/2 이내)이 나오게 되어 있다. 그렇지만 보조금을 받기 위해서는 막대한 자료를 제출하고, 정비할 필요성을 인정받을 필요가 있다. 그 때문에 도도부현 도로가 국도로 승격하면 비용부담은 줄고, 보조금 신청의 노력이 대폭 줄어든다. 단 도도부현이 독자적으로 도로정책을 전개하는 것은 포기하지 않으면 안된다.

이리하여 도로의 인정이나 관리·비용부담 등을 보면, 도로행정에서 집권적인 구조가 부상하게 된다. 확실히 도로는 네트워크로서 기능하고 전국적인 도로망은 필요하다. 그렇지만 지역의 이해관계로부터 보면 지역적인 네트워크도 필요하다. 그렇다면 어떠한 도로를 전국적인 간선도로로써 관리하고, 어떤 도로를 지방적인 간선도로로 하며, 그리고 어디를 생활도로로 하는가라는 균형의 문제가 생긴다. 이런 의미에서 전후 국도연장의 증대는 자동차 교통의 확대에 맞춘 전국형 간선도로의 확대였다. 단 전국형 네트워크로서는 국도 이상으로 고속도로도 중요하다.

현재 고속도로의 전국적 네트워크는 간선에 한정하면 완성되어 있고, 지금은 남북縱貫노선이 완료되어 동서횡단노선의 건설이 진행되고 있다. 그렇지만 과소지역의 노선은 채산성이 낮은 노선으로, 요금의 전국 합산제에 의하여 지탱되고 있다. 일정기간이 지나면 무료화 될 테지만 건설성의 제안으로 요금징수를 계속하면서 전국 합산제를 유지하는 것으로 되어있다. 인구과밀지역의 사람들이 지불하는 요금으로 과소지역의 고속도로가 건설·유지·관리되는 것이고, 이것은 실질적으로 자원배분정책이다. 고속도로 문제는 과밀과 과소의 지역대립이 표출된 전형적인 공공정책이다.

4. 대인서비스

1) 인구구조의 변화

일본의 인구 연령 계급별 구성은 최근 수 십 년 동안 크게 변화하고 있다. 1920년의 계층에서는 출생률이 높고, 사망률도 높았다. 그 무렵은 인구가 급속하게 증가하고 있던 시기로, 연소자가 많고 반대로 고령자는 상대적으로 적었다. 그 때문에 인구의 연령 계급별 구성은 아래가 넓은 피라미드형으로 되어 있다. 다음으로 1990년의 연령 계급별 구성에서는 50세 이상의 부분에서 피라미드형이 남아 있지만 그보다 연령이 젊은 층에서는 제1차, 제2차 베이비 붐 세대의 돌출을 빼고, 아래로 갈수록 좁아진 형태로 되어 있다. 전전, 전중에 태어난 사람들이 80세 이상이 되는 2025년의 연령 계급별 구성을 장래 추계한 것에 의하면, 표주박형의 인구 구성이 될 것으로 예상된다.

인구구조의 변화는 수명연장과 유아 사망률의 저하를 요인으로 하며, 많이 낳고 많이 죽는 多産多死의 시대에서 적게 낳고 적게 죽는 小産小死의 시대로, 인생 50년의 시대에서 장수화의 시대로 이행하고 있다. 일본의 평균수명은 1996년 현재 남성 77세, 여성 83세가 되고 있다. 1974년에 평균수명이 남성 50세, 여성 54세이었던 것에서 급속한 신장을 나타내고 있다. 65세 이상의 고령자가 전 인구에서 차지하는 비율은 1960년 무렵에는 5.7%였지만, 1990년에는

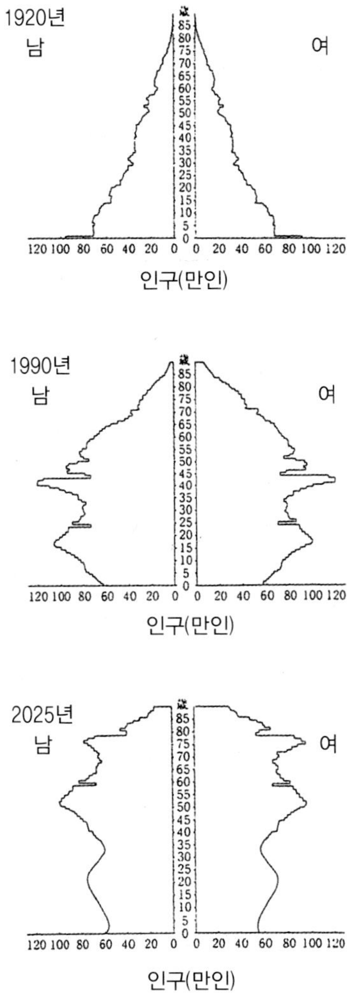

자료 : 후생성 인구문제연구소(1992) 『일본의 장래추계인구(1997년 1월 추계)』

도표 2-2 인구 구성비의 변화

11.9%, 1995년에는 14.5%가 되어, 고령화는 급속한 진전을 나타내고 있다. 舊 후생성 인구문제연구소의 『일본의 장래추계인구(1997년 1월 추계)』에 의하면 앞으로도 이 비율은 증가하고, 2020년에는 26.5%에 달할 것으로 예상되고 있다. 4명당 1명은 확실히 고령자가 된다.

고령자의 증가와 상반해서 당연히 생산노동자인구(15-64세)의 비율은 저하된다. 전술한 추계에 의하면, 15세 미만의 비율은 1990년에 18.2%에서 2020년에는 13.7%로, 생산노동인구의 비율은 69.5%에서 59.5%가 될 것으로 예상되고 있다. 즉, 현재 7명의 노동자가 1명의 고령자를 부양하고 있는 것으로 계산되지만, 21세기의 고령사회에서는 3명의 노동자가 1명의 고령자를 부양해야 한다. 더구나 일본의 경우는 다른 선진제국에 비해 고령화의 진전이 매우 빠르다. 고령화에 대한 정비·대응이 다급해지는 까닭이 여기에 있다.

2) 골드 프랜과 신골드 프랜

고령화의 진전에 수반하여, 국가는 1989년에 골드 프랜(고령자보호복지추진 10개년 전략)을 책정했다. 여기서는 고령자 보건복지의 공공서비스의 기반정비를 진행하는 것을 목적으로 하여, 재택복지, 시설복지 등의 사업에 관하여 금세기 중에 실현을 도모해야 할 10개년 목표가 열거되었다.

여기에서의 핵심은 ① 재택복지의 정비, ② 시설정비, ③ 「병상에 죽 누워있는 노인 제로전략」의 추진, ④ 민간의 재택복지사업을 추진하기 위한 장수사회 복지기금의 설치, ⑤ 고령자의 삶의 긍지 대책, ⑥ 장수과학연구의 추진, ⑦ 고령자를 위한 종합적인 타운 만들기이다. 이들 핵심내용을 실천하기 위해서는 주민에게 근접한 행정주체인 기초지방자치단체(시정촌)가 종합적으로 서비스를 제공할 수 있는 제도가 필요하다는 것이 인정되어, 1990년 복지 8법의 개정에 의해 기관위임사무에서 단체위임사무로의 변경이 가속화되었다. 더욱이 시설에의 입소조치권한이 도도부현에서 정촌으로 옮겨지고 고령자복지가 시정촌에서 일원적으로 실시되게 되었다.

이 계획에서는 특히 재택복지가 강조되어 있다. 이들은 고령자나 장애인이 다른 시민과 같은 조건, 양식, 환경에서 생활해야 한다는 이념, 정상화(normalization)에 영향을 받고 있다. 주택복지의 3주체로서 가정봉사원 파견사업(일상생활에 지장이 있는 고령자가 있는 가정을 방문하여, 개호, 가사서비스를 제공한다), 단기체제사업(와상노인 등을 개호하고 있는 가족이 일시적이나마 쉴 수 있도록 특별양호노인홈 등에서 단기간만 고령자를 맡는다), 데이서비스사업(교통편의서비스, 입욕, 식사, 건강검진, 일상동작훈련 등의 서비스를 데이서비스센터에서 행한다)이 시정촌의 사업으로서 확정되었다. 또 이러한 서비스의 양에 관해서도 시정촌이 노인보건복지계획을 책정하고, 도도부현의 노인보건복지계획을 축적해 가는 것으로 되어 있다. 도도부현은 계획입안에 대한 조정기능이 기대되고 있다.

그런데 시정촌이 실제로 계획을 세워보니 골드 프랜을 대폭 상회하는 서비스 양이 필요한 것이 명확해졌다. 그 때문에 1994년 12월에 신골드 프랜이 책정되고, 1995년부터 실시되게 되었다. 신골드 프랜에서 변경된 점은 첫째, 서비스 목표의 향상, 둘째, 그것을 위한 재원 증액이다.

서비스 목표의 수준향상에 수반하여 개호를 필요로 하는 고령자라면 누구라도 필요한 서비스를 손쉽게 이용할 수 있도록 하는 체계를 만드는 것을 목표로 하여, ① 자립지원·이용자 본위(고령자의 자립을 지원하는 것이 목적이고, 그것을 위해서는 이용자 본위의 서비스 제공이 불가결하다는 것), ② 보편주의(소득다과나 가족형태에 상관없이 지원이 필요한 고령자 모두에게 서비스를 제공하는 것), ③ 종합적 서비스의 향상(의료, 보건, 복지의 연계서비스를 종합적으로 제공하는 것), ④ 지역주의(주민에게 가장 가까운 시정촌을 기본으로 세세한 서비스를 제공하는 것)라는 4개의 기본이념을 들고 있다. 그것을 위한 시책목표로서 일부 자치체에서는 24시간 대응할 수 있는 도우미의 보급, 지역재활사업의 실시 등의 사업이 개시되고 있다.

3) 개호보험

1997년 12월에 성립된 개호보험법은 복지재원에 관한 새로운 방식을 도입했다. 의료나 연금과 같은 사회보험이라는 방식으로 증대

표 2-4 신 고령자 보건복지추진 10개년 전략(신골드 플랜)의 추진상황

구분	년도	1994년도예산 ( ) 내의 실적	1995년도예산 ( ) 내의 실적	1996년도예산 ( ) 내의 실적	1997년도 예산	1998년도 예산	신골드 플랜 (1999년도)
재택서비스	방문개호원 (home helper)	59,005명 (79,689명)	92,482명 (95,578명)	122,482명 (118,779명)	151,908명	167,908명	170,000명
	단기입소생활개호 (short stay)	25,827명분 (27,127명분)	30,627명분 (33,034명분)	36,727명분 (38,619명분)	44,834명분	51,917명분	60,000명분
	일일개호(day service) 일일 rehabilitation	5,273개소 (3,993개소)	8,643개소 (6,401개소)	10,322개소 (7,922개소)	12,084개소	14,156개소	17,000개소
	재택개호지원센터	2,472개소 (1,777개소)	3,472개소 (2,651개소)	4,672개소 (3,347개소)	6,172개소	7,964개소	10,000개소
	노인방문간호사업소 (노인방문간호스테이션)	(718개소)	1,500개소 (1,235개소)	2,300개소 (1,863개소)	3,200개소	4,100개소	5,000개소
시설서비스	특별양호노인홈	216,199명분 (217,417명분)	231,509명분 (233,560명분)	247,109명분 (249,017명분)	262,709명분	276,355명분	290,000명분
	노인보건시설	139,811명분 (93,994명분)	165,811명분 (120,298명분)	191,811명분 (147,243명분)	220,811명분	249,811명분	280,000명분
	개호이용형 저비용 노인홈 (care house)	23,700명분 (9,889명분)	30,700명분 (16,893명분)	38,200명분 (23,326명분)	51,350명분	64,500명분	100,000명분
	고령자생활복지센터	200개소 (158개소)	240개소 (186개소)	280개소 (204개소)	320개소	360개소	400개소

(주) 1. 방문개호원(홈헬퍼)에 대해서는 장애인 플랜에서 1996년 8,000명, 1997년 7,500명, 1998년 8,600명 (누계 24,100명)이 증가 되었다.

2. 일일개호(day serce), 일일 rehabilitation(day care)의 1994년도 수치에는 일일 rehabilitation 분은 포함되지 않았음. 1995년, 96년 수치에는 각 년도의 7월 1일 기준의 일일 rehabilitation 실시개소를 포함한다.

(출전) 厚生省『厚生白書』1998年, p.243.

된 복지재원을 확보하고, 이용자 본위의 충실한 개호서비스를 목적으로 하고 있으며, 2000년 4월부터 실시될 예정이었다.

보험자(보험료를 징수하는 자)는 시정촌이고, 피보험자(보험료를 지불하는 자)는 65세 이상이 제1호 피보험자로 되고, 40-64세가 제2호 피보험자로 된다. 단 제2호 피보험자는 나이가 들어가면서 따르는 질병에 의하여 개호가 필요한 상태가 될 경우에만 보험급부가 행해지기 때문에, 보험이라기보다는 세대간 연대를 위한 인두세라는 측면이 적절할 것이다.

보험급부를 받는 절차는 우선 ① 개호서비스를 받으려고 하는 피보험자가 시정촌에 개호필요 인정신청을 행한다. 개호필요 인정이란 어느 정도의 개호서비스가 필요한가를 판단하는 것이고, 그 정도는 사람에 따라 다르다. 그리고 ② 시정촌이 조사를 행하고, 그 조사에 기초하여 시정촌에 설치된 의사나 간호사 등의 전문가로 구성된 개호인정 심사회가 판정한다. ③ 이러한 인정결과 통지를 받으면, ④ 서비스를 실시할 사업자를 선택하고, ⑤ 그 사업자가 자격이 있는 경우에는 케어프랜을 작성하도록 하고(자격이 없는 경우에는 자격이 있는 케어프랜 작성기관에 의뢰한다), 또 시설에의 입소가 필요한 경우는 시설을 소개하도록 한다. 그 뒤에 ⑥ 실제로 서비스를 받을 수 있다.

서비스 이용에 대한 이용자의 부담은 1할이지만, 고액이 드는 경우에는 부담상한이 만들어진다. 나머지 9할이 보험급료가 되지만, 그 2분의 1은 공비로 부담되고, 국가가 25%, 도도부현이 12.5%, 시정촌이 12.5%를 각각 재원으로 부담한다. 나머지 1/2에 대해서는 17%가 제1호 피보험자의 보험료로, 33%가 제2호 피보험자의 보험료에서 부담한다.

이와 같은 개호보험제도는 서비스 사업자로서 민간기업도 예정되어 있고, 또 NPO(민간비영리단체)의 참가도 예상되어, 종래의 복지를 크게 전환시키는 요소가 다분히 포함된 새로운 제도이다. 그러나 규모가 작은 시정촌에서는 전문가를 확보하는 등의 곤란한 측면도 많고, 완벽한 실시에는 어려움을 보이고 있다.

4) 소자화(少子化) 사회

1991년에 「1.57쇼크」라는 말이 매스컴을 흔들었다. 이것은 한 명의 여성이 평생 동안 평균 1.57명의 자녀를 낳는다는 것을 의미하고 있다. 출산률이 2.08명을 넘어야 어른이 될 때까지의 사망이나 미혼자의 수를 고려해도 세대 재생산, 즉 일본의 인구, 경제, 사회의 유지가 가능하게 된다. 그러나 갈수록 그 숫자는 계속 내려가, 1996년에는 1.43명이 되었다. 경제기획청이 1992년도 발행한 『국민생활백서』에도 「소자화 사회」의 도래라는 말이 사용되고 있다. 소자화란 한 명의 여성이 일생동안 갖는 자녀수(합계특수출산율)의 저하가 출산률의 저하를 초래하고 있는 현상으로 고령화와 함께 인구구조를 크게 변화시키고 있다.

그러면 왜 자녀의 수가 감소하고 있는 것일까? 그 주된 원인은 만혼화와 비혼화이고, 여성의 고학력화나 취업률의 상승이 만혼화나 비혼화를 거들고 있다. 이 생애주기의 변화는 『早婚・多子・短命』에서 『晩婚・小子・長命』으로의 변화로 특징 지워진다. 결혼연령에서는 1950년에는 남 25.9세, 여 23.0세였던 평균 초혼연령이 1996년에는 남 28.5세, 여 26.4세로 상승하고 있다. 이 생애주기의 변화를 이해하는데 중요한 것은 가족과 취업의 변화라는 요소이다.

첫째, 가족의 변용에 관하여 살펴보도록 하자. 핵가족화와 소가족화 때문에 세대 규모는 축소되고 있다. 1세대 당 세대인원은 1955년에는 4.97명이었지만, 1965년에는 4.05명, 1995년에는 2.82명으로 감소하고 있다. 예전부터 가족에는 위험분산의 보험구조로서의 역할이 기대되고, 소득, 개호, 보육, 보건이라는 복지기능을 담당하고 있었다. 그러나 미국의 사회학자 오그번(William F.Ogburn)은 산업화에 의해 가족기능이 축소된 것을 논하고 있다. 일찍이 근대 이전의 가족은 경제, 지위부여, 교육, 보호, 오락, 애정이라는 7개의 기능을 해왔지만, 산업화의 결과로 애정 이외의 6개의 기능은 기업, 학교, 종교단체, 정부 등의 전문제도 속으로 흡수되었다고 한다. 즉 가족에게 기대되는 기능은 애정기능이 높고, 다른 기능은 외부화 되었다. 더 나아가 가족사회학의 블러드(Robert O. Blood)는 가족의 인격기능을 부부의 「伴侶性」과 「정신위생기능」으로 구분하고 있다.

둘째, 여성취업자의 비율이 증가하고 있는 점에 있다. 여성의 취업자 수는 1994년 2,964명에 이르고, 15세 이상의 인구에서 차지하는 비율이 1990년에는 과반수에 달하고, 1994년에는 50.2%이다. 일본 여성의 노동력 인구비율을 연령 단계별로 보면, 20세 후반부터 30세 전반을 바닥으로 하는 M자형을 하고 있는 것이 특징이고, 결혼, 출산, 양육이 취업의 지속에 부정적인 영향을 미치고 있다. 결혼이나 출산의 시기에 의식적으로 희망하지 않아도, 사회적 제약에 의하여 실제로 취업을 중단하지 않을 수 없는 상황에 있다. 바꾸어 말하면, 취업을 계속하기 위해, 결혼이나 출산의 시기를 늦추고, 비결혼이나 비출산을 선택하고 있다. 취업중단 후 취업형태에서도 전업이 아닌 시간제 노동이 주요 형태가 되고 있는 점도, 구미제국과 다른 점이다. 출산율 저하의 배경에는 취업과 결혼, 육아와의 trade-off라는 사회문제가 있고, 이것을 시정하는 일이 요구되고 있다.

5) 양육지원

이와 같은 출산율 저하에 대한 위기감이 높아지자, 1990년 내각관방 관계 14부처에 의한「건강하게 자녀를 낳아 기를 수 있는 환경 만들기에 관한 관계부처 연락회의」가 만들어지고, 또 1993년에는 아동가족국장의 사적자문기관인「씩씩한 어린이, 밝은 가정, 활력과 친절함으로 가득 찬 지역사회를 위한 21 프랜 연구회」가 모든 자녀를 대상으로 한 시책전개를 제안했다. 이것을 수용한 후생성은 1994년도부터「엔젤프랜 전주곡」이라는 제목으로 하는 시책을 시작했다. 여기에서는 장래의 보육에 덧붙여 사업소 내 보육, 시간연장형 보육, 육아보육, 방과 후 아동대상(학동보육) 등에 중점이 두어졌다. 또 민간 보육사업을 조성하기 위하여 아동미래재단을 설립하여 역형보육(驛型保育), 재택보육, 기업위탁형보육 등과 같은 다양한 보육서비스, 보육관련 정보의 제공 등을 진행했다.

더욱이 동년 12월에 향후 10년간을 목표로 한「앞으로의 양육지원을 위한 시책의 기본방향에 대해서」(엔젤프랜)를 책정했다. 여기에서의 기본적 방향은 ① 양육과 직장 일의 양립지원 추진, ② 가정에서의 양육지원, ③ 양육을 위한 주택 및 생활환경의 정비, ④ 여유있는 교육실현과 건전육성의 추진, ⑤ 양육비용 경감이라는 다섯 가지 이다. 동시에 이 계획의 전기 5년간을 목표로 한「당면 긴급보육대책 등을 추진하기 위한 기본 방식」(목표달성은 1999년)이 설계되어 표 2-5와 같은 수치가 제시되었다.

표 2-5 긴급보육대책 등 5개년사업의 목표

항목	1995	1996	1997	1998	1999 목표	방 침
다양한 보육서비스의 충실						
저연령 아동 (0-2세)보육	47만명	49만명	51만명	54만명	60만명	입소대기 아동 등 보육원 입소를 희망하더라도 입소할 수 없는 저연령 아동 모두가 입소할 수 있는 수준까지 확보.
연장보육	2,530 개소	2,830 개소	4,000 개소	6,000 개소	7,000 개소	대체로 오후 6시 이후까지 보육을 하는 보육원을 도시부* 보육원의 2개소 중 1개소, 그 밖의 지역 보육원의 4개소 중 1개소에서 실시할 수 있는 수준까지 확보.
일시적 보육	600 개소	600 개소	800 개소	1,000 개소	3,000 개소	긴급시나 단기간의 보육을 하는 보육원을 4개소 중 1개소, 그밖의 지역 보육원의 10개소 중 1개소에서 실시할 수 있는 수준까지 확보.
유아건강지원 데이서비스사업	40 개소	50 개소	100 개소	150 개소	500 개소	질병회복기의 유아보육을 하는 데이서비스 사업을 인구 10만명당 1개소 실시할 수 있는 수준까지 확보.
방과후 아동클럽	5,220 개소	6,000 개소	6,900 개소	7,900 개소	9,000 개소	초등학교 저학년의 아동 중, 오후시간에 부모가 부재 등의 이유로 방과후 아동클럽의 이용이 필요한 아동(전국에서 대상연령 아동의 약 1할) 모두가 이용할 수 있는 수준까지 확보.
보육원의 다기능화						
다기능화 보육원의 정비	200 개소	200 개소	300 개소	282 개소	1,500개소 5년간	새롭게 건축된 보육원 등에 대해서 유아보육 아동양육 서비스 지원 등의 다양한 수요에 대응할 수 있는 시설 설비를 정비.
아동양육 지원						
지역아동 양육센터	354 개소	400 개소	600 개소	840 개소	3,000 개소	지역아동양육 네트워크의 핵심으로서 육아상담 육아서비스 지원 등을 하는 센터를 보육원 등에 병설함으로써 각 市町村에 1개소 설치할 수 있는 수준까지 확보.

* 도시부란 동경23구 및 인구30만 이상의 시 (출전) 厚生省『厚生白書』1998年, p.163 참조

가족구조가 변하고 여성의 취업형태가 변화함에 따라 연장보육, 야간보육, 휴일보육이 필요하게 되었다. 그러나 보육서비스는 충분하지 않고 함께 일하는 세대는 베이비시터나 근친자, 친구 등의 협력을 받고 있는 실정이다. 공립보육소든 민간보육소든 지방자치체에서 야간보육이나 연장보육의 실시율이 높아지지 않는 이유는, 노동조합의 노동강화에 대한 반대뿐만 아니라 보육소의 인원이나 재원에도 원인이 있다. 동경 23구의 경우는 젊은 연령층의 유출 때문에 공립보육소가 정원을 깨고 있으며, 1996년도부터 연장보육과 야간보육을 실시하게 되었다. 그렇지만 다른 자치단체의 연장보육, 야간보육, 휴일보육의 실시가 자치단체의 재정부담을 증가시키기 때문에 그 실시에 신중한 곳이 많다. 그 때문에 국고부담률의 인하라는 일반적인 경향에도 반하여 연장보육과 야간보육의 국고부담률은 인상되고 있다.

5. 국제 공공서비스

1) 국제공익이란 무엇인가?

현대의 특징은 국제컴뮤니케이션의 고조와 그 매체의 다원화이다. 일찍이 19세기 웨스트팔리아 조약의 체결 이후, 국제무대의 주체는 국민국가였다. 그러나 무력분쟁에서 경제분쟁으로 대립 이슈가 변함에 따라 2국간 교섭뿐만 아니라 다국간 조정도 많아지고, 교섭 스타일도 변화했다. 더 나아가 UN 전문기관 등의 정부간 국제조직(IGO), EU나 APEC이라는 국제공동체의 필요성이 생기고, 지방자치체나 비정부조직(NGO) 까지도 국제무대에서 컴뮤니케이션을 활발히

할 수 있게 되었다.

최근에는 국제무대와 국내관계의 상호작용이 진전하고, 국제노동력 이동이나 국제금융의 형성을 몸 가까이에서 느끼게 되면서, 국제사회의 주체가 다원화되어 왔다. 그렇게 되면 이제는 주권국가 간의 균형으로 국제질서가 형성되면서 특정국가가 국제공익을 대표하는 구도도 계속해서 변화하고 있다고 말할 수 있다. 국제공익이란 무엇인가 라는 문제가 여기서 제시되는 것이다.

결국 국가 간의 총화로서 공익을 생각하는 것이 아니고 국제공동체에서의 공익도 시야에 넣지 않으면 안된다. 더 나아가 「국제 inter-national」를 국가 간이 아닌 민간 간의 관계로 생각하게 되면, 자치단체의 국제정책이나 NGO 활동도 중요한 국제 공공서비스라고 말할 수 있을 것이다. 국제사회의 중층성을 인식하고, 국제공익은 개인, 비정부조직, 기업, 자치단체, 국가, 국제기관이라는 다원적인 정치주체의 활동에 의해 형성된 것으로 생각을 바꾸어 갈 필요가 있다.

2) 국제우편서비스

국제적인 행정서비스를 생각할 때, 우선 생각나는 것은 UN이다. 오늘날의 국제행정에 있어 UN은 극히 중요하다. 국제아동기금(UNICEF=유니세프)이나 국제난민고등변무관사무소(UNHCR) 등 많은 국제기관이 다양한 국제공익서비스를 전개하고 있다. 또 UN의 전문기관이 각각 독자적인 서비스를 공급하고 있다. 이들 전문기관 속에는 UN의 성립이전부터 활동을 전개하고 있는 것도 있다.

그 하나가 우편이고, 가장 빠른 국제서비스의 하나이다. 우편의 국제서비스화는 당초 2국간 조약에 기초한 것이다. 그것이 1875년 일반우편연합(General Postal Union)의 설립에 의하여 본격적인 국제우편서비스가 시작되었던 것이다.

그 기술적인 계기가 된 것이 우표방식의 도입이었다. 1840년 영국에서의 우편개혁에 의하여 Penny Black이라는 우표를 이용한 방식이 채용되어, 그것이 각국에 도입되고, 근대적 우편제도가 각국에 정비되었다. 그렇지만, 우표방식 이외는 각국의 우편제도가 달랐기 때문에 1863년 파리에서 국제우편회의가 개최되고, 국경을 넘은 우편서비스의 검토가 시작되었다. 1874년이 되어 스위스의 베른에서 22개국이 참가한 국제우편회의가 개최되고, 베른조약이 조인되었다. 이것에 기초하여 그 다음 해에 일반우편연합이 설립되고, 집행이사의 사무국이 베른에 설치되었다. 1878년부터 현재 명칭인 만국우편연합(Universal Postal Union)이라 부르고 있다. 또 일본은 1877년부터 가맹했다.

베른조약의 원칙 중 하나는 모든 가맹국이 단일 우편지역을 형성하는 것이다. 이것에 의하여 자유로운 우편의 이동이 가능하게 되었으며, 우편불가침성이 지켜지고, 신속한 배달이 보장되게 되었다.

또 1875년 이후 받아들여진 중요한 원칙으로서, 국제우편의 요금은 발신국이 징수하는 제도였다. 국제적인 결재를 간략화 하는 것이 그 목적이지만, 정당화 이론으로서는 편지가 일반적으로 답장을 요구한다는 생각을 전제로 하고 있었다. 그렇지만 발전도상국에서 발신량보다 수신량이 더 많은 경우가 있어, 불만이 표출되었던 것이다. 그래서 1969년 동경회의에서 시정책이 합의되었다. 즉, 국제우편요금이 가맹각국의 일정 허용한도를 포함하여 통일적으로 결정되고, 중량, 크기 등의 상세한 규정이 추가되었다. 이리하여 오늘날의 국제우편서비스가 형성되었지만, 그것은 가맹각국의 우편제도를 전제로 하여 기능하는 국제서비스라고 말할 수 있을 것이다.

3) 정부개발지원

정부개발지원(Official Development Assistance: ODA)이란 2국간 내지 국제기관에 대한 증여, 유상자금제공, 무상자금제공, 기술협조, 대부, 출자를 의미한다. 일본의 ODA 사업예산은 1997년도에 1조 1,320억엔(93.6만달러), 7년 연속해서 세계 제1위의 원조대국이 되었다. 특히 남북 간의 정부개발지원은 그 액수나 기술면에서 중요한 국제 공공서비스이다.

일반적으로 국제개발원조에는 원조국의 국내행정, 피원조국의 국내행정, 양국의 관계라는 3가지 과정이 존재한다. 우선 피원조국은 자국의 개발이념에 따라 개발계획을 책정하고, 외국에의 원조를 요구한다. 현지조사 후 원조국의 내부에서 원조방침과 내용이 결정되고, 전문기관에 실시계획이 전달된다. 정부사업, 민간사업, 협력사업의 선택이 행해지고, 그 자원과 수단이 결정되어 피원조국에서의 개발계획이 실시된다.

이와 같이 외국의 요청을 받아, 개발원조의 내용이나 원조액을 결정하는 것이 일본의 특색이고, 이것을 요청주의라 한다. 이에 대하여 미국은 원조를 외교전략의 일환으로 안전보장의 맥락에서 결정하고, 프랑스, 영국, 이탈리아는 우선주의를 취하여, 구 식민지국에의 원조를 주된 것으로 하고 있다. 더 나아가 독일이나 스웨덴은 중요하다고 생각되는 항목에 관하여 원조안건을 발굴하는 중점발굴

주의를 채용하고 있다.

일본의 경우 ODA를 관할하고 있는 중앙성청은 외무성, 경제기획청, 통산성, 대장성이고, 국제협력사업단(JICA : 외무성소관)과 해외경제협력기금(OECF: 경제기획청소관)이 각각 「국제협력사업단법」, 「경제협력기본법」에 기초하여 지원행정을 실시하고 있다. 대외적으로 외무성이 창구가 되고 있기는 하지만, 성 내지 청에서 일원적으로 소관하고 있는 것이 많은 다른 국가와 비교하여 종적 행정의 폐해가 생겨나기 쉬운 점은 부정할 수 없다.

더 나아가 원조액의 증대에 원조실무를 현장에서 담당하는 직원

표 2-6 주요 원조국의 2국간의 ODA 제공 상대 5개국

(지원순액 기초)

공여국가	국가명 (점유율%)				
	1위	2위	3위	4위	5위
미국	Israel (32.6)	이집트 (10.5)	구유고슬라비아 (2.2)	이라크 (1.6)	Micronesia (1.5)
프랑스	프랑스령 Polynesia (7.0)	New Caledonia (6.8)	이집트 (5.2)	Côte d'Ivoire (5.2)	모로코 (5.1)
독일	중국 (10.2)	이집트 (9.8)	니카라과 (8.9)	필리핀 (2.4)	볼리비아 (2.3)
이탈리아	구유고슬라비아 (9.1)	Malta (8.1)	유고공화국 (5.9)	Guinea · Bissau (5.4)	요르단 (5.2)
영국	인도 (8.6)	Marawi (4.7)	구유고슬라비아 (4.1)	방글라데시 (4.0)	우간다 (3.9)
캐나다	이집트 (8.4)	중국 (2.8)	방글라데시 (2.8)	인도 (2.2)	구유고슬라비아 (2.0)
일본	중국 (8.7)	인도네시아 (7.5)	인도 (7.4)	태국 (7.1)	필리핀 (4.8)

양성이 충분하지 않고, 최근까지 일본에는 전문가의 양성이나 연수기관이 없었다. 더욱이 프로그램 평가에서 유효성, 능률성, 경제성, 합규성(合規性)을 묻는 데에 정치적인 요소가 많고, 지금까지 평가시스템이 확립되어 있지도 않았다. 전문직원의 양성이나 조사기관의 설립 등, ODA를 둘러싼 과제는 적지 않다.

4) NGO 활동의 고조

전술한 바와 같이, 국제컴뮤니케이션에 있어서 국제기관(IGO)의 역할은 크다. 웨스트팔리아조약 이후, 국제관계의 주역은 주권국가였고, UN이 성립되어 국제전문기관의 역할이 고조되었다 해도, 주권국가의 지위는 변하지 않았다. 그러나 20세기 후반 들어 NGO(비정부조직)의 활동이 활발해지면서, 사람들의 관심이 모아지고 있다. 살라몬(Lester Salamon)은 이와 같은 비영리단체나 비정부조직의 설립 확대라는 현상을 「결사체혁명」(Associational Revolution)이라 부르고 있다. 이와 같은 NGO 활동은 개발지원, 인권문제, 난민대응, 국제의료활동, 환경문제, 국제교류, 계몽활동, 유학생 파견·수용, 상담, 예능, 문화, 스포츠, 조사연구 등 다방면에 걸쳐 있다. 외무성이 감수한 국제협력·교류NGO 단체명감에 의하면, 1996년 현재 일본에는 3,000개 이상의 단체가 단체협력·교류활동을 행하고 있다.

이와 같은 단체의 특색은 정부로부터 독립된 자발적 조직이고, 영리목적이 아닌 점에 있다. 정부가 하기엔 어려운 활동, 즉 시민활동의 세부에 걸친 경우, 유연성이나 기동성을 살린 긴급대응이 요구되는 경우, 정보, 자원, 기술에서 정부보다 우수한 경우 등의 활동기회가 넓어지고 있다는 점에서 NGO의 존재이유가 있다. 정부의 보완적 기능에도 불구하고, 문제발견과 해결의 촉매적 기능, 정부와 사회의 중개적 기능, 정부정책의 비판적 기능이 기대된다. 단, 비정부조직이라고 해도, 한편으로는 정부와의 협력, 연대, 협동이 높아지고 있다. NGO로서는 직원을 확보하여 계속적인 활동을 유지하기 위해서라도 안정적인 재원이 필요하고, 정부로서는 정보나 노하우 면에서 협력을 중시하지 않을 수 없다. 즉, 독립된 조직 간 관계이면서 상호의존관계가 형성되고 있다.

개발지원 NGO에서는 1970년대 말 정부개발원조의 하향식 개발방법이 비판을 받고, 내발적 개발을 모색하는 가운데 NGO에 커다란 기대를 걸게 된 것이다. 정부개발원조에서는 할 수 없는 「풀뿌리」지원을 실행할 수 있고, 낮은 비용으로 목표를 달성할 수 있기 때문에 개발 NGO의 수는 확대되고 있다. 그 결과 정부 간의 국제개발협력이 아닌 발전도상국의 정부와 선진국의 NGO, 발전도상국의 NGO와 선진국의 정부, 발전도상국의 NGO와 선진국의 NGO라는 국제개발협력방식이 생겨나고 있다. 단 일본의 경우는 전술한 요청주의를 기본으로 하고 있기 때문에 정부 간 국제개발협력이 많다.

WHO나 국제적십자의 보건활동 이외에도, 일본의 NGO에서는 기독교해외의료협력회, 曹洞宗 국제자원봉사, 아시아보건연수재단 등이 존재하고 있다. 또 국경 없는 의사단(MSF), 세계 의사단(MDM), 아시아 의사연락협의회(AMDA)는 의사와 간호사 등으로 구성된 전문국제의료봉사자원단체이다. 전쟁・재난지역, 난민캠프, 재해지역에서의 구원활동에 종사해 많은 실적을 거두고 있다.

일본 국내에서도 최근 불법체류 외국인에 대한 활동이 확대되고, KARABAO회, 여성의 집 HELP, 항구도시 건강상호회 등의 복지・

의료활동이 행해지고 있다. 긴급피난시설(쉼터)의 운영이나 피보험자에 대한 의료보장이 활동내용이지만, 규모가 작기 때문에 직원이 적고, 그 급여수준도 충분하지 않다. 神奈川(가나가와)현과 동경도는 외국단체로부터 기금이나 조성금이라는 형태로 일부 NGO에 재정지원을 시작하고 있고, 정부와 민간과의 양호한 파트너십을 어떻게 형성하는가가 앞으로의 과제이다.

자치단체의 국제정책

「지방자치단체에 국제정책이 있다」라는 말에 법률을 전공하고 있는 사람들은「외교는 국가의 전속사항일 것이다」고 반론할지 모른다. 그러나 일본의 자치단체는 스스로 국제정책을 가지고, 외교를 행하고 있다.

자매도시나 우호도시의 체결은 상호교류를 깊게 하고 있는데, 자치단체의 국제정책은 거기에만 그치지 않는다. 개별정책 과제를 위한 조사단을 파견, PKO에 의한 선거관리활동파견, 세계대도시회의나 세계자치단체연합 등에 의한 네트워크화, 비핵도시선언이 자치단체 외교의 전형이다.

현재, 환일본해연안의 자치단체에 의한 한국, 중국, 러시아와의 자치단체 외교는 30년 남짓의 실적이 있다. 이들은 자치단체 간의 권역협력을 촉진하고, 국제활동 거점을 다극화하며, 국토구조 그 자체를 변혁시키는데 의의를 갖는다.

다음으로 자치단체의 국제정책 추진은「내부의 국제화」의 실현에도 커다란 의미를 갖고 있다. 자치단체 직원에의 외국인고용, 자치단체 정치에의 참가, 전문직원이나 국제담당부과의 설치가 자치단체 기구의 혁신을 초래하게 된다.

더욱이 자치단체의 국제정책은 정책혁신을 낳고 있다. 예를 들면, 1992년 동경도는 불법체류 외국인에 대하여 행려병자 및 행려사망자취급법을 적용했다. 군마(群馬)현이나 가나가와(神奈川)현은 국가에 앞서서 의료비 미지불 외국인의 의료비를 시정촌과 현에서 2분의 1씩 지불하고 있다. 외국인 대상의 NGO에 자본지원을 실시하고 있는 현도 있다.

국제화 활동 속에서 일본의 자치단체는 선구적인 역할을 해 왔다. 그 국제정책은 다양한 혁신을 계속적으로 만들어내고 있다.

참고문헌

松下圭一編 『自治体の國際政策』 學陽書房, 1988

江橋崇編『外國人は住民です』學陽書房, 1993

제3장 행정관료제와 정책과정

[본장의 학습내용]

정부는 정책을 통하여 사회를 움직인다. 한편 그 영향을 받는 사람은 정부의 정책에 대하여 영향력을 행사하려고 한다. 따라서 현대사회의 정치·행정현상을 설명하고 이해하기 위해서는 정부의 정책이 작성되고, 실시되고, 그리고 평가되는 정책과정을 설명하지 않으면 안된다. 본 장에서는 정부의 정책과정에서 중심적인 역할을 담당하고 있는 행정관료제와 정책과의 관련에 초점을 맞추면서 주로 일본의 정책과정을 검토한다.

1. 정책과정과 정책순환과정

1) 정책이란 무엇인가?

본 장에서 다루는 「정책」이란 도대체 무엇일까? 우선 그 점을 분명하게 하지 않으면 안된다. 왜냐하면, 첫째, 정책이라는 용어 자체는 그다지 어려운 말이 아니지만, 사람에 따라 연상하는 것이 상당히 다르기 때문이다. 그것은 동일 용어를 사용하면서도 의미하는 것이 다를 위험이 항상 붙어 다니는 언어이기 때문이다. 그리고 둘째, 정책과 가장 관계가 깊다고 생각되는 행정실무에서 실제로는 별로 정책이라는 말이 사용되지 않는 것이 현실이기 때문이기도 하다. 정부의 활동은 정책을 통하여 이루어지는데 중요 정부관계자가 정책이라는 말을 그다지 사용하고 있지 않다면, 이것은 큰 문제이다.

정책을 정의하는 것이 최초의 문제이지만, 여기서 정책이라고 하는 것은 실은 공공정책(public policy)에 한정되어 있음을 우선 단정해 두지 않으면 안된다. 광의의 정책이라는 것에는 민간기업의 경영정책이라든가 인사정책이라는 것도 포함되고, 개인의 삶의 방식이나 인생관에까지 정책(policy)이라는 말이 사용되는 경우도 있다. 그러나 본장에서 문제로 하는 것은 사회의 공적인 문제에 관하여 책정되고, 사회에 대하여 넓게 적용되는 정책이며, 불특정 다수 내지 다수의 사람들(조직, 집단)이 직·간접의 영향을 받는 정책이다.

이와 같이 정책을 한정하면 전형적인 정책은 정부(국가와 지방자치단체의 쌍방을 포함)가 책정하여 실시하고 있는 정책, 즉 정부정책을 의미하게 된다. 이와 같은 이해는 대체로 맞지만, 단 공공정책=정부정책이라고 생각하는 것은 성급하다. 왜냐하면 민간기업이나 이른바 비정부조직(NGO), 민간비영리조직(NPO) 등의 결정이나 행동도 사회의 공적인 문제에 관하여 책정되고, 사회에 대하여 널리 적용되는 정책이며, 불특정다수 내지 많은 사람들(조직, 집단)이 직·간접의 영향을 받는다는 점에서 정부정책과 다르지 않다. 따라서 이들 정책 이외의 주체가 책정하여 실시하는 정책도 공공정책에 포함시키려는 시각을 마련하는 것이 필요하다. 여기에서는 공공정책 가운데에서도 특히 정부정책을 다루기로 하는데, 이것은 정책과정과 행정관료제와의 관계에 초점을 맞추어 검토하기 때문이다.

2) 정책의 정의와 정책과정

이와 같이 정책을 생각하면, 많은 정치학자나 행정학자의 정책 정의를 참고로 할 수 있다. 예를 들면, 일본정치학회가 정책학에 관한 기초적 개념을 정리한 학회연보 정치학의 기초개념을 간행하고 있지만, 그 속에서 「정책」 쪽을 담당한 오오모리 와타루(大森彌)는 정책을 다음과 같이 정의하고 있다. 「정치사회에서의 공공정책(public policy)은 사회차원에서의 조정을 넘어서 쟁점 내지 분쟁에 대하여 통치활동을 실시함으로써 그 해결을 도모하는 수단이며, 이런 의미에서 사회의 안정과 관련된 통치활동의 내용이다」. 또 니시오 마사루(西尾 勝)은 행정학 속에서 정책을 「정부가 환경조건 또는 대상집단의 행동에 뭔가 변경을 가하려고 하는 의도 하에 그것을 위해 움직이는 활동안」으로 정의하고 있다.

이들 정책의 정의에서 거의 공통되는 것은 첫째, 정부활동이 언제, 어떻게, 누구(무엇)에 대하여 행하여지는가와 같은, 활동의 내용 내지 안을 표명한 것이라는 인식에 기초하고 있다는 점이다. 그 때문에 둘째로 공통되는 것은 정책을 꽤 추상적인 개념으로 받아들이고 있다는 점이다. 니시오가 편의상의 조치로서 채용하고 있는 것처럼 정책은 「정부의 방침, 방책, 구상, 계획 등을 총칭한 것」이며, 연구자의 다수는 그 속에 법률, 예산, 계획, 조례, 규칙, 요강, 통달 등의 성문화된 것에서, 구체적인 정부활동이나 정부고관, 관료의 언동 등에서 추정되는 것과 같은 정부방침까지 상당히 넓은 범위의 것을 포함하고 있다(단, 니시오는 정부활동案의 모든 것을 정책이라 부르는 것은 현실적이지 못하다고 지적하고 있다).

또 이와 같은 정책을 생물의 생애주기와 같이 태어나서 소멸할

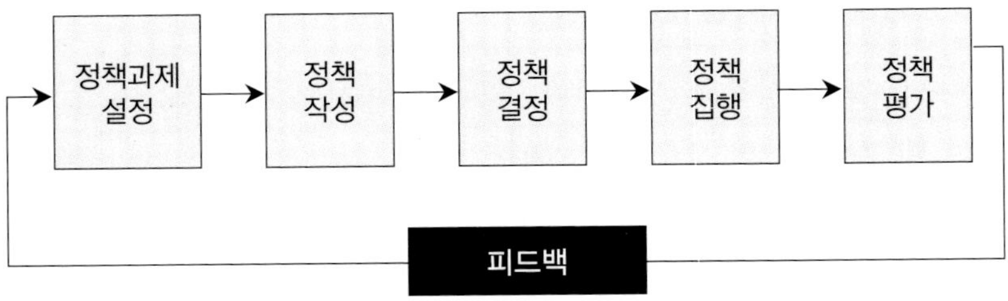

도표 3-1 일반적인 정책과정모델

때까지의 일련의 과정으로 이해하는 경우도 많다. 한 정책의 생애주기를 「정책과정」이라 부른다. 정책과정에는 몇 개의 단계가 설정되어 있어 정책은 그것을 순차적으로 거쳐 가면서 출생하고 성장하고 그리고 소멸한다고 생각하고 있다. 어떠한 단계를 설정하는가에 대해서는 연구자에 따라 약간의 차이는 있지만, 대개 도표 3-1과 같은 정책과정의 여러 단계가 상정되고 있다.

도표에 제시된 정책과정의 각 단계에 대해서는 다음 절 이하에서 서술하기 때문에 여기에서는 「피드백(환류)」에 대해서만 언급해 두고자 한다. 오늘날 정책과정에 대한 생각 속에서 일련의 과정이 종료하면 그 정책이 낳은 효과나 성과와 함께 정책과정에서 생긴 새로운 문제 등이 다음의 정책과정에 반영된다는 피드백이 중시되고 있다. 즉 정책과정은 1회 한정으로 끝나는 과정이 아닌 피드백을 통하여 순환하고 있다고 보는 것이다. 그래서 정책과정을 특히 「정책순환과정」이라 부르는 경우도 있다. 그러면 다음으로 정책과정의 각 단계에 대해서 그 특징을 특히 행정관료제와의 관계에 주목하면서 순차적으로 살펴보고자 한다.

2. 정책형성

1) 정책형성의 제 단계

여기에서 말하는 정책형성단계는 다음과 같이 세분화할 수 있다. 즉 ① 사회의 제 문제를 살펴 고찰, 인식하고, ② 그 문제의 원인, 배경 등을 분석하고, ③ 그 문제에 대하여 정부로서 대응할 것인지 여부를 결정한다. 그리고 ④ 대응하기로 한 경우에는 대상(정책)안을 몇 개 책정하고, ⑤ 그중에서 어느 것이 가장 유효한지 능률적인지 등을 분석한 뒤에, ⑥ 정책과정의 다음 단계로 나아가야 할 정책안을 선택한다. 대개 이와 같은 단계에서 구성되는 것이 정책형성이라 불리는 과정이다. 이 중 초기 단계에 있는 ①②③을 묶어 「정책의제의 설정」단계라 부른다. 그리고 그 다음으로 이루어지는 ④⑤⑥을 「정책형성」이나 「정책대안의 작성」이라 한다.

이와 같이 정책형성은 문자 그대로 새로운 정책을 낳는 과정이다. 그러나 로즈(Richard Rose)가 지적하고 있는 바와 같이, 현대 정부는 거의 모든 사회영역에 정책적인 관여를 하고 있기 때문에, 전혀 새로운 정책이 생길 가능성은 그다지 크지 않다. 따라서 정책형성이라고 해도 대부분의 경우는 기존의 정책이 사회실태에 맞지 않게 되었든가, 정책이 대응하고 있던 문제가 거의 해소되어 버렸기 때문에, 그 정책을 그대로 계속시킬 필요가 없어지고 있는 상황 하에서, 기존 정책의 재검토 내지 개정이라는 형태를 취하는 경우가 많다. 로즈와 피터즈(B. Guy Peters)는 이와 같이 정책이 완전히 0에서 나오는 것이 아니라면, 기존의 정책이 완전하게 폐지되는 경우도 거의 없으며, 기존 정책이 서서히 변화해가는 것을

「정책천이(政策遷移)」(policy succession)라고 부른다. 그런 의미에서 오늘날의 정책형성은 정책천이를 언제, 어떻게 행하는가를 확인해가는 단계라고도 생각할 수 있다.

2) 정책의제의 설정

이와 같은 정책형성의 초기 단계, 즉 정책의제의 설정은 구체적으로는 어떻게 전개하는 것일까? 또 이 단계에서 행정관료제는 어떠한 관련을 갖고, 어떠한 역할을 하고 있는 것일까?

사회에 무수하게 존재하는 해결되어져 할 문제나, 시민들이 정부가 충족해주기를 기대하고 있는 사항이 모두 정부에서 정책과제가 되고, 그에 대한 대응이 실제로 도모되는 것은 아니다. 오히려 문제나 기대는 대체로 정부에 의하여 무시 내지 방치되고 있는 것이 현실이다. 니시오는 정부가 대응할 것이 기대되는 사회에 넓게 존재하는 수요를 「행정수요」라 부르고, 그들 행정수요 가운데 정부가 대응하게 된 것이 「행정 needs」로서 양자를 개념상 구분한다.

정부가 정책적인 대응을 해야 할 과제로서 행정 needs가 된 것은 그 뒤의 정책과정 속에서 연명할 수 있다. 그러나 행정 needs로서 인정되지 않은 것에 대해서는 정책과정의 검토대상이 되지 않는 것이 일반적이다. 단, 그렇다고 하여 완전히 무시되어 논제로도 삼아지지 않는 것은 아니다. 예를 들면, 행정수요의 내용이 중요하거나 심각하여도 그것을 행정 needs로서 인정하게 되면, 기존의 이익이나 특권구조에 커다란 변화를 필요로 하는 것과 같은 경우, 혹은 그 행정수요를 충족하기 위해 정부의 막대한 자원을 사용하지 않으면 안 되는 경우 등에는 때로 「무의사결정」(non-decision)

이라는 형태로 처리되는 경우도 있다. 이것은 문제의 존재는 충분하게 인식되고 있음에도 불구하고, 그 문제에 대해서는 「결정을 하지 않는다는 결정」을 하여 정책과제로서는 말살해버리는 것이다.

3) 의제설정의 정치성과 행정관료제

이와 같이 정책의제의 설정단계는 정부의 활동에 있어서 매우 중요한 역할을 가지고 있다. 정부로부터 이익을 내려고 하는 자는 이 단계에서 정책과정에 늦게 간여하게 된다면 결정적인 불이익을 각오하지 않으면 안된다. 때문에 정책형성의 제1단계는 정치적인 색채를 띠지 않을 수 없다. 스스로의 이익이나 주장이 정책과정에 선택될 수 있도록 많은 사람들은 조직을 만들어 여론이나 정부에 영향력을 가하려고 한다. 이익집단이나 압력단체는 원래 이와 같은 목적에서 생겨난 것이라 말할 수 있다. 또한 시민운동이나 주민운동의 대부분도 그들이 문제라고 생각하는 사항에 대해서 정부가 진지하게 대응할 것을 요구하고 있다. 선거에서 후보자가 공약을 하여 내건 것도 당선된 이후에 집중해야 할 문제를 분명히 하고, 그것을 정책과정으로 한다는 것을 약속하고 있는 것이다. 이와 같이 정책과제의 설정단계에서는 정치가 중심이고, 행정은 부차라고 볼 수도 있다. 실제로 이념적으로는 그렇다. 예를 들면, 마쯔시타 게이이찌(松下圭一)는 정책과정모델 속에서 정책과정의 「시동」단계의 인자(factor)로써 시민을 중심으로 단체장이나 의원이라는 정치적 행위자(actor)를 등장시키고 있지만 행정기구는 등장시키고 있지 않다.

단계	주체	과정	정보정비 · 정치조정	내용
①始動 정치결정	政治全體 (市民→長 · 議會)	1 쟁점선택 2 과제특정 3 목적설정	↑	정책쟁점의 선택 정책과제의 특정 사고의 검토
②입안 원안결정	長 또는 議會 (행정기구의 소안)	4 선택지의 설계 5 원안선택	정보정비	정책자원 · 방법의 정리 제안권자에 의한 원안결정
③결정 제도결정	長 · 議會	6 합의창출 7 제도확인	·	기본 법절차에 의한 조정 · 수정 법제 · 예산에 의한 권한 · 재원
④집행 행정결정	長 · 行政機構	8 집행방법 · 준칙 9 집행절차 10 진행관리	정치조정	행정수법 · 준칙의 개발 · 결정 행정절차의 개발 진행에 따른 순서의 변화
⑤평가 평가결정	정치전체 (市民→長 · 議會)	11 평가 · 개정	↓	정책효과의 제어에 의한 쟁점화 (→ 정책쟁점의 선택으로 환류)

(출전) 松下 圭一『現代政治の基礎理論』東京大學出版會, 1995, p.198

도표 3-2 마쯔시타 게이이찌(松下 圭一)의 정책과정모델

도표 3-2에서 나타난 바와 같이 개념적으로는 정책의제설정단계에서 행정관료제는 커다란 역할을 하고 있지 않은 것으로 간주되고 있다. 그러나 오늘날과 같이 정책영역이 세분화되고, 전문화되게 되면 정책을 일상적으로 다루고 있는 행정관료제에 전문능력과 정부집중이라는 사태가 생기게 된다. 그 결과 시민들은 애당초 무엇이 문제인가 라는 문제인식에서 문제의 원인이나 배경이 무엇인가를 알기 위해서라도 행정에 의존하지 않을 수 없게 되어 있다. 매스컴에서 획득된 정보라고 생각한 것이 실은 행정발표를 토대로 보도된 것도 적지 않다.

또한 오늘날의 정책과정의 특징으로서 종종 지적되는 「정책공동체」가 형성되는 것도 이 단계에서의 행정관료제의 역할을 확대한다. 정책공동체란 정책분야마다 행정관(직원), 대상집단, 정치가 등의 관계자의 일상적인 연결고리가 강해지고, 상호 간에 공통의 언어·개념을 사용하여 일을 논하고 결정해가는 작은 사회를 말한다. 규제하는 측의 행정기관과 규제받는 측의 업계라는 본래부터 서로 대립하는 관계에 있는 양 당사자가 정보교환이나 관료의 낙하산 인사 등의 인사교류가 일상적으로 이루어짐으로써, 어느 사이에 하나의 공동사회가 만들어 지는 것이 적지 않다. 자민당 장기정권시대에 생겨난 이른바 족의원(族議員)이라는 특정 정책분야에 관하여 전문성이 높고, 정치적 영향력을 강하게 갖고 있는 정치가도 물론 이와 같은 정책공동체의 주요 구성원이다. 그러나 일상적으로 이 공동체를 운영하고 있는 행정관료제의 역할이나 영향력은 상대적으로 높다고 말할 수 있다. 그 결과 정책분야에 무엇이 문제인가, 어떤 문제를 정책의제로서 삼을 것인가 하는 것은 우선 행정관료제의 필터를 통해서 결정되는 사례가 많다.

4) 「정책거울」 모델에서의 과제설정

정책과정을 모델화한 것으로 잘 알려져 있는 것이 킹던(John W. Kingdon)의 「정책거울」 개념이다. 그 모델 속에서 그는 다양한 문제 중에서 어떤 문제는 정책의제로서 채택되고, 어떤 문제는 의제로 되지 않고 사라지는 과정을 분명히 하고 있다.

킹던에 의하면 세상 속의 문제가 정책결정자의 주의를 끄는 것은 첫째, 사회변화를 알기 위해 수집된 지표나 데이터에 무언가 변화가 생긴 결과이다. 그러나 지표가 항상 객관적인 것은 아니고, 지표의 해석이 주관적으로 행해지는 경우도 있기 때문에 지표나 데이터 변화만으로 정책결정자의 주의를 집중시킨다고는 볼 수 없다. 어떤 문제가 보다 강한 주의를 모으는 계기를 만드는 것은 커다란 사건·사고나 재해의 발생이다. 이것이 제2의 계기가 된다. 예를 들면, 한신·이와즈(阪神·淡路) 대지진을 계기로 전국에서 방재대책이 커다란 주목을 받고, 방재에 대한 정부나 자치단체에서의 우선순위가 높아진 것은 그 전형적인 예이다. 물론 이와 같은 대사건이나 대재해는 극히 드물게 밖에 일어나지 않는다. 따라서 보다 일상적인 그리고 제3의 계기는 정부 자신이 스스로의 정책결과나 효과를 모니터하는 가운데 문제를 발견하는 것이다. 정책결정을 담당하고 있는 고급관료는 물론, 정책집행을 담당하고 있는 많은 행정직원의 일상업무 가운데 문제가 인식되면, 그들은 그것을 정책과제로 삼게 하는데 유리한 입장에 있다고 말할 수 있을 것이다.

5) 정책대안의 작성

정책대안의 작성과정은 정책원안의 책정과정이라고도 할 수 있다. 그리고 구체적으로 어떠한 대응책이나 해결책(정책)이 나오는가는 전적으로 이 단계에 걸려있다. 의제설정이 아무리 적절하다 해도, 구체적인 해결책이 빗나가서는 문제해결이 막연하다.

이 단계에서 문제가 되는 것은 정책의 능률성이나 효율성과, 정치적·행정적 실행 가능성의 양면이다. 즉 경제적으로 가장 싸고 시간이나 노동력 등의 비용이 가장 낮은 안, 그리고 가장 효과가 나오는 안을 추구하는 측면이 있다. 이와 같은 기술적·경제적인 기능적 합리성을 추구하기 위해서 다양한 기술이나 수법이 개발되고 있다. 「정책과학」(policy science)의 경우, 특히 이러한 기술·수법의 개발과 그 응용에 역점이 놓여지는 경우가 많다. 「정책분석」(policy analysis)도 이 단계에서 정책안의 기능적 합리성을 분석하는 것으로 이해되는 것이 일반적이다.

한편 정치적·행정적 실행 가능성의 추구는 기술적·경제적으로 가장 합리적인 안이 항상 정치적 지지를 모으거나 행정관료에게 환영받는 것만은 아니라는 현실에 착안한 정책안의 검토이다. 채산을 도외시해도 유력 정치가의 선거구를 통과하는 고속철도나 고속도로가 우선적으로 정비되는 것은 정치적 실행 가능성을 중시한 선택이다. 같은 하수도를 건설한다 해도 건설성이 관할하는 도시하수도와 농수성이 관할하는 농촌집락 하수도가 완전히 별개의 사업이 되어 양자를 접속할 수 없다는 것은 행정적 실행 가능성을 중시한 결과이다.

6) 점증주의(incrementalism)

1950년대 말, 정치경제학자 린드블롬(Charles E. Lindblom)은 정책입안에서 보이는 일반적인 행동양식으로서 「점증주의(Incrementalism)」(增分主義, 漸增主意, 漸變主意)를 지적했다. 점증주의란 일원적 가치하에서 정책합리성을 추구하는 것은 한계가 있는 것임을 인정하고, 정치적, 행정적 측면에 따라 강한 배려를 한 행동양식인 것이다. 현실성을 중시했기 때문에 현상 긍정적이지만, 그 점에 대한 비판도 많다. 린드블롬에 의하면 정책결정에 이르는 분석, 검토과정에서는 다음과 같은 분절적(分節的) 점변주의의 행동형태가 취해지고 있는 것이다.

① 분석은 익숙한 소수의 정책선택지에 한정된다. 즉 현상에서 극히 근소한 변화를 낳는 선택지만이 검토의 대상이 된다.

② 정책목적이나 가치에 관한 분석은 문제에 대한 지금까지의 경험에 의해 영향을 받는다. 따라서 먼저 가치를 명확히 하고, 다음으로 그 가치를 실현하기 위한 수단을 찾으려는 순서는 반드시 타당하지 않다.

③ 적극적인 목적을 추구하기보다는 현재 있는 문제를 개선하는 데에 많은 분석이 이루어진다.

④ 시행착오의 연속이다.

⑤ 분석은 검토되고 있는 선택지의 결과 모두에 대해서가 아닌, 몇 개의 결과에 대해서만 이루어진다.

⑥ 분석작업은 체계적으로 이루어지는 것이 아닌, 정책작성에 관련된 많은 참가자에 의해 분할되어 이루어진다.

이상의 견해는 의사결정과정은 계속적으로 한 걸음 한 걸음 조금씩 현상을 바꾸어가려고 하는 것이고, 현재의 상황에서 극히 조금만 바꾸려고 하는 데에서 결정은 이루어진다는 현실성을 중시하고 있다. 또한 다원적인 가치규준에 기초한 각 주체 상호간에 조절된 결과, 시장의 예정 조화와 같이 사회적으로 합리적인 정책이 된다고 한다. 이것을 다원적 상호조절이론이라 한다.

결정이 점변적(漸變的)이 되는 것에는 다음과 같은 원인이 있다. 첫째, 통상의 정책결정에서는 한정된 자원을 많은 관계자 사이에 배분하지 않으면 안 되기 때문에, 다양한 교섭이나 거래가 이루어지지만, 거기에서는 현행 자원배분을 크게 변화하지 않도록 하지 않는다는 합의를 달성하는 것이 어렵기 때문이다. 둘째, 정책결정 과정에서 커다란 역할을 하는 관료제에는 현재의 절차나 행동을 계속하려고 하는 「관성」이 존재하기 때문에, 관료제에서 결정방법이나 규준은 커다란 변혁을 거부하고 현상을 고정화하려고 하는 경향이 있기 때문이다.

7) 행정관료제의 중심적 역할

기술적 · 경제적 합리성을 추구한다고 해도, 정치적 · 행정적 실행 가능성을 추구한다고 해도, 거기에서는 정책을 둘러싼 정치적 · 경제적 · 사회적 환경을 숙지하고, 분석수법에 정통하고, 그리고 무엇보다도 직업으로서 전문적이면서 항상 정책분석에 몰두하는 것이 필요하게 된다. 따라서 이 단계에서 중심적 역할을 하는 것은 행정관료제이다. 행정관료제만이 정치가나 관계자집단으로부터 합의를 이끌어 내는 기법을 터득하여, 정책대안의 책정과 분석에 필요한 전문성을 가지고, 나아가 그 일에 모든 에너지를 집어넣을 수 있는 조직이기 때문이다.

이처럼 전문성을 갖는 동시에 정책의 실현에 필요한 정치적 지지를 관계자로부터 조달하는 능력을 배경으로 정책과정에 관여하는 것이 행정관료제의 기능이며 특징이기도 하다. 그것이 결과로서 행정관료제가 정책의 실질적인 내용의 결정에 커다란 영향을 주는 하나의 원인이 되어 있다. 행정관료제의 권력원을 분석한 루크(Francis E. Rourke)도 그 주요한 권력원으로서 관료제에 축적된 전문능력과 외부로부터의 정치적 지원의 조달력을 들고 있다.

물론 정치가나 이익집단이 이 단계에 전혀 관련이 없다든가, 전혀 무력하다는 것은 아니다. 앞서 말한 정책공동체를 형성하고 있는 업계단체나 족의원 등은 대안의 작성단계에서도 정보제공이나 정치적 압력이라는 형태로 영향력을 행사한다. 관료제의 측에서 말하면, 이들 정책공동체를 형성하는 구성원으로부터의 정치적 지지는 특히 중요한 의미를 갖기 때문에, 당연히 그들의 의향을 무시한 정책안을 책정할 수 없는 것이다.

그러나, 그렇다 하더라도 행정관료제가 정책과정에 대하여 커다란 권력을 갖게 된 것에 대하여 우려를 갖는 자도 적지 않다. 그것은 정보를 독점적으로 축적하고, 전문능력을 갖춘 직업적 정책전문집단인 행정관료제가 그 지식과 능력을 구사하여 정책결정을 실질적으로 마음대로 하는 사태를 우려하기 때문이다. 확실히 오늘날의 행정관료제에서 전문성의 정도는 일반 시민은 물론, 상당히 전문성이 높다고 생각되는 정치가나 법률 전문가라도 상대할 수 없을 정도까지 높아진 측면이 있다. 그것을 중시하면 전문적·기술적 능력을 갖춘 기술관료(technocrat)에 의한 지배를 의미하는 Technocracy의 출현이라는 문제는 결코 가상의 문제가 아니다. 그 때문에 관료제의 권력을 통제하는 이론이나 방법이 반복적으로 모색되고 행정책임론이 전개되는 것이다.

단 행정관료제의 권력에 대해서는 다음 한 가지 점을 추가해 두고 싶다. 정책과정의 단계에서 발휘되는 행정관료제의 권력은 공식적인 정책결정권한에 근거한 대외적인 권력행사와 구별해서 파악해야 한다는 것이다. 그것은 아무리 커다란 영향력을 미치는 것이라고 해도 공식적으로는 최종결정권한을 갖는 자에 대한 조언에 그치는 것이고, 그런 의미에서 정책대안의 작성과정은 그 뒤에 이루어지는 정책결정을 위한 준비과정에 지나지 않는다. 그리고 관료제가 아무리 실질적인 권력을 손에 넣고 있다고 해도 최종적인 정책결정권한의 모든 것을 장악하고 있는 것은 아니다. 여기에 정책형성단계와 정책결정을 구별하여 검토하는 의미가 있다고 말할 수 있을 것이다.

8) 품의제란 무엇인가?

이와 같이 커다란 영향력을 갖게 된 행정관료제는 거대한 조직체이지만, 그와 같은 관료제가 정책과정 속에서 어떻게 결정을 행하고 있는가에 대해서는 오래 전부터 연구되어 왔다. 왜냐하면 그 결정방법이 관료제의 행동을 특징지우고, 관료제가 갖는 다양한 문제점을 명확히 하여 행정책임을 확보하기 위해서도 의사결정방식을 해명하는 것이 중요하기 때문이다.

관료제에서 의사결정방식으로서 잘 알려진 것이 「품의제」이다. 이것은 반드시 행정관료제에서만 보여지는 의사결정방식은 아니지만, 행정관료제에 대한 비판과 조합되어 종종 문제가 되는 것이다. 이 품의제에 관한 연구로서 가장 유명하고 널리 인정되어 온 것이 쯔지 기요아키(辻 清明)에 의한 연구이다.

통설적이라고 말할 수 있는 쯔지의 이해에 의하면, 행정관료제에서 품의제의 특징은 다음과 같은 것이다. 즉 우선 담당 말단직원이 어떻게 처리하는가를 기재한 「기안서」 (이것을 「품의서」라고 부르는 경우도 있다)를 써서 그 기안서가 순차, 상위직원에게 회람되고 심의되어 수정이 가해진다. 그리고 마지막으로 그 안건의 결정권을 갖고 있는 자(이와 같은 상급자를 「전결권자」라 한다)의 결정을 얻으면 그 안건은 정식으로 결정된 것이 된다는 방식이다. 품의제를 이처럼 이해한다면, 당연히 다음과 같은 장점과 단점을 갖게 된다. 우선 장점으로서는 ① 말단직원도 의사결정과정에 관여할 수 있기 때문에 사기향상에 연결된다. ② 관계자가 의사결정과정에 관여할 기회가 보장되어 있기 때문에, 일단 결재를 받게 되면 뒤에 반대나 불만이 나오기 어렵다. ③ 기안서(품의서)가 반드시 작성되기 때문에 의사결정과정이 문서로 남고, 이것은 문서주의를 채용한 현대 관료제의 원칙에도 일치한다. ④ 회의를 개최할 필요가 없다는 등이 있다. 한편으로는 단점으로서 ① 원안을 말단직원이 작성하고, 중간직원이 모두 심의한 뒤에 결정권자가 결재하는 것이 되기 때문에 결정권을 갖는 자의 리더십이 발휘되기 어렵다. ② 관계직원 한 명 한 명에 기안서가 회람되기 때문에 결정과정이 길어지고 시간이 걸린다. ③ 결정에 관여했다고 해도 기안서에 도장을 찍은 것뿐이라는 의식밖에 하지 않는 경우가 많고, 책임소재가 불명확하게 된다는 점이다. 辻에 의하면 이와 같은 품의제에 의한 의사결정이 일본의 관료제에서 능률저하, 책임분산, 리더십의 결여, 파벌주의, 상하서열관계의 온존 등의 특징에 강한 영향을 주고 있는 것이다.

9) 통설적 이해에 대한 비판

이와 같은 통설적 이해에 대하여 실무가로부터 관료제에서 의사결정의 실태를 바르게 파악하고 있지 않다는 비판이 제시되어 왔다. 그리고 품의제를 본격적으로 재검토하도록 계기를 만든 것이

표 3-1 관료제에서의 의사결정방식(품의제의 실태)

유형구분			구체적인 예
품의서형	순차회람결재형		법규재량형 행정처분의 결정
	지참회람결재형		법령안 · 요강의 결정 편의재량형 행정처분의 결정
비품의서형	문서형	처리방식특정형	예산의 개산요구의 결정 국회답변자료의 작성
		처리방식비특정형	생산자 쌀값의 정부시산 결정
	구두형		회의의 출결석에 관한 결정

(출전) 井上誠一『稟議制批判論についての一考察』(財)行政管理研究センター, 1981, p.10

전직관료인 이노우에 세이이찌(井上 誠一)이다. 이노우에는 통설적인 이해에서는 실무에서의 의사결정을 모두 동일하게 취급하고, 마치 경미한 결정에서 중요한 안건의 결정까지 이른바 품의제로 처리되고 있는 것처럼 생각하고 있는 점을 문제로 한다. 실제로는 조건의 종류, 중요도에 따라 결정방식을 나누어 사용하고 있는 것이다. 이러한 의사결정방식을 정리한 것이 표 3-1이다.

이 표에서도 알 수 있는 바와 같이, 의사결정방식에는 품의서를 사용하는 것 이외에도, 원래 품의서를 작성하지 않는 사이에 실질적인 결정이 이루어진 것(비품의서형)이 존재한다. 품의서를 작성하는 경우라도 종전의 통설적인 이해의 품의제 방식에 해당하는 것은 「순차회람결재형」의 결정방식뿐이고, 재량의 여지가 거의 없는 통상적인 결정이나 경미한 안건의 처리시에 이용되고 있는데 불과하다. 이와 같은 결정에 있어서는 최상급자가 리더십을 발휘할 필요는 없고, 담당자의 사무적 처리에 의해 끝나는 것이 일반적이다.

형식적으로 품의서를 작성하고 있는 「지참회람결재형」은 법령안의 결정이나 재량여지가 큰 중요결정시에 이용되고 있다. 지참회람결재형에서는 품의서를 작성하기 전에 조직의 상하간에도 조직간의 횡간에서도 다양한 조정이 이루어지고, 대강에 대해서 합의가 얻어짐으로써 비로소 품의서가 작성된다. 따라서 상급자의 의향이나 방침을 충분히 반영한 내용의 품의서가 된다. 그리고 품의서의 작성은 사전합의에 따른 내용인가를 확인하기 위해 이루어지는데 불과한 것이다. 그 품위서는 통상의 회람이 아닌 담당자가 지참하여 관계자의 결재를 받고 도는 것으로 되어 있다.

순차회람결재형이든 지참회람결재형이든 실제로 품의서가 돌 때 (이것은 「回議」라고 한다)에는 시간절약을 위해 편법이 취해진다. 예를 들면, 순차회람결재형에서는 결재를 해야 할 자가 부재인 경우 직속 부하가 대신 결재를 행하는 「代決」이라는 제도가 있다. 또 「지참회람결재형」에서는 동일 조직 내의 부서간에 回議 순서를 변경하여 결재를 얻는 「回議順位의 변경」이라든가 부재자가 있는 경우에 한 단계 상위자의 결재를 먼저 받고 뒤에 부재자의 결재를 받는 제도도 존재한다.

또 표 3-1에서 주목해야 하는 것은, 예산의 개산요구의 결정이나 국회답변자료의 작성이라는 중요한 결정에 있어서는 원래 품의서형의 결정방식을 채용하지 않는다는 점이다. 이와 같은 결정은 공식, 비공식적으로 개최되는 회의나 모임에서 내용이 정해지고, 최종결정도 이루어지는 것이다. 그렇지만 이 경우도 최종적으로는 품의서가 작성되지만 그것은 어디까지나 형식적인 것이다. 또 회의의 출석결정 등은 구두로 결정, 통지되고, 품의서 등의 문서는 전혀 작성되지 않는 것이 통례이다.

이처럼 의사결정의 실태에서는 통설적인 품의제와는 상당히 다른 방식이 존재하고, 쯔지가 품의서형 의사결정으로 말한 순차회람형은 관료제 내부의 의사결정의 극히 일부에 불과하다. 그 결과 일반적으로 생각해 온 품의제가 갖는 문제점의 대부분은 해소된 것처럼 생각된다. 그러나 그렇다고 해서 행정관료제에 있어서의 의사결정방식에 문제가 없는 것은 아니다. 예를 들면, 어떠한 결정방식을 채용한다 해도 그것은 어디까지나 관계자간의 문제이고, 의사결정과정의 공개성을 증가시키는 노력이나 궁리는 어디에도 없다. 오히려 실질적인 의사결정을 사전에 비밀리에 행하고, 서류상의 결정은 형식에 불과하다는 것이 중요한 문제일수록 많다는 것이다. 또한 실질적 결정이 어디에서 행해지는가는 어찌되었든, 형식적으로는 품의서를 작성하여 조직 계통제를 순차적으로 올라가는 형식으로 결재를 받도록 요구하고 있기 때문에, 조직 내에서의 형식적인 상하관계를 일상적으로 재확인시키는 효과를 갖고 있다.

더욱이 쯔지의 이해와는 달리, 지참회람결재형이나 예산편성의 의사결정에서는 항상 회의가 의견조정의 중심이 되고 있다. 그런 회의의 중요성은 과 내부에 그치지 않고, 과나 국을 횡단한 조정에서는 관방조직이 조정역을 맡는다.

10) 통설의 의의

이와 같이 쯔지의 학설은 철저하게 사실인식의 측면에서 비판되고 있지만, 그렇다고 해서 통설의 의의가 없어지는 것은 아니다. 첫째, 쯔지가 이해하는 품의서형 의사결정이란 이념형으로서의 이해이며 현실 그 자체는 아니다. 이념형은 자기 머릿속에 현실을 가장 극단적인 형태로 승화시킨 것이기 때문에 현실과 다르다는 것은 당연한 것이다. 오히려 논리적 모순을 비판하는 것이 중요하게 된다.

둘째, 쯔지가 말한 품의제형 의사결정이 순차회람형을 의미하고 있고, 그것이 가장 프로그램화된 방식인 점이다. 순차회람형, 지참회람결재형, 비품의서형의 순으로 프로그램화(정형화, routine화)의 정도가 낮다. 일찍이 사이몬(Herbert A.Simon)은 입안(planning)에서 Gresham법칙을 예로 들면서 계획적 활동이 비계획적 활동을 구축한다고 말하고 있다. 공무원의 세계에서는 사안을 가능한 한 원칙적인 프로그램화된 형태로 하려고 하는 경향이 있다. 순차회람형이 관료제 내에서의 의사결정의 비율에서 볼 때 적어도 그것이 원칙이 되는 점의 중요성은 부정해서는 안된다.

셋째, 품의제와 조직편성의 특질이 관련성을 시사하고 있는 것이다. 일본의 조직편성에서는 직무분담이 애매하다. 미국에서는 직위분류제를 채용하고 있기 때문에 개인의 직무가 명확하다. 그러나 일본의 행정조직의 경우 소관사무는 법령에서 係(담당)까지 밖에 규정하고 있지 않고, 개인의 권한은 직무규정 · 전결규정에 의하지만 그것도 금전에 관한 사항 이외는 불명확하다. 이것을 오오모리 와타루(大森彌)는 큰방주의라 부르지만, 품의제는 이와 같은 여유(slack) 있는 직무분담체계에 기초하고 있는 것이다.

백 서

백서(외무성은 外交青書)는 각 성청의 대신이 각의에서 보고한 연차보고서를 말한다. 이 가운데에는 각 연도에 각 성청이 내외에 어필하고 싶은 정책방침을 특집으로 하여 짜여 있다. 정부의 각 정책분야를 연구할 때 백서의 주제를 時系列的으로 조사하는 것은 필수작업일 것이다. 최근 백서는 도표가 충실하게 있고 칼라인쇄이기 때문에 보기 쉽고, 강의, 연습의 보조교재로 이용되는 경우도 가능하다. 물론 백서가 각 성청에 의한 실연(實演) 효과를 의도한 것이라는 것도 인정해 두지 않으면 안 되지만.

일찍이 후생성 백서는 各課가 분담 집필한 것에 대신관방정책과 조사실이 총론적 기술을 더한 것에 불과하였다. 그렇지만 1988년도 백서부터 정책과의 조사실장과 기획관, 과장보좌들이 직접 집필하게 되었다. 백서작성은 정책방침의 조정을 의미하는 것으로, 이 현상은 대신관방이 정책의 우선순서 선정과 조정의 기능을 계속해서 높이는 것을 나타내고 있다.

「이미 戰後가 아니다」「1.57쇼크」「소자화사회」라는 말은 백서에서 나온 것이다. 그렇지만 백서의 표현은 일반적으로 명확하지 않는 경우가 많고, 각 연도의 주요 주제라 하여도 세부적으로 보면 무난한 표현으로 끝낸 경우가 적지 않다. 이것은 백서 제작과정에서 합의에 의해 관련된 課로부터 불만이 나와 조정과 교섭과정 중에 주요 부분이 누락되기 때문이다.

작성과정에서는 조정이라는 이름의 삭제의 대차가 존재하고, 삭제된 내용이 중요한 의미를 갖는 경우도 있다. 민간출판사의 백서해설서나 잡지에서의 집필자의 좌담회, 인터뷰 등에서 중요한 삭제부분을 볼 수도 있다. 백서 발표시에는 신문사설에서 논평되는 경우도 많기 때문에 백서나 관련 잡지를 병행해서 주시하는 것이 바람직하다(H・T).

참고문헌

日下公人『お役所情報の讀み方ー「政府刊行物」は宝の山』講談社文庫, 1994

3. 정책결정

1) 정책결정의 형식적 측면

정책이 정부활동의 내용을 나타내게 되면, 그 공식적인 결정은 정부 존립을 지지하는 공적권력과 권위에 뿌리를 둔 것으로서 극히 중요한 의의를 갖는다. 따라서 정책을 사회에 대해서 공식적으로 내거는 데에는 정부의 정당한 권한을 갖는 자 또는 기관에 의해 공권력에 의한 권위부여가 이루어져야 한다. 아무리 우수한 내용의 정책이라고 해도, 혹은 대다수의 관계자가 합의하고 있는 정책이라고 해도 공식적인 결정권한을 가진 사람이나 기관이 정식결정의 절차를 취하지 않으면 「정책」까지는 될 수 없다.

예를 들면, 법률의 경우 법안이 행정부 내부에서 확정되었다고 해서 그것으로 만족하는 사람은 아무도 없다. 국회에서 가결성립하고 공시절차를 거쳐 시행됨으로써 비로소 법률로서 사회적으로 효과를 갖게 된다. 미국과 같이 대통령에게 거부권이 인정되고 있는 경우라면, 의회가 법안을 가결한 것만으로는 소용이 없다. 대통령이 거부권을 행사하지 않고 법안에 서명함으로써 비로소 법률로서 확정된다. 이와 같이 의회에서 실질적인 심의가 행해졌든가, 수정이 더해졌든가 등에 관계없이, 특히 공식절차가 모두 완결됨으로써 정책안은 정식 정책이 되며, 정부활동과 사람들의 활동을 규정하게 된다.

이와 같은 의미에서 정식 결정절차를 거친 결정행위야말로 정책과정 속에서의 정책결정 그 자체이다. 그리고 이와 같은 결정절차는 그리스의 도시국가시대부터 어떠한 형태로든 정해져 왔다. 오늘날과 같이 국가규모가 확대되고 복잡화해지자 절차는 더 한층 주도면밀하게 정해지게 되었다. 더 나아가 다양한 선례나 관습이 축적됨으로써 그 절차는 복잡하고 전문적이게 되었다.

현대국가에서 정책결정절차의 형식적 측면은 당연히 현대국가를 기초지우고 있는 민주주의의 원리에 따른 형태로 정해지고 있다. 즉 국민(주민)의 선거에 의해 선출된 정치적 대표자인 공직자가 인정된 범위의 결정권을 행사하는 시스템으로 되어있다. 따라서 국민(주민)대표로 구성된 의회가 이와 같은 형식적 결정권을 갖는 경우가 많아진다. 동일하게 선거로 선출되고 있는 대통령이나 지방자치단체장도 형식적 결정권을 갖고 있다. 한편, 국민(주민)의 직접적인 심판을 받지 않는 행정관료제에는 의회나 대통령, 단체장으로부터 위임된 범위 내에서의 한정된 결정권밖에 부여되지 않는 것이 일반적이다. 때문에 정책결정을 형식적 측면으로 보는 한, 관료제는 결정권한을 갖는 의회나 대통령, 단체장에 대하여 조언적, 배후적 역할밖에 수행하고 있지 않은 것이 된다.

2) 정책결정의 실질적 측면

정책결정의 실질적 측면에 착안하면, 그것은 바로 전 단계의 정책대안의 작성단계에서 이미 존재하고 있는 것이 된다. 더욱이 무엇을 정책과제로서 설정할 것인가의 국면에서 실질적인 정책의 결정이 개시되고 있다고 말할 수도 있을 것이다. 앞에서 언급한 「결정을 하지 않는다는 결정」을 정책결정의 일종으로서 생각하면 정말 그렇다. 선행단계만이 아니라 개념상으로는 정책의 결정 후에 위치 지워지는 정책 집행단계에 대해서도 똑같이 말할 수 있다.

정부의 정책에 의하여 영향을 받는 한 사람 한 사람의 국민의 입장에서 보면, 중앙정부차원에서의 정책결정보다도 밀접한 지방정부에서 그 정책이 구체적으로 어떻게 집행될 것인가 라는 것이 중요하며, 그 집행단계에서의 재량이나 판단이야말로 정책결정의 의미를 갖는다고 생각할 수도 있을 것이다.

이처럼 정책결정의 실질적 측면에 대해서는 다음「정책집행」부분에서 다시 논하기로 한다. 여기에서는 실질적인 결정이 어떻게 행해지는가를 알기 위해 앨리슨(Graham T. Allison)의 획기적인 업적, 『결정의 본질』에서 제시된 정책결정모델을 소개해 둔다.

3) 앨리슨의 정책결정모델

앨리슨의 연구는 미국과 구소련 사이에 발생한 쿠바위기에서의 미국의 케네디정권의 정책결정을 소재로 국제적인 위기상황에서 정책결정이 어떻게 이루어지는가를 비교분석한 것이다. 쿠바위기란 1962년에 쿠바에서 사회주의정권이 탄생한 것을 계기로 미국과 소련의 대립이 격화되고, 소련이 쿠바에 핵미사일을 배치함으로써 미소간에 세계를 핵전쟁에 빠뜨릴 정도의 위기적 상황이 생긴 사건이다. 최종적으로는 케네디가 쿠바 격리의사를 표명한데 대해서, 구소련의 후르시초프 정권은 쿠바로부터의 핵미사일 철거의 회답을 제시했기 때문에 해결되었다. 다루었던 소재는 확실히 특정 역사적 사건이지만 거기서 제시된 모델은 정책결정을 분석할 때의 기본적인 이론모델로서 오늘날에도 종종 참고로 되고 있다.

앨리슨이 제시한 모델은 ① 합리적 행위자 모델, ② 조직과정모델, ③ 정부 내 정치모델이다. 그는 이 세 모델을 이용하여 다음과 같이 쿠바 미사일위기 때의 정책결정을 분석하고 있다.

① 합리적 행위자 모델: 국가적인 결정도, 정부결정도 그 결정주체는 단일 굳건한 존재라는 전제에서 결정을 분석하는 모델이다. 그리고 국가나 정부는 명확한 목표나 가치를 갖고 그것을 실현하기 위해 가장 합리적인 선택을 함과 동시에, 내부적으로는 극히 질서 있는 통제가 이루어지고 있는 것을 전제로 하고 있다.

예를 들면, 구소련이 쿠바에 미사일을 배치한 이유가 무엇인가를 문제로 할 때, 미사일 배치를 결정한 것은 소련 정부이며, 그 정부가 그와 같은 결정을 하는데 에는 그와 같은 행동을 취한 목적이 존재한다고 생각하는 것이다. 이 모델에서 특히 중요한 것은 실제 결정을 하는데 정부의 목적을 가장 잘 실현할 수 있는(이익을 극대화하는) 안이 선택된다고 생각하는 것이다. 따라서 목적, 목표, 가능한 대안, 각 대안의 결과가 모두 명확하고, 선택에 우선순위 내지 극대화하지 않으면 안 되는 효용순위가 명확히 존재하고, 그것에 따르게 되면 최선의 대안이 선택될 수 있게 된다. 그리고 선택에서는 반드시 최선의 대안이 선택되게 된다.

② 조직과정모델: 정부를 단일 행위체로 보는 합리적 행위자 모델과 달리, 이 조직과정모델에서는 정부란 복수의 조직으로 이루어진 복합체라고 생각한다. 대통령이나 수상과 같은 지도자도 이들 복합체의 정점에 위치하고 있는데 불과하고, 정보의 수집이나 대안의 선택은 이들 조직을 통해 이루어지지 않으면 안된다. 즉 정부결정의 대부분은 지도자의 의도적인 선택이라기보다는 이들의 정부조직 활동의 산출(output)로서 생겨난다고 생각하는 것이다.

이 모델에서는 대규모 조직은 복잡한 업무를 처리하기 위해, 조직구성원간의 행동을 조정하는 표준운영절차(standard operation procedures: SOP)라 일컬어지는 행동프로그램을 갖고 있고, 더욱이 그들 프로그램을 조합한 활동의 레퍼토리를 갖고 있다고 이해된다. 따라서 조직은 가능한 한 관례화된 행동을 행하려고 하고, 스스로의 레퍼토리 범위 내에서 문제를 처리하려고 하기 때문에 불확실성을 회피한다. 물론 기존의 레퍼토리에서 처리할 수 없는 문제에 직면할 때에 조직은 새로운 레퍼토리를 탐색하며 학습도 한다. 그러나 그것도 기존 조직의 일상규칙(routine)이나 조직 특성에 영향을 받는 것이다. 따라서 정부의 지도자도 조직의 SOP나 관례를 완전히 통제하기는 어려우며, 정부결정의 대부분은 이와 같은 조직집합체의 활동결과로 볼 수 있는 것이다.

③ 정부 내 정치모델: 이 모델에서는 정부의 지도자나 정부조직(관료제)의 수장인 리더들은 통제받는 집단이 아니고, 각각 서로 대립하는 경쟁적인 이해관계나 가치를 가진 존재이기 때문에 항상 정치적인 게임을 행하는 선수라고 생각할 수 있다. 즉 정부결정은 대통령이나 정부고관의 정치적인 거래의 결과라고 보는 것으로 「관료정치모델」이라고도 불리운다.

이 모델에서는 정부결정에 중요한 영향을 미치는 정부 내부의 선수는 누구인가가 분명하게 되면, 그 선수의 인지, 동기, 지위, 권력, 전략 등을 검토하고, 정부결정을 그들 선수 사이의 거래의 결과라고 이해하는 것이다.

4. 정책집행

1) 정책집행에 대한 관심

정책은 결정된 것만으로는 아직 그림의 떡에 불과하다. 정책결정까지의 과정은 정책에 생명을 주는 중요한 과정이지만, 결정이 이루어지는 것만으로는 정책은 아직 잠자는 상태이다. 정책을 잠에서 깨우고, 활동하게 하는 것이 정책집행과정이다. 정책이 사회에 대하여 실제 효과를 낳기 위해서는 실시되지 않으면 안된다.

정책집행은 이와 같이 중요한 의미를 갖는 것이지만, 다양한 정치세력이나 행정관료 등이 화려한 정치과정을 전개하는 정책결정과정에 비하면, 훨씬 수수하다 할 수 있다. 정책결정에 이르기까지는 언론을 통하여 많은 정보가 흘러들어온다. 가장 전형적인 정책결정절차인 국회 심의는 TV로 중계되는 경우도 있다. 그러나 정책집행 과정이 언론에 등장하는 것은 좀처럼 찾아볼 수 없다. 가끔 있다고 하면 사고가 발생하거나 공무원의 부패가 발각되거나 한 무언가 문제가 생긴 때이다. 즉, 정책집행 과정은 순조롭게 진행되는 것이 당연하다는 인식이 있다. 순조롭게 실시되고 있는 한, 더 나아가 말하자면 가령 문제가 있다고 해도, 그것이 노정되지 않는 한 정책집행 과정에 대해서는 사람들은 관심을 갖지 않는 것이다.

연구자에 대해서도 동일한 경향이 발견된다. 앞의 앨리슨도 지적하고 있는 바와 같이, 연구자는 정책결정의 분석이 끝나면 정책은 실시되는 것으로 가정하거나, 적어도 정책집행 과정은 다른 누군가가 연구하는 것이라고 믿고 있었다. 그 때문에 그에 의하면 정책집행의 연구는 종래의 정책연구 속에서 「결여된 장」이었다. 정책에 관심을 기울이는 정책연구에 있어서 조차, 정책집행 과정은 결정에 근거해 자동적·기계적으로 실행되는 과정이며, 연구대상으로 삼기에는 부적합한 것이라고 생각되어 연구의 흥미를 불러일으키지 못한 과정으로 보여졌던 것이다.

2) 정책집행의 연구

이와 같이 관심이 적었던 정책집행 과정이지만, 1970년대부터 80년대에 걸쳐 커다란 주목을 받게 되었다. 그 계기를 만든 것이 프레스만(Jeffrey L. Pressman)과 윌다브스키(Aaron Wildavsky)의 공저 『집행』(Implementation)이다. 그들은 정치적으로 합의를 얻어, 재원도 확보된 미국 연방정부의 사업이 지방에서 실패하는 것은 왜일까라는 의문에서 정책집행 과정에 관심을 갖고, 그 실패원인이 집행과정에 있었다는 것을 분명하게 하고 있다.

그 뒤 불과 수년 사이에 지금까지 결정에 근거해 기계적 내지 자동적으로 진행된다고 가정되고 있던 정책집행 과정이 실은 압력정치의 측면, 합의형성의 측면, 행정관리의 측면, 정부 간 교섭의 측면, 그리고 게임시스템의 측면이라는 다양한 얼굴을 가진 과정이라는 것이 바다흐(Eugene Bardach) 등에 의하여 분명하게 되었다. 실제, 정책결정과정에서 스스로의 이익을 실현할 수 없었던 집단은 권토중래(捲土重來)를 기대하여 정책집행 과정에 다양한 정치적 압력을 거는 경우가 있다. 또 새로운 정책을 집행하려고 하면 기존 정책에 관련된 기득권을 위협하거나, 관계자에게 종래와는 다른 행동양식을 요구하거나 하기 때문에 기존 질서에 변경을 낳게 되고,

정책집행 단계에서 재차 많은 관계자로부터 합의를 얻지 못하면 앞으로 진행시킬 수 없는 경우도 적지 않다. 정책집행 과정의 이와 같은 측면에 주목한다면, 정책연구에서도 정책집행 과정을 연구대상으로부터 도외시 해 두는 것은 커다란 문제이다.

그러나 정책집행 연구가 가장 커다란 영향을 준 것은 행정연구에 대해서 일 것이다. 전술한 바와 같이, 행정관료제가 정책형성이나 결정에 커다란 영향력을 행사하게 되어 있는 것은 정책결정과정의 연구나 정치과정론이라 일컬어지는 연구영역에서 분명한 것이 되어 왔지만, 행정관료제가 직접적인 영향을 미칠 정책집행 과정에서 행정의 실태에 대해서는 그다지 해명이 진행되지 않았었다. 정책집행 과정에서 행정관료제의 역할이나 기능을 분석하는 것은 행정연구의 가장 중요한 과제가 될 것이다. 다구찌 후쿠지(田口 富久治)가 지적하고 있는 바와 같이, 원래 행정의 본질적 계기는 정책집행 과정에 있기 때문이다.

3) 정책집행과 행정

정책집행은 정부가 공식적으로 결정한 정책을 실제로 사회에 대하여 적용하는 것이며, 정부와 사회를 연결하는 접촉면(Interface)이라고 말할 수 있을 것이다. 아무리 우수한 내용의 정책이라고 해도, 또한 아무리 국민의 기대가 큰 정책이라고 해도 단지 결정되는 것만으로는 거의 의미가 없다. 정책이 현실적으로 사회에서 영향을 미치는 것은 정책집행 활동이 행해지기 때문이다. 그리고 정책집행 과정은 상술한 바와 같이 행정활동의 중심인 것이다.

국가와 지방자치단체를 묻지 않고, 행정활동의 대부분은 정책집행 활동에 있다고 해도 과언이 아니다. 국가의 중앙행정기관은 정책의 기획·입안이나 결정에 관련되어 있는 비율이 크지만, 그렇다 하더라도 형성과 결정만으로 관심과 에너지를 할애하고 있는 것은 아니고, 현장이나 지방에서의 정책집행에 대해서도 항상 주의를 기울이고, 말단에서의 정책집행 활동을 통제하는 것에도 여념이 없다. 정책집행 활동의 담당의 중심은 중앙정부의 지방기관이나 국립의 각종시설, 각 성의 감독 하에 있는 특수법인, 그리고 지방자치단체의 조직이지만, 그것들은 원래 정책집행을 그 조직목적으로 설치되어 있는 경우가 많다. 따라서 그들 기관이나 조직에서 일하고 있는 행정관이나 직원은 정책집행 과정에 커다란 이해관계가 있는 동시에 커다란 영향력을 갖고 있는 것이다.

4) 정책집행과 행정기관

정책집행 활동은 일단 개시되면 수년 십 수 년 단위로 장기간에 걸쳐 계속되는 것이 보통이다. 그 때문에 집행담당기관은 특정 정책집행 활동에 대한 전문성이나 자율성을 높여가는 경우가 많다. 해당 기관의 입장에서는 담당하고 있는 정책집행 활동이 조직 활동의 일상을 규정하고 있는 경우가 많다. 이와 같은 것에서 정책을 변경하는 것은 일반시민의 기득권을 침해할 뿐만 아니라, 정책집행 기관의 활동이나 우선순위에도 변경을 초래하기 때문에 예상밖의 다양한 저항이나 장해에 부딪치게 된다. 또한 신규정책도 종종 순조롭게 집행되지 않는 경우가 있다. 일본에서는 새로운 정책집행을 위해 새롭게 조직을 창설하는 경우는 그다지 없다. 따라서 다른 정책집행 활동을 행하고 있는 기존의 행정조직에 새로운 정책의 집행을 담당시키게 된다. 그렇지만 기존조직은 이미 조직으로서의 관례를 확립하고 있기 때문에 그것을 변경하거나 새로운 관례를 만드는 것을 싫어한다.

한편, 신규정책의 집행을 위해 새로운 행정기관을 창설한 경우, 원래 조직의 설립목적이 그 정책의 집행이기 때문에 적극적으로 집행활동에 전념할 것이다. 그러나 신규조직은 정부내부나 사회로부터의 지지를 조달하는 힘이 약한데다가 전문성이나 확립된 관례를 갖고 있지 않는 등의 이유로 좀처럼 생각만큼 집행활동에 전념하지 못하는 경우가 적지 않다.

이와 같은 점에서 정책집행이 잘 진행될 것인가 실패할 것인가의 하나의 판단기준으로서 정책집행을 담당하는 행정기관의 조직목적이나 조직의 우선순위, 전문성, 익숙해져 있는 행동양식, 혹은 외부집단과의 관계 등에 대해 어느 정도의 변경을 가하게 되는가라는 점을 검토하는 것이 필요하다고 한다. 변경 정도가 큰 정책에서는 정책의도대로 순조롭게 실시활동이 이루어질 가능성이 낮아지는 것이다.

5) 정책집행과 중앙—지방

일본과 같은 단일국가이든, 미국과 같은 연방제 국가이든, 중앙정부가 책정한 정책의 집행을 지방정부(지방자치단체)가 담당하는 것은 오늘날에는 매우 일반적으로 받아들여지는 일이다. 실제, 특히 대인서비스를 중심으로 한 정책분야에서는 전국 방방곡곡까지 중앙정부기관이 집행활동을 전개하는 것은 사실상 불가능하다. 또한 국민생활이 다양화되어 있는 오늘날 전국에서 획일적으로 집행활동을 전개하는 것은 오히려 불편을 낳는 경우가 많다. 지방정부가 정책집행을 담당한다는 것은 매우 당연한 현상이라고 말할 수 있을 것이다.

그러나 정책의 책정주체나 집행주체가 다르다는 것은 정책결정시에 그 정책에 담겨있는 목적이나 의도가 집행단계에서 올바르게 이해되어 실현되리라고 만은 볼 수 없다는 것을 의미하고 있다. 오히려 미국의 많은 정책집행 연구는 중앙의 의도가 지방에서 오해되거나 왜곡되거나 하는 일이 빈번하게 일어나는 것을 지적하고 있다. 중앙집권적이라 일컬어지는 일본의 경우조차 지방자치단체가 그 지방의 실정에 맞춰 상당히 다양성을 띤 집행활동을 전개하고 있다는 것을 분명히 한 사례연구도 존재한다.

확실히 지방정부는 각각의 지방 특유의 실정에 맞춰 우선순위를 정할 필요가 있고, 정치 · 경제 · 사회정세도 다양하다. 또한 국가별로 정도의 차는 있다하더라도 지방정부는 일정 정도의 자율성도 갖고 있기 때문에, 중앙정부가 정한 정책이라 하더라도 지방정부가 집행을 담당한 이상, 지방에 따라 집행 실태에 일정한 차이가 생기는 것은 사전에 알고 있는 것이다. 그 점은 중앙정부도 인식하고 있으며, 오히려 그것을 기대하고 있는 경우도 있다. 지방의 실정이나 지방 특유의 요구에 따른 정책집행 활동이 전개되는 쪽이 중앙정부의 정당성에도 유익하기 때문이다. 따라서 중앙정부가 지방의 정책집행에 대해서 비교적 관용적인 것이 곧 높은 정도의 지방분권을 약속한 것은 아니다. 정책집행의 실태로부터 지방분권의 정도를 검토하려고 하는 경우, 그 정책을 책정한 중앙정부가 과연 정책집행에 지역차가 생기는 것을 인용하고 기대하고 있는 것인가,

아니면 반대로 전국에 획일적으로 실시될 것을 기대하고 있는 것인가를 확인할 필요가 있다.

6) 제1선관료제

행정관료제 속에서도 특히 말단 현장에서 정책집행 활동에 종사하고 있는 사람들의 집단을 「제1선관료제」 (또는 「현장관료제」라 한다). 이것은 립스키(Michael Lipsky)가 공공서비스 공급의 실증적 연구에서 사용하면서 유명해진 「일선 관료제(street-level bureaucracy)의 의미를 번역한 말이다. 따라서 그 구성원인 「제1선관료」(street-level bureaucrat)란 문자 그대로 제1선 현장에서 정책집행 활동을 담당하고 있는 행정직원을 가리키고 있다. 구체적으로는 거리를 순찰하고 있는 경찰관, 학교 교실에서 학생들에게 수업을 하고 있는 선생님들, 복지사무소의 사회복지사, 시청 민원창구에서 각종 증명서의 발행업무를 하고 있는 직원들이다. 예를 들면, 각 경찰서의 파출소에 배치된 경찰관이라면 국가경찰에서 지방경찰에 미치는 대규모 경찰관료제 기구의 말단부분을 구성하고, 경찰활동을 구체적으로 담당하고 있는 사람들이기 때문이다. 학교의 선생님이나 복지사무소의 사회복지사를 관료라 부르는 것은 사회통념으로부터 보면 이상하게 느껴질지 모르지만, 분석상은 행정관료기구의 말단을 구성하는 직원으로서 생각할 수 있다.

이와 같은 제1선관료들이 갖고 있는 법령상, 조직상의 권한은 작다. 또한 다루고 있는 대상은 구체적이기는 하지만, 넓은 사회 속에서는 극히 일부분에 불과하다. 그러나 이들 제1선관료가 존재하지 않으면, 정책은 집행됨이 없이 법령 등의 문장에서 표현된

「지면의 것」으로 끝나고 말 것이다. 따라서 개개 관료들이 행사하고 있는 권한이나 영향력이 적은 것과는 정반대로, 정책에 생명을 불어넣는 것은 이들 제1선관료들이다. 그들의 행동에 대한 해명은 정부가 정책을 통하여 구체적으로 무엇을 하려고 했던 것인가, 어떤 결과를 초래하였는가를 분명히 하는데 없어서는 안된다. 실제 구체적인 정책내용이나 정부의 활동은 정책결정 기관의 정점 부분에서 정책결정으로 정해지기보다는 마요네(Giandomenico Majone)와 윌다브스키가 지적한 것처럼, 정책은 집행과정을 통하여 서서히 진화해 간다고 생각할 수 있다. 그 과정에서도 특히 중요한 의미를 갖는 것이 제1선관료들이다.

7) 제1선관료제의 숨겨진 기능

또한 립스키가 지적하고 있는 바와 같이, 제1선관료제는 정책을 사회에 적용하고 행정서비스를 공급하거나 규제를 실시한다는 문자 그대로의 집행활동을 통하여 서비스의 수요량을 결정하고 있는 측면도 갖고 있다. 즉 제1선관료제가 정책집행에서 부여받고 있는 자원에는 한계가 있고, 모든 수요에 따를 수 없는 경우도 적지 않다. 그래서 사회에 대하여 필요 이상으로 정책의 존재를 알리지 않는다면, 정책에 대한 수요도 표면에 나오지 않게 되기 때문에 의도적으로(악의가 있는가 여부는 별도로) 소극적인 집행활동을 하여 표면상의 서비스 수요를 적게 하는 것이다.

예를 들면, 경찰이 위법주차나 속도위반을 모두 단속하는 것은 불가능하지만, 교통경찰에 배치할 수 있는 경찰관 수가 부족하다면 더욱이 완전단속은 어렵다. 그래서 실제로 어느 정도 위법주차나 속도위반이 있는지에 상관없이 가능한 범위 내에서 단속을 실시한다. 통계상으로는 단속의 횟수에 따라 위법주차의 건수가 변화하기 때문에 적극적으로 단속한 경우에 비해서, 단속 횟수를 줄이는 쪽이 마치 위법주차가 적은 것처럼 보이는 것이다.

또한 복지행정 분야에서는 오늘날 많은 서비스에서 신청주의를 채택하고 있다. 즉 복지서비스를 받을 자격요건을 충족한 사람이 서비스를 받고 싶다고 창구에 신청해야 비로소 행정서비스가 공급되게 된다. 그 때문에 서비스의 존재를 알지 못하는 사람은 원래 신청하는 것조차 없는 것이다. 적극적인 복지담당직원은 요건을 충족할 만한 사람에게 서비스의 존재를 알려, 수요 증가를 도모할지 모르지만, 이미 바쁜 경우에는 받은 신청에 대응하는 것만으로 그치는 경우도 있다. 여기에서도 통계상의 서비스 수요는 어느 정도 신청이 나왔는가에 따라 나타낸 것이고, 서비스 존재를 알 수 없었던 사람의 수요는 표에 나타나지 않게 되어 버린다.

이와 같이 정책집행 과정의 실태를 해명하지 않으면, 수요를 어느 정도 충족시켰는가라는 관점에서의 정책평가는 올바르게 행할 수 없다. 또한 정책집행의 실태를 이해하지 않으면, 수요량을 하나의 중요한 기준으로 해서 이루어지고 있는 정책결정도 예상을 벗어나게 될 위험이 있다.

5. 정책평가

1) 정책평가의 의의

인류가 발전해 온 것은 풍부한 상상력뿐 아니라, 성공이나 실패의 경험을 축적하고 그것을 장래에 살리는 학습능력이 다른 동물과 비교하여 현저하게 높기 때문임이 틀림없다. 단순한 행동이라면 성공이나 실패의 판정이 용이하고 경험으로부터 바로 학습이 가능하다. 그러나 정부의 정책과 같이 고도로 복잡한 사회활동의 경우는 사실을 정리하고, 일정한 가치평가를 가한 뒤가 아니면 그것을 학습대상으로 할 수 없다.

정책평가란 정책이 결정되어 실시됨에 따라 생겨난 현실(사실)을 명확히 하고, 그것에 대하여 의의가 있었는가 여부, 효과가 있었는가 여부의 가치판단을 행하는 것이다. 따라서 정책평가는 차후 정책(과정)에 대한 학습효과를 낳는 것이다. 반대로 말하면, 정책평가를 행하지 않는 경우는 여러 가지 정책을 몇 번 반복해도 어떤 학습효과도 생겨나지 않게 된다. 그것은 정부에 진보가 없는 것을 의미하거나, 나아가서는 사회도 진보하지 않게 되는 것이다.

이와 같이 정책평가는 특정 정책이나 해당 정권에 대해서 그 선악을 논하기 위해서 뿐 아니라, 사회발전에 있어서 빼놓을 수 없는 활동이라고 말할 수 있을 것이다. 그러나 현실 세계에서 정책평가가 행해진 경우, 그 평가결과는 특정인이 특정 목적을 위해 이용하게 되는 것도 또한 사실이다. 평가활동 그 자체는 이미 도움이 되는 구체적인 효용을 낳을 수 있다고 단정할 수 없기 때문에, 평가결과를 이용함으로써 뭔가 이익을 얻으려는 기대가 없다면, 시간을 들여 정책을 평가하는 자는 나타나지 않을 것이다. 따라서 정책평가의 대상이나 방법을 검토함에도 누가 무엇을 위해 행하는 평가인가라는 시점을 빼고서는 논할 수 없다. 정책평가를 행하는 자와 그 목적에 의해 정책평가의 수법이 다르고, 정책 또는 정책과정의 어느 측면을 평가할 것인지도 달라질 것이다. 그리고 목적에 적합한 평가는 의미가 있지만, 목적에 적합하지 않은 평가는 할 필요가 없다고 생각되어지는 것이다.

이상과 같은 점에 유의하면서 정책평가의 방법이나 문제점을 검토하고자 한다.

2) 정책평가의 대상

정책평가를 검토할 경우, 우선 정책 그 자체를 평가하려고 하는가, 정책과정 전체 내지 일부를 평가하려고 하는가하는 점을 구별하여 두는 것이 유익할 것이다. 즉, 무엇을 대상으로 하여 평가를 하려고 하는 것인가를 확인하는 것이다.

정책 그 자체를 평가하는 가운데, 공식적인 정책결정에 앞서서 그 유효성이나 효율성에 대해서 이루어지는 사전평가(통상 이것을 「정책분석」이라 한다)에 대해서는 여기서 제외해 둔다. 정책결정이 행해진 후, 특히 정책집행 후에 행해지는 정책에 대한 평가만을 다루기로 한다. 그러나 정책결과에는 output, outcome, 또는 impact라 불리는 다양한 단계가 존재한다. output, outcome, impact 세 개념은 반드시 구별해서 사용되는 것은 아니지만, 대개 다음과 같은 차이가 있다.

먼저 Output이란 정책집행을 위해 투입된 자원이 실시활동에 의해 형태를 변경한 직접적인 결과이다. 도시개발 사업을 예로 들면, 자금과 자재와 인원을 투입하여 사업을 수행함으로써 생겨나는 새로운 도로나 건축물이 output이다. Outcome이란 정책의 output을 정책목적에 따라 활용함으로써 사회 환경에 미치는 성과이다. 도시

개발 사업의 경우라면, 그들 도로나 건축물이 목적에 따라 이용됨으로써 도시기능의 편리성이나 쾌적성 향상에 기여했다는 사업성과이다. Impact는 정책성과가 시간적, 공간적으로 넓혀짐으로써 사회 환경의 넓은 범위에 미치는 효과이다. 도시개발 사업에서는 사업을 함으로써 인구가 증가했는지, 경제가 활성화했는지 이다. 이른바 파급효과 내지 부차효과이다. 이들 정책결과 중, 어디에 초점을 맞추는가에 따라 평가방법이나 결과가 달라진다.

여기에서는 이와 같이 사후적으로 이루어지는 정책평가를 대상으로 하는 정책이 어떠한 결과를 낳는지를 확인하고, 그 결과가 당초 설정하고 있던 목표수준을 어느 정도까지 달성하고 있는지를 측정하는 「목표달성도 평가」와, 해결에 직면해 있는 특정문제의 해결에 있어서 그 정책에 의한 몰두는 어느 정도 유익했는가를 확인하는 「문제해결도 평가」로 나누어서 검토한다.

3) 목표달성도 평가

목표달성도 평가에서는 사전에 명확한 목표치를 설정하고 있는 것이 대전제이다. 예를 들면, 2000년까지 하수도 보급률을 100%로 한다는 하수도 정비계획이라면, 목표연도 2000년까지의 실제 하수도 보급률을 측정함으로써 목표달성도는 산정할 수 있다. 이 경우 목표치도 실적치도 수량화되어 있고, 극히 명확하게 평가할 수 있을 것이다. 그러나 목표달성도가 측정 내지 계산된 것뿐이며, 실은 아직 평가는 이루어져 있지 않다. 원래 목표달성률이 몇 % 이상이라고 해서 좋고, 몇 % 이하라고 해서 나쁘다는 본래의 평가가 이루어져 있지 않은 것이다. 어떤 사람은 달성률이 90%라는 실정에 비춰서 볼 때 아주 잘 되었다고 판단할지 모른다. 그러나 다른 어떤 사람은 2000년에도 아직 90%인가 라고 불만을 표명할지 모른다. 그래서 정책(이 경우는 하수도 정비계획)의 목표치의 성격이 문제가 된다.

니시오 마사루(西尾 勝)는 목표치를 기대치, 충족치, 한계치의 세 종류로 나누고 있다. 기대치란 여기까지 달성하면 완벽하다는 이상상태를 나타내는 기준치이다. 충족치란 적어도 그 이상(혹은 그 이하) 수준을 달성할 수 있으면 일단은 만족을 얻을 수 있는 기준치이다. 이와 같은 기준치를 사이몬은 願望수준이라 부르고 있다. 그리고 한계치란 절대적으로 그 이상(혹은 그 이하)이어서는 안된다는 허용한계를 나타내는 기준치이다. 정책이 정해져 있는 목표치가 기대치, 충족치, 한계치의 어느 것인가가 명시되어 있든가, 적어도 평가자가 확정하지 않는 한, 목표달성도의 평가도 할 수 없는 것이다.

목표가 수치화되어 있지 않은 정책인 경우, 목표달성도 측정 자체가 어렵게 되어 버린다. 예를 들면, 문화홀 운영사업 등은 구체적인 목표치는 나타나지 않고, 문화 보급이나 향상에 기여하는 것으로 추상적인 목적이 있을 뿐인 경우가 많다. 그렇게 되면 사업이 어느 만큼의 성과를 내었는가를 측정하는 것만으로도 의견이 나누어지게 된다. 연간 특별공연 개최횟수로 충분하다고 하는 사람이 있을 것이지만, 반면에 관객동원수를 드는 사람도 있을 것이다. 그 중에는 고객 만족도를 문제로 삼는 사람도 있을지도 모른다. 이렇게 되면 문화홀 운영사업의 객관적(적어도 대다수의 사람들이 납득할 수 있다는 의미에서의 객관적)인 평가는 거의 불가능하다.

4) 문제해결도 평가

문제해결도 평가에는 성가신 문제가 있다. 정책은 무언가의 사회적 문제를 해결하기 위해 작성되는 것이지만, 사회적 문제의 대부분은 일률적으로 해결할 수 없다. 다면적인 몰두(대응)를 필요로 하고, 어느 측면에서의 몰두는 다른 측면으로 파급되어 문제해결을 더 곤란하게 하는 경우도 있다.

따라서 문제해결도의 평가에서는 정책과 문제가 1대 1로 대응하는 것이 아니라는 것에 유의하지 않으면 안된다. 예를 들면, 하수도의 정비는 위생적이고 쾌적한 생활을 실시하기 위한 것임과 동시에 하천과 바다의 오염을 방지한다는 측면도 있다. 경우에 따라서는 하수도 건설공사에 공공투자를 전용함으로써 관련업계의 활성화를 도모하고, 저조한 지역경제에 대한 자극효과가 기대되는 경우도 있을 것이다. 이 경우 비위생적인 생활, 하천이나 해수의 오염, 지역경제의 저조, 그 어느 것도 해결해야 할 문제이다. 하수도 정비라는 정책은 어느 문제해결에도 일정한 효과를 낳을 것이지만, 여기의 평가에서는 어느 측면을 어느 정도 중시해야 할 것인가?

이처럼 같은 하수도정비 사업에 의한 문제해결에서도 어느 측면에서 그것을 파악할 것인가 라는 문제가 있다. 그것은 또한 우선순위를 매기는 방법의 문제이기도 하기 때문에, 어느 측면을 가장 우선적으로 배려하는가에 대해서 합의가 성립되어야 한다. 그런데 그것은 지역에 따라 다르고, 상황에 따라서도 다르다. 더 나아가서는 가치관의 차이도 작용한다. 어떻든 사람마다 해결을 바라고 있는 문제의 파악방법, 어느 측면을 우선시할 것인가 하는 우선순위를 매기는 방법이 달라지면 정책평가에는 당연히 차이가 나게 될 것이다. 우선순위의 확정은 그 자체 특히 정책적, 정치적 판단을 요하는 문제이다.

하수도 사업의 직접적인 「산출(output)은 하수도가 어느 정도 보급되었는가 하는 점에서 볼 수 있지만, 「효과(Impact)」는 생활의 개선, 환경오염의 제거, 혹은 경기 자극이라는 간접적, 파급적인 측면이다. 더욱이 어느 정도의 시간이 경과하면, 효과는 생기지 않을 것이다. 그리고 이 효과야말로 문제해결의 정도인 것이다. 문제해결도가 높다는 것은 효과가 높다는 것이다. 따라서 정책이 어느 정도의 문제에 대처하려고 하고 있는가라는 합의가 없는 한, 효과 측정이나 문제해결도의 평가는 할 수 없게 된다.

5) 과정평가의 등장

정책 그 자체 내지 정책의 성과나 효과를 평가하는 것과는 별도로 정책과정에 대한 평가가 등장했다. 거기서 문제되는 정책과정이란 특히 정책집행과정이다. 정책이 법령 규정대로 집행되고 있는가, 능률적으로 실시되고 있는가 하는 점을 문제로 하는 평가이다. 종래부터 현장 관리자가 하고 있는 「진행관리」라고 불리고 있는 것도 어떤 의미에서는 과정평가에 포함된다. 사업이 계획대로 진척되고 있는가 여부를 검토하고 지연되고 있다면 그 원인을 제거하는 활동이다.

또한 회계검사원이 하는 회사검사도 사후적이지만, 실시과정에서의 경비지출을 중심으로 합규성, 경제성, 효율성을 조사하는 것이다. 합규성(합법성)에 대한 검사에서는 회계처리가 법령이나 예산

규정이나 일반적인 처리방법에 비추어 위법성을 갖고 있는가 여부를 조사하는 것이다. 한편, 경제성에 대한 검사는 동일한 성과를 내기 위해서 좀 더 적은 경비로 달성하는 방법이 있었는가 없었는가라는 관점에서의 검사이다. 효율성 검사란 같은 경비를 사용하여 보다 더 높은 성과를 올리는 방법이 있지는 않았는가라는 관점에서의 검사이다. 원래 최근의 회계검사원의 검사에서는 전술한 합규성, 경제성, 능률성의 규준에 기초한 검사 외에 소기의 목적이 충분히 달성되었는가 여부의 효과성 기준에 기초한 검사가 증가하는 경향이 있다. 경제성(economy), 능률성(efficiency), 효과성(effectiveness)이라는 세 기준에 기초한 검사를 영어의 머리문자를 따서 「3E 검사」라 부르고 있다.

과정평가에도 다양한 형태가 존재할 것이지만, 과정평가라고 하여도 목적을 전혀 문제로 삼지 않을 수 없다. 예를 들면, 극단적인 경우는 심각한 자연환경 파괴를 초래할 수 있는 개발사업에 대해서 과정평가의 관점에서만 본다면, 어떻게 능률적으로 자연을 파괴했는가라는 평가가 가능하다. 자연을 파괴하는데 주저하여 사업진행이 예정보다도 늦어진다고 하면, 그것은 비능률이며 시간과 비용을 헛되게 하는 것이 된다. 이 예로부터도 알 수 있는 바와 같이, 행정내부에서 업무의 진행을 관리한다는 목적으로 행하는 경우는 별도로 하더라도, 정책목적의 적절함, 유효성을 전혀 고려하지 않는 과정평가는 실제로는 어렵다.

6) 효과성과 능률성 평가

이상과 같이 성과와 효과, 혹은 과정에 대한 평가라는 것을 생각할 수 있지만, 그 설명 가운데서도 사용한 효과성(effectiveness)와 능률성(efficiency)이라는 개념에 대해서 여기에서 재차 검토해두고자 한다. 왜냐하면 이들 개념은 매우 애매하면서 다의적으로 사용되기 때문이다. 예를 들면, 버나드(Chester J. Barnard)는 현대조직론의 고전으로 되고 있는 "경영자의 역할" 속에서 유효성과 능률성을 다음과 같이 나누어 사용하고 있다. 즉 어떤 특정한 바람직한 목적이 달성된 경우 그 행위는 「효과적」이라고 생각할 수 있다. 그리고 행위가 효과적이든 아니든 그 행위가 행위자의 동기를 충족하는 경우에는 능률적이라고 하고 있다.

니시오는 효과성을 어떤 활동의 실적을 소기의 목표수준에 비추어 그 달성정도에 따라 평가하는 규준으로 하고, 능률성을 활동실적을 그 투입·산출비율에 따라 평가하는 규준이라고 정의하고 있다. 따라서 어떤 특정한 정책집행 활동(행정활동)의 결과나 성과에 대해서 좋고 나쁨을 평가하는 것이 효과성 평가이다. 이때 평가규준은 달성해야 한다고 생각되는 목표치에 의해서 변동한다. 하나의 정책집행 활동에 대해서 보다 높은 목표치를 설정하면 효과성이 낮아지지만, 목표치가 낮아지면 효과성은 높아진다. 한편, 능률성 평가는 어떤 일정한 주어진 자원(예산, 인원 등)의 범위 내에서 행해지지 않으면 안 되는 정책집행 활동이 자원을 효율적으로 이용했는가 여부를 평가하는 것이다. 여기서 자원 투입량과 산출량의 비율을 측정한다. 투입량과 산출량을 어떠한 지표를 사용하여 어떻게 계측하는가라는 기술적 문제만 해결된다면, 비율 계산은 비교적 용이하다. 그러나 능률성 평가의 문제점은 어느 하나의 정책집행 활동의 능률성을 계산하더라도 그 자체는 아무런 의미를 갖지 않는다. 복수의 사례에 대해서 각각 같은 규준으로 능률성을 계산하고, 그 결과를 비교 검토할 때에 비로소 평가의 의미를 갖게 된다. 즉 상대비교밖에 없다. 그 때문에 이번은 무엇과 무엇을 비교할 것인가 라는 문제도 생겨나는 것이다.

7) 평가결과의 이용자

행정활동의 많은 부분이 정책집행에 관련되어 있기 때문에 행정관료제는 스스로가 평가주체로서 정책평가를 행하는 경우 외에 다른 기관에 의해 평가받는 입장이 되는 경우가 많다. 즉 의회나 회계검사원이 정책이나 그 집행과정을 평가하는 경우에는 행정관료제는 수동의 입장이 된다.

의회는 자신이 책정한 정책이라면 결정자가 의도한 성과가 나타나 있는가, 규정대로 집행되는가라는 관점에서 평가할 것이다. 같은 의회에서도 행정측이 책정한 정책에 대해서는 정책에 효과가 있었는가, 집행방법이 능률적이었는가 등의 관점에서 평가하게 될 것이다. 어느 것이든 한편에서는 다음의 정책결정이나 정책변경에 필요한 정보를 얻기 위해서, 다른 한편에서는 행정을 통제하거나 행정책임 추궁의 수단으로서 정책평가를 이용하게 된다.

일본의 회계검사원의 검사는 오늘날 오로지 행정을 통제하거나 행정책임 추궁의 수단으로서 행해지고 있다. 그러나 미국의 회계감사원(GAO)에서는 정책결정이나 정책변경으로의 정보제공을 염두에 둔 평가를 행하고 있다. 일본에서도 미국형 회계검사로의 모색이 시작되고 있다.

행정관료제 전체가 정책평가에서 전적으로 수동적인가 하면, 반드시 그렇지 않다. 평가자체를 업무로 하고 있는 조직도 있다. 예를 들면, 일본에서는 이전부터 구총무청의 행정감찰국이 행정감찰이라는 평가활동을 하고 있다. 행정감찰은 절차상의 합규성 내지 능률성 중심의 평가이지만, 최근에는 정책이 사회에 필요한 것인지 여부, 실태에 입각한 내용으로 되어 있는가라는 효과성 평가가 증가해 오고 있다. 즉 종래의 행정감찰은 문자 그대로 행정 내부통제를 목적으로 한 평가이지만, 최근에는 정책결정에서 정책변경으로의 정보를 모으기 위한 평가라는 특색이 서서히 농후해지고, 현재의 정책평가와 결부되었다.

행정내부평가라는 점에서는 재무성 주계국에 의한 豫算査定도 그 예이다. 신규사업의 예산사정은 어느 쪽인가 하면 사전 정책분석의 성격이 강하지만, 계속사업의 사정은 현행사업의 평가가 전제로 된다. 성과나 효과가 그다지 높지 않은 사업은 계속이라도 예산을 획득하기 어려운 것이다.

행정내부에서는 더 나아가 정책평가를 하고 있다는 의식이 있는지 여부는 별도로 하더라도, 거의 모든 행정조직에서 사업의 진척사항이나 사업성과 내지 효과를 평가하고 있다. 그것은 정책집행을 담당하는 조직이라면, 실시가 순조롭게 진행되고 있는가를 파악하고 문제가 있다면 실시방법의 개선, 궁리를 가할 필요가 있기 때문이다. 또한 정책 작성을 담당하는 조직이라면, 현행정책의 문제점을 파악하고 그 개정이나 신규정책의 작성시에 참고로 할 필요가 있기 때문이다. 어느 경우라도 각각의 행정조직이 그 조직목적을 수행하는데 없어서는 안 될 활동의 하나로 평가하지 않을 수 없다. 그들은 내부평가 내지 자기평가에 불과하고, 스스로가 이용하기 위한 평가활동이다. 이것은 행정감찰이나 예산사정이 행정내부의 평가라고 하지만, 구체적인 정책담당조직으로부터 보면 외부기관에 의한 평가라는 것과 결정적으로 다르다.

정부내부뿐만 아니라, 시민이나 기업도 평가결과의 이용자이다. 스스로가 직접적인 영향을 받는 자치단체의 복지정책이나 특정업계를 규제할 정책 등은 물론이고, 외교·방위 등의 간접적인 영향밖에 받지 않는 정책에 대해서도 시민이나 기업은 평가하려고 한다. 그리고 자신들과 밀접한 관련이 있는 정책 내지 이해관계가 깊은 정책에 대해서 평가결과 여하에 따라서는 정책변경을 구하는 구체적인 행동으로 나아갈 수도 있다. 그러나 많은 경우는 정책평가 결과를 이용하여 어떤 행동으로 나오는 경우는 적다. 기껏해야 다음 선거에서의 투표행동에 영향을 미치는 정도이다. 더구나 한 정책의 좋고 나쁨만을 기준으로 투표행동이 정해지는 것은 아니기 때문에 정책평가의 이용은 한층 막연해지고 있다.

이상과 같이 다양한 사람이나 조직이 정책평가 결과를 이용하고 있지만, 이용자가 평가에 필요한 활동 모두를 자기 자신이 행할 수 없다는 점에 주의해야 한다. 의회라고 해도 미국 연방의회와 같이 많은 직원과 조직을 갖추고 있다면 모르겠지만, 일본의 경우라면 의회에서의 평가활동에 필요한 정책정보의 다수는 행정기관으로부터 제공되고 있는 실정이다. 대장성의 예산사정도 예산요구를 하고 있는 각 성청으로부터의 제출 자료에 기초하여 판단하고 있는데 불과하다. 더욱이 정부외부의 시민이나 기업은 정부로부터의 정보에 의존하는 부분이 크다.

활동평가를 하거나 평가에 필요한 정보를 제공하는 것과, 평가

결과를 이용하는 것이 다르다는 것은 정책평가에서는 좋은 결과를 가져오지 않는다. 왜냐하면, 스스로가 이용하기 위해 행하는 평가라면 숨기지 않고 가능한 한 정당한 평가를 행하려고 하지만, 타인이 이용하게 하기 위한 평가나 정보제공에서는 자기의 입장이 곤란한 부분을 숨기려고 하는 것이 일반적이기 때문이다. 그 때문에 객관적, 과학적인 정책평가가 좀처럼 확립할 수 없게 된다.

8) 평가에 관한 최근의 움직임

방금 서술하는 바와 같이, 정책평가를 실제로 행하는 데에는 다양한 어려움이 존재하기 때문에, 지금까지 평가의 필요성은 인정된다고 해도 실제로 정책평가를 도입하는 예는 적었다. 그러나 최근에 자치단체를 중심으로 평가를 실무에 도입하는 예가 적지 않다. 그것은 우선 힘든 재정사정 하에서 사무사업의 재검토가 긴급하면서 피할 수 없는 과제가 되어 온 것이 원인이 되고 있다. 동시에 전국으로 확대된 시민 옴부즈만 활동에서 보여지는 바와 같이 시민의 행정이나 정책에 대한 관심이 높아지고, 자치단체로서도 종래와 같은 발상으로 일을 계속할 수 없게 된 것도 배경이 되고 있다.

평가시점(評價時點)을 도입한 것으로 잘 알려져 있는 예로서는 북해도가 시작한 「time assessment(시대의 변화에 입각한 시책의 재평가)」가 있다. 이것은 시간의 경과에 따라 사회상황이나 주민의 요구가 변화하는 것을 생각하면, 처음에는 의미 있는 정책이라도 시간이 경과하면 역할이나 필요성이 저하하고 있다는 점을 중시하고, 일정한 기간이 경과한 정책에 대해서 점검・평가를 가하려고 하는 것이다.

북해도의 「time assessment」가 평가대상으로 하는 사업을 매년 몇 개에 특정하고 있음에 대하여, 미에(三重)県이 시작한 사무사업 평가시스템은 도입당시부터 全廳이 일제히 모든 사무사업을 평가하는 방법을 채용하고 있다. 그런 의미에서 본격적인 평가시스템으로서 크게 주목받는 것이다. 거기서 우선 ① 개개 사업의 상위에 위치 지워진 정책목표에서 볼 때 사업이 정말로 타당성을 갖고 있는 것인가, 사업목표의 달성에 있어 충분한 성과를 올리고 있는 것인가 라는 목적의 타당성 검토, ② 사업에 투입된 비용이 얼마만큼 성과・효과를 올리고 있는가라는 관점에서의 비용 대 효과의 평가를 중심으로 사업평가가 이루어지게 되어 있다. 그 때문에 全事業 약 3,300개를 대상으로 사업 평가와 금후 개혁안을 기입한 「사무사업 목표평가표」를 사업담당과가 작성하도록 하고 있다.

이와 같은 취급 등을 계기로, 전국 자치단체에서 사업평가도입이 시작되고 있다. 물론 국가차원에서도 정책평가에 대한 관심이 높은 것은 말할 필요도 없다. 특히 회계검사원에서는 이전부터 평가에 대해서 이론과 실무 양면에서의 조사연구가 진행되고 있다. 최근에는 통산성에서도 정책평가에 관한 연구회가 만들어지고, 중간 연구보고서가 정리되어 있다.

記者클럽제도 : 행정개혁을 만들 수 있는 방법

일본에서 행정에 관한 기사는 국가 특유의 기자클럽 제도를 통해서 만들어지고 있다. 각 성청별로 「기자강좌(lecture)」로 불리는 정례강좌(lecture)가 있다. 예를 들면, 후생성에 대해서는 중앙합동청사 내에 히비야 클럽이라는 기자모임이 있다. 기자클럽을 통해서 사무차관, 국장, 관방장, 대외협력과장 등이 보도기관에 각 성의 활동이나 예산 등의 설명을 한다. 행정관청으로부터 각 언론기관에 평등하게 정보를 제공하는 것을 목적으로 한다.

그렇지만 성청별 기자클럽 제도에서는 성청별로 일방적으로 정보가 유통되기 때문에 관청 측에 의해 정보가 통제될 위험성을 내포하고 있다. 언론기관으로서는 안이한 정보수집이기도 하고, 올바르지 못한 평등주의라는 비판도 적지 않은 것이다. 외국에는 이와 같은 제도는 존재하지 않는다. 이것은 일본의 중앙정부 차원에서 정보공개가 이루어지지 않고 있는 것과 관계가 없는 것이 아니다.

또한 이 기자클럽에 들어가는데 기자등록을 하지 않으면 안 되고, 최근까지 외국의 보도기관은 이 클럽에 들어갈 자격이 없었다. 이런 폐쇄적 특질을 가리켜 언론담합이라고 비판되는 경우도 있다.

「특종」(어떤 신문사, TV 방송국만의 특종) 기사처럼 보여도 관청의 의도적인 누설인 경우도 적지 않다. 예를 들면, 인사원 권고 이전에 대장성이 공무원급여인상의 예산조치가 당초 예산에 예정되어 있지 않다는 취지의 정보를 지방신문사에 일부러 누설한 적이 있다. 이처럼 하나의 언론사에만 정보를 의도적으로 제공하여 나온 기사를 「관측기사」라 한다. 애드벌룬을 띄움으로써 관계자에게 압력을 가하고, 또한 여론의 반응을 보고 있는 것이다.

기자클럽 제도의 시비는 별도로 하고, 우리들에게 가능한 방어책은 행정기사가 당파적이면서 주관적 요소를 포함하고 있는 것을 인식하고, 신문이나 TV의 보도를 여러 개 보고 들음으로써 여러 면에 걸친 사고와 다원적인 정보원을 갖는 것이다.

참고문헌

中野收外(1983)『入門行政記事讀み方』公人の友社

西山武典(1992)『「ザ・リーク」 新聞報道のウラオモテ』講談社

제4장 행정관료제의 구성

[본장의 학습내용]

현대 거대정부를 지탱하고 있는 것은 행정관료제이다. 여기에서는 현대 행정관료제의 특질을 분명하게 하기 위해 그 역사적 형성과정을 개략적으로 살펴보고, 그 뒤에 일본의 관리제도, 공무원제도에 관하여 임용측면을 중심으로 검토한다. 이어서 일본의 행정조직의 편성에 눈을 돌려 1府 12省으로 구성된 중앙성청의 체계와 그 주변조직, 성청 및 중추관리조직의 기능을 다룬다.

1. 행정관료제의 형성

행정관료제는 현대에 들어와 갑자기 창출된 것은 아니다. 그래서 현대국가에서 행정관료제의 특질을 분명하게 하는 데에는 우선 그 관료제가 역사적으로 어떻게 형성되어 왔는가에 대해서 극히 대략적인 이해가 필요하다. 현대국가에 이르는 국가형태의 역사적 발전단계를 정리하는 방법에는 몇 가지가 있지만, 여기에서는 절대주의 국가시대, 근대국가시대, 그리고 현대국가시대라는 3단계 분류를 채용한다.

1) 절대군주와 관료제

16세기에서 18세기에 걸쳐 유럽에서 전개되었던 강력한 왕권이 지배하는 정치체계를 일반적으로 절대주의라고 부른다. 그것은 원래 중세 봉건제 사회에서 근대시민사회에 이르는 역사적 과정의 과도기에 유럽에 많이 나타나는 절대군주제의 시대에 한정하여 이용되는 역사적 개념이고, 근대에서 출발한 미합중국 등에는 해당되지 않는다. 튜더 왕조 및 전기 스튜어트 왕조의 영국, 18세기 프로이센, 부르봉 왕조, 특히 루이 14세 치하의 프랑스 등이 그 대표적인 예이다.

여하튼 이러한 절대군주제 하에서 봉건제의 분립할거상태가 극복되고, 국민국가로의 집권적 통일화가 진행되었다. 관료제적인 행정기관이나 상비군이 정비된 것은 이 과정에서이고, 오늘날에 이르는 행정관료제의 형성은 여기서부터 설명하기 시작하는 것이 통례이다. 단 이 시대의 절대주의관료제는 근대 및 현대관료제와는 다르고, 관직을 매매하거나 세습할 수 있는 「가산관료제(家産官僚制)」의 성격을 강하게 띠고 있고, 따라서 또한 절대성을 추구하던 군주와 신민과의 중간에 위치하는 중간단체의 하나로서 신민에 대해서는 「후견성 원리」에 기초한 특권적 지배를 관철하려고 하면서, 동시에 지연적 · 직능적인 중간단체에 부연된 특권을 옹호하기 위해 군주의 절대적 지배권을 구속하는 기능도 하게 되었다.

2) 근대국가의 관료제

「구체제」로서의 절대주의 정치체계를 붕괴시키고, 새로운 국민주권원리에 기초하여 구축된 국민국가, 그것이 근대국가이고, 거기에서의 관료제가 근대관료제이다.

근대국가는 「시민적 법치국가」라고도 불린다. 이것은 3권분립을 원칙으로 하면서 시민계급의 의사를 대표하는 의회(입법부)에 권력의 중심을 두고, 시민사회의 법규범 또는 의회가 제정한 법률에 의하여 행정을 규율하는 「법의 지배」 혹은 「법률에 의한 행정」의 개념을 핵심으로 구성된 법치국가에 입각한다.

이 단계에서는 관리의 지위도 군주의 종복에서 시민의 공복(civil servant)으로 변화했다. 여기에서의 특징은 예전의 특권적 신분보장이 폐지되고, 그 시대의 정치권력에 의하여 자유롭게 임면되는 공무원제에 있다. 즉 영국에서 나타난 「정실임용제」(patronage system)나, 미국에서 발달된 「엽관제」(spoils system)이다.

정실임용제란 의원 등이 자기의 정치적 지지자나 지인·친척 등에 대하여 관직에의 임용이나 면허, 특권 수여 등의 편익을 제공하는 것이고, 이 의미에서는 공무원 제도만에 그치지 않고, 영국의 정치체제 전체에 침투된 권력행사의 한 수단이었다.

미국의 엽관제는 전리품이라는 말이 나타내는 것과 같이, 선거에서 승리한 정당이 관직을 그 정당 지지자에게 배분하는 것이다. 따라서 당연히 집권당의 교체가 있으면 새롭게 임용된 자 때문에 대량 경질이 이루어진다. 이러한 당파적 임용과 정책경질은 제1장에서 설명한 바와 같이 잭슨니안 민주주의로 알려지고, 오히려 적극적인 민주주의적 정책으로써 추진되었다.

그러나 머지않아 정실임용이나 엽관제는 비능률의 대명사로 되고, 개혁을 하지 않으면 안 되게 되는데, 이 단계에서의 의의는 행정을 평범한 사람인 국민에게 널리 개방함으로써 관료제적 경직화를 막고, 또한 선거에 의해 표명된 국민의 의사를 행정에 반영시킨다는 민주적인 의미를 갖고 있었던 점에 있다고 말할 수 있을 것이다.

3) 현대국가의 관료제

근대국가는 이윽고 국가 자체가 복지정책을 포함한 다양한 행정서비스를 전개하지 않을 수 없는 상황에 직면하고, 현대국가로 변화되어 갔다. 이른바 「입법국가」에서 「행정국가」로의 전환이지만, 확대된 국가기능을 수행하기 위한 행정담당자인 공무원에는 그에 따른 능력과 자격이 요구되게 되고, 또 양적으로도 확대되게 된다. 또 동시에 행정수준의 전국적 균일화가 요구되고, 권력의 집중화가 도모되었다. 즉 「신중앙집권」이다. 그 결과 한편에서는 「의회제의 위기」가 발생함과 동시에, 다른 한편에서는 강고한 현대관료제가 형성되게 되었다.

이 과정에서의 공무원제의 특색은 제2의 과정과는 반대로, 공무원제에 대한 정당의 영향력을 가능한 한 배제하고, 「전체의 봉사자」로서 자리매김하고, 정치적 중립성을 확보하는 것이다. 또 능률적인 공무원제가 요구되고 「실적제」(merit system)나 「과학적 관리」(scientific management) 등의 방법이 도입되고 있었다. 그 구체화로는 1853년의 노스콧-트레벨리언 보고서(Northcote-Trevelyan Report)를 계기로 하여 시작된 영국 공무원제도의 개혁이고, 또 1883년의 펜들턴법(Pendleton Act)에 의한 미국 공무원제도 개혁이다.

이렇게 형성된 현대관료제는 그 특징이 베버(Max Weber)에 의하여 멋지게 그려졌다. 즉 베버에 의하면 관료제 조직에 특유한 기능양식과 관료의 지위는 다음과 같은 것이라고 한다. 즉 ① 규칙에 의하여 명확해진 권한, ② 계통제 구조 및 관청 간의 심급제, ③ 문서주의, ④ 행정수단의 분리(公私分離), ⑤ 전문적 훈련을 전제로 한 분업, ⑥ 전 노동력을 요구하는 직무(天職), ⑦ 규칙에 기초한 직무집

사법의 관료제화

일본헌법 제76조의 3항에서는 「모든 법관은 그 양심에 따라 독립하여 그 직권을 행사하고, 이 헌법 및 법률에만 구속된다」고 규정하여, 법관의 독립을 보장하고 있다. 법관은 전문지식, 양심, 윤리감에 의해 자율적인 의사결정을 행하는 사람들이다. 따라서 가장 전문적인 관료제와는 연관이 없는 것으로 보이는 법관들에게도 최고재판소 사무총국의 영향력이 미치고, 사법부분도 관료제화의 파도에 휩싸이고 있다.

법관협의회는 1947년의 최고재판소 발족이래, 매년 행해지고 있다. 최고재판소 사무총국이 주최하는 전국 차원의 중앙협의회와, 8개의 고등법원마다 개최하는 단위협의회가 있고, 매년 수회 개최된다. 예전에는 자유로운 의견교환의 장에 불과했지만, 최근에는 ① 소송운영에 관한 개선책, ② 법개정이 검토되고 있는 소송절차 등에 관한 의견교환, ③ 그 시기에 전국 다수의 청에 소송이 제기되어 있고, 판례가 확정되지 않은 법률문제의 검토라는 세 주제로 행해지고 있다.

문제는 세 번째 주제이다. 협의회 석상, 최고재판소 사무총국의 견해가 하급법원의 판사들에게 제시되고, 지방법원 판결의 문제점이 지적되고 있다. 예를 들면, 수해소송을 둘러싼 법관협의회에서 행정의 하천관리책임의 범위를 극히 한정한 사무총국의 견해가 제시되었다. 동경 변호사회의 의견서에 의하면, 수해, 환경, 공해, 노동에 관한 지방재판소 판결이 사무총국의 "견해"나 협의회의 "통일의견"에 따르는 형태로 상당히 영향을 받고 있다고 한다.

또 사무총국의 조회서비스도 문제되고 있다. 각 지의 법관으로부터의 문의에 자료를 수집, 제공하는 것이지만, 질문항목에 관하여 사무총국 내에서 협의한 결과도 참고로서 회답하고 있다. 그 회답이 재판의 판결내용을 좌우하고 있다면 헌법위반의 가능성이 있을 것이다.

결국 사무총국 견해에 법관이 영향받고 있다면 재판내용을 통제하는 결과가 되고, 법관의 독립을 해치게 되지 않을 수 없다. 관료제란 본래 시녀여야 할 사무국이 주인을 위협하여 사무국 지배의 구조를 구성하는 것이다. 사법도 신속성이나 통일성이라는 요청에 응답하는 형태로 관료제화가 진전되고 있는 것이다.

참고문헌

朝日新聞「孤高の王國」取材班『孤高の王國 裁判所』朝日文庫, 1994

행, ⑧ 선거가 아닌 임명에 의한 채용과 지위의 종신성, ⑨ 화폐급여와 연금에 의한 노후 보장, ⑩ 승진의 제도화이다. 이러한 특징을 갖는 관료제 조직은 「정확성, 신속성, 명확성, 문서에 대한 정통, 계속성, 신중성, 통일성, 엄격한 복종관계, 마찰 방지, 물적 및 인적 비용의 절약」이라는 관점에서, 다른 조직형태와 비교하여 「순기술적으로 보아 우수하다」고 베버는 서술하고 있다.

2. 일본의 관리제도와 공무원제도

앞에서 살핀 관료제의 역사적인 발전에서 보면, 일본의 관료제는 어떻게 자리매김 되는 것일까? 여기에서는 명치기에 형성된 관리제도를 개관하고 나서, 점령기의 개혁에서 문제된 점을 검토하고, 현대의 공무원제를 임용의 측면을 중심으로 살펴보고자 한다.

1) 명치헌법과 문관임용령, 문관고등시험

명치기에 형성된 일본의 관료제는 관리제도라 일컬어지고, 전술한 절대군주시대의 관료제의 특질을 갖고 있었다. 메이지(明治) 신정부의 형성 직후는 각 藩(지역단위)에서 인재를 모았지만, 머지않아 시험제도가 도입되었다. 그 제1보가 1887년(명치 20년)의 「문관시험시보 및 견습규칙」과 「문관시험위원관제」였다. 이에 의해 진임관(奏任官) 시보 및 판임관(判任官) 견습 임용은 문관고등시험 및 보통시험에 따르게 되었다.

여기에서 진임관이나 판임관이란 천황제 하에서 관리의 신분적인 구별이었다. 원래 모든 관리의 임용권은 천황대권에 속하고 있었지만, 천황의 결정에 이르기까지의 방법이 신분에 따라 달랐다. 관리는 우선 고등관이나 판임관으로 나뉘고, 나아가 고등관은 천황으로부터의 거리에 따라 친임관(親任官), 칙임관(勅任官), 진임관(奏任官)으로 나뉘어 있었다. 또한 정부업무에 종사하는 자 모두가 관리가 되는 것은 아니고, 고원(雇員)이나 용인(傭人) 등의 비관리가 다수 존재했다.

1887년부터 관리로의 길은 문관시험에 합격하는 것이 필요했지만, 제국대학 졸업자는 무시험으로 임용되고 있었기 때문에 사학으로부터의 비판이 강해져 1893년(명치 26년)에 개정되었다. 당시 시험과목은 필수과목이 헌법, 형법, 민법, 행정법, 경제학, 국제공법으로 6과목, 선택과목이 재정학, 상법, 형사소송법, 민사소송법 중에서 1과목 선택이었다. 이러한 법률중심의 시험제도였기 때문에 결과적으로 제국대학 출신자가 다수를 차지했다.

또한 국장급 이상을 의미하는 칙임관이나 대신급을 의미하는 친임관은 1893년의 단계에서는 자유임용(오늘날의 정치적 임용)이었지만, 1898년(명치 31년)에 오오쿠마 시게노부(大隈 重信)내각이 정당원을 칙임관으로 기용했기 때문에 「초연주의」를 신봉한 야마가타 아리토모(山縣 有朋)에 의하여 다음해 명치 32년에 문관임용령이 개정되었다. 이 개정에 의해, 칙임관도 원칙적으로 문관고등시험의 합격 후 일정한 경력을 가진 자가 아니면 안 되게 되었다. 이리하여 「고등문과시험」(高文)에 합격하는 것이 고급관료로의 유일한 입구가 되고, 또한 합격한 시험 종류에 의하여 승진 속도가 달라지는 관행(入口選別方式)이 확립되어, 극히 폐쇄적인 관료제가 명치기 후반에 형성되었다.

2) 戰前의 개혁

자유임용의 범위에 관하여는 정당 세력이 신장되는 다이쇼(大正) 시대에 일진일퇴의 움직임이 있었다. 예를 들면, 야마모토(山本) 내각시대의 1913년(대정 2년)에 각 성 차관이나 내무성 경보국장이 자유임용 되었지만, 다음해 다이쇼 3년에는 자유임용에서 제외되었다. 그렇지만 참정관이라는 자유임용 직위가 신설되었다. 하라(原) 내각시대의 1920년에는 각 성 차관이 자유임용으로 되돌아가고, 참정관이 폐지되었지만, 카토우(加藤) 내각시대인 1924년에는 각 성차관이 자유임용에서 제외되고, 자유임용 직위인 정무차관이 신설되었다. 그렇지만, 쇼와(昭和)로 들어가면 점차 정당세력이 쇠퇴해 갔기 때문에 자유임용을 둘러싼 움직임은 없어졌다. 이러한 움직임은 현대풍으로 보면, 정치가(정당)와 관료의 세력다툼이었다고 말할 수 있지만, 천황제라는 권력구조 하에서는 정치(의회)가 정통성을 갖지 않았기 때문에 그 한계가 노정되었다고 말할 수 있을 것이다. 바꾸어 말하면, 천황제 하에서는 구조적으로 관료세력의 우위가 보장되고 있었던 것이다. 그 때문에 「탄생하면서부터의 행정국가」(井出 嘉憲: 이데 요시노리)로 표현된 경우도 있다.

쇼와에 들어와, 일본은 전쟁국가로 돌입해 가게 되지만, 그것은 머지않아 군 관료의 대두를 초래하고 또 동시에 군부와 협조할 개혁파 관료들(신관료, 신신관료, 혁신관료 등으로 불린다)의 대두를 허용하게도 되었다. 이들 관료들은 보수파를 비판함과 동시에, 전쟁 수행에 대해서도 적극적으로 협력했다. 관료를 지지하는 정신구조의 복잡한 일면을 제시하고 있다고 말할 수 있을 것이다.

이러한 시기에 약간의 관료제 개혁이 시도되었다. 즉 1941년의 제2차 코노에(近衛) 내각 시기에 「문관임용령」이 개정되고, 시험합격자가 아니어도 관리에 채용될 수 있는 길이 열렸다. 이러한 배경에는 통제경제가 진전하고 주로 산업, 금융 분야에서 민간인을 등용할 필요성이 인식되었기 때문이었다. 또 동시에 시험제도에 관하여도 필수과목이 줄어드는 등의 개혁이 행해졌다. 그렇지만, 2년 후의 1943년에는 전쟁 때문에 시험 그 자체가 중단되고, 개혁의 실질적 효과는 발휘되지 못한 채 종전을 맞이하게 되었다.

3) 戰後 국가공무원법과 그 개정법

전후 공무원제도는 보수파와 개혁파, 점령군과 일본측, 혹은 점령군 내부의 대립 등, 복잡한 얽힘 속에서 형성되었다. 종전의 해인 1945년(쇼와 20년)부터 다음 해에 걸쳐 시데하라(幣原) 내각 하에서 약간의 관료제 개혁이 실시되었지만, 점령군은 그것에 만족하지 않고, 미국의 후버(Brown Hoover)를 장으로 하는 「대일합중국인사행정고문단」을 초빙하고, 일본측에는 「행정조사부」를 새롭게 설치하여, 고문단과 협력하여 조사하는 구조가 만들어 졌다.

후버고문단은 행정조사부의 협력을 얻어 관리제도의 문제점을 조사했다. 이러한 조사 결과에 기초하여 후버는 강력한 중앙인사행정기관과 공무원의 노동권 제약을 기둥으로 한 최종보고서를 작성했다. 그렇지만 후버법안을 받은 카타야마(片山) 내각과 관료기구로서는 받아들이기 어려운 것이었다. 결국 후버가 일시 귀국하고 있는 사이에 법안은 큰 논의도 없이 1947년 10월에 국가공무원법으로서 성립했지만, 다시 일본에 와서 그것을 안 후버는 격노하고, 즉시 개정작업에 들어가 1948년(소화 23년) 12월 개정법으로서 성립했다.

당시 커다란 문제의 하나로서 관공노(官公勞)를 중심으로 한 노동운동이 고양되었고, 카타야마(片山) 내각을 대신하여 정권을 담당했던 요시다(吉田) 내각에게는 그것을 어떻게 하면 억제할 수 있는가 하는 것이 과제였다. 후버안에서 노동권의 제약이 나타났다. 또 하나의 기둥인 강력한 중앙인사행정기관에 대하여는, 일본 관료제의 특징인, 인사에서 각 성의 독립성을 억제하는 방법이 고려되었다. 중앙성청의 파벌주의의 원인의 하나가 이 인사의 독립성에 있다고 생각하고, 강력한 중앙인사기관을 설치하고 그래서 통일적인 행정을 행함으로써 폐해를 제거하려고 생각한 것이었다. 이와 같은 후버의 견해는 한편에서는 일본관료제의 민주화라는 과제에 대응함과 동시에, 다른 한편에서는 일본 정부의 현실적인 요청이라는 측면을 갖고 있다. 그 때문에 후에 전통적 인사방식을 옹호하는 측에서도, 또 現業職員 등의 노동조합측에서도 비판받게 되어 버렸다.

인사원은 관리직 시험을 실시하거나 혹은 직급제를 위한 임시조사를 행하거나 하여 새로운 공무원 제도를 만들려고 노력했지만, 점령기의 재검토가 시작될 무렵부터 인사원에 대한 반발이 표면화되기 시작했다. 1951년 8월의 「政令자문위원회」 답신에서는 인사제도가 과학적 인사행정의 이름 아래 현재 극히 복잡해졌고, 오히려 능률 발휘를 저해하고 있을 뿐 아니라, 내각으로부터 독립한 인사원의 구체적 인사에의 개입에 따라 인사행정의 책임귀속을 불명료하게 하고 있다」고 서술하고, 인사원의 폐지가 제안되었다. 또 인사원의 업무를 축소하는 법안도 1955년(소화 30년) 대에 몇 차례 제안되기도 하였다.

결국 1965년이 되어서 국가공무원법의 개정안이 국회를 통과하고, 정부의 인사정책을 수행하는 기관으로서 총리부에 인사국이 설치되어 인사원의 일부 업무가 인사국으로 이관되었다. 인사원의 지위나 권한에는 커다란 변화가 미치지 않았지만, 후버가 생각한 강력한 중앙인사행정기관으로서의 기능은 결국 실현되지 못했다. 파벌주의의 하나의 원인인 각 성의 독자적인 인사운영도 개혁되지 않고, 직계제는 국가공무원법의 규정에도 불구하고 실시되지 않은 채 오늘에 이르고 있다.

4) 직계제

국가공무원법의 제3장 제2절에는 직계제(=직위분류제)에 관한 규정이 있고, 또 1950년에는 「국가공무원의 직계제에 관한 법률」이 제정되어 구체적인 원칙이나 절차에 관하여 규정하였다. 이 법률에 의하면, 직계제란 「관직을 직무의 종류 및 복잡함과 책임의 정도에 따라 ……분류 정리하는 계획」(제2조)이다. 즉 縱의 분류로서의 직종과 横의 분류인 직급(책임이나 복잡성의 정도)를 합쳐서 모든 직무를 그 어디 간에 위치시킴으로서 그 직무의 내용이나 권한 혹은 필요로 하는 자격이나 경험을 명확히 한다는 방식이다.

직계제는 미국에서 발달한 인사관리방식이고, 그곳에 있어서의 고용관행에 입각하여 형성되어 왔다. 미국의 고용관행은 예를 들면, 회계사무라면 행정에서도 민간에서도 같은 업무가 있고, 그 업무를 수행할 자격(예를 들면 회계사)을 갖고 있으면 특정 직무를 수행할 수 있다는 것이다. 그 때문에 행정이냐 민간이냐에 관계없이 특정 전문직업의 자격을 갖고 있는지 여부가 직무수행의 기준이 되고, 행정조직의 어떠한 직위도 자격을 갖는 국민에게 개방되어 있다고 말할 수 있다. 즉 이른바 전문직업주의의 사고방식에서 운영되고 있다.

그렇지만, 일본의 고용관행은 연공서열, 종신고용이고, 전직은 오히려 예외로 되어 있고, 그 의미에서는 폐쇄적인 조직이 되었다. 특히 행정조직의 폐쇄성의 정도는 높다. 이러한 조직에서 직계제를 도입하는 것은 조직을 개방형으로 하는 것을 의미하고, 폐쇄적인 전통 속에서 형성되어 온 다양한 인사운영을 계속 하는 것을 곤란하게 한다. 예를 들면, 특정 공무원에게 다양한 직책을 경험하게 하여 장래의 차관후보가 될 인재를 양성하려고 하는 방식은 직계제와는 어울리지 않는다. 그렇다면 종래의 방식을 유지하려고 하는 세력은 직계제의 도입을 받아들일 수 없게 된다. 이것이 현재의 상황이다.

5) 경력직과 비경력직

위에서 서술한 차관후보가 될 공무원이 여기에서 말하는 경력직이다. 즉 전전에는 고문(고등문관시험)의 합격자이고, 현재는 국가공무원 Ⅰ종 합격자로 중앙성청에 채용된 사람들이며 이른바 엘리트 관료이다. 그 이외의 사람들이 비경력직으로 불리고 있다.

경력직 국가공무원은 각 성청에서 매년 10-30명 채용되고, 1-3년의 단기간에 인사이동을 반복하고, 대략 10년에 출장지나 산하단체의 과장계층에 도달하고, 대개 20년에 본성의 과장계층에 도달한다. 여기에서는 경력직이라면 거의 누구라도 승진하지만, 그 뒤의 직위의 수가 줄어들기 때문에 선발이 시작되고, 대략 30년에 본성의 부장계층에 도달한다. 선발되지 않은 자는 낙하산인사에 의해 산하단체나 민간기업으로 전근하여 제2직장에서 일하게 되지만, 선발된 자 사이에서 최종적인 차관 경쟁이 전개된다. 그리고 최종적으로 차관으로 남은 자는 당연히 1명이다.

따라서 경력제를 취하는 이상, 낙하산인사가 아무리 비판된다고 해도 경력제의 유지를 위해서는 낙하산인사가 불가결한 것이다. 왜냐하면 경력직 내부에서의 연공서열은 극히 엄격하게 유지되고 있으며, 선배와 후배 관계가 역전하는 일은 거의 없고, 대략 35년에 차관에 도달하게 된다면 그 조직 내 경력직의 최고참이 된다. 다른 동기생들은 모두 낙하산(혹은 전직)하고 있는 것이다. 더구나 60세의 정년까지 차관을 하는 일은 없기 때문에 차관경험자를 위한 낙하산인사의 자리도 필요하게 된다.

낙하산인사 자리의 확보라는 업무가 중앙성청 모두에 중요한 일이 된다. 차관 경험자에게는 그 나름의 낙하산인사 자리를 준비하고, 국장 경험자에게도, 또 과장에서 떠난 자에 대하여도 그에 상응하는 낙하산 인사 자리를 준비해야 한다. 이러한 의미에서 경력직은 비경력직과 비교하여 승진도 빠르지만, 퇴직도 빨라진다. 그렇지만 이것에서 경력직은 종신고용이 아니라고 말할 수 없다. 왜냐하면 낙하산인사 자리는 경력제의 유지라는 조직의 사명으로 보장되기 때문이고, 따라서 종신고용보장제라 부를 수 있다.

6) 일본 공무원제의 위상

위와 같이 일본의 현재 공무원제는 순수한 자격임용제라고는 말하기 어렵다. 임용이라는 개념은 채용뿐만 아니라 승진도 포함된 것이기 때문에, 채용에 관하여는 엄격한 시험제가 채용되고 있다고는 하지만, 승진에 관하여는 경력직과 비경력직에서 다른 기준이 관례적으로 적용되고 있다. 확실히 천황제에서의 엄격한 신분적 구별은 사라졌지만 여전히 경력직과 비경력직의 구별은 신분적 구별의 한 유형이라고 부르지 않을 수 없다. 따라서 자격임용제라기보다는 시험채용제에 불과한 것이다.

이러한 의미에서 현재 일본의 공무원제도에는 절대군주시대의 관료제의 잔재가 짙게 남아있고, 시민적 법치국가라는 단계를 거의 거치지 않았던 일본의 역사에서 그것들이 충분하게 극복되지 못했으며, 더구나 행정기능의 비약적 확대가 요구되는 현대사회 속에서 오히려 강화되어 버렸다고 말할 수 있을 것이다.

3. 행정조직의 편성

일본의 행정조직은 어떠한 원리에 기초하여 편성되어 있는 것일까? 헌법에는 행정기구를 통괄하는 내각에 관한 규정만 있을 뿐 행정기구 그 자체에 대한 규정은 없다. 그러면 어디에 나타나 있을까? 그리고 구체적으로는 어떠한 성청이 설치되고 그 내부는 어떠한 부국으로 나뉘어져 있는 것일까? 여기에서는 2001년 개혁 전의 상황에 관하여 설명해 두고자 한다.

1) 행정조직의 편성원리

행정조직에 관한 기본규정은 1948년 제정된 국가행정조직법에 서술되어 있다. 국가행정조직법에는 중앙정부의 행정조직은 「내각 통괄 하에 명확한 범위의 소장사무와 권한을 갖는 행정기관 전체에 의하여 계통적으로 구성되어 있지 않으면 안된다.」(제2조 1항)고 되어 있고, 소장사무나 권한 중복을 피하고 일체로서 행정기능을 발휘하도록 구성되어 있다. 그렇지만 이러한 법률 규정이 충실하게 지켜지고 있는가는 의문이다. 왜냐하면 권한의 다툼이라 할 수 있는 사례를 들려면 얼마든지 들 수 있기 때문이다.

그러면 어떠한 행정조직이 설치되고, 그 내부부국은 어떻게 되어 있을까? 국가행정조직법에는 국가의 행정기관으로서 부, 성, 위원회, 청 4종류가 규정되어 있고, 부와 성은 「내각의 통괄 하에 행정사무를 담당하는 기관으로서 설치된 것」(3조 3항)이며, 위원회와 청은 부와 성의 「外局으로 설치된 것」(3조 3항)이다. 부 · 성에는 「내각법에서 말하는 주임대신」(5조 1항)이 그 장에 해당되지만, 위원회, 청은 필요가 있는 경우에만 「국무대신」을 둘 수 있다. 현재 설치되어 있는 것은 1부 12성 7위원회 24청(대신이 설치되어 있는 것은 1위원회 8청)이다.

각 행정조직에서는 관방 및 국이 설치되는데 이들을 내부부국이라 한다. 종래, 내부부국은 법률사항이었지만, 1983년 개정에 의해 政令사항으로 이관되었다. 어떤 성에 어떠한 국이 설치되는가는 시대변화에 적응할 필요가 있고, 법률사항이라면 법안을 작성하여 국회의 심의를 거쳐야 하기 때문에, 유연한 재편이 곤란하다는 이유에서 정령사항으로의 변경이 오랜 동안의 현안이었지만, 제2차 임시행정위원회(제2임조)의 제언을 받아 드디어 실현되었다. 나아가 중앙성청 전체의 관방, 국의 총수는 128로 되어 있다. 종전 후 계속해서 증가하여 1967년에 131까지 증가했지만, 다음해 1968년의 사토우(佐藤) 정권 하에서의 1성청 1국 삭감정책에 의하여 114까지 감소했다. 그 뒤 환경청이나 국토청이 설치됨에 따라 약간의 증가가 있고, 1979년 이래, 현재 128개가 있다.

이와 같은 국가행정조직법의 기본규정을 수용하여, 각 성에 관한 설치법이 제정되어 있다. ○○성 설치법이라는 명칭이다. 더 나아가 이들 각 성 설치법을 수용하여 ○○성 조직령이 제정되어 있고, 거기에 내부부국(국, 과)의 소관사무 등에 관한 규정이 만들어져 있다. 더욱이 성령 차원에서 ○○성 내부부국조직규정의 조직령을 보충하는 세세한 조직규정이 만들어져 있고, 그것을 더 보충하는 형태로 대신훈령이 규정되어 있다. 즉 일본 행정조직은 국가행정조직법-각성설치법-각성설치령-조직규정·훈령이라는 법령구조에 의하여 규정되어 있는 것이다.

2) 1부 12성 체제

그럼 구체적으로 어떠한 성청이 설치되어 왔는지 역사적으로 개관해 보자. 명치 신정부가 수립되고, 版籍奉還(번의 영지와 인민을 조정에 반환한 것)이 이루어진 1869년(명치 2년), 형부성(刑部省), 외무성, 대장성, 병부성, 민부성, 궁내성의 6성이 태정관(太政官) 아래에 설치되었다(이 직후에 민부성과 대장성이 합병되었지만 다음해 1870년에 분리되었다. 또 동년에 工部省이 신설되었다). 이것이 1885년 내각제도 창설시에는 외무성과 대장성은 그대로지만, 1871년에 형부성을 폐지하고 만들어진 사법성, 동년에 설치된 문부성, 다음해 1872년에 병부성을 폐지하고 만들어진 육군성과 해군성, 1873년에 설치된 내무성, 1881년에 설치된 농상무성, 그리고 내각제도의 발족과 동시에 신설된 체신성의 9성 체계로 되었다.

그 뒤 1920년에 철도성이 설치되고, 1925년에 농상무성이 농립성과 상공성으로 분리되고, 1929년에 척무성(拓務省)이 설치되고(1942

년에 대동아성), 1938년에 내무성에서 후생성이 분리되었다. 또 1943년에는 농림성, 상공성, 체신성, 철동성이 폐지되고, 군수성, 운수통신성, 농공성으로 재편되었다. 이들 성 재편은 그 시대 배경을 잘 나타내고 있다고 말할 수 있다. 농상무성의 분리는 상공법이 발달하여온 것을 나타내고 있고, 후생성의 설치는 위생, 복지문제가 광범위화 되어 온 것을 나타내고 있다. 또 1943년의 재편은 전쟁수행을 위한 행정재편이었다.

1945년 8월 15일에 종전을 맞아, 그로부터 불과 11일 후의 8월 26일에 3개성이 폐지되고, 농림성, 상공성, 운수성으로 되돌아갔다.

표 4-1 부성편성의 변천

1869년 (明治 2년)	1885년 (明治 18년)	1945년 (昭和 20년)	1960년 (昭和 35년)	2001년 (平成 13년)
			총리부	내각부
형부성	사법성	사법성	법무성	국가공안위원회
외무성	외무성	외무성	외무성	방위청
대장성	대장성	대장성	대장성	총무성
병부성	육군성	제1복원성	문부성	법무성
민부성	해군성	제2복원성	후생성	외무성
궁내성	내무성	내무성	농림수산성	재무성
	문부성	문부성	통상산업성	문부과학성
	농상무성	농림성	운수성	후생노동성
	체신성	상공성	우정성	농림수산성
		후생성	노동성	경제산업성
		운수성	건설성	국토교통성
			자치성	환경성

또 육군성, 해군성이 第1復員省, 第2復員省으로 변경되었다. 그 결과, 1945년 12월 후단에는 11성 체계로 되어 있었다.

현재는 1부 12성 체계로 되어 있지만, 1945년의 후반과 다른 점은 1946년에 제1, 제2 복원성이 복원청으로 축소되고(다음해 폐지, 1952년 보안청으로 부활, 1954년 방위청으로), 1947년에 노동성이 설치되고, 동년 12월에 내무성이 해체되었다. 이 내무성 해체에 따라 다음해 1948년 1월에 건설원이 설치되었다(1945년 전재부흥원, 1948년 7월 건설성). 또 1949년에 총리부가 설치되고(1947년 총리청), 상공성이 통산성으로 변경되었다. 체신성(1946년 부활했다)이 우정성과 전기통신성(뒤의 전전공사)을 분할되었다. 그 뒤 1952년에 법무성이 설치되고(1948년 법무청), 그리고 1960년에 현재 존재하는 가장 약한 성인 자치성(1948년 지방재정위원회, 1949년 지방자치청, 1952년 자치청)이 설치되고, 오늘날의 체계가 만들어졌다. 반대로 보면 이미 35년 이상에 걸쳐 지금까지 빈번하게 행해져 온 성 차원의 재편이 행해지지 않은 것이다. 그 때문에 최근 개혁논의 속에서는 성의 재편을 제안하는 것이 있다. 예를 들면, 1996년 11월에 설치된 행정개혁회의는 당시 수상 스스로 회장으로서 전면적인 성청 재편에 몰두, 다음해 1997년 9월에 중간보고를, 12월에 최종보고를 공표했다. 이 최종보고는 중앙성청등개혁기본법으로서 1998년 성립하고, 그것을 받아 정부내에서 중앙성청등개혁추진본부가 설치되고, 작업이 진척된 결과, 2001년 1월부터 신성청체계가 발족했다.

3) 대신청(大臣廳)

다음으로 청에 대해서 살펴보자. 청이 부·성의 외국으로서 설치되었다는 것은 이미 서술하였지만, 대신이 장관에 임명된 것은 전후의 일이다. 1945년 11월 전재부흥원(戰災復興院)이 설치되어 원장에 대신이 임명되었다. 이것이 성 레벨 이하의 조직에 대신이 임명된 최초의 경우이고, 여기서부터 대신청이 시작되었다고 말할 수 있을 것이다. 그 뒤, 행정조사부나 경제안정본부 등에도 대신이 임명되었지만, 정확하게는 국가행정조직법이 적용되게 된 1949년부터이다.

이 단계에서는 지방자치청(1960년부터 자치성), 행정관리청(행정조사부가 재편된 것으로 1984년부터 총무청), 배상청(1952년 폐지), 경제안정본부(1955년부터 경제기획청)의 4장관이 대신직이었다. 그 뒤 1950년에 북해도개발청, 1952년에 보안청(1954년부터 방위청), 1956년에 과학기술청과 수도권정비위원회(1974년부터 국토청), 1963년에 近畿圈 정비본부(1974년부터 국토청), 1966년에 중앙권정비본부(1974년부터 국토청), 1971년에 환경청, 1972년에 오키나와 개발청으로 서서히 증가하여 현재 8개로 되어 있다.

어느 조직도 총리부의 외국으로 설치되어 있다. 그러나 이들 대신청은 성으로서 설치하기에는 그 업무가 양적으로 적지만, 복수의 성 관할에 걸친 내용을 갖고 있는 것도 많고, 그 때문에 성청간 조정(종합조정)의 역할을 담당하는 등 정치적으로 중요한 것이기 때문

표 4-2 장관(대신)이 있는 위원회 · 청

委員会	國家公安委員会
庁	総務庁, 北海道開発庁, 防衛庁 経済企画庁, 科学技術庁, 環境庁 沖縄開発庁, 国土庁

에 대신을 두게 되었다고 생각된다.

대신직위라는 점에서는 이들 대신청 외에 부·성에 설치된 주임 대신을 제외하면, 1954년에 설치된 국가공안위원장과 1966년부터의 내각관방장관을 들 수 있다. 후자의 내각관방장관은 戰前에는 내각 서기관장으로 불렸지만, 총리대신을 보좌하는 중요한 자리이기 때문에 전전부터 정치가가 기용되어 온 직위이다. 이 밖에 1965년에는 총리부 총무장관이 대신직위로서 설치되었지만, 이것은 1984년의 총무청 설치 때에 인사국, 통계국, 恩級局(은급국)이 총리부로부터 총무청에 이관되고, 총리부에는 상훈국만이 남아 있었기 때문에 총리부 총무장관 직위도 폐지되었다.

4) 행정위원회

행정위원회는 미국의 독립규제위원회를 모범으로 하여 전후에 설치된 조직이다. 국가행정조직법 제3조가 근거이며, 총리부의 외국으로서 공정거래위원회, 국가공안위원회, 공해등조정위원회, 법무성에 사법시험관리위원회, 공안심사위원회, 운수성에 선원노동위원회, 노동성에 중앙노동위원회의 7위원회가 설치되어 있다. 이 밖에 국가행정조직법의 적용은 받지 않지만, 인사원이나 회계검사원 등도 행정위원회에 포함될 수 있을 것이다.

이들 행정위원회는 합의제 기관이며, 공평성이나 중립성 등의 가치관이 요구되는 행정활동의 영역에서 도입되었다. 내각으로부터 일정 정도의 독립성을 갖고 있고, 위원은 국회의 승인을 얻어 내각이 임명하는 절차에 따르고 있다. 이 행정위원회의 특징 중 하나는 행정권을 행사할 뿐만 아니라, 준입법권이나 준사법권을 가지고 있는 것을 들 수 있다. 전자의 예로서는 인사원규칙이 있고, 후자의 예로서는 인사원 재정, 공정거래위원회의 심결 등이 있다. 그렇지만 현실적으로는 이러한 기능이 충분하게 발휘되고 있지 않은 경우가 있다.

5) 심의회

또한 국가행정조직법 제8조에는 심의회 등의 규정이 만들어져 있다. 심의회는 각 성청의 활동에 관하여 「중요사항에 관한 조사심의, 불복심사 기타 학식경험을 가진 자 등의 합의에 의해 처리하는 것이 적당한 사무를 담당하도록 하기 위해」 설치된 합의제 기관이다. 그런 의미에서는 행정위원회에 가깝지만, 심의하는 것이 역할이고 집행권한이 없다는 점이 행정위원회와 다르다. ○○위원회라는 명칭이 붙여진 경우에도 위에서 서술한 3조 기관의 경우와, 8조 기관의 경우에는 업무내용이나 권한이 크게 달라지기 때문에 주의하지 않으면 안된다. 심의회 역할로서는 특정과제에 관하여 대신으로부터의 자문에 응하여 의견을 말하는 것이나, 인허가 등의 행정처분에 관하여 적부를 심사하는 제3자적 기능을 갖는 것 등이 있다.

1998년 10월 현재, 212의 심의회가 설치되어 있지만, 성청별로 보면 총리부 24, 후생성 22, 통산성 19, 문부성·농림성·노동성 13, 대장성·운수성 11 등으로 되어 있다. 명칭도 ○○ 심의회뿐만 아니라, 심사회(은급심사회), 조사회(세제조사회), 위원회(원자력위원회), 회의(과학기술회의), 협의회(지역개선대책협의회) 등 다양하다.

위원수는 심의회마다 결정되어 있고, 통상은 20-30인이지만, 그 가운데에는 130인 이내(대학설치심의회와 산업구조심의회)나 120인 이내(과학용도서검정조사심의회)라는 다수의 위원으로 구성되는 것에서, 불과 3인(세리사심사회) 혹은 4인(우주개발위원회)으로 구성되는 것까지 있다. 이들 위원은 행정에 의하여 임명되고, 퇴직관료나 대학교수, 재계인 등이 취임한다. 위원장에는 행정측에서 신뢰받고 있는 위원이 취임하고, 따라서 퇴직관료가 많게 된다. 또 답신안 그 자체도 행정측이 마련하는 경우가 보통이고, 그 때문에 행정측의 생각을 대변하는데 불과한 경우도 적지 않다. 이러한 점에서 심의회는 행정의 「꼭두각시」라는 비판을 받게 된다.

또 국가행정조직법에 기초하지 않은 심의회도 다수 존재하고 있다. 예를 들면, 「사적자문기관」이라 불리는 경우가 그것에 해당하며 법적 근거를 갖지 않지만, 행정 정책입안을 위한 조언활동 등을 행하고 중요한 기능을 담당하고 있다. 이들 수와 실태는 공식적으로 분명하게 되어 있지 않지만, 거의 국 단위에 설치되어 있다. 또 심의회와 유사한 기능을 갖는 연구회 등의 조직은 거의 과 단위에 설치되어 있는 것은 아닐까 여겨질 정도로 막대한 수가 존재하고 있다.

6) 시설 등 제 기관과 地方支分部局

각 성청에는 국가행정조직법 제9조의 규정에 근거하여 「시설등기관」이라 불리는 조직을 설치할 수도 있다. 시험연구기관(항공우주기술연구소나 국립과학박물관 등 59기관), 검사검정기관(농약검사소나 식물방역소 등 10기관), 문교연수시설(국립학교나 국립공문서관, 국립청년의 집 등 43기관), 의료후생시설(국립병원이나 국립요양원 등 10기관), 교정수용시설(교도소나 소년원 등 5기관), 및 작업시설(목장이나 통계센터 등 10기관)의 6종류가 있다.

또 「특별기관」이라 불리는 조직도 있다(국가행정조직법 제8조의 3).

일본학술회의나 자위대, 재외공관, 대장성인쇄국, 일본유네스코국내위원회, 일본예술원, 국토지리원 등 29기관이 설치되어 있다. 무엇이 「특별」한 것인가는 법조문에서 명확하지 않지만, 시설등기관에 포함시켜도 부자연스럽지 않은 것도 많을 것이라 생각된다.

더 나아가 중요한 작업을 수행하는 조직으로서 지방지분부국이 있다. 통상 「특별지방행정기관(출선기관)」이라 불리는 것이지만, 국가공무원의 약 6할이 이들 출선기관에서 일하고 있다. 대개 Block 단위로 설치되어 있는 것 235기관(○○국이라 불리는 경우가 많다. 이하 같음), 府縣단위로 설치되어 있는 것 605기관(○○사무소), 그보다 작은 단위에 설치되어 있는 것 25,700기관(○○ 지소, 출장소)이 있다. 기관위임사무로서 도도부현이나 시정촌에 위임하고 있는 사무에 비하여 중앙성청이 직접 행하고 싶은 것으로 생각할 수 있는 사무가 이러한 출선기관에 의해서 실시되고 있지만, 기구의 복잡성이나 이중감독행정 등의 비판이 있고, 행정개혁이 화제가 될 때마다 항상 문제로 지적되어 왔다.

7) 특수법인과 제3섹터

국가공무원의 정원에 포함되는 조직은 이상이지만, 실질적으로 중앙정부의 업무를 위탁 등의 형태로 수행하고 있다고 생각되는 중요한 조직이 定員 外에 존재한다. 이것이 특수법인이다. 이들은 특별법에 의하여 설립되거나, 또는 정부가 임명하는 설립위원에 의한 「특별설립행위」에 따라서 설립되기 때문에 특수법인이라 불린다.

1998년 1월 현재 81개 법인이 있지만, 명칭별로 분류하면 공단(신동경국제공항공단이나 일본도로공단 등 12법인), 사업단(우주개발사업단이나 동력호, 핵연료개발사업단 등 14법인), 公庫(국민금융공고나 중소기업금융공고 등 9법인), 특수은행(일본개발은행이나 일본수출입은행 등 3법인), 營團(帝都고속도교통영단의 1법인), 특수회사(일본담배산업주식회사나 일본여객철도주식회사 등 11법인), 기타(31법인)의 7종류가 있다. 예전에는 공사라는 분류도 있었지만, 1985년(쇼와 60년)에 電電공사와 전매공사가, 1987년(쇼와 62년)에 국유철도가 민영화되어 공사로부터 특수회사로 변경되었기 때문에 현재는 존재하지 않는다.

이들 특수법인에는 소관성청이 정해져 있고, 소관하는 특수법인이 많은 순으로 열거하여 보면, 운수성 20법인, 통산성 17법인, 대장성 14법인, 농수성 12법인, 건설성 11법인 등으로 되어 있다. 다만 하나의 특수법인에 복수의 소관성청이 있는 경우도 있다. 예를 들면, 수자원개발공단은 통산성, 건설성, 농수성, 국토청, 후생성의 5성청이 소관성청으로 되어 있다.

특수법인의 임원에는 소관성청의 퇴직관료가 취임하는 경우가 많고, 낙하산이나 「철새」(수년마다 특수법인 등의 임원을 돌아가면서 역임하고 고액 퇴직금을 받는 것)로 비판받고 있다. 또 총무계 등의 중요한 직위는 소관성청으로부터 파견 직원이 점하는 경우가 많다. 특수법인도 행정개혁 때마다 정리축소가 주창되고 있지만, 저항이 강하고 실현도 어렵다.

특수법인은 그 설립 및 개폐에 관하여 총무청이 심사하도록 되어 있다. 그 때문에 행정의 간소화가 요구되는 시대에는 특수법인의 설립이 곤란하기 때문에, 오히려 그러한 규제가 적은 법인형태를 취하여 설립되는 경우가 많다. 예를 들면, 민법 제34조에 근거한 재단법인, 사단법인(공익법인이라 불리고 있다)이나 상법에 기초한 주식회사이고, 중앙성청으로부터의 위탁사업을 주된 업무로 하여 운영된다. 이러한 조직은 제3섹터라 불리는 경우가 있지만, 협의의 제3섹터는 민관공동출자 주식회사를 가리키는 경우가 많다.

정부가 관여하는 공익법인이나 제3섹터의 수가 어느 정도인가는 불분명하다. 왜냐하면 공익법인의 설립은 대신 혹은 지사의 인가를 필요로 하지만, 순수하게 민간재단인 경우도 있는 반면, 중앙성청이 리더십을 발휘하고 있는 경우도 있고, 또 중앙성청과의 관계도 다양하다는 점에서 어디까지를 정부관계 법인으로 할 지 어렵다. 그렇지만 이러한 공익법인이나 제3섹터는 공공서비스가 다양화되고, 서비스를 받는 측의 선택의 확대가 주장되고 있는 오늘날의 사항에서 유연한 운영이 가능하다는 점에서 앞으로도 극히 중요한 역할을 담당할 것으로 생각된다. 그러나 이 실태가 충분하게 파악될 수 없는 상황에서는 공적자금 흐름이나 운영에 대한 민주적 통제가 불충분하다고 말할 수 있을 것이다.

4. 중추관리기능

오늘날의 행정은 앞에서 살펴본 바와 같이, 본성이라 불리는 카스미가세키(霞ヶ関), 각 성청을 중심으로 하여 심의회나 부속기관, 출선기관, 특수법인, 공익법인, 제3섹터 등의 다양한 조직에 의하여 수행되는 복잡한 구조를 갖고 있다. 덧붙여 도도부현과 시정촌에 위임하고 있는 사무를 더하면, 전체 통일성을 유지하는 것은 상당히 어려운 상태가 되어 있는 것을 알 수 있다. 이러한 복잡하면서 방대한 기구를 관리하는 것이 카스미가세키(정부)의 본성이고, 더구나 그

속의 관방계라 불리는 조직이 있다. 여기에서는 구체적으로 성조직을 들어 이와 같은 중추관리라 말할 수 있는 기능이 어떻게 수행되고 있는가를 살펴보고자 한다. 어느 성청도 대개 같은 기구로 되어 있기 때문에 여기에서는 구 건설성을 예로 들어보고자 한다.

1) 각 성의 중추관리기능

건설성에는 23,595명의 직원이 있지만(1998년 7월 1일 현재), 그 9할 정도에 해당하는 20,353명은 출선기관인 「지방건설국」에 근무하고 있다. 이 지방건설국은 동북지방건설국 등 Block 단위로 8기관이 설치되어, 그 아래에 251개의 공사사무소, 632의 출장소가 놓여 있고, 용지매수나 공사 감독 등의 작업이 이러한 특별지방행정기관(出先機關)에서 이루어지고 있다. 또 부속기관으로서 토목연구소 468명, 건축연구소 170명, 건설대학교 106명, 국토지리원 840명이 배치되어 조사연구나 연수교육활동에 종사하고 있다.

그러면 본성으로 이야기를 돌리면, 건설성에는 대신관방과 5개의 국이 설치되어 있다. 이들 직원 수는 1,658명이고, 건설성 정원의 불과 7%에 불과하다. 우선 대신관방에는 588명의 직원이 있고, 관방장 1인, 총무심의관 1인, 심의관 7인, 기술심의관 2인이 있다. 그 아래에 관청영선부(官廳營繕部), 인사과, 문서과, 회계과, 정책과, 지방후생과의 1부 5과와 감찰관이 설치되어 있다. 각과의 소장사무를 살펴보면 인사과는 기밀사항, 인사, 연수 등을 담당하고, 문서과는 조직, 종합조정, 법령안 심사, 능률증진, 국회연락, 관보, 관인 보관 등을 담당하고, 회계과는 예산, 결산, 회계, 회계감사, 국유재산관리 등을 담당한다. 또 정책과는 소관행정에 관한 기본적 정책의 책정,

조사, 연구, 경제정책과의 관련조사, 국토계획 등을 담당하고, 지방후생과는 본성과 지방건설국 등과의 연결, 지방건설국의 조직, 운영경비의 조정, 위생, 의료, 공제조합 등을 담당한다.

관방 이외의 5개의 국에 관하여는 건설경제국 222명, 도시국 202명, 하천국 272명, 도로국 217명, 주택국 157명으로 되어 있다. 이들 국에는 국장이 각 1명 있고(국 차장이 설치된 국도 있다), 그 아래에 10 전후의 과가 있고, 그 중에는 부가 설치되어 있는 국도 있다.

도로국을 살펴보면 국장, 국차장 아래에 도로총무과, 노정과(路政課), 도로교통관리과, 기획과, 도로환경과, 유료도로과, 고속도로과, 국도과, 지방도과의 9과와, 일본도로공단, 혼슈(本州)시코쿠(四國)연결교공단감리관이 설치되어 있다. 이 중 도로총무과는 필두과(筆頭課)로 불리고, 도로국 전체의 사무에 관하여 연결조정, 국의 인사, 예산, 도로에 관한 종합기획, 도로심의회, 국토개발간선자동차국도건설심의회의 사무국을 담당한다.

이와 같이 살펴보면, 본성 가운데서도 대신관방의 각과와 각국의 필두과를 중추관리라 말할 수 있는 업무를 담당하고 있는 것을 알 수 있을 것이다. 특히 관방의 인사, 문서, 회계의 3개 과는 관방 3과로 불리고, 성 조직에서 중요한 업무를 하고 있다. 이들 과의 과장은 다른 과장 직위보다도 위에 위치하고, 국장급으로 승진할 때 최우선 직위가 된다. 또 차관경험자는 관방 3과의 어느 하나의 과장을 경험하는 것이 보통이다.

2) 내각관방

각 성의 중추관리를 살펴보았지만, 정부전체로서 중추관리는 어떻게 이루어지고 있는 것일까? 특히 각 성청의 독립성이 강하고, 파벌주의라 비판되는 일본 행정에 관해서는「성은 있고 정부는 없다」등으로 비판되는 경우도 종종 있고, 정부전체로서의 통일성을 확보하는 것이 중요한 과제로 인식되고 있다.

행정전체를 통괄하는 것은 내각이다. 그러나 내각은 국무대신의 집합체이고, 내각이 수행하는 직무를 보좌하는 조직이 필요하게 된다. 이것이 내각관방이다. 내각관방은 내각법에 설치가 규정되어(12조 1항), 그 직무는「각의사항의 정리 기타 내각의 서무, 각의에 관련된 중요사항에 관한 종합정리 기타 행정각부의 시책에 관한 그 통일유지상 필요한 종합조정 및 내각의 중요정책에 관한 정보 수집 조사에 관한 사무를 관장한다」(12조 2항)고 되어 있다.

내각관방에는 내각관방장관이 1인 설치되고, 국무대신으로 채우는 것으로 되어 있다. 또한 내각관방부장관은 3인이 설치되지만, 2인은 정치가가 취임하여 정무담당이 되고, 다른 1명은 경력직 공무원이 취임하여 사무담당이 된다.

내각관방에는 내각의 서무, 각의사항의 정리, 기밀사항, 인사, 예산, 결산 등을 다루는 내각참사관실, 중요사항의 종합정리나 행정각부의 시책에 관하여 통일유지상 필요한 종합조정을 다루는 내각내정심의관, 주로 대외적 관계에 관한 중요사항의 종합정리나 행정각부의 시책에 관하여 통일유지상 필요한 종합조정을 다루는 내각외교심의실, 국가의 안전보장에 관한 중요사항과 그 종합조정을 다루는 내각안전보장실, 내각의 홍보를 다루는 내각홍보관실, 중요정책에 관한 정보수집, 분석, 조사를 다루는 내각정보조사실의 6실이 설치되어 있다.

이들 소장사무가 그대로 실시될 수 있다면 아무런 문제는 없을 것이지만, 현실적으로 각 성청의 이해관계가 교차하는 영역에서는 성청간 경합하는 사무가 유연하게 조정될 수 없고, 이른바 「권한쟁의」가 생기고 있다. 내각관방에 기대되어 있는 역할이 충분히 이루어지지 않는 이유로서는 원래 조정 권한이 없고, 게다가 조정하기 위한 유효한 수단이 없는 점, 혹은 내각관방의 직원이 각 성으로부터 파견되어 언젠가는 출신 성청으로 돌아가게 되므로, 자신의 소속관청에 등을 돌리는 것과 같은 활동을 할 수 없게 되는 것 등을 들 수 있다. 그리고 무엇보다도 정치적인 리더십이 발휘되지 않는 것이나, 발휘된다는 것을 전제로 하지 않은 것 등과 같은 뿌리 깊은 문제를 안고 있다고 말할 수 있다.

그리고 정치가 리더십을 갖지 못한다 하더라도 성청 간의 사무차원에서의 조정이 사전에 이루어지는 것과 같은 구조가 마련되어 있다. 하나는 조정관청이라 불리는 조직을 설치하고 거기에 성청 간의 조정을 맡기는 것이다. 경제기획청이나 총무청, 국토청, 환경청 등의 대신청은 조정관청이라 불리고, 특정 분야에서 각 성청 간의 조정을 주된 임무로 하는 부국이 설치되어 있다. 예를 들면, 경제기획청 조정국의 산업경제과의 소장사무에는 사업, 노동, 운수, 통신에 관한 기본적 정책, 계획의 종합조정이 포함되고, 총무청장관관방의 교통안전대책실의 소장사무에는 각 행정기관의 육상교통 안전에 관한 시책 및 사무의 종합조정이 있다.

다른 하나는 조정을 필요로 하는 분야에 성청 간의 조정시스템을 형성해 두는 것이다. 이 분야에는 예산, 조직, 기구, 인사, 기획 등의 분야가 있지만, 실제로 기능하고 있는 것은 예산과 기구심사이다. 다음으로 이들 조정방법을 살펴보자. 여기에서도 2001년 개혁 이전의 상태를 설명해 둔다.

3) 대장성의 예산조정

정부의 예산을 담당하는 것은 대장성 주계국이다. 주계국에는 343명의 직원이 배치되어 있고, 국장과 3명의 국차장 아래에 12명의 주계관이 배치되고, 또 각 주계관에는 3-4명의 주사(과장보좌급)가 배치되어 있다. 주계관은 연령 40대 중반, 입성 후 20년이 된 본성 중견 과장계층이다. 12인의 주계관 중 9명은 성청별 예산을 담당하고, 나머지 3명이 전체 조정과 예산관련 법률 심사를 담당하고 있다.

예산 원안은 개산요구라 불리고, 매년 5월경부터 각 성청의 과단위에서 예산작성이 시작된다. 이것이 정리되어 국예산이 되지만, 각 국의 총무과를 중심으로 하여 조정되고, 6월 말경까지 작성된다. 더욱이 성의 예산은 대신관방의 예산과가 중심이 되어 각 국의 예산을 정리하고, 8월 말경까지 작성한다. 이 과정에서 특징적인 것은 국예산의 작성에서는 국의 총무과가 각 과의 예산요구에 관하여 각 과의 담당자로부터 청취하고, 사정하는 절차가 취해지고 있다는 점이다. 성 예산작성에서도 대신관방의 예산과가 각 과로부터 청취하고 사정하는 절차가 취해진다. 사무적인 경비와 정책적인 경비를 나누어 사정하는 것이나, 중요한 예산에 관해서는 부활절충도 하는 등 대장성과의 절충을 예정한 절차가 취해져 성의 예산으로서 확정되어 간다.

이렇게 작성된 각 성의 개산요구가 대장성 주계국에 제출되어, 정부 예산을 정리하기 위한 조정이 개시된다. 주계국은 우선 각 과의 담당자(과장이 중심이 된다)로부터 청취를 하지만, 그 때 국의 총무과나 관방예산과도 동석하여 과를 원호하고, 예산의 필요성이나 중요성을 주계국의 주사에게 설명한다. 이것이 전체적으로 끝나게 되면, 주계국 내부에서 각 성의 예산 사정이 행해진다. 이때의 주계국 사정결과가 대장원안으로서 12월 하순에 각 성에 내시된다. 사무적 경비에 관하여는 부활절충이 없지만, 정책적 경비에 관하여는 부활절충이 이루어진다. 우선 각 국의 총무과장과 주계국의 주사 사이에서, 더불어 국장절충이라 불리는 각 국의 국장과 주계관 사이에서, 그리고 차관절충(각성 차관과 주계국 차관), 대신절충(각성 대신과 주계국장)이 계속된다. 여당수뇌와 대장대신의 정치절충에까지 이르는 경우도 있다.

이와 같은 절차로 정부예산안의 작성이 진행되지만, 기본적으로 상향식(bottom up)이라고 말할 수 있다. 최근에 정치적 리더십이 발휘되는 것은 개산요구기준의 제시 정도이다. 대장성이 사정하고 있는 단계에서 정부세제조사회의 답신이 나와, 재정제도심의회의 예산건의가 이루어지지만 사정에 대한 영향은 적다. 즉, 어떤 의미에서 정치로부터 격리되어, 관료주도로 예산이 형성된다고 말할 수 있다. 자민당 장기정권이 붕괴되고, 연립정권이 탄생한 이후 예산에서 정책적 변경을 행하려고 했지만, 커다란 효과가 오르지 않은 것도 이러한 관료주도형 예산과정이 제도적으로 정착되어 있기 때문이다. 그런 의미에서 예산을 통한 중추관리는 행정차원에 위임되어 있다.

4) 총무청 기구·정원관리

예산과 동일한 절차로 조정되는 것으로 대장성 理財局(이재국)이

담당하는 재정투융자계획과 총무청 행정관리국이 행하는 기구·정원심사 및 정원삭감 계획이 있지만, 여기에서는 후자를 살펴보고자 한다.

각 성청의 조직은 각각의 성청이 책임을 지고 있다고 하더라도, 정부전체로서 조정할 필요가 있다. 특정 성청만이 비대화되거나 혹은 구태의연하게 변화하지 않는 상태는 피하지 않으면 안될 것이다. 특히 행정기구 및 정원은 증대화하는 경향이 있으며, 항상 행정개혁에 의해 적정한 규모를 유지할 필요가 있다.

조직변경은 사업 변경이나 정원 변경을 수반하는 경우가 많기 때문에, 각 성청의 기구 및 정원의 변경계획은 예산과 동시기에 총무청 행정관리국에 제출된다. 행정관리국에는 95명의 직원이 배치되어 있지만, 8명의 관리관(과장급)이 각각 2성 정도를 담당하고, 그 아래에 각 2명의 부관리관이 보좌한다. 이 뒤, 관리관의 심사결과에 기초하여 행정관리국으로서의 결론을 국장주최의 회의에서 결정하고, 대장성 주계국에 의견서로서 송부된다(豫算先議). 여기에서 인건비라는 예산으로 심사된 다음에 인사원 급여국에 보내진다. 다만 기존 정원 틀 내에서의 변경은 인사원에 요구서가 제출되고, 그 심사를 거친 뒤에 대장성으로 보내진다. 이것을 인사원 선의라 한다.

이러한 기구 및 정원심사의 근거가 되는 것은 「總定員法」이라 불리고 있는 1969년(쇼와 44년)의 「행정기관 직원의 정원에 관한 법」이다. 이 법은 상근으로 일하는 국가공무원 총수의 상한을 법률로 정함으로써 총수를 증가시키지 않는다는 방법을 취하기 때문에 지금까지 확대를 거듭해온 국가공무원 수도 억제하게 되었다. 총정원법과 정원심사의 효과는 절대적이라고 말할 수 있을 것이다.

증가를 억제하는 것뿐만 아니라, 약간의 감소경향이 보이는 것도 정원 삭감 계획에 의한 것이다. 1968년 제1차부터 현재 제9차까지의 정원 삭감 계획에 의해 1997년도 말까지 29만 3,000명의 삭감이 행해졌다. 그렇지만 이것이 삭감의 실제 수가 아닌 것은, 신설 내지는 증원된 부분이 있기 때문에, 실제 수로는 4만 6,000명이 감소되었다.

5) 행정관과 정치가

이상과 같은 사전 조정을 시스템으로 형성해 두면 성청 간의 조정이 비교적 부드럽게 전개되지만, 이러한 시스템이 없는 경우에는 개별 문제마다 담당자 연락회의 등을 설치하여 성청 간의 조정을 진행하게 된다. 이 경우에는 관련된 성청의 역학관계가 중요한 요소가 되고, 격렬한 다툼이 전개되는 경우도 있다.

왜 그러한 다툼이 발생하는가를 생각해 보면, 일본의 중앙성청은 권한확대 지향이 강한 점을 지적할 수 있을 것이다. 업무가 증가하는 것은 누구도 좋아하지 않을 터인데, 왜 보다 많은 권한을 갖고자 하는 것일까? 결국, 낙하산 인사와 관계가 있는 것으로 생각된다. 많은 권한이 있으면 많은 산학단체 등을 지배 하에 둘 수 있고, 또 많은 민간기업에 대하여 지도 등의 권한을 통하여 영향력을 행사할 수 있다. 일본의 행정이 경력제를 채용하고 있는 한, 개개의 경력 행정관의 입장에서는 낙하산 인사처는 불가결하고, 그것을 구하기 위한 조직으로서 권한확대를 지향하는 행정관의 행동양식도 피할 수 없게 된다. 만일 이러한 생각이 틀리지 않는다면 낙하산 인사를 하지 않는 시스템으로 바꿀 필요가 있을 것이다.

또 정치적 리더십의 결여라는 문제점을 지적할 수 있을 것이다. 일반론으로서 정치가는 각 성청의 이해관계를 조정하여 정부전체로서의 통일성을 유지하는 활동에는 무관심하고, 오히려 각 성청의 응원단이 되어 거기에서 이익을 흡수하고, 자신의 지역구에 환원하는 압력단체로서의 역할을 하고 있는 경우가 많다. 개개 정치가의 활동으로서는 선거에서 재선되는 것이 중요하기 때문에 어떤 의미에서 피할 수 없는 것이지만, 내각을 구성하는 대신이나 국회의 상임위원회의 위원장 등도 대국적 차원에서 판단을 내리는 것보다도 오히려 이익환원력을 크게 한 것으로 되고 있다. 정치적인 조정은 개개의 정치가 혹은 정치가 집단의 이해관계의 조정이 되고, 국민을 위한 조정은 되지 않는 것처럼 느껴진다.

결핵예방과의 영고성쇠

일본의 중앙성청은 성, 국 수준에서는 기구재편성이 적지만, 과나 실의 수준이 되면, 경제사회의 변화를 반영하여 재편성이 빈번하게 이루어진다. 여기에서는 결핵문제를 담당하는 기관의 영고성쇠를 돌아보고자 한다.

일본의 보건의료는 전염병 대책에서 시작된다. 그것은 사회방위를 목적으로 한 결찰행정의 전형이며, 전염병 예방법은 전염병 환자가 타고 있는 전차를 멈출 수 있는 권한을 행정기관에 부여할 정도로 권력적인 행정수법을 취했다. 만성병으로서의 결핵 대책은 위생국 내지는 예방국의 예방과가 소관하고 있었다. 1933년에 결핵예방법이 제정되었지만, 전전의 예방대책에서는 아직 화학요법이 진보하고 있지 않았다. BCG 등의 예방대책 보급도 충분하지 않고, 사후적인 격리대책이 정책의 중심에 있었다고 할 수 있다.

1950년 9월 공중위생국에 결핵예방과가 신설되어 결핵대책이 국의 주요한 문제로 되었다. 1953년에 전 국민을 대상으로 한 제1회 결핵실태조사가 실시되어 결핵예방법의 개정으로 건강진단의 대상을 전 국민으로 확대했다. 또한 화학요법의 진보뿐만 아니라 결핵진단에 이용되는 기술도 대폭 발전해온 것이다. 그 결과 현재 결핵환자수는 급속하게 줄었다.

그 뒤 질병구조는 전염병에서 성인병 등으로 변용해 왔다. 사망원인으로 암, 뇌졸중, 심장병이 상위를 차지하였다. 또한 행정절차도 감염자의 치료에서 예방 및 재활로 변화해 왔다. 이에 따라 결핵대책은 공중위생국 내에서 정책비중이 저하해 온 것이다.

1973년 8월에는 결핵예방과를 결핵성인병과로 명칭 변경했다. 성인병대책과 결핵대책을 병행하여 소관하기 때문에 실질적으로는 축소인 것이다. 그리고 1977년 4월에는 결핵예방감사관이 결핵성인병과에서 기획과로 이관하고, 1978년 10월에 기획과의 결핵예방감사관 2명이 폐지된다. 더욱이 1982년 9월에는 결핵성인병과와 난치병대책과가 결합되어 결핵난치병과가 창설되었다. 이때 공중위생국의 기구재편성에서 노인보건부가 신설되었다. 이 결과 성인병 사무는 노인보건과로 이관했다.

1984년 7월에 대규모의 기구재편성이 실시되어, 의무국과 공중위생국이 보건정책국과 보건의무국으로 변경되었다. 이것은 기획부분과 사무부분으로 구분할 것을 당초의 목적으로 했지만, 기획과 사업이 각 국에 혼재하고, 목적달성은 충분하지 않았다. 동년 10월에 감염증대책과와 결핵난치병과가 결합되어 결핵난치병감염증과가 되었다.

그리고 1990년에는 보건의료국질병대책과가 창설되었다. 그 속에 결핵·감성증대책실이 신설되어 난치병예방이 분리되었다. 또한 기획과지도조사실 내에 결핵예방의 사무에 대한 감사지도를 담당하고 있었다. 과의 명칭에서 결핵의 이름이 사라졌을 뿐만 아니라, 더욱이 결핵담당기관은 하락을 계속하여 현재는 에이즈결핵감염증과로 되었다. 여기에서는 과장보좌 아래 결핵관리·의료계와 결핵예방·정보관리계가 사무를 담당하고 있는데 지나지 않다.

이상과 같이 경제사회의 변동에 일정정도 대응해서 재편성이 이루어지고 있지만, 그 조직변동은 조직자원의 제약을 받는다. 총무청의 규제를 받아 하나의 신설에는 하나의 폐지라는 스크랩(scrap) & 빌드(build)의 원칙이 있다. 때문에 다른 정책분야의 비중이 높아지는 영향을 받아 신설과가 희생되어, 편의상 타과와의 통합·결합이 실시되는 경우가 있다. 또한 승격·강격은 관련 이익집단에 대한 정치상징적인 사건이다. 자원상의 제약과 정치문제화의 회피 때문에 기구편성의 방법은 분열, 결합, 전이라는 증분적, 감분적 변천을 특징으로 하고 있는 것일까?(H · T)

참고문헌

厚生省五十年史編集委員會編『厚生省五十年史』(記述編)(資料編) 中央法規出版, 1998

제5장 행정관료제의 동태

[본장의 학습내용]

행정관료제는 관료정치나 비효율 때문에 부정적인 평가를 받는 경우가 많다. 그러나 그 구조와 과정에 관한 이해는 충분하다고 말할 수 없다. 일면적으로 비판할 뿐 아니라 왜 기능장해가 초래되었는가, 관료제 조직 그 자체에 원인이 있는 것인가? 그것을 분명하게 하지 않으면 안된다. 본장에서는 경제사회의 제 조건에 영향을 미치면서 환경에 적응하는 행정관료제의 역동성을 이론적으로 검토한다.

1. 관료제화의 진전

1) 용어의 다의적 용법

일반적으로「관료」「관료적」「관료제」「관료주의」라는 말이 사용될 때에는 거기에 비판적인 의미나 비난의 감정이 포함되어 있는 경우가 많다. 적어도 행정조직이나 공무원과 같은 중립적인 말과는 크게 다르다. 일상적인 용법에서 부정적이고 병리적인 특질을 강조하여 사용되는 경우가 많을 뿐 아니라, 전문적인 용어에도 이와 같은 사고가 침투되어 있는 경우가 있다.

그 때문에 학술문헌이나 전문문헌에서도 상호 모순된 용법이 쓰여 진 경우가 적지 않고, 관료제의 개념 규정은 복잡해지기 쉽다. 예를 들면, 군주제나 귀족제와 같은 주요한 통치형태로서 이해하는 경우가 있는가 하면, 단순히 공무원의 집합체를 가리키는 경우도 있다. 또한 그 기능양식에 관해서도 전 근대적, 비합리적인 조직운영과의 차이에 주목하여, 능률성이나 기능적 합리성을 강조하는 경우도 있고, 그와는 반대로 민간기업의 높은 효율성과 비교하여 행정관료제의 비능률성을 강조하는 경우도 있다.

영국의 사회학자 앨브로우(Martin Albrow)는 『관료제』에서 관료제의 현대적 개념으로 합리적 조직으로서의 관료제, 조직의 비능률로서의 관료제, 관리에 의한 지배로서의 관료제, 행정으로서의 관료제, 관리에 의한 관리로서의 관료제, 조직으로서의 관료제, 현대사회로서의 관료제를 들고 있다. 확실히 메리암(Charles E. Merriam)이 서술한 바와 같이, 관료제란 「불확정개념」일 수밖에 없을지도 모른다. 이것이 우리들에게 시사해주고 있는 점은 관료제에 관한 단정적인 어느 한쪽의 견해에 준비 없이 동조하는 것이 아닌, 그 다양함, 복잡함에 익숙해지고, 다각적인 접근을 할 필요가 있다는 점이다. 따라서 감정적 편견으로 일면에 치우치지 않고, 약간의 假面을 가진 관료제를 냉정하게 이해해 가는 것이 중요하다.

2) 개념의 기원

그러면 관료제의 개념은 어떠한 경로를 거쳐 이와 같은 다의적인 개념이 되었을까? 근대 이후 관료제 개념의 경로를 한정하면 처음에는 정부에 대한 비난으로서 등장한 것이, 20세기가 되어 모스카(Gaetano Mosca), 미헬스(Robert Michels), 베버(Max Weber) 등의 일련의 학자에 의한 고찰을 거쳐 사회과학적 개념으로 정착하게 되었다. 우선 그 기원부터 찾아가기로 하자. 앞에서 지적한 바와 같이 관료제의 개념은 비난의 감정을 넣어서 사용되는 경우가 많지만, 이것은 이제야 시작된 것은 아니다.

「관료제(Bureaucracy)」의 어원은 근대 시민혁명 직전의 프랑스에 있었다고 한다. 그것은 「bure; 사무용 책상에 덮는 모직물」이라는 말에서 시작하여 이윽고 「bureau; 사무용 책상 또는 책상이 존재하는 사무소」로 전화되었다. 이것이 힘 · 지배를 의미하는 그리스어 「kratia」가 합성되어 신조어 「bureaucratie」가 생겨났다고 한다. 처음에는 군주에 의한 통치의 보조수단에 불과한 관리가 스스로 주역의 자리를 차지하는, 말하자면 관료정치를 가리키는 용어로 사용되는 경우가 많았다. 프랑스의 중농주의자 드 구르네이(M. de Gournay)는 「우리들을 엉망으로 만들 것 같은 하나의 질환이 프랑스에 있다. 이 질환은 극단적인 관료주의(bureaumania)라 불린다」고 말하고 있다. 그는 군주제, 귀족제, 민주제에 이어 제4의 정치형태로서 관료제를 들고 있다.

프랑스의 「bureaucratie」는 19세기가 되자마자, 독일의 「Büreau-kratie(후에 Bürokratie)」, 이탈리아의 「burocrazia」, 영국의 「bureaucracy」가 되어 보급되었다. 사전에 이들 용어가 게재된 시기를 기록해두고자 한다. 프랑스에서는 1798년이고, 프랑스의 학사원 사전에 「정부관청의 장과 직원의 권력, 세력」으로 정의되었다. 이어서 독일에서는 1813년 독일외래어사전에 「다양한 정부관청과 그 기관이 일반시민에 대하여 하고 싶은 대로 하는 권위 또는 권력」이라고 정의하고 있고, 이탈리아에서는 1828년 이탈리아 전문어사전에 「행정에서 관리의 권력을 의미하는 신조어」라고 정의했다. 또한 조금 늦게 영국에서는 1837년에 비로소 관료제라는 용어가 등장했다. 즉 관료제의 개념은 18세기 후반에 프랑스에서 생겨 19세기 초기에 유럽 각국으로 보급된 말이었다.

3) 영국과 독일의 관료제론

이와 같은 관료제에 대하여 각국에서는 어떻게 평가하고 있을까? 우선 독일의 이론부터 설명해보자. 독일의 정치평론가 괴레스(J.J.von Görres)는 『유럽과 혁명』(1821년)에서 관료제는 상비군(군대)과 유사한 문관제도이며, 규칙, 승진, 집단적 명예, 집권이라는 원칙을 갖는다고 하고, 더 나아가 조직내부의 복종의 원리를 조직 외의 신민에게까지 강요하는 점, 인간의 가치가 그 인간 자신의 내면성이 아니라 그 지위로부터 평가되는 것과 같은 태도를 창출하여 대중을 통합해 가는 것이라고 말하고 있다. 또 독일의 사회주의자 하인첸(Karl Heinzen)은 『프로이센관료제』(1845년)에서 관료제란 단독 관리가 행정을 통제하는 구조(독임제 구조)를 갖고, 합의제 구조와 대립하는 것이라고 한 뒤, 관료제의 정신은 오만과 비굴함을 함께 지니고 있고, 관료제는 수단으로서 존재할 뿐만 아니라 스스로 무제한의 권력을 지녔다고 지적했다.

다음으로, 영국의 사상가에 관하여 설명해보자. 밀(John S. Mill)은 『자유론』(1859년)에서 관료제의 위험성에 관하여 말하고 있다. 자유주의자 밀은 정부가 보다 많은 기능을 수행하게 되면 될수록, 그만큼 많은 종신직을 고용하게 되고, 행정기구가 우수한 인재를 독점하여 정부 밖에 비판적인 인간이 없게 된다고 논한다. 「모든 것이 관료를 통하여 이루어지는 곳에서는 관료가 반대하는 것을 행하는 일은 결코 있을 수 없다」는 것이다. 또 『대의정치론』(1861년)에서 그는 정치의 여러 유형을 비교 검토한 가운데, 높은 정치적 숙련과 능력을 가진 유일한 정치형태는 표면적으로 귀족제나 군주제를 취하고 있다 하더라도, 대의제 이외에는 관료제 밖에 없다고 단언했다. 그리고 관료제와 민주제를 대비시켜 관료제를 민주적인 대의기관의 통제 하에 놓지 않으면 안된다고 주장했다.

더욱이 월터 배저트(Walter Bagehot)는 『영국헌정론』(1867년)에서 당시 영국의 관료제 찬미의 풍조를 비판하는 맥락에서 프로이센 관료제의 성공이 한정된 의미라는 것을 지적하고, 긴 안목에서 보면 결함이 나타난다고 서술하고 있다. 즉 거기에서는 사무의 일과(routine)를 수단으로서가 아닌 목적으로 생각해 버리고, 공무원은 국민의 이익을 위해 있는 것이 아닌, 국민이 공무원을 위해 있는 것처럼 되어 있다. 관료제는 인간의 에너지를 해방하는 것보다도 권력, 인원, 업무의 확대를 도모하는 것을 자기의 임무라고 생각하게 되고, 그 결과 정치의 질을 해침과 동시에 정치의 양을 과대하게 하는 것이라고 지적하고 있다.

4) 개념의 전환

이상에서 서술해온 것처럼, 19세기까지 관료제라는 말은 그 병리적 특성을 강조하고 있었다. 그러나 20세기에 들어서는 그 개념이 크게 전환되었다.

우선 이탈리아의 정치학자 모리카의 『정치학원리』(1895년)에서는 종래의 민주제, 귀족제, 군주제라는 정치형태의 분류를 대신하여, 봉건제와 관료제의 2분류가 제시되었다. 거기서는 이미 근대국가에서의 관료제를 필연적인 것으로 이해하고 있다. 그는 마르크스주의의 계급이론에 비판적인 입장에 서서, 관료제에 기대를 걸고 계속

붕괴하고 있는 중산계급의 재건과 지배계급의 「최량의 사람」이나 「고결한 정신을 가진 사람」의 동원을 기대한 것이다.

이어서 미헬스는 모리카의 이론을 발전시켜 『정당사회학』(1911년)을 저술하고, 자본주의체제에 반대하는 노동조합운동이나 사회주의 정당조차도 「과두제의 철칙(소수지배의 원칙)」을 회피할 수 없다고 주장했다. 노동조합운동에서는 조직원의 계급분화가 진행되고, 사회주의 정당에서는 한층 명확하게 당원의 계층분화가 진행된다. 어느 경우에도 소수의 지배자가 다수의 대중을 지배하는 형태가 항상 생겨나는 것이며, 「조직을 말하는 것은 과두제를 말하지 않으면 안된다」는 것이다.

미헬스의 과두제 이론은 그와 친교가 있었던 베버의 관료제이론으로 이어졌다. 지배자는 왜 피지배자로부터 복종을 이끌어 낼 수 있는가, 지배를 정당화하는 근거는 무엇인가? 이것이 베버의 의문이었다. 이리하여 그는 지배의 정당화 원리에 착안하여 세 개의 유형을 설정했다. 그것이 전통적 지배, 카리스마적 지배, 합법적 지배의 세 유형이다. 물론 이것은 이념형으로서의 유형이기 때문에 현실의 정치적 지배 조직은 세 개가 상호 교착한 상태로 존재한다. 여기에서 전통적 지배란 그 정당성이 전통의 신성함에 기초한 것으로 이른바 위신에 의한 지배라고 해도 좋다. 다음으로 카리스마적 지배란 그 정당성이 개인적인 특질이나 능력에 기초한 것이고 이것을 지도력(리더십)에 의한 지배라고 바꾸어 말해도 좋다. 그리고 합법적 지배는 제정된 법규범의 질서의 합리성에 정당성의 근거를 두고 있다. 단적으로 말하면, 법적 권한에 의한 지배이며, 이것이 근대관료제의 특질이다.

관료제를 계급제의 지휘명령형태에 기초한 피라미드 조직으로 생각하면 고대 이집트 왕조나 로마제국에도 관료제는 존재하고 있었던 것이 된다. 중국에서도 유명한 과거제도가 있었고, 일본에도 동일하게 역사를 길게 거슬러 가지 않으면 안된다. 그러나 베버가 정치적 지배의 세 유형의 하나인 합법적 지배의 가장 순수한 형태로 자리매김했던 관료제는, 전통적인 가산관료제와는 구별된 근대관료제인 것에 유의하지 않으면 안된다.

5) 근대에서의 관료제화

베버는 근대관료제의 구성요건으로서 명확한 권한, 전문성, 無私의 원칙, 계층제 구조, 문서주의, 규칙에 의한 규율 등을 들었다. 그 때문에 관료제화란 이들의 구조적 특질이 발전하고 있는 사회적 현상을 말한다. 이러한 관료제화에 기여한 조건으로서 합리적인 법적 권한, 화폐경제, 문맹률의 저하를 들고, 근대에서는 어느 시대에서도 어느 조직에서도 관료제가 사회전반에 나타나는 현상이라는 것을 논했다. 따라서 그것은 현대사회의 제도적 형태에서 모든 발전의 단서가 되는 「탈마술화」로서의 합리화의 한 측면이라고 주장했다. 이것이 베버가 제창한 「전반적 관료제화」라고 불리는 근대화 가설이다.

베버에 의해 일정한 정식화를 이룬 관료제 개념은 19세기부터 20세기까지의 경제사회의 변동을 배경으로 한 것이었다. 가내수공업에서 기계제 공업으로의 전환, 분업과 전문분화의 침투, 노동조합 활동의 활성화, 명망가 정당에서 대중 정당으로의 변모, 관리수법의 발달, 직능국가로의 발전, 공무원제에 있어서 정실임용제・엽관제로부터 실적제로의 변화 등이 그 대표적인 모습이다.

베버의 관료제화론의 하나의 특색은 헤겔(George W. F. Hegel)의 관리제도에 관한 논의를 발전시켜, 근대관료제의 적극적 평가를 더 강조한 점이다. 즉 첫째, 행정조직, 정당, 군대, 민간기업, 노동조합, 교회 등 公私의 구별 없이 관료제화를 논하고, 둘째, 대중민주제화와 관료제화를 근대에 동시 진행된 현상으로 파악하고, 셋째, 관료제가 자본주의국가뿐만 아니라 사회주의국가에서도 존재하는 보편적인 사회현상임을 주장했다.

이와 같이 특징 지워진 근대관료제에서는 그것을 이념형으로 보는 한 항상적인 규칙과 규율 있는 조직행동에 의해 예견 가능성(예측가능성, 계산가능성)이 확보되어, 반대로 불확실하고 불안정한 요소가 모두 배제되고 흡수되기 때문에 장래의 전망을 세우는 것이 가능하게 된다. 이리하여 관료제는 즉물적인 사무처리, 비인격적인 대응, 명확한 분업, 몰주관적 목적에의 봉사라는 철저한 형식합리성에 의하여 정확성, 신속성, 명확성, 계속성, 신중성, 통일성, 경제성, 능률성 등의 제 특징이 높아지고, 순기술적으로 우월한 조직형태가 된다는 것이다.

6) 인간사회의 합리화

앞에서 기술한 바와 같이, 베버에게 관료제화는 광범한 사회적 합리화의 한 측면을 구성하는 것이었다. 국가재정과 왕실재정의 구별, 공적 수단과 사적 수단의 분리, 금전에 의한 급여, 직장생활과 가정생활의 분리, 산업혁명 이후의 기술발달 등이 그 사회적 합리화의 전형적인 예이다. 이 때 관료제화는 전통적인 공동사회 행위를 합리적으로 조직된 이익사회 행위로 전환하기 위한 특수 수단이 되고, 그런 의미에서의 근대화를 촉진시키는 유효한 전략이 되었다. 그러나 그것은 동시에 조직화의 수단이었기 때문에 생산과정에서 관리수법이 발달하고 철저한 분업에 기초한 노동이나 획일화된 조직생활이 정착하게 되면, 그것에 의하여 개개인의 인간적 요소가 무시되어 인간의 존엄이 손상되게 될 우려가 있다는 논의도 등장했다. 이것이 근대화에서 인간소외를 강조하는 학파의 논의, 이른바 관리사회론이다.

단, 베버의 합리성 개념은 약간 복잡하다. 그가 관료제의 합리성에 관하여 논하는 경우 우선 첫째, 형식적 합리성과 실질적 합리성의 관계에 주의를 촉구하고, 형식적 합리성의 일면적 추구에 의하여 실질적 합리성이 손상되는 경우를 문제시하는 관점을 지니고 있었다. 그리고 둘째로 목적합리성과 가치합리성의 관계이다. 목적합리성이란 외부로부터의 기대에 부응하여 설정된 목적을 달성하기 위해 가능한 한 최적의 조건과 수단을 고려하는 것으로, 이 관념은 주어진 임무를 다하는 책임윤리로 통하고 있다. 그리고 가치합리성이란 고유한 가치에의 신앙에 방향지워진 행위의 합리성을 가리키고, 프로테스탄티즘에 의한 세속 내 금욕을 그 전형으로 하고 있다. 이것은 심정윤리에 대응한다.

후술하는 역기능학파의 베버에 대한 비판은 관료제화에 의한 형식적 합리화의 병리적 측면을 강조한 것이었다. 그러나 그들의 논의가 반드시 베버의 구조에서 크게 벗어난 것은 아니고, 베버가 관료제의 병리적 측면을 인식하지 않았던 것도 아니다. 『프로테스탄티즘의 윤리와 자본주의의 정신』에서 분명하게 나타나 있는 바와 같이,

근대의 합리화는 서구 특유의 직업윤리에 의해 지탱된 것이며, 그 윤리적 기초를 결하고서는 전문인도 「정신이 수반되지 않은 전문인」으로 전락해 버린다.

이와 같이 베버가 논한 관료제론은 역사적 요인을 근간으로 하면서 ① 사회의 합리화, ② 내부조직의 합리화의 두 개의 차원에서 설명되고 있다. 그러면 베버가 설정한 가설처럼 과연 관료제화는 근대에 불가피한 현상인가? 관료제화에는 한계가 없는가, 한계가 있다면 그 조건은 무엇인가? 다음으로 산업사회학과 조직이론에서 논하고 있는 관료제화의 척도에 관하여 설명하고자 한다.

7) 관료제화의 척도

산업사회학에서 관료제화의 척도로서 이용된 예는 벤딕스(Reinhard Bendix)의 측정법이 유명하다. 산업에서의 노동과 권한 속에서 그는 관리자의 권한을 지탱하는 이념에 대해서 국제비교를 행했다. 그리고 산업사회에서 기업의 관료제화를 측정하기 위해 ① 개인업주와 피고용자의 비율, ② 산업노동자와 관리직원의 비율, ③ 소유경영자와 급여소득에 의한 기업경영자의 비율이라는 지표를 사용한 것이다. 이것들은 19세기 후반부터 20세기 중반까지의 구미사회를 대상으로 했지만, 어느 지표를 취해도 후자의 비율이 높으며 산업사회의 관료제화는 진전하고 있는 것이 분명하게 나타나 있다.

이것은 정량적인 지표의 대표적인 예이지만, 관료제화의 구조조건을 定性的으로 명시한 것이 구드너(Alvin W. Gouldner)이다. 관료제에는 「합리적 체계」와 「자생적 체계」의 양 측면이 있고, 두 개의 상호작용에 의해 구조적 긴장이 생겨난다고 한다. 그는 석고회사의 사례연구에서 조직내부의 규칙과 규율의 형성과정에 착안하여 관료제의 세 개의 이념형을 적출했다. 위로부터 일방적으로 제정된 강요된 규칙에 기초한 관료제 형태가 「징벌관료제」, 당사자 측의 합의에 기초한 규칙에 의해 조직 관리를 행하는 관료제의 형태가 「대표관료제」이다. 또 외부기관에 의하여 작성된 규칙이 당사자에게 무시된 「類似관료제」를 여기에 추가했다. 구드너가 주된 관심을 기울인 것은 관료제의 「자생적 체계」로서의 측면이고, 이것은 자연발생적인 예기할 수 없는 파업을 계기로, 경영자와 조합에서 합의된 결정사항이 잠재적인 관료제화를 낳는 과정을 분명하게 한 점에서 찾아낸 것이었다. 마음 내키는 대로의 행위형식에서 명확한 규율관계로의 변화를 의미하는 관료제화는 「징벌관료제」가 상정되어 있는 것과 같은 위로부터의 일방적인 규칙제정에 의해서만 초래된 것은 아닌 것이다.

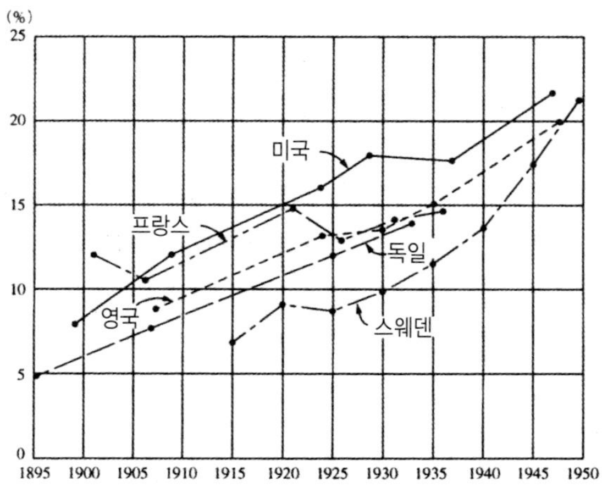

도표 5-1 5개국의 관리직원(A)과 생산노동자(P)의 비율

(출전) R. ベンディクス(1980) 『産業における労働と権限』 東洋経済新報社, p.327 참조

8) 조직구조의 규정요인

이와 같은 관료제의 유형화 작업은 조직구조의 차이를 종속변수로서 그 규정요인을 분명하게 하려고 한 상황적응(contingency)이론의 전개에서 더욱 세련되었다. 대표적인 연구를 소개하고자 한다.

우선 첫째, 조직구조의 차이를 설명하는 요인으로서 중시되는 것이 기술이다. 우드워드(Joan Woodward)는 영국의 South Essex에서 제조업 100개사의 실태를 조사하고, 생산기술과 조직구조와의 사이에 강한 관계를 찾아냈다. 예를 들면, 기술의 복잡함은 권한계층, 통제범위, 관리감독자비율, 직원비율, 간접노동자에 대한 직접노동자의 비율을 각각 증대시킨다는 것이다. 여기서부터 대량생산에는 피라미드형의 「기계적 시스템」이, 단품생산이나 장치생산에서는 「유기적 시스템」이 각각 적합한 조직시스템으로서 채용되기에 이르렀다는 것이다.

또 페로(Charles Perrow)는 「조직의 비교분석구조」라는 논문에서 사회정신적인 지식기술까지 기술개념을 넓혀 4개의 기술유형과 각각에 적합한 조직구조를 제시했다. 통상의(routine) 기술이 지배적인 조직에서는 기술직원과 감독자에게 맡겨진 재량은 모두 낮고, 권한은 기술직원 쪽이 높다. 집단 내 및 집단 간의 조정은 계획적이어서 집단 간의 상호의존은 낮다. 여기에서는 형식적인 집권구조가 유효하게 된다. 다음으로 공학적 기술이 지배적인 조직에서는 기술직원에게 재량과 권한이 집중되고, 유연성 있는 집권구조가 대응한다. 특수유리 제조 등의 수공업에서는 기술직원의 재량과 권한이 높고, 반대로 감독자의 재량과 권한은 낮다. 여기에서는 권한구조가 대응하고 있다. 그리고 우주항공분야로 대표되는 비통상적인 기술에서는 기술자와 감독자 모두 재량도 권한도 함께 높고, 조정은 피드백에 의한 것이 통상이다. 여기에서는 유연성 있는 다두집권(Polycentralized)구조가 유효하게 되었다.

둘째, 조직구조를 규정하는 요인으로서 중요시되는 것이 규모이다. 퓨(Derek S. Pugh)와 아스톤 대학의 연구자들에 의한 조사, 이른바 아스톤 조사에서는 정밀한 다변량 해석(多變量 解析)이 시도되었다. 거기에서는 조직규모가 영향을 주는 것으로서 ① 전문화, ② 표준화, ③ 공식화, ④ 집권화, ⑤ 형태특성, ⑥ 전통주의라는 6개 차원이 설정되어, ① 활동의 구조화, ② 권위의 집중, ③ 작업라인 통제, ④ 지지 요소의 크기라는 4개의 인자가 추출되었다.

여기서 전문화란 조직 내 분업의 정도이고, 표준화란 의사결정 절차의 규칙화 정도를 의미하고 있다. 또한 공식화는 조직 내의 의사소통이나 규칙의 문서화 정도를 가리키고, 집권화란 의사결정이 이루어지는 계층의 높이이며, 형태특성이란 조직도 내의 역할구조이다. 그리고 전통주의란 조직에 있어서 전통적인 관습에의 의존도를 의미하고 있다. 그들의 분석 결과, 전문화, 표준화, 공식화의 사이에 正의 상관이 있고, 이들 세 개의 차원과 집권화와의 사이에 負의 상관이 나타났다. 결국 전문화, 표준화, 공식화 중 어떤 요소의 정도가 높아지면, 다른 요소의 정도도 비례하여 높아진다. 그리고 세 요소 중 어느 것이 낮아지면 집권화의 정도가 진전하는 것이다.

그러나 홀(Richard H. Hall) 등의 조사에서는 관료제의 각 요소 간에 상관관계가 없고, 아스톤 조사와는 분석결과가 일치하고 있지 않다. 각 구조차원의 관계는 확정된 형태로 정식화되어 있지 않은 것이다. 확실히 관료제의 개념이 다차원이라는 것을 공통으로 예상함으로써 조직구조의 각 차원의 관계가 정밀하게 분석되어, 조건의존적인 조직구조가 검토되고 있다. 그러나 그들은 비교적 지표화하기 쉬운 기업조사를 반영한 가설을 제시한 것으로, 행정기관의 관료제화를 대상으로 한 논의는 아니다.

9) 규모가설과 구조가설

그러면, 정부조직에서 관료제화의 조건은 무엇인가? 그 관료제화에는 한계가 없는 것일까? 메이어(Marshall W. Meyer)는 지방재정기관을 대상으로 한 조사를 행하고, 『행정관료제의 전환』이나 『관료제 확대의 한계』 속에서 관료제화에 관한 가설을 제시하고 있다.

제1의 가설은 관리조직을 규모의 함수로서 이용하는 규모가설이다. 여기에서는 조직단위의 직원 수가 증가하면 할수록 하위의 조직단위에 대한 세분화도 촉진된다는 명제가 성립한다. 이것은 분업, 명령통일, 통솔범위라는 고전적 관리원칙이 전제 되고 있는 조직현상과 일치하고 있으며, 위에서 기술한 아스톤 조사 등 실증연구의 다수는 규모가설을 지지하고 있다. 블라우(Peter M. Blau)의 조사에서도 조직규모의 확대는 각 계선간의 분화를 낳고, 분화는 조직 관리요소를 증대시켜 조정에 영향을 준다는 것이다.

그러나 이 가설에는 다른 견해도 있다. 규모의 맥락만으로 관료제 구조를 설명하는 이론가설은 관료제화가 침투된 근대 이전에도 대규모 조직이 존재하고 있었던 사실과 모순되고 있다. 또 메이어에 의하면, 하위 단위 수, 계통제의 수준 수, 감독자수라는 조직척도에 조직규모가 미치는 영향이 반드시 명확한 것도 아니다. 규모가 관료제화를 촉진하는가의 여부는 분석하지 않고, 규모가설은 공식조직과 규모와의 관계를 설명하는 이론화에는 성공하고 있지 않다.

이어서 이 규모가설에 비판적인 가설을 관료제 구조가설이라고 한다. 주로 조직의 하위 단위수를 구조의 측정요소로 하고, 규모를 공식조직의 함수로서 다룬다. 일반적으로는 조직단위의 종류가 많아지고 공식조직의 구조가 정밀화될수록 자원의 요구도 많아지고 직원 수도 증가한다는 명제가 성립한다. 이 가설에서는 조직단위의 편성과 분해가 규모의 원인이 된다.

또 조직이 설립된 이후부터의 기간도 구조적 특징에 영향을 미친다. 메이어가 지방정부의 공식화된 인사절차를 時系列로 검토한 결과, 관료제화의 요인으로서 제도화되고 난 뒤의 기간과 그 뒤 일어난 환경의 영향의 쌍방을 반영하고 있는 것이 강조되어 있다. 관료제화의 진전은 환경의 압력-예를 들면, 공무원제도개혁-에서 시작된다. 또 이들 압력에 따라 규칙을 개발하거나 그 규칙에 대응하여 다층화의 계통화 등의 구조가 세련화된다. 그리고 수직적 분화라는 구조화가 요청된 결과, 하위차원에서 권한을 이양하거나 하는 것으로 관료제화는 더욱 발전한다. 즉 여기에서는 기원과 환경에서 공식화로, 공식화에서 계통제로, 그리고 계통제에서 분권화라는 인과연쇄가 추정되는 것으로 된다.

10) 사회관계의 내부조직화

조직의 관료제화에 대해서 검토하고 그 세분화에 관하여 설명하여 왔지만, 마지막으로 관료제화에 의해 개개 인간의 사회관계가 조직내부의 규율관계로 전환된 조직에 관하여 지적해 두지 않으면 안된다. 베버가 명시한 바와 같이, 관료제화는 지배자관계의 합리적 사회관계화의 수단으로서 제1급 권력수단이 되기 때문이다. 벤딕스의 이해에 의하면 베버의 관료제론 속에는 조직성원의 복종성과 자발성이 균형을 이룬 상태에 있다고 인식되어 있었던 것이다. 그러면 조직성원의 복종성과 자발성은 어떻게 하여 나타나게 되는 것인가? 갈브레이스(John K.Galbraith)가 쓴 『권력의 해부』를 하나의 실마리로 설정해보자.

그는 권력을 세 개로 유형화한다. 제1의 「위혁권력」은 개인적 자질을 원천으로 하고, 상대방에게 육체적, 정신적 피해를 주거나 줄 것을 위협함으로써 상대방 측의 선호를 바꾸는 것이다. 제2의 「보상권력」은 재력을 권력원으로 하고, 이익의 제공 내지 그 약속을 하는 것으로 협동을 조달한다. 그리고 제3의 권력으로 드는 것이 「조건부 권력」이며, 이것이 조직을 권력원으로 하는 현대 권력의 중심적 존재이고, 위혁권력과 보상권력의 원천인 개인적 자질과 재력은 조직을 권력원으로 하는 이 조건부 권력을 위한 보완으로서 이용된다. 위혁권력이든 보상권력이든 그러한 권력에 복종하고 있는 사람들은 권력의 강요나 보상의 제공에 의식적으로 대응하고 있다. 이에 대해서 조건부 권력의 경우는 조직의 맥락에서 설득, 교육을 통하여 신념을 변경시킴으로써 복종을 나타내게 하는 것이기 때문에, 복종하는 측에서 권력행사를 의식하는 경우는 없다. 여기에서는 권력의 행사가 항상화되고, 메시지를 수용하는 측은 사고가 정지된 상태가 된다. 애로우(Kenneth Arrow)에 의하면, 신뢰라는 재화는 시장의 거래비용을 절감하는 중요한 역할을 하는 것이고, 거기에 시장과 다른 조직의 존재가치가 있다. 바로 이 신뢰를 조달하는 메커니즘이 조직인 것이다.

일찍이 괴레스는 『유럽과 혁명』에서 관료제란 조직내부의 복종원리를 조직 외의 신민에게까지 강요하는 것이라고 서술했다. 관료제가 외부에 통제력을 발휘하는 재원은 조직목적과 개인목적을 동화시켜, 엄격한 규율과 규칙을 금욕과 훈련을 통해 자기 내면화시키는 것에 있다. 여기에 관료제 지배의 본질이 있는 것으로, 쓸데없이

왜 조직이 존재하는 것일까?

원래 계통제가 존재하는 이유는 어떤 조건에서 개인이나 시장보다도 자원분배의 효율이 월등하다는 점에 있다. 코스(R.H. Coase)는 「기업의 본질」이라는 논문에서 자원배분의 경로로서 시장과 기업을 들고, 교환거래에 드는 비용이 시장보다 적은 경우, 거래를 조직화하기 위해 기업이 생겨났다고 서술하고 있다. 이 조직규모의 한계는 거래를 조직화하는 비용이 시장을 통해서 실행하는 경우의 비용과 같게 되는 경우이다. 예를 들면, 할인매장의 점포수가 일정규모 이상이 되면, 관리비용이 많아져 수익이 오르지 않게 되는 것이 비근한 예일 것이다.

코스에 의하면 기업의 규모가 확대되는 조건은 일반적으로 세 가지이다. 첫째, 거래를 조직화하는 비용이 낮을수록 그리고 조직화된 거래의 증가에 수반하는 비용의 증가가 완만할수록 규모는 확대된다. 둘째, 기업가가 잘못을 범할 가능성이 적을수록 그리고 조직화된 거래의 증가에 수반하는 잘못의 증가가 작을수록 규모는 확대된다. 그리고 셋째는 규모가 큰 기업에 대한 생산요소의 공급가격의 저하가 클수록 (혹은 상승이 작을수록) 확대된다.

코스는 사회자원의 배분시스템으로서 조직의 역할을 중시하고, 시장에서 거래비용이 높아질 때에 그 비용을 경감하기 위해 거래의 일부를 조직내부에 편입, 조직내부에서 결정한다고 주장하였다. 이 논문은 미시경제학의 응용인 내부조직 경제학의 출발점이 된 기념탑으로서, 「사회적 비용의 문제」와 함께, 그는 이 두 개의 논문으로 1991년 노벨경제학상을 수상했다. 기업을 행정으로 바꾸어 조직의 의미나 규모의 한계를 생각할 때 코스의 논의는 행정학에서도 자극적이다(H · T).

참고문헌

Richard. H. Coase 『企業 · 市場 · 法』(宮澤健 外譯) 東洋經濟新聞社, 1992

위혁의 행사나 보상의 제공에 의지하여 대외적인 권력지배를 강행하는 것이 그 본질은 아니다. 결국 조직내부의 합리적 편제와 성원에 대한 조건부 권력을 대외적으로 연동, 연결시키는 것으로 관료제에 대한 복종을 인식하게 하는 것이 없이, 하나하나 관료제 조직의 의사소통 경로를 통해서 흐르는 메시지를 수용하고, 관료제의 권위에 반항하는 경우가 없도록 하게 하는 것이다. 그러한 의미에서는 괴레스가 말한 「강요」의 계기가 적으면 적을수록 효과적인 관료제 지배가 될 것이다.

2. 관료제의 역기능

1) 선례답습

일반적으로 「관료주의」로 총칭되는 관료제의 기능장해에 대해 서술함에 있어 그 대표적인 예를 들면, 각각의 복합적 구조를 설명하는 것에서 시작할 것이다. 우선, 첫째가 선례답습이다.

선례답습이란 문자 그대로 선례를 그대로 답습하는 것으로, 기존의 질서를 유지하는 보수적 경향을 의미한다. 관료는 어떤 일에 관해 선례가 있는가를 우선 확인하는 것에서부터 시작한다. 새롭게 판단을 내리는 것에 수반하는 비용의 경감과 위험 회피가 이 행동의 배경에 존재한다고 말해도 좋다. 정책입안이나 정책변경을 행하는 경우 課내의 논의 후에 상사에게 가지고 가서 수직적 조정을 행하고, 더욱이 관련 각 과와 수평적 조정, 예산의 뒷받침을 위해 재정당국과의 조정, 법령심사나 계획전환을 거쳐, 의회, 여당과 사전교섭을 행한다. 이와 같이 정책입안이나 정책변경에 수반하는 조정비용은 크고, 관계자와의 합의 형성에 실패하거나 사후적으로 생각하지 못한 사태가 발생한 경우의 위험을 각오하지 않으면 안된다. 따라서 그러한 비용위험을 생각하게 되면 선례답습에 의한 소극적 해결방식이 무난한 것이 된다.

확실히 일상(rutine)에 의한 안정성의 확보는 계속적인 조직운영에 커다란 공헌을 하고 있지만, 행정기관과 민간기업에서는 비중이 다르다. 이것은 조직의 업적을 어떻게 평가하는가라는 문제와도 크게 관련되어 있다. 민간기업은 이익의 획득을 명확한 목적으로 하고 있기 때문에 원칙적으로 가점주의를 취하고, 행정은 목적이 다원적이고 애매하기 때문에 감점주의를 취한다고 설명하는 것이 통상이다. 단 여기에서 일상(rutine) 자체에 뿌리를 내린 정치성을 무시해서는 안된다. 감점주의를 원칙으로 한 조직 관리에서는 정책이념의 숭고함보다도 그 정책의 실행가능성을 과도하게 우선시해 버리는 사고양식이 관료들 속에 양성되어 버린다. 또 행정활동은 항상 프로그램화를 지향하는 경향이 있고, 대외적인 응답성보다도 대내적인 협력성을 중시해 버린다. 여기에 크로지에(Michel Crozier)가 말한 자기수정이 불가능한 관료제의 병리가 현재화할 우려도 있다.

이토 다이이치(伊藤 大一)는 경력직(career)의 혁신적 경향과 비경력직(non-career)의 보수적 경향을 이미 지적했다. 계장 → 과장보조 → 과장이라는 계통제의 계단을 오르는 것에 비례하여 혁신경향이 생기고, 그 역으로는 현상유지의 보수적 사고가 만연하는 것을 설명한 것이다. 이것은 경력직은 정책기획 사항(matter)을 담당하고, 비경력직은 사무실시 사항의 수행으로 직무를 한정하고 있다는 일본관료제 특유의 구조에 기인하고 있다. 「계획편중의 행정」이라 불리는 까닭도 여기에 있다.

2) 관료제의 관성

매년 예산배분율이 변화하지 않은 공공사업비에서 상징적으로 나타나는 바와 같이, 관료제는 변화하지 않는 사회의 안정을 도모하는 기구로서 인식되는 경우가 많다. 관료제의 일상(rutine)은 한편에서는 활동영역을 사전에 프로그램화 하고, 절차의 공정을 도모하며, 업무를 표준화하고, 조직운영 비용을 경감할 필요 불가결한 존재이다. 그러면서 다른 한편에서는 시동을 걸었다 하면 멈추게 하는 것이 곤란한 관성(inertia)이 비판의 대상이 된다.

샤칸스키(I. Sharkansky)가 지적하는 바와 같이, 조직내부의 성원은 명시된 규칙에 따라 의사결정을 하기 위해 환경으로부터의 징후를 무시하고, 환경변화가 공공정책에 주는 영향을 줄이려고 하는 경향이 있다. 의사결정의 안정, 업무의 계속, 기득권익의 유지가 관료제의 관성을 유지하게 하는 보수주의적 이데올로기의 원천이다. 그리고 그 관료제의 일상이야말로 정치 그 자체이고, 품의제의 부분에서 기술한 바와 같이 조직이 프로그램화된 방향으로 나아가는 특성이 있다는 것을 인식하지 않으면 안된다.

3) 획일주의

정실, 편파, 차별을 배제하고 평등한 취급을 행하는 것은 법 아래에서의 평등을 제창한 근대법의 기본원리이다. 그러나 이것에서 획일주의라 불리는 경향이 생겨난다. 공무원제도가 엽관제나 정실임용제로부터 자격임용제로 전환되고, 정치적 중립성을 확보하려고 한 시도는 공평무사와 비인격성을 기본으로 한 근대적 관료제의 구축을 겨냥한 것이었지만, 이것은 국민 한 사람 한 사람의 개별적인 상황이나 사정을 배려한「인간적인」행정의 실현을 약속한 것은 아니었다.

일정한 자격요건, 조건을 충족하고 있으면 평등하게 다루어야 한다는 공평무사의 요청에 따르고 있는 한, 사람들은 일반적으로 그것을 적극적으로 평가한다. 그렇지만 스스로가 당사자가 되어 자격요건, 조건의 적용이 매우 형식적이어서 특정 급부를 받을 수 없게 되거나 하면, 그러한 행정조치에 대하여 개별 사정을 배려하지 않는 획일주의라고 비난한다. 이러한 것은 자주 있을 수 있는 일이다.

여기에서의 문제는 사람들의 관료제에 대한 비난이 아니다. 그러한 비난을 받는 관료제의 획일주의적 대응이 근대 행정에서의 평등원칙이나 공평무사의 요청을 넘어 나타나는 이유가 검토되지 않으면 안된다. 종종 보여 지는 것이 행정자원의 부족에서 유래하는 과도하게 엄격한 법규의 적용이다. 개별성을 배려하기 위해서는 인적자원도 재정 자원도 여유가 있을 것을 필요로 하지만, 그 여유가 없으면 공평성이나 평등원칙의 준수를 대외적인 편법으로 이용하고 개별성을 무시한 획일적인 규칙주의로 나아가기 쉽다.

행정활동의 근거가 되는 제정법과 내부규칙과의 괴리가 이러한 경향을 부추기는 경우도 있다. 본래 법치행정이란 국왕과 행정관료제의 자의적 재량에 의한 권력행사를 억제하기 위해 탄생했고, 자동판매기와 같은 관료의 판단을 수반하지 않는 행정운영을 상정하고 있었다. 그런 의미에서 직능국가나 복지국가에 이르기 이전

소극국가에서의 법 운영의 원칙인 것이지만, 그렇다고 하여 내규인 행정규칙만을 정책근거로 하는 것은 비난을 면할 수 없다. 이토는 과도하게 행정규칙에 의존하는 체질을 의법주의(依法主義)라 부르고 이것을 법 지배의 원칙과는 다른 것으로 명확하게 구별하고 있다.

4) 비밀주의

정치가는 대중에 대하여 스스로의 정치적 의지와 비전을 표명하고, 대중이나 매스컴으로부터의 비난에 대하여 적극적으로 변명할 필요가 있다. 그에 반해 행정가는 익명의 사람일 것을 요구받고, 의견표명을 하는 경우에도 그것이 개인으로서의 견해인 것을 일부러 굳이 밝히는 경우가 많다. 직무상 알게 된 정보에 관하여는 비밀엄수를 해야 한다. 그러나 반대로 행정관이 예측 불가능한 것에 대하여 법적 책임을 면제받는데 대하여, 정치가는 법적 책임뿐만 아니라 도의적 책임이나 결과책임도 추구된다. 한편 정치가는 선거에서 선출되기 위해 국민과의 동질성이 요구되고, 다른 한편으로 행정관은 전문적 직무를 전담하기 위해 이질성이 기대된다. 아버백(Joel D. Aberback)의 국제비교에서도 출신, 소득의 계층이나 성별이라는 사회적 속성을 지표로 하면, 종신행정관보다도 정치가 쪽이 사회구성을 충실하게 반영하고 있는 것으로 지적되고 있다.

이러한 행정관의 특성이 소극적으로만 평가되는 것은 아니다. 오히려 그 반대도 있고, 각종 정치적, 사회적인 영향으로부터 분리됨에 따라 국민이나 지역주민 전체에 관련된 공공의 이익을 대변할 수 있다고 하는 주장도 있다. 그러나 애초에 공공성이란 접근의 자유를 전제로 한 개념이다. pub나 public school이 회원이나 특정계층으로부터 일반대중에게 기회를 개방한 것을 계기로 하여 탄생하고, private room이 관계자 이외 출입금지 방을 의미하는 것처럼 행정이 public적인 것인 한, 여기에서는 공개가 원칙이 된다.

또한 대표 관료제(representative bureaucracy)나 적극적 차별시정조치(affirmative action), 적극적 시정조치(positive action)는 출신계층, 인종, 성별을 정부기관에 충실하게 반영시켜야 한다는 견해이다. 이것도 사회와의 동질성을 회복하는 것으로 행정의 기밀주의를 해결하고자 하는 하나의 방책이다. 단, 대표성을 높이기 위해 일정한 교정을 시행하는 것이 역차별을 낳는다는 비판도 생겨난다. 또 역설적이지만, 정보공개를 하면 할수록 비밀주의가 진전하는 경우도 있다. 왜냐하면 공문서 정보의 공개청구를 막기 위해 청구대상 외의 사적 문서에 그치거나, 문서를 파기하거나 하는 행동이 현재화되어 가기 때문이다.

5) 번문욕례(繁文縟礼)

판례중심주의의 영국에서는 과거의 판결을 조사하기 위해 방대한 판례 속에서 적절한 판결문을 찾아 내지 않으면 안된다. 일찍이 그 판결서류는 빨간 끈으로 묶어 두고 요구서류가 들어올 때마다 빨간 끈을 몇 번이나 풀거나 묶거나 하지 않으면 안 되었다. 이것이 번잡한 절차를 필요로 하는 관료행동을 Red Tape이라고 부르게 된 기원이다.

현재는 문자 그대로 빨간 끈으로 서류를 묶는 풍습은 없어졌지만, 행정기관에의 허가, 인가신청 등에 있어서 실제로 수많은 종류의 문서를 작성하고, 번잡한 절차를 따라 제출해야만 하는 것에는 변함이 없다. 예를 들면, 대학 학부나 학과 신설에 있어 문부성에 제출해야 할 문서는 방대한 양이 된다. 더욱이 하나하나의 문서는 모두 양식화되어 있고 내용의 정합성을 도모하는 것은 물론, 분명한 체제를 갖추어 기일까지 제출해야 한다.

그러나 이 번문욕례는 실은 행정기관만의 사정에 의해 만들어진 것은 아니다. 이것은 절차의 민주성을 확보한다는 요청에 응해서 우리들 스스로가 만들어 낸 것이기도 하다. 누가 담당하더라도 같은 대응을 할 수 있도록 고안된 정책결정상의 절차를 확실하게 하는 안전장치로서의 성격을 가지고 있다. 그렇다 하더라도 신청 당사자 입장에서는 문서 작성 등의 번잡함은 불평, 불만의 씨가 된다. 여기서 때로는 행정의 사무절차를 간소하게 하는 것이나 권한을 분권화하는 것 등, 번문욕례에 의한 병리의 개선책을 탐구하려고 하는 시도가 이루어져, 불만의 해소가 도모된다. 또한 사이몬(Herbert A. Simon)이 행정행태론에서 지적한 바와 같이, 법령이나 행정규칙에는 의사결정을 내기까지의 시간이 규정되어 있지 않은 경우가 많으며, 전술한 비밀주의적 경향이 있기 때문에 행정절차의 법제화가 요청된다. 서류철이나 컴퓨터화에 의한 사무처리 능력의 향상도 생각할 수 있다.

그렇지만 베버의 관료제 이념형에 문서주의의 원칙이 들어가 있는 것처럼 문서에 의한 정보의 기록과 관리는 관료제의 본질적 속성이기 때문에 아무리 번문욕례의 폐해를 없애려고 시도해도 거기에는 한계가 있다. 번문욕례는 관료주의의 대명사처럼 되어 있지만 그만큼 관료제 문제의 핵심에 위치하고 있다고 말할 수 있다.

6) 머튼의 역기능론

이념형으로서의 관료제는 전술한 바와 같이 형식적 합리성이 관철된 조직으로 편성될 것이 상정되어 있기 때문에, 그 측면만을 보면 일종의 기계와 같이 작동하는 것처럼 보인다. 그렇지만 그러한 이념형으로서의 관료제도 머튼(Robert K. Merton)에 의하면, 의도하지

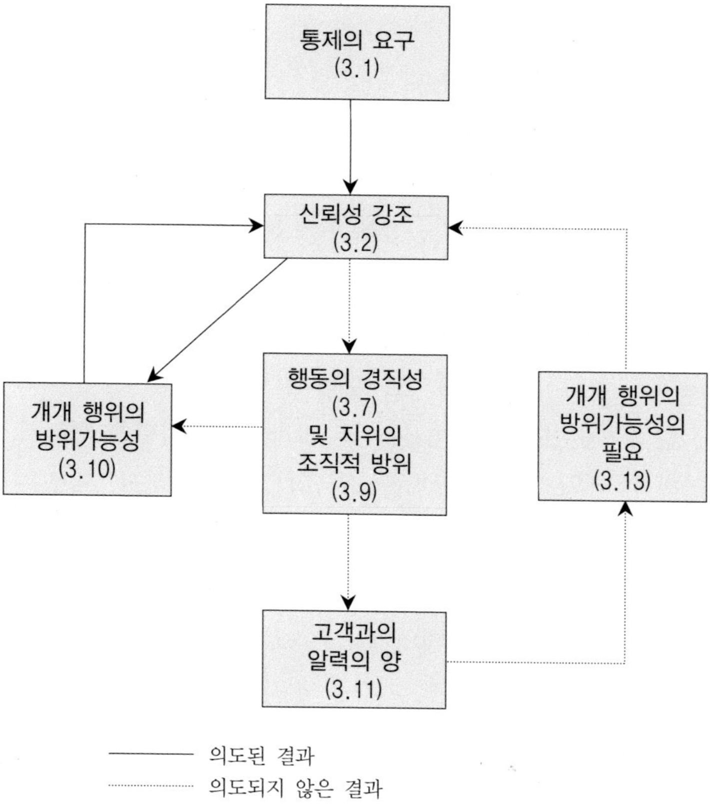

(출전) J.G.March/H.A.Simon『オーガニゼーションズ』ダイアモンド社, 1977, p.63

도표 5-2 단순화된 머튼 모델

않은 각종 결과를 낳게 된다.

머튼은 관료제를 하나의 사회 시스템으로서 이해한 뒤에 그 기능을 "순기능"과 "역기능"으로 분류했다. 시스템의 적응, 조정을 촉구하는 것이 순기능이고, 그것을 저해하는 것이 역기능이다. 또 당해 시스템에서 행위자에게 알려진 의도대로의 기능인가 여부에 따라 "현재기능"과 "잠재기능"으로 구분했다. 관료제는 그것을 둘러싼 환경조건에 적응한 순기능을 가져오는 합목적적인 제도로서 편성되었음에도 불구하고, 알려지지 않은 조건작용에 의하여 행위자가 의도하지 않은 역기능을 낳아버린다. 이러한 역기능과 잠재기능과의 연결이 관료제의 기능장해로 일컬어지는 것이다. 사회윤리와 사회구조에서 지적된 구체적인 기능장해는 도표 5-2와 같다.

확실한 조직행동을 확보하기 위해서는 규칙을 엄수하게 하고, 훈련을 통하여 자기 동화하게 하는 것이 바람직하다. 그러나 규칙이 절대화되고 신성시되면, 급속한 상황의 변화에 임기응변으로 적응할 수 없고, 「훈련된 무능력」을 나타내게 된다. 처벌을 면하기 위해 최저한의 수준을 규정한 규칙을 소극적으로 해석하고, 새로운 상황으로의 적응을 게을리 하는 겁 많고 보수적인 자세가 생겨난다. 이것을 「최저허용행동」이라 한다. 또 관료제는 고객과의 비인격적 관계를 강조하기 때문에, 개개의 니즈(needs)나 상황을 배려하지 않고 획일적으로 반응하여, 고객의 입장을 생각함이 없이 자기 자신 중심의 행동을 취하기 쉽다. 이것이 「고객의 불만족」을 초래한다.

원래 규칙은 일정한 목적을 달성하기 위한 수단으로 제정된 것이지만, 규칙 그 자체의 준수가 자기 목적화 되고, 규칙으로의 동조과잉에 의한 「목표전위」도 생겨난다. 이와 마찬가지로 원리(이념)에의 충성이 체제(제도)에의 충성으로 전환되는 경우도 있을 수 있다. 또한 조직은 개개인의 힘을 결집하여 공통목적의 달성을 향한 수단적 장치이지만, 효율성을 추구하기 위한 분업과 전문화에 의하여 조직 성원을 부품화 하고 이른바 「개인적 성장의 부정」을 초래하는 측면이 있다. 더욱이 조직으로의 귀속의식을 증대시켜 일체감을 촉진하기 위한 작용은, 조직 내에서의 알력·분쟁이 표면화되는 것을 회피하게 하여, 쇄신을 향한 움직임을 막는 효과를 초래하고, 「혁신의 저해」가 현재화한다.

7) 비공식집단의 잠재적 기능

머튼에 의해 시작된 관료제 조직의 역기능 분석은 단지 관료주의의 병리를 그려낸 점에서만 그 의의가 있는 것은 아니다. 이미 관료제화의 구조적 조건을 정성적(定性的)으로 분명하게 한 대표적인 예로서 들었던 구드너(Alvin W.Gouldner)의 연구에서 제시된 바와 같이, 「합리적 체계」로 편성된 관료제 조직은 반드시 비합리적인 병리현상을 낳는 것은 아니고, 그 「자생적 체계」로서의 측면을 갖기 때문에 일정한 조건 하에서는 비합리적인 병리 발현을 초래하지 않는 경우도 있을 수 있다. 그 구조적 조건의 확인이 필요한 것이다.

브라우는 관료제의 역동성 속에서 관료제 조직에 있어서의 비공식집단의 기능에 착안하여 그들이 조직의 새로운 발전형태의 중요한 구성요소인 것을 분명히 하였다. 이러한 브라우의 분석은 공식조직 내부에서 자생적으로 발생한 비공식집단을 발견한 인간관계론과 관료제 조직의 역기능 분석과의 결합을 나타내는 업적의 하나이다.

조직내부의 사회적인 응집성이 결여되거나 사회관계의 안정성이 결핍되어 있으면 조직성원의 지위가 불안정하게 되고, 오히려 동조과잉의 행동이 일어난다. 이것은 조직혁신의 저하, 혁신에 대한 저항, 권위의 계층화에 종속하는 인격(personality)을 낳는다. 여기에서 관료제 조직의 정체가 생겨난다. 따라서 이것을 막는 데에는 성원간의 불평등감이 강해지지 않도록 안정된 사회관계를 유지하고 사회적 응집성을 높이는 것이 필요하게 된다.

또 브라우에 의하면 관료제가 발전적 시스템이기 위해서는 다음과 같은 다섯 가지 조건이 필요하게 된다. 우선 첫째, 최저한의 고용확보가 도모되지 않으면 안된다. 둘째, 일에 대한 전문가로서의 직업의식이 필요하다. 그리고 셋째, 통합기능을 수행할 응집력 있는 집단의 형성을 들고 있다. 이것의 초점이 비공식집단이다. 넷째, 이 집단과 공식적인 권위와의 사이에 근본적인 대립이 존재하지 않을 것을 조건으로 한다. 마지막으로 발전의 장해를 장해로서 경험하고 새로운 니즈를 만들어 낼 조직니즈가 필요하다.

이와 같은 조건을 충족하여 관료제가 발전할 경우에는 관료제 구조는 엄격한 균형상태(rigid equilibrium)가 아닌 유연한 균형상태(moving equilibrium)로 이해할 수 있다. 이리하여 브라우는 관료제의 역동성(dynamism)이 그 내부에서 형성된 비공식집단의 기능 여하에 따라 크게 좌우된다는 것을 분명하게 한 것이다.

3. 관료제의 조직과정

1) 의사결정

사이먼이 관료제의 조직과정을 검토할 때 핵심개념으로 한 것은

「의사결정」(decision making)이라는 개념이었다. 특히 조직의 저변수준에서는 조직의 제 문제가 응축하여 존재하기 때문에, 그들의 제 문제에 관한 의사결정과 거기에 대한 영향력의 과정에 주목해야 한다고 한다. 또 조직을 유기체로 유추하여 상급 관리자의 리더십을 강조하는 것이 아닌 조직의 최종결재권자의 결정을 조직결정과 동일시하지 않는다. 오히려 개인과 조직의 목표형성 과정을 중시한다. 의사결정을 핵심개념으로 한 분석틀을 구성하는 것의 적극적 의의는 상급자이든 하급자이든 조직성원을 모두 의사결정자라고 가정한 점에 있다.

보다 엄밀하게 말하면, 개인을 마이크로(micro)의 대상으로 한다고 해도, 역할이나 행위가 아닌 의사결정의 결정 전제를 분석단위로 한다. 그것은 「사실전제」와 「가치전제」의 두 개로 나눌 수 있다. 여기에서 의사결정과정이란 인간과 인간의 상호작용에 의한 결정전제·준거틀의 형성과정과 그로부터의 결론을 이끄는 과정의 쌍방을 의미하고 있다. 그러나 관련된 선택지, 선택결과, 그 결과를 평가하기 위한 정보 등 의사결정의 환경조건을 모두 이해하는 것은 개개 조직성원에게는 곤란한 일이다. 즉 개개 인간의 인지능력은 한계가 있고, 원인, 대체안, 결과에 관한 지식을 모두 고려하는 것은 불가능하다고 말할 수 있다. 그 때문에 완전한 합리성이 아닌, 「제한된 합리성」 속에서 조직 활동을 수행하지 않을 수 없다. 문제해결에 있어서 최적의 답을 구하는 것이 아닌, 실현 가능한 선택지 속에서 만족할 수 있는 선택을 한다. 통계학적인 의사결정이론에서 상정되는 바와 같이 「최적화 기준」이 아닌, 보다 현실적인 「만족화 기준」을 활용하는 것이다.

개인에 의한 의사결정상의 합리성의 한계를 극복하기 위해, 조직에는 다양한 영향력의 경로가 개발되어 있다. 의사소통경로, 조직의 용어, 불확실성의 흡수, 레퍼토리의 개발, 표준운영절차에 의한 프로그램화 등 강압이 어울리지 않는 조직통제의 구조가 존재하는 것이다. 사이먼으로 대표되는 조직의 의사결정이론은 의사결정자의 심리적 측면뿐만 아니라 그것을 제약하는 구조적 측면에도 초점을 두었기 때문에 관리적 결정이론이라고도 불린다. 이 조직과정의 분석을 더욱 이론적으로 발전시킨 것이 다음에 서술하는 「쓰레기통모델」이다.

2) 조직선택

의사결정의 애매함, 조직 내의 느슨한 결합, 일시적으로 질서 지워진 결정과정을 강조하는 이론이 마치(James G. March) 등에 의해서 주장되었다. 목표, 인과관계, 참가상황이 애매하여 「선택기회」, 「참여자」, 「문제」, 「해결책」의 4개의 흐름이 각각의 속성보다도 등장한 시점에 의해 상호 결합되고, 일시적인 의사결정의 질서를 낳는다는 모델이다. 선택기회를 쓰레기통에 그리고 문제와 해결책을 쓰레기에 비유한 것으로 이것을 「쓰레기통모델」이라 한다.

이 모델에서는 ① 개인의 인지, 선호 → ② 개인의 행동 → ③ 조직의 행동 → ④ 환경의 반응이라는 합리적, 논리적인 인과관계의 연쇄는 성립하지 않는다. 예를 들면, 두 개의 동일한 문제와 해결책(쓰레기)이 다른 선택기회(쓰레기상자) 속에 다른 처리를 받는 것은 이상한 것이 아니고, 통상의 현상이다. 답이 문제 앞에 제시되어 있거나 그리고 행동의 선호 앞에 출현해 있는 경우도 종종 있을 수 있다.

시점이 안 좋아 다른 처리를 행해 문제나 해결책을 간과하거나 해결을 미루지 않을 수 없는 경우도 적지 않다. 문제의 중요성과 다양함에서 생기는 부담의 크기, 그리고 문제해결에 투입되는 에너지의 양은 이 쓰레기통의 조직과정에 강한 영향을 미치게 된다.

마치 등의 시뮬레이션 결과에 의하면 대학의 의사결정에서 최종해결까지 이르렀던 예는 전체의 40%이고, 나머지 60%는 가장 중요한 선택기회였든가, 그리 중요하지 않은 선택기회였든가 어느 하나이다. 환경반응, 인지와 선호, 행동 간의 결부는 꽤 유연하든가, 시간적, 공간적, 의미적 거리도 크다. 그렇다고 해서, 전혀 질서가 없는 것도 아니다. 이 유연한 과정에서는 우선 첫째, 문제(내지 해결책)와 선택기회의 관계를 규정한 「채택구조」가 중요하게 된다. 거기에서는 발생한 특정문제(내지는 해결책)가 특정 선택기회에 들어가는 것을 요청하게 되거나 허용되기도 한다. 둘째로 중요한 것은 의사결정자와 선택기회의 관계를 나타내는 「결정구조」이다. 그것에 의해 특정 의사결정자가 선택기회에 참가하는 것을 허용하거나 요청하기도 한다.

이와 같이 쓰레기통모델은 조직에서 일시적 질서, 각 요소의 우연한 결합, 동시에 관계하고 있는 선택기회, 합의, 시점의 중요성을 강조하는 점에서 종래의 합리적 선택이론과는 다른 특색을 갖는다. 쓰레기통의 조직과정은 「조직화된 무질서」이고, 그야말로 상황이라는 바람이 어느 쪽으로 향할 것인가에 달려있다.

그러면, 조직과정에서 대외적, 대내적 균형에 기초한 목표나 전략의 설정은 어떻게 이루어지는가? 쓰레기통보다 더 자율적인 행위자 간의 관계를 상정하고 그들을 대상사정에 넣는 것이 「조직 도메인」의 개념이다.

3) 도메인

여기에서 「도메인」(Domain)이란 조직의 활동범위나 존재영역을 의미하고 있다. 그것은 조직이 제공하는 서비스와 재화, 대상으로 하는 지역이나 고객, 보유하는 기술, 동원되는 조직자원에 의하여 구성되지만, 반드시 현존 요소로 한정되지 않고, 장래를 위한 구상, 전략, 의도, 정체성도 포함하여 사용된다. 행정기관의 소관사무와 같이 명확하게 문서화된 실체개념은 아니고, 애매모호한 시간적, 공간적, 의미적으로 풍부한 기능개념이라고 말할 수 있다.

일반적으로 행정관료제의 경우, 완전하게 자기 충족적인 조직은 존재하지 않고, 권한, 재원, 정보, 인원이라는 자원을 조직의 내외로부터 조달한다. 그 때 일방적이면서 자의적인 도메인의 설정은 있을 수 없다. 반드시 대외 조직 환경을 구성하는 관계집단과의 상호의존관계가 형성되어, 「도메인 합의」가 존재한다. 결국 경영자 측과 피고용자와의 사이, 그리고 다른 조직과의 사이에 지지와 합의를 얻기 위한 전략적인 조직과정이 존재하는 것이다.

도메인은 상호의존 관계에 있는 사람들의 기대의 집합으로 이루어져 있지만, 그 의존관계는 권력관계의 이면이기도 하다. 즉, 행정관료제의 권력이란 조직 자체의 속성이 아닌, 환경요소와의 상호작용의 결과 생긴 것이 된다. 자원의 안정성 확보라는 점에서 불안정한 가치적 요소에 의존하고 있는 조직은, 효율적이고 합리적이며 지속적인 도메인의 합의를 형성할 수 없다. 그 때문에 환경요소에 종속되지 않도록 의존관계를 분산시키거나 경쟁의 전략을 강화하기도 한다. 더 나아가서는 상대방과의 도메인 합의를 형성하는 과정에서 분쟁, 대립이 생긴 경우 권력획득을 위한 전략을 채용하고, 불확실성을 회피하려고도 한다.

톰슨(James D. Thompson)은 조직이 환경과의 의존관계 속에 공통목표를 형성할 때에 힘을 획득하는 방법으로서 「협동적 전략」을 들고 있다. 협동적 전략이란 능력교환의 확약에 의해 상호 불성실성을 저하시키는 것이다. 그러나 A가 공급하고 B가 구입한다는 조건에서 A와 B가 합의한다면 상대방도 자기조직에 참여하는 것이기 때문에 이 거래는 유리한 면도 있는 반면 악용될 수 있는 요소도 지니게 된다. 여기서 협동적 전략을 채용할 때의 딜레마가 생긴다. 이하에서는 관계의 정도가 안정적인 순으로 세 개의 협동적 전략을 설명하고자 한다.

「계약적 전략」은 장래의 성과(performance) 교환에 관한 합의를 교섭하는 전략이다. 노사교섭에서의 노동조건의 설정이나 경찰과 범죄자와의 사이에 교섭되는 감면조치가 구체적인 예이다. 이들은 상호 신뢰를 배경으로 하고 있는 경우도 있으며, 제도적 제재에 기초하고 있는 때도 있다. 다음으로 「적응적 흡수전략」은 조직의 안정과 존속에 대한 위협을 배제하는 수단으로서 상대방을 조직의 리더십이나 의사결정과정에 넣는 것을 의미한다. 상대방의 요구에 응답 내지 양보하면서 도메인을 흡수하는 것으로 지지의 확실성을 증대시킨다. 마지막으로 「연합전략」이란 제휴, 연맹, 결합이라는 연합관계를 형성하는 것이다. 도메인 연합이 형성된 경우 당사자들은 특정 목표 하에서 협동적으로 행동하지만, 장래 목표에 대해서는 연합이 형성되기 어렵다. 그 때문에 관계가 대단히 불안정하고 전략으로서는 ad hoc이 된다.

4) 분화와 통합

조직은 분업체계이지만 직무를 분업한 후의 조정, 리더십, 통제,

갈등 해결 등을 총칭하여 "통합화의 과정"이라고 한다. 조직과정을 이해하기 위해서는 분업 후의 조정과정에도 주목해야 한다. 여기에서는 분화와 통합이라는 조직과정에 직접적인 초점을 두고자 한다.

종래부터 조직연구에서는「기계적」관리시스템과「유기적」관리시스템의 2분법이 이용되어, 전자는 안정적이고 확실한 환경에 적합하고, 후자는 유동적이고 불안정한 환경에 적합하다고 지적되어 왔다. 예를 들면, 영국의 전자회사 15개사를 조사한 번스(Tom Burns)와 스토커(G. M. Stalker)는 이 두 개의 조직유형을 발견했다. 이 연구는 환경에 따른 조직의 최적구조를 제시한 점에서 선구적이었지만, 두 개 유형의 긴장관계를 명시하지 못한 점에 한계가 있었다.

이것에 대하여 로렌스(Paul R. Lawrence)와 로쉬(Jay W. Lorsh)는 조직과정에서 분화와 통합이 환경과 어떠한 관련을 갖는가를 실증했다. 그 결과에 의하면, 환경의 다양성에 비례하여 분화의 정도가 높다. 여기에서 분화란 다른 직능부분의 관리자 간의 인지, 감정의 志向 차이 및 이들 부분 간의 공식구조의 차이를 의미한다. 그러나 지향이나 구조가 다른 것만으로는 과업환경에 대응할 수 없다. 부분 간의 상호의존을 계속적으로 확보하기 위해 분화의 정도가 높으면 높을수록 각 부분 간의 보다 높은 협동과 통합을 필요로 한다. 여기에서 통합이란 환경이 요구하는 노력의 통일을 확보하기 위한 부분 간의 협동의 질을 가리키고 있다. 환경의 다양성이 높으면 통합부분의 조정기능이 필요하게 되고, 그 영향력이 강해진다. 반대로 다양성이 낮아지면 시장에 가까운 부분이 영향력을 갖는다.

이것은 민간회사를 대상으로 한 조사결과로부터 이끌어낸 명제이지만, 행정관료제에도 어느 정도 해당한다. 환경의 변화에 수반하여 조직의 분화가 촉진되지만, 관청이나 部局을 자유롭게 신설할 수 없기 때문에 총무부분의 통합기능이 우선 중요하게 된다. 중앙관청에서는 대신, 장관관방의 총무과, 인사과, 회계과의 세 개 과가 그 역할을 담당하고 있다. 정원의 반수 가까이가 大臣관방직원인 부청도 있다. 또 과장인사의 승진경력에서 일반적으로 관방, 총무부문 쪽이 상위에 있다. 관청의 경우 관방, 총무부문의 정수와 중요성은 민간에 비할 바가 아니다. 이것은 분화와 통합의 메커니즘이 민간이상으로 중요하다는 것을 암시하고 있다.

5) 조직변동

조정, 통제, 리더십이라는 조직과정에서 문제해결이 도모되지 않을 때, 관료제는 특정 정책방침에 기초한 부문 재편성을 통해 환경에 적응하려고 한다. 단 이 경우에도 조직변경의 좌절, 실패, 저해의 예는 적지 않다. 조직변동의 저해요인으로서 어떠한 것이 있을까? 이 과제에 답하려고 한 것이 카우프만(Herbert Kaufman)이다.

조직변동의 저해요인은 현상의 계속을 낳는 존속 조장 요인과 동의이며, 다음과 같은 것을 생각할 수 있다. 우선, 조직에 있어서 종횡으로 둘러싸인 규칙은 성원에게 그 준수를 요청하기 때문에 현상유지적 기능을 수행하고, 안정된 집합이익을 보전하는 장치로서 작용한다. 변화, 혁신을 촉구하는 새로운 제안에 대하여는 현행 조직목적이나 활동수준의 유지를 이유로 반대하지만, 현상을 변화시키는 데에 대한 심리적 저항이 소극적인 행동의 본심이 된다. 더 나아가 조직은 성원에게 조직원으로서 행동할 것을 요구함으로써 정신적 눈가림을 하고, 적극적으로 현상유지와 저항을 자기 내면화하고 있는 경우도 있다. 표준운영절차나 규칙준수에 의한 행동의 프로그램화, 철저한 분업과 전문분화에 의한 시야의 협익, 획일성과 비인격성에 의한 현상 유지적 체질도 현재화해 간다.

더욱이 조달, 동원할 수 있는 자원에 한계가 있는 가운데, 전년도분을 확보할 수 있는 증분주의적인 예산배분의 매력을 버리기 어렵다. 풍부한 조직일수록 매몰비용이 커지고, 법령과 규칙의 누적을 무시할 수 없으며, 하물며 조직풍토에 뿌리를 둔 관행이나 관례는 커다란 제약이 된다. 관련 국회의원, 고객집단, 노동조합과의 안정적 제휴나 가시적이고 묵시적 합의는 조직에게 귀중한 자산이 되고, 자율성의 자기강화나 중앙통제의 한계도 안정성을 촉진시키는 요인이 된다.

단, 카우프만의 연구에 대하여는 의문도 제기되어, 미국 연방관료제를 대상으로 한 피터(B. Guy Peters)의 조사에 의하면, 행정기관의 존속보다도 폐지, 전환, 변화를 나타내는 사례가 많다는 것이다. 미국에서 새로운 프로그램이 실시된 경우, 확실히 Task force의 설치에 의한 문제대응이나 기존 조직의 재편성 내지 통폐합이 빈번하게 행해진다. 각 성청에는 정치적 임용자의 수도 많다. 이에 대하여 일본의 성청 및 국 차원에서는 기구 재편성이 놀라울 정도로 적다. 그러나 각 성청의 과나 실 차원이 되면, 총무청도 채산이나 효율이 낮은 부분을 정리하고 새로운 부분을 설치하는 것(scrap and build)을 전제조건으로 각 성청의 재량에 실질적으로 맡기고 있기 때문에 신설, 폐지, 이관, 결합, 분할, 부활, 개칭, 승격, 격하 등이라는 조직재편은 드문 것이 아니다. 또 대책본부의 창설, 겸임의 활용, 사적 간담회나 연구회의 설치라는 비법제상의 편제가 일상적으로 이루어지고 있다. 어떤 경우든 민간조직과 비교하여 공식적 기구재편에 저해요인이 많은 행정관료제에서도 조직변동은 피할 수 없는 것이다.

4. 관료제의 권력관계

1) 관료제의 분파주의

관료제의 분파주의란 그 조직을 구성하는 각 부분이 전체의 이익보다도 개별 부분이익을 고집하고, 그 옹호·확대를 위해 세력다툼을 행하는 행동양식이다. 이것을 할거주의(割據主義)라고도 한다. 전기통신을 둘러싼 우정성과 통산성의 대립, 지구환경을 둘러싼 환경청과 외무성의 대립, 폐기물 처리를 둘러싼 후생성과 통산성과 농수산성의 대립, 우체국 저축을 둘러싼 우정성과 대장성의 대립, 건강산업을 둘러싼 후생성과 중소기업청과 문부성의 대립 등 그 실례는 수없이 많다. 이와 같이 縱的관계 행정의 경직성은 중앙·지방을 가로질러 지방자치단체까지 끌어들이면서 확대 재생산되고 있다. 또 여당의원이나 관련 이익집단과의 의존관계에 의해서도 분파주의는 증폭된다.

이러한 부문 간의 할거주의는 중앙부처 사이에서만 한정되지 않고, 동일한 부처내부에서도 나타난다. 정치가의 개입으로 관료제의 정치가 생겨나는 것이 아니라, 행정관료제 그 자체가 하나의 정치적 투기장(arena)이다. 이것은 지방자치단체에서도 동일하지만, 전형적인 예는 위의 실례에서도 분명히 나타난 것처럼 역시 성청 간에서의 이른바 公官경합문제를 둘러싼 대립·분쟁이 되어 나타난다. 그 해결을 위해 종합조정의 필요성이 종종 주장되고, 조정기능의 강화, 더 나아가서는 조정권한의 강화로 논의가 발전한다.

만일 명확한 권한원칙이 현실에서 효력을 발휘하고 있다면, 이와 같은 일은 일어날 리가 없다. 종적편성 원리에 따른 행정조직에서도 계통제를 통한 조정방식이 상정되어 있다. 하위의 조직단위 안에서 권한, 책임, 기능의 중복이나 경합에 의해 분쟁이나 대립이 생겨난 경우, 가장 가까운 공통의 상사에 의해 조정이 도모된다. 이것이 원칙이다. 그러나 공통의 상사에게 이를 때까지 많은 단계를 거쳐야 하고, 시간이 걸리는 경우 등에는 사전 양해를 얻어 당사자 상호간 직접교섭을 가질 권한이 부여된다. 이것이 페이욜(Henri Fayol)에 의해 발견된「가교의 원리」이다.

그러나 이러한 계통제를 통한 조정방식에도 한계가 있다. 조직편성원리를 변경하자는 의견도 있지만, 조정권한에 의한 조정에 의지하는 한 일시적인 안심 밖에 되지 않는다. 그렇다면 정치적 리더십 밖에 의지할 것이 없다. 그 때문에 여기에서 발상의 전환을 시켜 분쟁, 대립, 긴장, 갈등, 모순을 병리적 현상으로 인식하는 것이 아니라, 오히려 적극적으로 용인한다면 어떨까? 폴레트(Mary P. Fallett)가 지적한 바와 같이 건설적인 갈등은 조직의 활성화를 낳기 때문이다.

또 성청 간의 도메인을 둘러싼 경합을 긍정적으로 평가하는 견해도 있다. 도메인을 둘러싼 경합은 업무독점의 비효율을 회피할 수 있다는 것이다. 그것이 리트워크(Eugene Litwak)에 의하여 제창된「분쟁을 허용하는 관료제 모델」이다. 분파주의의 존재는 행정관료제가 굳건한 것이 아니라는 것이고, 거기에 국민에 의한 통제의 여지도

나오게 된다. 정계, 관계, 학계라는 철의 삼각관계가 강고하고 계속적인 것은 아니라는 것이다.

2) 정치임용자와 종신임용자

행정관료제에서 정책결정은 무엇보다도 계통제의 정점에 위치한 정치적 임용자와 그 아래에 있는 종신직 행정가와의 상호작용으로 이루어진다. 일반적으로 정치가가 대중의 선호를 반영하기 위해 대표, 동질, 당파라는 가치를 중시하는데 반해, 행정가는 특수한 지식, 지능을 보유하여 영속(永續), 전문, 중립의 역할을 다하는 것이라고 생각한다. 정치와 행정의 분리는 근대 민주제의 기본원칙이었다. 그러나 행정국가는 이 구도를 복잡하게 하였다.

루크(Francis E. Rourke)는 관료제의 정책과정의 특질로서 ① 계통제로 구조화된 의사결정, ② 정치기준과는 구별된 행정기준, ③ 비공개적 의사결정의 세 가지를 들고 있다. 계통제에 의한 의사결정은 우선 개개의 정책결정에서 각각 상호 수미일관된 체계가 되는 경향을 조장한다. 그리고 정책과정에서 정체나 막다른 곳이 비교적 적다. 더 나아가 정치적 기준과 다른 행정적 기준을 계속하여 보유하고 있다. 합리적이면서 논리적인 판단능력을 몸에 지니고, 합법성이나 적법성 이외에 효율성, 효과성, 실행 가능성 등의 기준도 중시된다. 또 복잡한 문제를 해결하기 위해 정책입안과 집행에서 전문직을 필요로 하지 않을 수 없는 정책영역도 확대되고 있다.

이와 같이 종신임용자 쪽이 직무의 계속성이나 정통성에서 정치임용자보다도 어느 정도 유리하지만, 정치임용자도 그 권력원(權力源)을 유효하게 활용할 수 있다. 정치임용자는 그 직분이 정통적 권위를 주요 원천으로 하는 계통제의 통괄자이다. 더 나아가 정치임용자는 통치과정에서 대중통제의 상징이기도 하다. 라스키(Harold J. Laski)가 말한 바와 같이 행정은 정치의 시녀에 불과하다. 정권이 일정기간 계속하여 유지되면, 정치임용자에 의한 통제가 관료제 전체에 침투할 수 있다.

현대 일본의 정책과정에서는 정치와 행정의 상호침투가 특색을 이루고 있다. 우선, 정치의 행정화라는 현상은 대신직이나 정무차관직이 당선횟수에 의하여 규정되거나, 종신임용직이 작성한 원안대로 국회답변이나 기자회견을 행하는 것이 구체적인 예일 것이다. 반대로 행정의 정치화라는 현상은 심의관 등의 행정관이 법안이나 예산을 책정할 때 사전에 유력의원의 승인을 얻어두는 당파적 관료행동일 것이다. 내각이나 수상관저의 의향에서 일탈, 선행하여 소말리아로의 PKO파견을 UN당국과 모색하고 있던 외무성은 선택지를 제시하는 사무당국 이상의 역할을 수행하고 있었다.

과연 정치가와 행정가의 관계는 통제 종속의 관계인가? 아니면 분리 공존의 관계인가? 혹은 지도 보좌의 관계인가? 그 형태는 국가와 시대에 따라 다르지만, 정치와 행정에 의한 일정한 긴장관계에 의하여 행정관료제의 내부구조가 균형을 이루는 형태가 되는 것은 확실하다.

3) 전문직과 일반직

행정관료제의 다음의 대립 축은 사무관과 기술공무원의 분쟁, 갈등이다. 기술공무원 즉 전문직이란 고도로 발달한 지능과 지식을 갖추고 조직보다도 전문직업에 귀속감이나 충성을 향하고 있는 사람들을 가리킨다. 도시계획가, 사회복지사, 의사, 임업기술자, 변호사, 과학기술자 등이 해당된다.

일반적으로 사무관은 현실주의의 사고방식이나 광범위한 시야를 갖고, 효율의 비용 감각이 뛰어나 타협, 교섭, 담판에 탁월한 재능을 나타낸다. 이에 대하여 기술공무원의 사물을 보는 방법은 편협, 협익해서 자기의 전문지식에 한정되기 쉽다. 그러나 이러한 특징은 반대로 사무관이 권한계통이나 절차에 까다롭고, 실행 가능성을 우선하는 사무주의, 장부(帳簿)주의에 빠져 있다고도 평가할 수 있다. 또 건축이나 농업의 예를 보아 알 수 있듯이, 기술공무원과 고객은 동질적인 정책공동체에 공존하고, 기술공무원의 행위가 고객의 욕구를 충족하려고 하는 응답적 행동이라고도 말할 수 있을 것이다. 전문직과 일반사무직의 공존은 혼란과 분쟁의 원인이지만, 행정관료제의 정책형성에서 상호보완적 역할을 수행하고 있다.

대규모화된 현대 행정조직에서 핵심이 된 의사결정자로서의 전문직의 증대에 주목한 것은 모셔(Frederick C. Mosher)였다. 1960년대 후반에 『민주주의와 공공서비스』를 저술하고, 미국사회에서 전문직 국가의 대두를 지적하고 있다. 그에 의하면, 미국에서는 정부직원의 3분의 1이 전문직 내지 기술직에 종사하고 있고, 이는 민간부문의 3배수에 해당한다. 전문직주의(Professionalism)는 특정 지식, 과학, 합리성에 의존하고 있고, 계통제에 의한 통제가 곤란하게 되는 등 자율적인 영역을 갖고 있다.

행정관료제에서 전문직주의에 공통된 특징은 첫째, 사회적 지위를 향상시키고, 전문가로서의 이미지를 강화하고 싶다는 희망을 갖는 것이다. 자기의 직무를 업무상 독점하고자 하고, 전문가들의 취업기회를 보호하려고 하기도 한다. 또 두 번째 특색은 정치에 대한 혐오감이 침투되어 있다는 점이다. 전문직의 규칙(rule), 보수, 윤리를 정정하는 것에 대한 자율성과 통제를 중시하고 항상 정치로부터의 통제를 회피하려고 한다. 그러나 최근에는 정부 내의 긴장이 관리자와의 사이뿐만 아니라, 전문직 상호 간에도 생기고 있다. 전문정책영역의 확대에 의하여 전문가들 사이에 대립과 균열이 생겨나고, 정책문제에 관해 당파적으로 분단되는 경향이 있다. 예를 들면, 환경문제에 대해 한편에서 생태학자는 엄격한 규제를 주장하지만, 다른 한편에서 에너지 자원개발의 전문가는 환경보전기준의 완화를 주장하고 있다.

전문직주의는 의사결정에서 계통제 권한을 약하게 하고 규칙에 대한 의존을 완화시킨다. 의사결정이 전문직에 좌우되는 것처럼 되면 의사결정의 사회화가 촉진된다. 여기에서 준거집단에 공유된 전문지식, 윤리감, 양심을 통하여 사회에 의한 통제가 생겨나게 된다. 일찍이 행정책임을 확보하는 방법으로써 전문가에게 기대되는 기능적 책임론이 전개되었다. 그러나 이는 전문직집단의 전문 분화된 규율과 자율성이 사회에 의하여 통제될 수 있음을 전제로 한다. 또 노동시장의 유동적인 사회적 책임론이 있는데 전문직이 계통제에 편입된 일본 관료제에 그대로 맞는 것은 아니다.

4) 전문직주의란 무엇인가?

더 나아가 전문직주의에 관하여 생각해보고자 한다. 전문직이라고 말하면 왠지 모르게 평범한 사람과는 다르고, 보통인이 아닌, 특별한 고도의 지식이나 기술을 가지고 있고, 그것에 기초한 서비스를 제공하는 성스러운 사람들을 의미하고 있는 것 같은 인상을 받는다.

이시무라 젠스케(石村 善助)에 의하면, 전문직주의는 기독교의 봉사적 신념과 깊은 관계가 있고, 예로부터 봉사정신으로 뒷받침된 공공심의 정도가 높은 신부나 목사와 같은 성직자, 거기에 의사, 변호사를 더한 세 개가 전형적인 것으로 되었다. 이들 고전적인 직업은 종교적 신념과, 그에 유래하는 이타적 정신을 특징으로 한다. 바란다고 쉽게 될 수 있는 것은 아니다. 그러한 특징을 갖춘 전형적인 전문직의 인적 자원은 사회적으로 희소하고, 사회로부터의 위신은 극히 크다. 이것을 완전 전문직(full profession)이라고 말하고, 또 그것에 준하는 존재를 준전문직(semi-profession)이라 부른다.

이시무라의 정의에 의하면 전문직이란「달리 대체하기 어려운 것, 대체성이 없는 것」이다. 이 말은 함축적 정의이지만, 이것만으로는 이해하기 어렵기 때문에 다오 마사오(田尾 雅夫)에 따라 다섯 개의 특징으로 구분하여 생각해 보고자 한다.

첫 번째 전문직인 지식이나 기능이라는 특징이다. 일반적으로 전문직(profession)은 고도의 지식과 기술을 습득하고 있다. 성직자에게는 신학이, 의사에게는 의학이, 그리고 변호사에게는 법률학이, 각각 체계적인 학문으로서 성립되어 있고, 그것을 습득하기 위한 교육기관이 존재한다. 전문적인 지식을 전제로 하고 있는 전문직이야말로 평범한 사람들이 가까이 하기 어려운 전문적인 권위가 존재한다. 이것은 계통제 조직 속에서의 지위에 기초한 권위(권한)와는 크게 다르다.

일단 전문직이 되면, 이와 같은 profession은 그 특징을 향유할 수 있다. 즉 명칭독점이나 업무독점이라는 형태로 사회적 위신을 유지할 수 있고, 그 자격을 갖지 않는 사람을 시장에서 배제하는 면허라는 제도를 활용한다. 몇몇의 전문직 집단은 국가가 설정한 기준에 기초하여 그 자격부여의 인정시험을 독점적으로 실시하고 있다. 이 자격부여를 둘러싼 전문직 집단과 국가와의 항쟁은 중세 길드시대부터 계속되고 있는 역사적 문제이기도 하다.

두 번째 전문직의 특징은 자율성이다. 여기에서 자율성이란 조직의 공식적인 명령연쇄의 권한관계로부터 이탈하여 직업상의 지식이나 윤리에 따라 활동하는 것을 의미한다. 조직의 지위에 근거한 권위로부터의 자유이며, 어느 정도 간섭받지 않고 일을 한다. 그렇지만, 본인들에게는 자율성이라 하더라도, 관계없는 사람들에게는 그 현상이 폐쇄적인 체질이라고 받아들여지기 쉽다. 구성원 간의 묵시적인 양해를 전제로 하고 있기 때문에, 상당히 독특한 카르트적인 세계를 형성하고 있는 것처럼 보일지도 모른다. 복장, 문장, 의례, 은어 등이 많이 존재하는 것이 보통이고, 외부에는 자율과 자치를 강조하고, 내부 구성원에게는 충성이나 결속을 추구하게 된다.

세 번째 특징은 일에 대한 신봉(commitment)이다. 의사가 전쟁터에서 적과 자기편의 거리를 두지 않고 병사를 치료하고, 또 변호사가 수백인의 사상자를 낸 사건의 피의자라도 변호하는 것처럼, 전문직은 스스로의 직업윤리에 충실하여 일 그 자체를 위해 일하도록 내발적으로 동기 지워지고 있다. 수지가 맞지 않는 사건이라도 부담을 도외시하여 수행하는 경우도 적지 않다. 스스로의 직업에 긍지를 갖고, 돈을 벌기 위해서 뿐만 아니라, 보다 비영리적이며 이타적인 동기에 따라 행동한다. 적어도 그와 같이 기대된다.

네 번째 특징은 동업자에 대한 준거이다. 전문직은 일반사무직과 달리 그 귀속의식이나 준거의식이 조직을 향해 있는 것이 아니라, 조직 밖에 있는 동업자집단에 준거하고 있는 경우가 많다. 사회학자

머튼에 의하면, 준거집단이란 「인간이 자기 자신을 관련지우는 것에 의하여, 자기의 태도나 판단의 형성과 변용에 영향을 받는 집단」이라고 정의된다. 조직에 속해 있는 전문직도 조직이 공식적으로 정한 규칙을 무시하고 동업자집단의 규범이나 윤리에 충실하려고 한다. 조직 이외의 규범이나 윤리나 지식이 의사결정을 좌우하고 있다. 이것이 조직의 관리자에게는 머리 아픈 점이 된다. 조직의 평가보다 시장(동업자)의 평가를 지향하고 조직의 권위가 통하지 않기 때문에, 그를 통제할 방법을 달리 생각하지 않으면 안 되기 때문이다.

전문직의 다섯 번째 특징은 그 윤리성에 있다. 전문직이 「성직」이라고 일컬어지는 까닭은 그것이 대상자의 프라이버시와 관련된 문제를 다루고 있기 때문이다. 앞에서 「달리 교체하기 어려운 것」으로서 전문직을 정의한 이시무라의 예를 인용했지만, 그것만으로도 윤리성을 요구하는 것이 된다. 일반적으로 전문직은 독자적 윤리강령이나 공통된 규범을 갖고 있고, 그에 따라 행동할 것이 요청된다. 단 업무처리지침이나 매뉴얼을 통하고 있을 뿐만 아니라, 의사는 의사답게, 변호사는 변호사답게 행동하지 않으면 안된다.

5) 조직의 균형

개인의 목적과 조직의 목적은 어떻게 일치되는 것일까? 왜 개인은 조직에 머물거나, 조직을 지지하거나 하는 것일까? 그 성원의 협동을 확보할 때에 권력관계가 생긴다.

조직의 일반직원이 조직의 의사결정을 스스로 진행하여 수용하고 있을 때, 즉 A의 판단과 선택을 B가 스스로 검토함이 없이 이끌려 행동하는 때에는 B는 A의 권위를 수용하고 있다. 단, 권위의 행사를 유효한 것으로 하기 위해서는 제재(saction)에 의한 뒷받침이 필요하다. 그 때문에 조직의 공식적인 권한구조는 임명, 징계, 면직, 근무평가와 밀접하게 관계된다.

그렇지만, 이 권위도 개인의 수용권을 넘어 행사되면 반발이나 이탈을 낳게 된다. 급료, 조직에서의 지위, 직장에서의 양호한 인간관계, 승진기회 등의 유인이 충분하게 충족되는 한에서만 개인은 조직에 공헌한다. 유인이 부족하면 조직에의 공헌은 그만둔다. 조직과 개인은 동기를 충족하는 유인과 공헌이라는 균형의 형태로 상호 작용하고 있는 것이고, 이 균형의 유지에 관료제의 권력작용이 관련된다. 버나드와 사이먼의 조직균형이론은 지배종속이라는 조직관을 채용하지 않고, 명령에 대한 복종에 조건 지워짐을 주장한 점에서 조직연구에 이론적 공헌을 하고 있는 것이다.

일반적으로 조직성원은 금전이나 보상의 형태로 유인을 받고, 이들 유인의 대가로 조직에 공헌한다. 물질적 동기, 일체화의 동기, 목적달성의 동기를 충족하고 이 유인과 공헌의 균형이 유지되고 있는 경우, 조직은 균형을 이룬다. 여기에서는 일탈이나 이탈이 일어나지 않는 것이다. 예를 들면, 현업 우편배달원은 급여, 취업조건의 정비라는 유인을 받고, 우정성에 대하여 시간과 노동력의 제공이라는 공헌을 하고 있다. 더욱이 간부에 대해서는 물질적 동기의 충족뿐만 아니라 일체감, 귀속감, 멤버십이라는 비물질적인 동기의 충족도 중요하다. 구성원이라는 긍지로부터 조직의 위신이나 존속에 직접적인 평가를 하게 된다.

또 이와 같은 내적 균형뿐만 아니라 의회, 정당, 이익집단, 다른 정부기관, 공익추구집단, 일반대중이라는 고객에 대하여는 외적 균형이 도모된다. 외부 지지자에 대한 유인은 주로 관료제의 목표나 목적, 그것들이 낳은 가치가 원천이 된다. 이루어야 할 것을 분명히 달성한 것이 외부 지지자로부터의 공헌을 이끌어 내기 위한 기본적 조건이다. 민간기업의 고객이 그 회사의 상품에 관심을 보이는 것과 마찬가지로, 행정관료제의 고객도 행정활동의 결과에 관심을 기울인다. 거기에서 얻어진 만족의 대상(代償)으로 지원이나 공헌을 제공한다. 적절한 유인의 제공을 행하지 않으면, 행정관료제는 존속에 필요한 지원을 잃고 존속할 수 없게 된다. 유인의 제공과 그것을 위해 필요한 자원의 조달은 행정관료제의 권력지위를 좌우하는 중요한 조건이다.

6) 관료제의 구조와 운용

현대 행정국가에서는 행정입법이 증대하고, 위임입법에 대한 의존이 많아지며, 더구나 법률뿐만 아니라 예산이나 계획에 구속된 활동이 확대되어 왔다. 권력분립과 법치행정은 권력억제를 위해 사회사상가들이 구상한 정치도구였지만, 행정관료제가 비대화되고, 입법통제나 사법통제가 효과적으로 작용할 수 없게 됨에 따라, 행정관료제에서 재량행위의 통제가 중요한 과제가 되고 있다.

형식적 합리성과 실질적 합리성, 통합과 분화, 효율과 공정, 집권과 분권, 명령에 대한 복종과 자발성의 유지, 이들은 상호 대립되는 관계에 있다. 그렇지만 예를 들면, 국가공무원법 제1조에는 「공무의 민주적이며 능률적인 운영」이 명문화되어 있다. 관료제는 이들 상반하는 두 개의 평가를 실현하는 기구이다. 그 때문에 사회적으로 비판이 많고, 내재하는 문제도 복잡하게 된다. 벤딕스(Reinhard Bendix)는 이와 같은 관료제의 문제가 균형의 문제라고 서술하고 있다. 획일적이고 기계적인 법 적용을 행하는 행정의 이미지와 개개의 상황에 따른 극히 세부적인 행정의 이미지이다. 전자는 평등하고 공평무사라는 장점을 낳지만 유연한 대응을 할 수 없다는 단점도 야기한다. 또 후자는 개별성이나 공정한 정의를 실현할 여지를 낳지만, 자의적인 주관이나 독단에 충만한 행정활동을 낳을 가능성도 숨겨져 있다.

환경의 변화에 따라 특정 가치를 실현해야 하고, 새로운 정책을 전개하지 않으면 안되지만, 그 때 관료제의 내부에서는 갈등과 대립이 생기기 쉽다. 더구나 프로그램 혁신 등의 정책선택에 대응할 수 없을 때에는 기구 재편성 등의 조직 선택을 채용하게 된다. 정책대응보다도 조직대응 쪽이 자원배분의 과정에서 장벽이 많지만, 환경의 변화에 따라 자원의 조달과 운영에서 창의적인 궁리를 하고, 수요에 대응하지 않으면 안된다. 즉 관료제는 조직내외의 환경변동에 따라 어느 정도까지 환경조건에 의존하면서 기능과 구조를 전략적으로 선택하고 있는 것이다. 틀림없이 가치선택을 둘러싼 관료제의 동태는 자원의 조달과 운용 여하에 관련되어 있다고 말할 수 있을 것이다.

「부득이함」의 도장

기업 가운데서도 특히 상사회사는 파벌주의의 병리가 현재화 된다는 점에서 행정관료제와 같은 특질을 갖는다. 상사의 각 부문에서는 다른 부서의 업무내용에 관하여 안내하지 않는 경우가 많다. 이것은 업무가 극히 세분화되어 있고, 같은 분야에서 경력을 쌓아온 인사가 존재하고 있기 때문이다. 다른 부서에 안내하지 않기 때문에 다른 부서가 기안한 결재문서가 돌아와도, 그 내용에 대해서 시비 판단을 내리지 못하는 경우도 적지 않다. 그 때문에 사안에 관하여 소극적으로 평가하고, 책임을 회피하는 경우가 있기 때문에 M 상사에서는 「부득이함」이라는 도장이 존재하고 있다. 즉 부득이함이란 「자신은 판단할 수 없기 때문에 안건에 대해서 인정하는 것을 어떻게 할 수 없다」라는 것이다. 전문 분화된 조직의 비극(희극?)을 상징하고 있는 현상으로, 바로 만화와 같은 실화이다.

감옥행정학의 가능성

감옥은 인간이 고안한 궁극의 관리 시스템이다. 거기에는 관리의 진수라고 말해야 할 현상이 나타나고 있다. 벤담의 일망감시시설이야말로 현재의 감옥에는 존재하지 않지만, 규율과 교정의 부분에서 배제를 대신하는 권력장치가 존재하고 있다. 푸코에 의하면, 「권력의 자동적인 작용을 확보할 가능성으로의 영속적인 자각상태를, 갇힌 자에게 심어 넣는 것」이 일망감시시설의 효과가 된다. 현재 감옥에서는 처우 유형별로 생활지도가 행해지고, 6:45~21:00까지 분단위의 스케줄, 주 2회의 입욕에서 물 사용량은 12배를 목표로 하여, 생활태도가 좋은 자에게는 텔레비전을 보는 시간이 많이 부여된다. 작업성과나 생활태도의 평가와 刑期경과를 고려하여 교도소 내의 진급심사회에서 처우 완화와 형기 감형이 행해진다. 수형자에 대해서는 제1선 직원인 교도관의 권력이 절대적이다.

유사한 교정과 규율제도는 아동시설, 장애인시설, 병원, 학교에서도 볼 수 있다. 돌이켜보면, 행형의 역사와 복지시설(관리)의 역사는 중복되어 있다. 16-17세기 영국에서 부랑인, 거지, 무신론자, 비도덕적인 아내, 도둑 등은 사회질서를 어지럽히는 자로서 교정원이나 복지시설에 수용되어 있었다. 일본에서도 18세기 말에 도적을 개선하는 방법이나 섬에 시설이 설치되어 에도(江戶)로 이동한 부랑자들을 수용하고 있었다.

형벌의 개념이 복지로 전용되어 이용되고 있고, 감옥행정과 복지행정이 유사하다. 규율과 교정이라는 관리수단에서도 사회의 조직화라는 점에서도, 감옥은 행정학의 중요한 연구대상이 될 수 있다.

참고문헌

미셀 푸코『감옥의 탄생』新潮社, 1977

제6장 행정자원의 조달과 운용

[본장의 학습내용]

행정관료제는 내부환경이나 외부환경으로부터 자원을 조달받지 않으면 안된다. 더 나아가 조달된 자원을 어떻게 분배하면서 정책집행을 수행할 것인가라는 실현 가능성을 고려할 필요가 있다. 본장에서는 행정의 자원을 권한, 재원, 정보, 인원의 4개로 구분하여, 이들을 환경으로부터 어떻게 조달, 운영하고 있는가를 설명한다. 의사결정이 분화하기 쉬운 행정관료제를 자원조달과 운영에서 어떻게 통합하고 있는가를 검토한다.

1. 권한의 배분과 행정지도

1) 행정관청이론과 계층구조

행정관청이론이란 최종결정권자인 대신이 관할하는 행정기관의 전결권한을 모두 보유하고, 그것을 점차 하위의 부하에게 분할하고 명령연쇄의 계통제를 구성한다는 행정법 이론이다. 독일에서 유입된 행정법 이론의 조직관에서는 종신행정관의 절대적인 영향력이라는 현실에도 불구하고, 대신보다 하위의 사무관이나 전문기술공무원들은 그 주무대신을 보좌, 보조하고 있는 사무국에 불과하다. 행정소송에서 주무대신이 소송당사자가 되는 것은, 모든 책임을 정점에 선 대신에게 귀착시키고 있는 이론이 법이론 속에 전제되어 있기 때문이다.

이 조직의 상층부가 계획, 목표, 방침 등을 결정하고 그 실행을 하부에 지시하는 하향식(topdown)의 조직관을 이론적으로 비판한 것이 폴레트(Mary P. Follett)의 「최종권위의 착각」이라는 논문이다. 최종권위란 최상급의 지위에 있는 자가 모든 권위를 포괄적으로 소유하고 있는 상태를 가리킨다. 그러나 현실 조직에서 권위는 각 직능에 내재하고 이들 복수의 권위가 조직목표를 향해 일치할 때 조직의 권위가 발생한다고 보고, 이것을 「복성권위(復性權威)」라 불렀다.

더 나아가 폴레트는 이러한 권위관을 발전시켜 조직에서 상위와 하위의 관념을 부정하고, 수직적인 조직을 대신하는 수평적 조직의 관념을 주장했다. 그리고 기능에 근거한 권위와, 지위(직위)에 근거한 권위를 구별했다. 자의적 통제로부터 사실에 기초한 통제로의 전환, 위로부터의 감독통제로부터 집합통제로의 전환이 실현되는 때야말로 기능적 통일체로서의 조직이 형성된다는 것이다.

폴레트는 권한체계의 동심엔(同心円)모델을 부정하고 이심엔(異心円)의 권한체계를 논한 것이지만, 일본의 행정기관에서는 소관사무의 분장 이상으로 縱의 계열관계가 애매하다. 또 관방장이나 심의관의 관직경로(career path)상의 위치나 역할은 각 성청마다 다르게 되어 있다. 권한관계는 성청을 횡단하여 일반화되어 있지 않고, 각 기관의 내부규정에 크게 좌우된다. 확실히 권한을 정한 내부규칙인 전결규정은 세부적으로 최종 결정권자를 규정하고, 거기에 이르기까지 결재서의 경로를 규정한다. 그러나 전결 규정의 권한관계가 계층구조의 모든 것은 아니다. 오히려 전결 권한이 명확한 것은 결정 금액의 상한액이다. 예를 들면, 과장은 200만엔까지 자기재량으로 결재가 가능하게 되는 경우이다.

그러면 왜 종의 권한관계는 불명확한 것인가? 종의 본업이 불명료한 이유는 첫째, 기능의 권위보다 직위의 권위가 중시되기 때문이다. 큐브릭 감독의 「돌격」이라는 영화에서는 자기편의 프랑스 군진지로의 포격명령을 받았던 대령이 후에 예상되는 군법회의 때문에 명령자인 장군에게 명령을 문서로 남겨둘 것을 요구하는 구절이 나온다. 이것과 비교하여 일본의 경우 조직성원은 지위에 대하여 지나치게 순종적이고, 그 결과 수직적 기능분담을 명확히 할 수 없다. 또 종의 분할구조가 불명료한 두 번째 이유는 후술하는 바와 같이 권한관계를 통한 통제가 아닌 오히려 인센티브를 조작하는 장기적인 순위 계층화(rank hierarchy) 구조가 일본의 특징이기 때문이다.

2) A모델과 J모델

Agency이론(계약이론)이란 조직을 본인 내지 의뢰인(principal)과 대리인(agent)과의 의뢰계약의 묶음이라고 생각한 미시경제이론이다. 본인이라 불리는 주체가 자기 목적을 달성하기 위한 의사결정행위를 대리인에게 위탁함으로써 양자의 계약관계가 성립한다. 그리고 조직성원은 연쇄장(쇠사슬처럼 이어짐)의 인센티브 계약을 통하여 계통적으로 행동한다. 의뢰인은 대리인의 행위선택을 통제할 필요가 생긴다. 이것은 주주와 경영자의 관계, 경영자와 일반직원의 고용관계, 기업과 하도급부품기업의 관계를 직접 대상으로 하고 있지만, 주주를 국민, 경영자를 대신이라고 바꿔 부를 수 있을 것이다. 이 이론에 의하면, 계약의 연쇄구조 속에서 대리인은 의뢰인으로부터 권한을 조달받고 있는 것이다.

의뢰인 계약이론의 기본요소는 ① 주주(행정의 경우는 국민)에게 기원을 둔 통제가 계층적으로 분산되어 있는 점, ② 시장에 조건 지워진 인센티브 계약, ③ 가치최대화에 기초한 의사결정에 있다.

아오키 마사히코(青木 昌彦)는 의뢰인 계약이론이나 윌리엄슨(Oliver E. Williamson)의 거래비용이론이 계통제를 강조하는 것은 일반화할 수 없다고 지적하고, 협조게임론을 전개하고 있다. 그는 위에 기술한 조직형을 A모델이라고 한 뒤에 종래의 이론으로는 일본의 조직을 설명할 수 없다고 논하고, 수평적 조정을 중시하는 J모델의 적용 가능성을 주장했다. 아오키가 미국의 기업을 상정한 A모델에서의 조정은 ① 일의 전문화, ② 계통제를 통한 조정이라는 두 개로 구성되어 있다. 이에 대하여 J모델의 특징은 ① 애매한 직무구분, ② 수평적 조정이라는 두 가지 점에 있다. 이들은 기업을 대상으로 한 응용 미시경제학에서 논해지고 있지만, 행정관료제에도 유사한 구조가 보이고, 준동형성(準同型性)을 갖는다.

A모델에서 일의 전문화와 직무의 세분화를 중시하는 관행의 배경에는 적재적소에서 전문적 기능을 최대한 활용하는 것이 바람직하고, 세부적인 전문적 분업과 명확한 직무분장으로써 효율을 향상시킬 수 있다는 신념이 존재한다. 그리하여 기능은 세련되지만, 직무의 폭은 좁아진다. 이와 같은 전문가의 노동시장을 전제로 하여 형성된 인사제도가 직계제이다.

또한, 주요한 정책결정은 전문적이고 고도의 사전지식을 가진 각자의 기능이 top 수준인 사무소에 맡겨진다. 여기에서 기획된 사전계획은 계통제를 통하여 위에서 아래로 분산되고, 실행조직단위인 각 과에서 집행된다. 집행 중에 발생한 문제는 모두 사전에 설정된

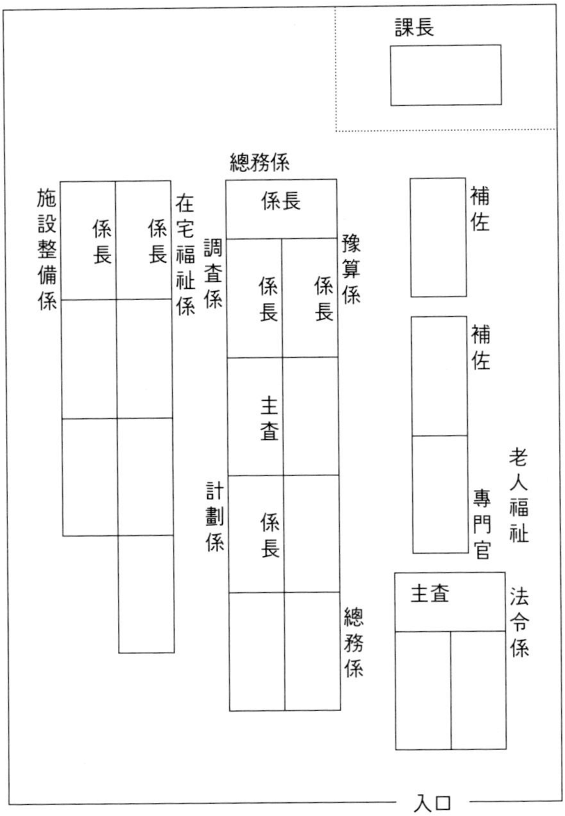

* 서구의 오피스가 개실 또는 부스로 나누어진 방으로 구성되어 있는데 반해, 일본의 행정기관은 일반적으로 커다란 방에서 업무를 수행하고 있다. 의사결정방식의 차이를 상징하고 있으며, 이것을 오오모리 와타루(大森 彌)는 큰방주의라 부르고 있다. 창쪽에 과장이 앉고, 가장 가까운 위치에 필두보좌(과를 총괄하는 과장보좌)가 앉는다. 그리고 다른 과장보좌와 전문관이 함께 책상을 배치하고, 계마다 계장을 중심으로 배치되어 있다. 창에서 입구로 비례해서 직위가 내려가는 것이다. 도표 6-1은 일반적인 사업과의 배치도이지만 실이 있는 과에서는 실장이 과장의 대칭이 되는 창 쪽에 위치하게 되며, 대신관방의 과장은 개실이 되는 경우가 많다. 물론 심의관, 국장, 사무차관은 각실이며, 부속의 주사나 비서가 사무를 담당하고 있다.

도표 6-1 커다란 방으로서의 과

계획에 따라 수행된다. 현장에서 새로운 지식을 얻었다고 해도, 그 이용은 상위 사무소가 작성한 다음 단계의 계획을 기다려야 한다.

이 결과 A모델에서는 조정부분과 현장작업부분이 분리되어 있다. 긴급사태가 발생한 경우에는 감독자 아래 전문가가 처리한다. 부문 간의 조정은 공통의 상사가 행한다. A모델의 정보기구에 관해서는 상사-부하를 원칙으로 한 명령계통의 계통제가 분업 후의 조정방법인 것이다.

이에 대하여 J모델은 지식의 공유에 기초한 분권화된 수평적 조정을 특징으로 한다. 작업조직단위 간에 직접 조정교섭이 이루어지고, 이 방식은 정형화되어 있지 않다. 공식문서에 의한 조정이 아닌 구두에 의한 의사소통에 기초하고 있다. 계통제를 통한 권한관계로부터 일탈하여 종횡무진으로 정보기구가 존재하고, 각 과는 대장성, 관방 3과, 각 국 기획과(총무과) 등의 지휘감독을 받는다. 여기에서 중앙의 계획은 작업 활동의 틀에 불과하고, 직장의 문제는 자기처리의 원칙이다. A모델과 같은 문제발견과 문제해결은 분리되지 않고, 현장차원에서 통합되는 경향이 있다. 폭넓은 직무를 경험함으로써 이상사태에 대한 직원의 지적 대응능력이 발전하고, 현장차원에서 집단전체가 지식을 학습, 습득, 공유함으로써 정보처리능력이 높아진다. 이것이 "큰방주의"(大部屋主義)라 불리는 일본의 의사결정방식의 특징이다.

3) 법령과 행정규칙

행정의 내용은 법률의 규정만을 보아서는 이해할 수 없다. 왜냐하면 행정활동은 법률에만 구속되어 있는 것이 아니기 때문이다. 행정부는 법치행정원리에 기초하여 법률에 따라 수행하지 않으면 안 되지만, 국회가 제정한 법률은 개개의 사무를 담당하는 직원에게 충분하고 명확한 기준을 제시하고 있는 것이 아니다. 그래서 법률의 하위규범으로서 내각이 정령을 만들고, 각 성이 성령을 제정하여 법률의 부족한 부분을 보완하고 있다. 법률, 정령, 성령을 합쳐 법령이라고 하지만, 이 법령에도 행정 제1선의 직원에게는 충분한 지침이라고 말할 수 없는 것이 있다.

그래서 행정부에서는 법령을 해석, 운용하기 위한 구체적인 기준을 정한 통지, 통달, 사무연락이 작성된다. 이러한 통달은 중앙성청에서 특별지방행정기관인 출선기관이나 지방자치단체로, 지방자치단체에서 복지사무소나 보건소 등의 현장으로 시달된다. 예산의 경우, 보조금의 요건이나 대상에 대해 상세하게 정한 요강이나 요령이 작성된다. 이러한 통지, 통달, 훈령, 요강 등을 가리켜 행정규칙이라고 한다. 행정규칙은 법률을 대체하는 기능, 자치체의 조례제정을 지시하는 기능, 개별 시책을 종합화하는 기능, 이해관계자의 조정기능, 예산집행을 위한 기능, 행정절차법의 대체기능을 수행하여 왔다.

법령도 행정규칙도 정책결정의 판단기준을 제공하고 있다는 점에서는 공통되지만, 법학적으로는 몇 개의 다른 점이 있다. 첫째, 행정규칙은 법적인 구속력에서 말하자면, 행정기관 내부에서 업무를 수행하는 직원을 대상으로 하여 작성되고 있다. 바꾸어 말하면, 행정규칙은 행정기관 밖에 있는 국민일반에게 법적 구속력을 갖는 것은 아니다. 결국 실제로 외적 영향을 미치고 있음에도 불구하고, 법률적으로는 외부효과를 갖지 않는다고 생각되는 것이다.

둘째, 행정규칙을 국민에게 주지시킬 의무는 없고, 관보 등에서 국민에게 공표할 필요도 없다. 행정규칙의 경우 개시청구권(開示請求權)이 용인되고 있지 않다는 것이 전통적인 행정법의 해석이다. 여기에서 공표란 시민이 자유롭게 규칙집을 열람하는 것이나, 신청에 의해 규칙의 개시를 청구하는 것을 의미한다. 행정규칙이 통지집에 모두 수록되지 않고, 일반적으로 공표되고 있지 않는 것이 일본의 현상이다.

셋째, 행정규칙의 재판규범성이 승인되지 않은 점에 있다. 행정처분의 시비를 재판으로 다툴 때, 법률에 비추어보아 그 합법 · 위법을 결정할 수 있지만, 행정규칙을 직접 이용하여 그 합법 · 위법을 판단할 수 없다. 그렇지만 이와 같은 전통적인 행정법의 학설에 대해 비판도 나오고 있다. 오오하시 요이찌(大橋 洋一)에 의하면, 침해유보이론을 대신하여 독일에서는 본질성이론의 학설이나 판례가 등장하고 있다. 이 이론에서는 행정규칙도 재판기준이 된다.

일본에서는 다른 조직인 민간기업이나 지방자치단체에 대하여 본래적으로 조직 내 규율인 통달, 통지를 이용하여 정책제시를 실시하고 있다. 이 특징을 "통달행정"이라고 한다. 정책의 방침전환도 법령의 개정이 아닌, 행정규칙 차원의 改訂으로 실시되는 경우가 많다. 그 때문에 실제의 정책이 어떻게 변화하고 있는가를 이해하기 위해서는 그 행정규칙의 변화까지 조사하지 않으면 안된다. 단 이 행정규칙을 보기만 하면, 모든 행정운영이 순조로운가라고 한다면 그렇다고 말할 수 없는 것이 현실이다. 매우 엄격하게 계통화된 조직에서도, 아무리 상세한 규칙으로 둘러싸인 조직이라고 해도, 조직 성원의 행동이나 사고를 완전하게 구속할 수 없다. 어떠한 상황이라고 해도 개인이 판단할 재량의 여지는 남는다. 그렇기 때문에 법령과 행정규칙을 해석하기 위해 행정직원은 내한(內翰), 사무연락, 사례집, 내부규정, 사전 훈련프로그램에 의하여 판단, 행동, 결정을 구속받고, 더구나 상사나 상급기관의 개별적인 지시, 명령, 심사를 받을 필요가 생긴다. 또 각각의 조직풍토 속에서 인센티브가 조작됨으로써 상사, 상위기관의 권위를 수용하고 있는 것이다.

4) 행정지도와 관료제

행정지도란 행정기관이 국민의 자발적 협력을 전제로 하여 일정한 행정목적을 실현하는 행위를 가리킨다. 이른바 행정지도 속에는 권고, 지도, 지시, 요망, 조언, 경고 등 법률상의 규정에 기초하여 행해지는 것도 있지만, 대개는 행정처분과 달리 법률의 근거를 갖지 않는 사실상의 행위로 행해진다. 즉 그것은 행정절차법(1994년 시행)의 규제대상이 될 때까지 법령용어는 아니고 관례적인 용어로 사용되어 왔다. 야마노우찌 가즈오(山內 一夫)는 지도의 내용에 관하여 영농지도와 같이 민간활동을 촉진하기 위한 조성적 행정지도와, 반대로 감퇴(減退)지도와 같이 민간활동을 억제하기 위한 규제적 행정지도가 있다고 한다. 그러나 실제로는 양자를 명확하게 구분할 수 없다.

일반적으로 행정지도는 행정처분의 전 단계에서 사전조정의 기능을 한다. 그 전달방법은 일방적인 행정기관으로부터 문서로 통고되어 올 뿐만 아니라, 구두나 사전심사라는 형태를 취하는 경우도 많다. 예를 들면, 업계나 기업대표를 모은 간담회 자리에서 국장이나 과장이 방침을 제시하는 경우도 있다. 성청 간부와의 비공식 회합에서 부처부국의 의향을 MOF담당(대장성담당)의 기업직원에게 전달하는 경우도 있고, 중앙성청에 나와 있는 민간기업인이 정보를 기업에 주는 예도 있다.

이토 다이이찌(伊藤 大一)에 의하면, 행정지도는 일반적으로 두 가지 특색을 갖는다. 첫째는 행정지도가 불완전주의에 기초한 탄력적 대응을 전제로 하고 있다는 점이다. 여기에서 불완전주의, 탄력적 대응이란 정책목표와 현상 사이의 틈이 존재하면 오히려 현상에 타협하고 목표 자체를 절하하는 것을 의미하고 있다. 둘째는, 행정지도가 균형을 전제로 하고 있는 점이다. 즉 「관련 있는 다른 사안과의 상대비교, 우선순위를 고려하면서 타자 지향적으로 결정되는 경우가 적지 않다. 바꾸어 말하면, 행정지도는 복수 안건 내지 다수 당사자의 요구를 일괄하여 처리하는 데에 적합하다」.

여기에서 법령에 근거를 둔 경우, 신도우 무네유키(新藤 宗幸)에 의하면, 행정지도는 세 개의 근거에 기초하여 실시되고 있다.

첫째, 직접적으로 작용법의 규정에 기초한 것이다. 예를 들면, 독금법 제48조 제1항에 기초한 권고, 소음규제법 제9조에 기초한 계획변경의 권고, 공장재배치촉진법 제4조의 이전권고 등이 있다. 권고만으로 끝나는 경우도 있으며, 행정처분에 이르는 과정, 전 단계에서 이루어진 행정지도도 있다. 이들은 직접 법률 속에 권고·조언·지도의 규정이 존재하고, 법률을 근거로 하는 행정행위이다.

둘째, 간접적으로 작용법의 규정에 기초하고 있는 것이다. 여기에서는 인가, 허가, 면허, 승인, 신청 등의 허인가 권한을 정한 작용법의 규정에 기초하여 행정지도를 행한다. 대장성의 은행출점조정, 운수성의 사업면허조정이 여기에 해당한다. 또 총칙적 규정에 기초하여 행해지는 행정지도도 있다. 예를 들면, 지방자치법 제245조 1항에서는「자치대신 또는 도도부현 지사는 보통지방공공단체의 조직 및 운영의 합리화에 기여하기 위해 보통지방공공단체에 대해 적절하다고 인정되는 기술적인 조언 또는 권고를 할 수 있다」고 규정하고 있다. 이 규정을 이용하여 자치성은 자치체의 정원관리, 급여, 퇴직금 등에 관하여 행정지도를 행한다.

셋째, 행정지도 속에는 성청설치법령 등 행정조직법령의 소장사무규정을 근거로 하고 있는 경우도 적지 않다. 통상산업성설치법, 통상산업성설치법령, 통상산업성설치규칙 등이 그것이다. 이 설치법령을 정한 방법이 대략적이고 구체성을 결하기 때문에, 행정기관의 권능과 책무가 기본적으로 무정량(無定量)의 것으로 생각된다. 이처럼 행정지도의 근거를 조직법령에 있다고 생각한다면, 어떠한 사회변화에도 법령에 기초하여 대응할 수 있게 된다.

그러나, 원래 조직법령이란 행정기관의 신설, 폐지, 통합에 관한 의회, 내각에 의한 통제를 전제로 하여 각 성청부국간의 권한배분을 정한 것이다. 분명히 행정기관의 무제한하고 무정량인 공권력 행사를 정당화하기 위한 근거 법규범이라고는 말할 수 없다.

5) 행정지도의 功罪

이처럼 행정지도는 작용법에 근거를 둔 허인가에 비하여 몇 개의 장점이 있다. 첫째, 국민의 자발적 협력을 전제로 한 행위이기 때문에, 권력성이 희박하고, 민관 간에 도움이 안 되는 마찰이 생기는 것을 회피할 수 있다. 강제를 수반하지 않는 부드러운 행정수단을 이용하는 편이 일본의 국민성에 적합하다는 설명이 종종 행해진다. 둘째, 일반적으로 말하면, 행정처분에 비하여 목적달성에 필요한 시간, 비용, 인원의 비용이 적어진다. 셋째, 조직법령에 근거를 두면서도 행정활동은 그다지 구속되는 것 없이 국민의 수요에 유연하게 대처해가는 것이 용이해진다. 새로운 수요에 즉각 대응하는 것은 법치행정의 엄격한 운용에서는 어렵고, 모든 사태를 상정하여 법률을 작성하는 것도 불가능하다.

그 반면에 행정지도의 문제점도 적지 않다. 첫째, 행정지도가 적절함을 결하고, 그에 따른 국민의 권리나 이해가 침해된 경우에도 행정지도가 행정행위가 아닌 사실상의 행위이기 때문에 법적 구제가 주어지지 않는다는 점에 있다. 비공식적인 행정지도는 행정법 통설에서 말하는 행정행위가 아니기 때문에 행정규칙과 마찬가지로 재판규범성을 가질 수 없다.

둘째, 자발적 협력은 표면상의 것으로써 현실적으로는 관존민비나 사대의식을 배경으로 국민의 복종을 강제, 강요한다는 문제가 있다. 신도우 무네유키는 보조금교부, 허인가, 관청의 강압적인 명령 등이 행정지도의 실효성을 높이는 수단으로 담보되어 있다고 지적한다.

예를 들면, 일찍이 통산성이 철강 감산지도를 할 때 그 지도에 따르지 않았던 住友金屬工業에 대하여 수입무역관리령에 근거 원료탄의 할당을 제한한다고 위협했다. 또 대미승용차수출자주규제 때에 통산성이 제조업자마다 수출대수를 배정했지만, 그 행정지도에 각 기업이 따르지 않았다면 수출무역관리령에 의하여 그 기업의 수출이 제한되었을 것이다. 더욱이 어떤 행정지도에 따르지 않음으로써 다른 정책영역에서 제재를 받게 되는 경우도 있다. 이와 같이 할 수 있는 것도 정책결정이나 집행의 과정이 불투명하기 때문이다.

武藏野市 맨션사건

고도성장기, 자치체는 도시환경보호를 위해 택지지도요강을 정하고, 맨션 택지업자에 대하여 행정지도를 행했다. 처음에는 택지업자에 대한 요망이었지만, 점차 실질적인 강제를 수반하는 것으로 되고, 행정지도에 맨션업자가 따르지 않은 경우 상하수도의 급수거부도 일어난 것이다. 급수거부의 시비에 관하여 재판에서 다투어졌던 것이 무사시노시(武藏野市) 맨션사건이다.

무사시노시는 1971년(소화 46년)에 「무사시노시 택지개발 등에 관한 지도요강」이 제정되어 맨션을 신축할 경우, 부근주민의 동의를 얻을 것, 15호 이상의 건축계획의 경우는 학교용지의 무상제공 내지 비용부담을 할 것, 이에 따르지 않을 경우는 상하수도 등 필요한 시설을 이용할 수 없다는 점 등이 규정되었다.

그러나 요강은 행정기관의 내부규정이었기 때문에 이것은 집행활동의 法源은 되지 않는다. 업자가 이것에 따를 의무는 없다. 실제로 무사시노시에 대하여는 수도법위반으로 시장이 기소되고, 1심, 2심, 최종심에서도 유죄로 판정되어 벌금 10만엔이 확정되었다.

개발부담금이나 급수거부를 둘러싼 소송은 1970년대 중반 이래, 무사시노시 외에 高槻市, 堺市, 伊丹市, 豊中市, 眞鶴町 등에 대하여 행해졌다. 행정지도의 지나친 행위나 개발부담금의 비합리적 측면 때문에 堺市(사카이시) 사건 오사카 지방법원 사카이지부 판결에서도 행정측이 패소하고 있다.

법률상의 시비는 별도로 하여도 행정학의 문제로서 여기서 중요한 것은 도시계획법과 건축기준법의 불비이다. 단독주택의 이웃에 고층아파트가 건설되는 것은 당시의 도시계획법에서 상정하고 있지 않았었다. 또 건축 확인을 받지 않고 건축한 자에 대한 형사벌에 대해 건평률 위반의 건물에 대한 제거명령에 관하여 건축기준법은 실효력을 갖고 있지 않았다. 이른바 건축기준법은 "엉성한 법"이었던 것이다.

더욱이 기초자치단체에 용도규제 등 도시계획의 책정권한이 충분하지 않았기 때문에 지방자치단체는 행정지도를 행하지 않을 수 없었다. 조례제정권의 한계가 있기 때문에 요강행정에 의존하는 지방자치의 구조가 존재한다. 자치체에서 행정지도, 요강행정은 국가차원의 경제정책과는 다른 복잡한 문제를 내포하고 있는 것이다(H · T).

참고문헌

後藤喜八郎編『都市要綱裁判』日本評論社, 1985

2. 재원의 조달과 배분

1) 재원확보의 구조

예산은 행정활동을 규정하는 중요한 요소이다. 정부는 공공정책을 실시하기 위한 재원으로서 세금이나 보험금을 확보한다. 국민으로부터 조세를 징수하고, 국민은 보험금을 납부해야 한다. 또 재원부족을 보완하기 위해 국채나 지방채 등의 공채를 발행하는 경우도 있을 수 있다. 오일쇼크 이후 일본은 대량 적자국채를 계속해서 발행하였고, 현재도 이 상환이 커다란 과제가 되어 있다. 또 지방자치단체의 지방채 남발은 불건전 재정을 초래하기 쉽기 때문에 자치성의 허가 하에 놓여져 있다.

공공경제학에서는 소비의 비경합성과 비배제성을 함께 가진 재화와 서비스를 공공재라고 한다. 공공재란 그 공급을 정부만이 할 수 있는 것이나, 정부가 행하는 것이 바람직하다고 판단되는 것으로, 국방, 경찰, 사법, 하천관리가 순수 공공재의 전형이 된다. 사적재(私的財)는 시장 메커니즘을 통하여 가격이 결정되지만, 공공재는 정부 메커니즘에 가격결정이 맡겨져 있다.

또한 편익을 누리면서 그 대가를 지불하지 않은 사람을 무임승차자(free rider)라고 한다. 이와 같은 극단적으로 이기적인 행동을 보이는 사람이 나타나면, 대가를 지불하고 있던 다른 사람도 손실을 우려하여 무임승차자로 전향할 가능성이 나오게 된다. 그 결과 가격설정을 할 수 없고, 채산이 맞지 않게 되기 쉽다. 그 때문에 이러한 재화와 서비스의 제공은 정부에게 맡기고, 그 대신에 정부가 국민으로부터 강제로 세금이나 보험금을 징수하여, 그 경비로 사업을 관리

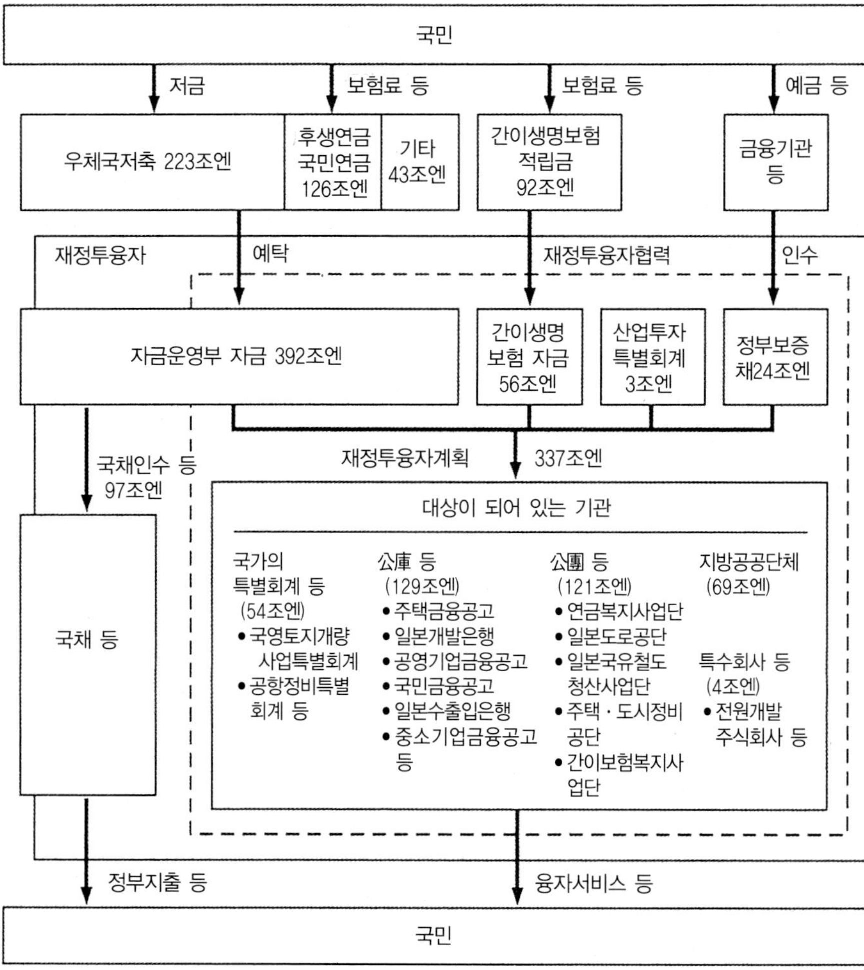

(주) 숫자는 1996년도말 잔고
(출전) 增井喜一郎編(1998)『図說 日本の財政(平成10年度版)』東洋經濟新報社, p.99.

도표 6-2 재정투융자의 구조

운영하는 것이다.

일본에서는 소득세, 재산세, 법인세, 소비세, 주세나 휘발류세 등의 개별 소비세로 조세가 징수되고, 의료보험, 연금보험, 고용보험, 산업재해보상보험으로 보험금의 재원이 조달되고 있다. 여기서 부담의 공평성이 문제가 된다. 능력에 따른 부담원칙에 기초하여 수직적 공평기준이 채용되고, 소득(자산)계층 간의 수직적 재배분이 행해진다. 또 수익에 따른 부담원칙에 기초하여 수평적 공평기준을 이용한 경우, 동일한 이익을 얻는 자가 동일한 금액을 부담하게 된다.

조세나 보험료와 같이 재원조달의 자원으로서 중요한 것이 재정투융자(財政投融資)의 역할이다. 여기에서는 우체국적금, 후생연금, 국민연금 등을 자원으로 하고, 특수법인이나 해외경제개발에 융자, 서비스의 제공이 이루어지고 있다. 각 성청의 주무과로부터 제출된 재정투융자 요구서를 대장성의 이재국(理財局)과 주계국(主計局)이 협의하고, 일반예산과 재정투융자계획의 조정을 도모한다. 그 재원조달의 규모는 크고, 제2의 예산이라고 불린다.

그러나 문제도 적지 않다. 첫째, 융자된 자금이 완전하게 회수되지 않는다는 점이다. 우체국 적금이나 후생연금이 영구적으로 융자액 이상 확대하는 것을 상정하고 있고, 바로 정부에 의한 불건전한 구조를 보이고 있다. 더구나 둘째, 위험이 지나치게 커서 ODA조차 원조하지 않은 해외 지역개발활동에 융자되고 있다. 셋째, 공채발생과 마찬가지로 퇴출효과의 가능성이 나온다. 대규모 우체국 적금의 예탁으로 재정투융자가 이루어져 높은 금리의 우체국 적금으로 자금이 집중되면, 민간의 금융활동을 압박하지 않을 수 없게 된다.

2) 이용자 부담

이용자부담(수익자부담)은 소득세 이외에, 특정수익자가 세, 이용료, 사용료라는 형태로 부담하는 형태를 말한다. 보육원 등 사회복지시설에의 입소에서 소득구분이 설정되어 있거나, 공적 의료에 일부 자기부담이나 전액부담이 선별적으로 도입되어 있는 것이 전형적인 예일 것이다. 고속도로의 사용이나 쓰레기 수거에서도 사용요금의 지불이나 쓰레기봉투의 구입이라는 형태로 채용되고 있다. 이와 같은 이용자부담이 최근 확대되고 있는 것은 오일쇼크 이후의 엄격한 재정운영이라는 경제적 배경이나, 소득수준의 전체적 상승에 의한 서비스 수익층의 확대라는 사회적 배경이 존재하고 있기 때문이다.

이용자부담에는 구체적으로 몇 가지 방법이 있다. 예를 들면, 추가부담(정액부담)과 비율부담(정률부담)을 구분하는 경우, 전자는 금액에 의한 부담을 의미하고, 후자가 비율에 기초한 부담이 된다. 또 능력부담과 수익부담을 구별할 때에는 전자가 능력에 따른 부담을 가리키고, 후자가 수익에 비례한 부담을 의미한다. 이와 같은 이용자 부담이 도입된 직접적 목적은 세 이외의 새로운 재원조달, 수요의 억제, 무임승차의 방지 등 다양하다.

일반적으로 수익과 부담의 분리는 무임승차를 증대시킨다. 자원배분의 파레토 최적을 생각하면, 이용자부담을 확대하는 쪽이 효율적인 자원배분이 되는 경향이 있다. 공공재의 부담비율이나 부담계층의 범위를 정부가 결정하기 때문에 자원배분의 효율성을 촉진시킨다. 각 개인 간 이해관계 대립도 최소화된다. 그러나 수익과 부담의 일치는 결과적으로 소득 재분배의 정도를 낮추기 때문에 이용자부담에는 비판도 적지 않다. 더구나 가격결정을 시장에 맡기지 않는다는 의미에서 정부의 역할을 중시하는 것과 다를 바 없다.

경제 저성장 때문에 세수의 현저한 신장을 기대할 수 없는 현재, 수익자부담은 점점 증가하는 경향에 있다. 과연 중간계층도 서비스의 대상으로 넣어 전체의 후생을 고려하여 이용자부담을 감수해야 하는가? 아니면 소수의 효용을 중시해야 하는가? 결국 벤담(Jeremy Bentham)이 말한 최대다수의 최대행복이라는 공정관을 우선해야 하는가? 롤즈(John Rawls)의 공정관을 채용하여 가장 혜택 받지 못한 사람들의 효용을 판단기준으로 해야 하는가? 이용자부담의 문제는 이와 같은 공정관을 둘러싼 가치기준의 선택문제이기도 하다.

3) 예산과정의 순환

예산은 ① 예산의 편성, ② 예산의 심의, ③ 예산의 집행, ④ 결산의 실시라는 과정을 거친다. 더구나 각 년도 예산은 중복되어 있고, 내년도 예산의 작성기에는 금년도 예산의 집행, 전년도 예산의 결산이 동시에 진행되고 있다. 이것을 예산의 순환이라고 한다. 4개의 단계로 나누어 설명하고자 한다.

제1의 예산과정은 정부예산안의 작성에서 시작한다. 매년 5월경부터 각 부서는 예산견적을 작성하기 시작하고, 성청 내부의 청문을 거쳐 8월말까지 대장성에 예산요구서를 제출한다. 대장성은 주계국과 주세국에서 세수견적을 예측한 다음, 각 성청의 개산요구를 검토하고 대장성 원안을 마련한다. 이것을 토대로 각 성청과의 절충이 개시되고, 12월말에 대장성 내시(內示)가 나온다. 부활 절충에서는 각성 대신과 대장대신의 교섭이 이루어진다.

제2의 국회의 예산심의는 통상 1월 하순에 예산 선의권(先議權)을 갖는 중의원에서 시작되고, 그 뒤 참의원에 보내진다. 양원의 예산위원회에서 질의가 행해지지만 예산세목에 관한 논의는 없고, 거의 수정 없이 가결된다. 만일 3월말까지 예산이 성립될 전망이 없는 경우 1-2개월의 잠정예산을 편성하는 경우도 있다. 또 본예산이 성립하여 예산의 실행단계에 들어간 다음, 공공사업의 추가나 대규모 재난복구의 경비를 확보하기 위해 보정예산이 회계연도에 수회 편성되는 경우가 많다.

예산이 국회에서 성립하면 내각에서 각 성청에 예산이 배분되고, 제3의 집행과정에 들어간다. 연간배부계획에 따라 각 사업계약이 맺어져 사업이 실시된다. 세입에 관해서는 법률이나 계약에 근거하여 수납된다. 세입이 경기변동에 좌우되기 때문에 당초 견적과 달라지는 경우도 있을 수 있지만, 세출은 경비목적에 따라 예산서대로 집행되지 않으면 안된다. 예산은 국회의 의결을 거친 법률의 한 형식이고, 행정활동은 이것에 구속되는 것이다.

제4의 결산과정은 회계연도가 끝나고 집행활동이 완료되고 나서 시작한다. 각 성청의 결산은 ① 합규성, 합법성(회계경리가 예산이나 법령에 따라 적정하게 처리되는가 여부), ② 경제성(보다 적은 비용으로 동일한 수준의 사업을 실시할 수 없었는가), ③ 효율성(같은 비용으로 보다 커다란 성과를 얻을 수 없는가), ④ 효과성(사업이 소기의 목적을 달성하고 있는가) 이라는 검사기준에 따라 회계검사원의 검사를 받는다. 12월 무렵 내각에 결산보고서가 제출되고, 내각은 변명서를 첨부하여 국회에 검사보고서를 제출한다. 양원의 결산위원회에서는 예산집행에 관하여 책임이 추구되고, 언론에서 예산의 낭비가 보도되는 것도 이 무렵이다. 결산보고는 결과적으로 정치적 압력이 되고, 이 결산과정은 내년도 예산편성에 영향을 미치게 된다. 결산의 정치적 통제는 예산

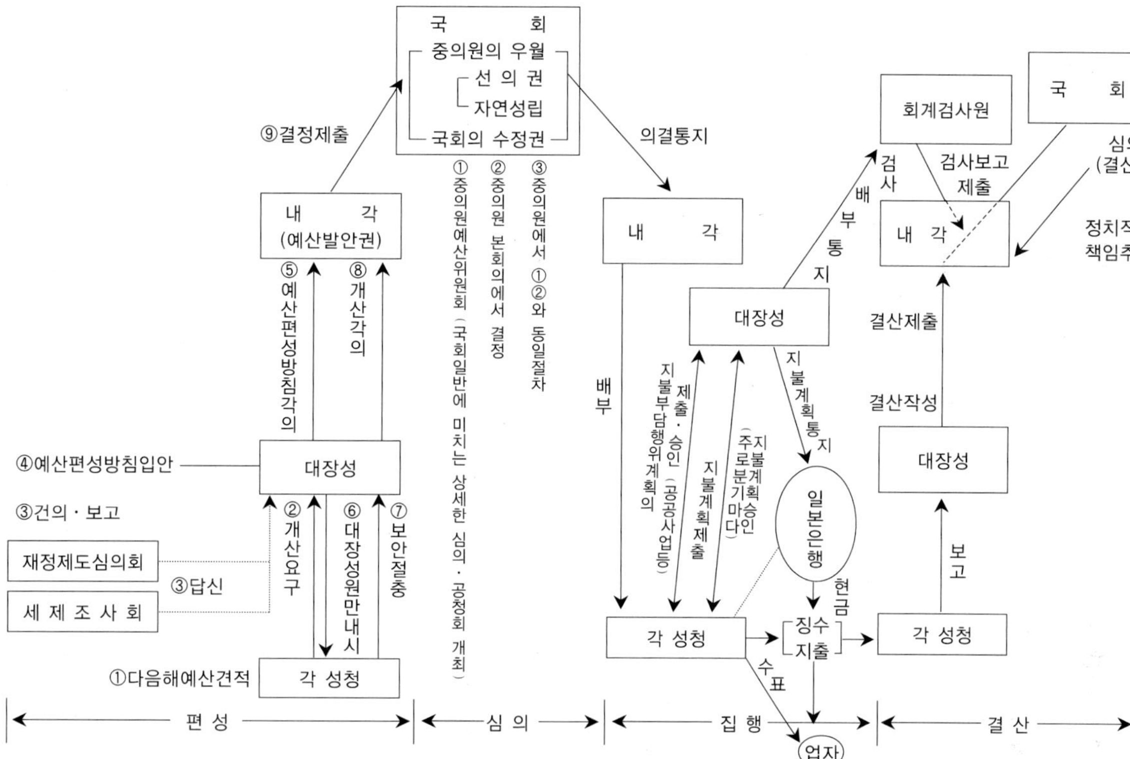

도표 6-3. 예산의 편성·집행·결산

(출전) 増井喜一郎編(1998)「図説 日本の財政(平成10年度版)」東洋経済新報社, p.86.

편성에 대하여 중요한 역할을 담당하고 있는 것이다.

4) 예산최대화 행동

행정직원이라면 누구라도 예산교섭에서 자기 과의 예산을 최대화하려고 한다. 재정담당자의 설득을 그대로 납득하거나 남은 예산을 되돌려 주려고 하는 사람은 없다. 예산의 내시가 나올 때까지는 요구하는 측과 사정하는 측과의 신중하고 격렬한 교섭이 이루어진다. 이러한 확대지향의 행동양식이 니스카넨(William A. Niskanen)이 말한 관료의 획득예산최대화행동이다. 또 니스카넨은 예산과정에서 관료들이 정보독점에 의해 자신의 선호를 반드시 실현시키는 「독점력」을 가진다고 가정한다. 관료특유의 이 행동양식은 "파킨슨의 법칙"에서도 지적되고 있고, 권한이나 통달에도 예산과 공통된 최대화 행동양식을 볼 수 있다.

니스카넨에 의하면 예산요구자와 사정자 사이에는 정보의 비대칭성이 존재하고, 그 정보의 절대적 우위 하에서 획득예산은 최적인 수준보다 상승하고, 과잉공급이 된다. 니스카넨형 관료는 획득예산을 최대화시키는 것을 행동의 효용으로 하기 때문에, 이와 같은 관료행동은 공공부문확대의 정치적 결정요인이 된다.

관료가 자신의 재직 중에 사업예산이 삭감되는 것을 극도로 싫어하는 것을 보더라도, 예산획득에서 원과(原課) 간, 부국 간, 성청 간의 격한 대립을 보아도, 그 예산확대가 효용계수로 되는 것이 추측된다. 그러나 니스카넨 모델에도 문제는 있다. 이이지마(飯島 大邦)에 의하면, 공익을 중시하는 공복으로서의 관료상이 아닌 획득예산의 최대화를 효용으로 삼는 관료상이, 관료도 사회구성원인 것을 지나치게 무시한 것은 아닐까 라는 의문이 있다는 것이다. 그리고 사정하는 측의 정치가 내지 국민이 정보를 전혀 갖고 있지 않은 정보의 편재를 가정하고 있다는 점에 있다. 관료의 교섭력을 과대평가하고, 정보의 비대칭성이 개선되는 것으로 획득예산최대화행동도 가수정하지 않을 수 없게 된다.

둘째, 특징적인 행동양식은 조세수입을 중심으로 한 예산편성의 제약에서 생긴다. 즉 재원조달의 방법으로서 조세징수보다 보험료 징수를, 일반회계보다 특별회계를 보다 활용하려고 하는 경향이다. 또 세입견적과 세출견적의 격차를 메우는 일본특유의 기술로서 재정투융자가 종종 이용된다.

후생연금이나 국민연금에 대한 대장성의 더 많은 개입을 허용하고, 재정투융자에 활용하는 보상으로서 후생성은 1992년도부터 후생연금과 국민연금의 적립금을 자주운용하기 시작했다. 그러나 1990년대 초부터 저금리시대가 도래하고 자주운용도 적자가 이어지고 있다. 대장성의 자금 활용과, 후생성·우정성의 통제회피라는 이해일치의 결과 생겨난 자주운용은 현재 전환점을 맞이하고 있다. 또 국민연금특별회계, 후생연금의 국고부담, 지방교부세 교부금 등으로부터의 차입금, 이른바 "숨은 빚"은 국가가 지방이나 사회보장기금에 지불이 의무 지워져 있는 이전지출을 뒤로 미룬 것이지만, 아직도 완전히 변제되지 않고 있다.

셋째, 지방자치단체의 경우는 일반재원보다 보조금 등 특정재원을 지향하는 경향이 보인다. 새로운 사업을 행하는 경우 지방자치단체는 우선 보조금을 찾는 것에서 시작하기 때문에, 담당자는 필수적으로 그 메뉴에 정통해야 한다. 그 이유는 독자재원이나 교부세 교부금이라는 지정이 없는 재원은 배분비율이 고정되어 있기 때문이고, 무엇보다도 중앙정부로부터의 부담금이나 보조금이 상당히 많이 존재하기 때문이다. 지방자치체의 사업은 우선 보조금부터 확보하는 것이다.

지방자치단체에서는 이미 기획부분에 의한 조정기능이 기대되어 특히 단년도주의에 기초한 예산에서 결여되기 쉬운 중장기적 시점이 종합계획에서 요구되었지만, 예상된 만큼 계획에 의한 조정만으로 성과가 오르지 않고 있다. 재정부분의 재정조정 방법이 유효하고 예산편성에서의 청문은 실질적으로 정책조정의 기능을 하고 있다. 그 때문에 기획과 재정의 일체적 조직이 시정촌의 약 30%를 차지하고, 기획부분이 재정부분에서 독립되어 있는 경우에도 예산편성시에 재정부분과의 사전조정을 빠뜨릴 수 없다. 예산편성시에 재정당국에서는 사업결과의 평가가 아닌 보조금이나 융자 건수라는 실적 보고가 산정평가기준이 된다.

정부기관에서의 예산확대경향을 억제하기 위해 예산편성 과정에서는 약간의 예방조치가 설계되어 있다. 예를 들면, 재정당국이 제시한 개산요구기준은 각 성청의 개산요구단계에서 전년도 대비 일정 상한을 설정하여 세출신장을 억제하는 방법이고, 예산요구를 틀 지우는 역할을 해 왔다. 1980년대에 이용되었던 zero ceiling나 minus ceiling이라는 용어는 대장성의 예산제약의 엄격함을 나타내고 있다.

더욱이 예산편성 과정에서는 예산사정자가 다음 단계에서는 예산요구자로 된다. 즉 편성과정은 사정 → 요구 → 사정 → 요구의 연쇄구조이기 때문에, 여기에 요구자의 자기억제가 작용하고, 예산최대화를 위한 수단을 선택하지 않는 행동은 취하지 않는다. 예산편성

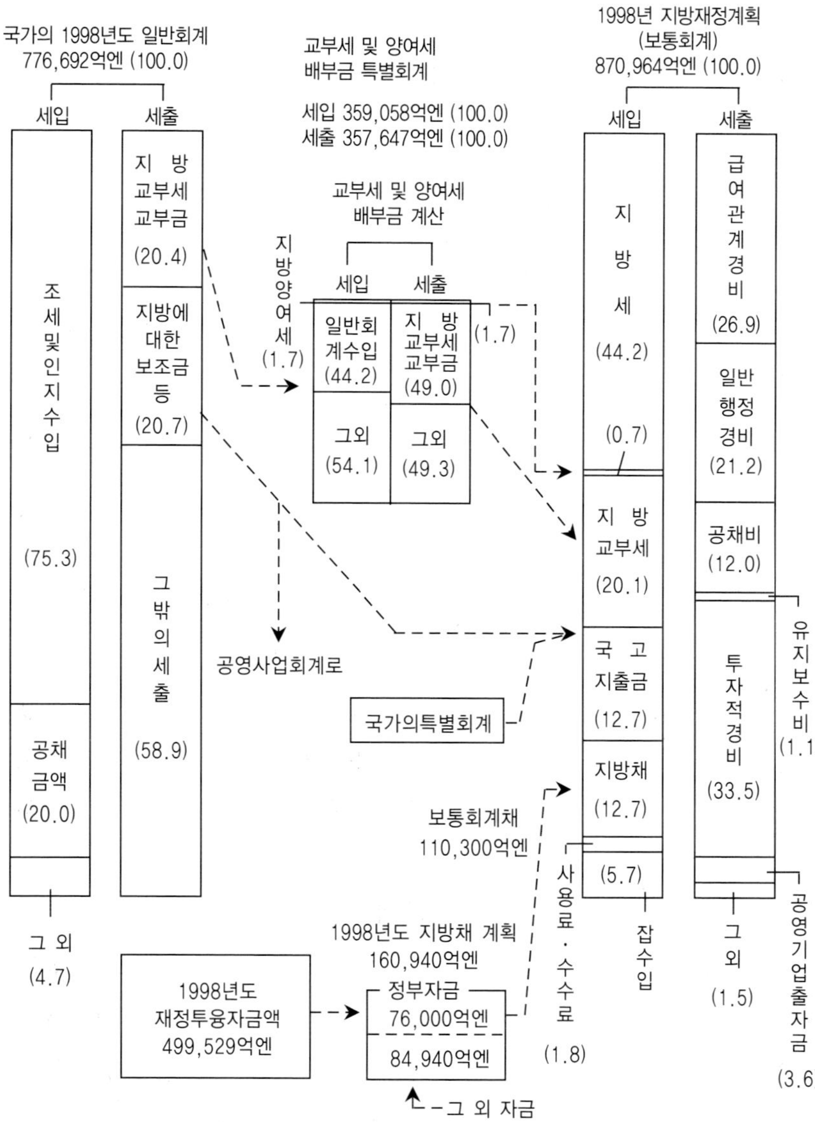

도표 6-4. 국가의 재정과 지방재정의 관계

(출전) 増井喜一郎編(1998)「図説 日本の財政(1998年度版)」東洋経済新報社, p.110.

의 일정은 이미 정해진 것이며, 이것을 요구 측의 형편에 의해 연장할 수는 없다. 내년도도 사정(査定)은 계속되기 때문에 요구 측의 행동은 장기적인 인센티브 구조를 형성한다.

또 예산을 개혁하는 방법이 얼마간 채용되고 있는 점도 놓쳐서는 안된다. 제2차 세계대전 직후부터 팽창된 정부지출을 삭감하기 위해 각국에서 예산개혁이 착수되었다. 또 1980년대는 의무적 경비나 보조금, 부담금의 확대로 팽창된 중앙정부지출을 억제하기 위해 작은 정부를 지향하고, 인원과 예산의 감축관리가 감행된 것이다. 이어서 몇 개의 대표적인 예산개혁 방법에 관하여 논술하려고 한다.

5) 예산개혁의 방법

사업별 예산제도란 행정목적의 효과적인 달성이라는 관점에서 행정의 사업목적체계에 따른 예산편성을 관리하는 것이다. 이 예산편성은 1949년 미국 연방정부의 제1차 후버위원회에서 권고되었다. 일본에서는 제1차 임조 제1전문부회에서 권고되고, 각 지방자치단체에 보급되어 있었다. 이 제도는 본래 재무회계의 정보시스템화의 일환으로 재정부국의 사정에 도움이 되도록 한 시도이기 때문에 각 사업 속에서 비용 산정이 필요하게 된다.

다음으로 PPBS(계획예산사업제도: Planning, Programing, and Budgeting System)란 비용편익분석의 방법을 예산편성과정에 도입하여, 계획되어 있는 정책성과의 능률성을 측정하고, 그 결과를 편성작업에 반영시키려고 한 것이었다. 동일기준에서 각 정책의 효과를 비교측정하고, 그것에 기초하여 예산의 삭감, 증액을 정하려고 한 시도는 1960년대 후반의 존슨 정권에서 시작되어 각국에 확대되었다. 그러나 그것이 반드시 성공한 것은 아니었다. 왜냐하면 공통기준으로 정책효과를 측정하는 것이 극히 곤란했기 때문이다.

농업 등 생산성이 낮은 부문을 보호하기 위한 보조금으로 대표되는 이전소득은 기득권화되기 쉽고, 폐해도 많다. 이것을 극복하는 방법의 하나가 영기준(zero-base)예산방식이다. 이 방법은 전년도 실적을 고려하지 않고, 모든 예산항목을 0부터 사정해 가는 획기적인 예산관리방식이었다. 카터 정권에서 시작된 이 방식은 증분주의적인 편성방법을 채용하지 않고, 우선순위나 목표의 재설정이 가능하다는 점에서 혁신적이다. 그러나 기득이익집단과의 조정이나 예산담당자의 사정에 커다란 비용이 드는 문제도 남는다.

또한 시한방식(時限方式)에서는 모든 예산항목을 예외 없이 시한조치로 하고, 필요성이 인정된 지출에 관하여만 계속된다. 모두 시한조치이기 때문에 기득권화할 가능성은 증분주의 예산방식보다 감소하지만, 정부지출의 양적 삭감으로는 이어지지 않고, 적극적인 예산배분으로 이어지지 않는다. 그 외 잘 알려져 있는 행정관리방법에는 management review방식이나 목표관리(MBO) 등이 있지만, 어느 경우도 예산관리방식으로서는 한계가 있다.

일본의 경우 중앙정부의 예산편성은 쇼와(1926년)초기 이래, 대장성주도에 의한 통제가 철저하게 제도화되어 왔다. 전후 개혁과정에서도 거의 손을 대지 않는 채 그대로였다. 그러나 그것은 정부의 정책분야 간 우선순위에 관하여 대장성에 의한 독자적 정책판단이 행해져온 것을 의미하는 것은 아니다. 오히려 현행 예산개혁의 방법은 사무경비의 일률적 10% 삭감이라는 방식에서 볼 수 있듯이, 획일적인 횡적 삭감방식에 특색이 있다. 또 공공사업의 배분비율이 도로,

치산치수, 농업기반, 항만, 하수도, 주택, 환경위생의 각 사업 분야에 거의 고정화되어 있는 것으로 상징된 것처럼 재원의 배분과정이 경직되어 있기 때문에 정치적인 우선순위의 설정에 의하여 그것을 크게 바꾸는 일은 용이하지 않다. 특히 재원조달과 분배문제는 정치적인 문제여서 그 양 과정은 거시적으로도 미시적으로도 정치과정 그 자체이다. 따라서 경직화된 예산편성을 개혁하고, 그 적극적인 우선순위 설정이나 단년도주의의 변경을 행하기 위해서는 대단히 강력한 정치적 리더십 하에 예산편성권을 둘러싼 광범위한 정치·행정제도의 재구축을 실현하지 않으면 안 될 것이다.

3. 정보관리와 전달회로

1) 두 개의 조직 내 전달

조직성원의 팀워크를 확보하기 위해서는 공식 및 비공식적인 의사전달회로가 개설되어 있지 않으면 안된다. 여기에서 의사전달회로란 사이먼(Herbert A. Simon)의 정의를 빌리자면, 조직이 어떤 성원으로부터 다른 성원에게 결정의 제반 전제를 전달하는 과정이라고 할 수 있다.

공식적 조직전달은 문서와 구두로 행해진다. 공식문서는 관방, 총무부분의 문서관리부국에서 각과로 직접 배포되지만, 중앙성청의 경우 기안서(품의서)는 주무과 → 관련과 → 총무과(기획과) → 국장 → 관방총무과 → 총무심의관·관방장 → 사무차관이라는 경로를 거친다. 정책품의라 불리는 돌아다니는 결재형의 기안서에 의한 결재는 그 돌아다니는 과정만을 보면 장시간을 요하는 것처럼 보이지만, 사전 물밑 교섭이 이루어지고, 공식 기안에 앞서 실질심사가 이루어지고 있기 때문에 그 속도는 그다지 느리지 않다. 이 공식문서에 의한 처리는 관료제에서 문서주의의 원칙에 입각하고, 달리 정하고 있는 문서관리규칙이나 전결규정 등에 따라 행해지지만, 실제 운용에서는 다양한 관행이 인정되고 있는 것이 통례이다.

더욱이 행정조직 내에서 기안서보다도 중시되고 있는 것이 구두전달 특히 회의의 역할이다. 중앙성청에서는 사무차관, 국장, 심의관, 관방장의 성(省)간부에 의한 성의(省議), 각국 총무(기획)과장에 의하여 구성된 서무과장회의, 과장보좌나 법령계장으로 선발된 법령심사회, 국내(局內)과장회의, 국내필두(주석, 총괄)과장보좌회의, 각과 내의 회의 등이 존재한다. 또한 다른 부국과 관련된 중요안건의 경우 상사와 상담한다. 이것을 합의라고 한다. 공식적인 전달회로에 한해도 구두에 의한 정보전달 경로는 지휘명령의 권한경로와는 별개로 종횡무진하게 형성되어 있고, 조직규칙 · 규정을 자세히 점검해도 그 전체 내용을 파악할 수 없다. 예를 들면, 부서의 각과는 국장보다도 관방 3과나 대장성과의 수평적 전달에 에너지를 쏟는 경우가 많다.

또 하나의 전달회로, 즉 비공식적인 전달회로는 실로 다채롭다. 그것은 비공식집단의 형성 자체가 일률적이 아니라 결국 인간관계 네트워크에 의하기 때문이다. 위에서 기술한 공식적 전달회로는 그것이 문서에 의한 것이든 구두에 의한 것이든 모두 비공식적인 전달회로를 수반하고, 오히려 비공식적인 전달회로에 의하여 뒷받침되고 있다고 말해도 좋다. 조직 내의 전달회로라고 해도 조직단위의 결정방법에 의하여 범위가 달라지고, 공식적인 그것도 예를 들어 성청의 벽을 넘어 확산되고 있지만, 비공식적인 의사소통 네트워크가 되면 한층 확대된다. 직무상의 관계에서는 제5장에서 들었던 전문가집단을 통한 전문적 정보의 유통이 중요하다. 그 외에 출신대학이나 출신지역, 채용시기, 출향경험, 각종 연수, 재외공관 서기관의 경험 등 공통의 경험이나 기회를 통하여 형성된 인간관계에 의해 비공식적인 전달이 행해진다.

이와 같은 의사전달 형태는 의사결정의 집권분권구조와도 관련된다. 의사결정의 집권화는 책임의 명확화, 전문적 지식의 유용한 이용, 조정의 필요성 등의 요청에 근거한 것이지만, 그러한 집권화의 요청이 발생한 이면에는, 실무처리에서 그것들과 반대방향의 분권화를 조장하는 요청이 작용하고 있다는 것을 간과해서는 안된다. 종종 결정기능과 집행기능의 분리가 주장되지만, 그 분리에 의해 오히려 의사전달의 시간과 결정비용이 증대되는 경우에는 그러한 형태의 집권화의 제안에 대하여 강력한 저항이 따르게 된다.

2) 정보수집단위와 기획조사

행정관료제는「정보의 보고(寶庫)」라고 불린다. 사실, 다양한 종류의 통계조사가 실시되어 놀라울 정도로 대량의 정보가 축적되어 있다. 도대체 그 정보는 어떻게 하여 외부로부터 수집되고, 내부에서 분석되며, 의사결정에 활용되고 있는 것일까?

합리적 모델에 따르면, 우선 통계정보 부문이 통계조사를 실시하고 정책과나 기획과 등 기획조사 부분이 이것을 분석하고, 대외적, 대내적으로 결과를 공표한다. 국제적인 정보에 관하여는 국제과 등 국제담당과로부터 재외공관으로 나가 있는 재외공관원(attache) 등을 통하여 정보수집에 노력한다. 조직 내 의사결정자는 유의미한 정보에 기초하여 특정한 의사결정안에 관한 복수의 선택지를 작성하고, 그 중에서 최적의 것을 선택한다. 즉 철저한 정보수집 → 조사분석 → 선택지의 작성 → 선택이라는 단계를 밟은 정책형성과정을 거치는 것이 상정되어 있다.

그러나 현실적으로는 이와 같은 구도가 거의 존재하지 않는다. 정보수집에 기초하여 선택이 이루어지기는커녕 그 반대의 경우조차 있다. 선택을 정당화하기 위하여 입맛에 맞는 정보가 수집되는 것이다. 설령 사전의 정보수집, 조사분석이 이루어져도 그것과 의사결정이 연결되지 않는 경우도 드물지 않다. 의사결정에 도움이 되게 하기 위해 그것들이 이루어진 경우에도 일본에서는 선택할 때 복수의 선택지가 제시되는 경우가 그다지 없다.

통계정보부 등의 정보부문은 예를 들어, 출산률과 세대동거수 등의 정책 거시적 데이터의 수집, 해석에는 적합하지만, 이들 조사통계는 각과가 정책의 실행 가능성을 추량할 때 참고가 될 정도로 치밀하지는 않다. 때문에 각 주관과에서는 자치체나 산하단체로부터의 업무통계의 수집에 노력하고, 전국담당자회의 등에서 현장의 의견을 청취하고, 평소 비공식적인 네트워크를 형성하여 이것을 각과에서 독자적으로 해석한다. 즉 행정조직 내부에서 상세한 정책정보까지 관방의 각과나 정보담당 부문이 모두 파악하고 있는 것은 아니고, 각 주관과에 정보가 별개로 집적되어 있다. 특정 제도나 그 관리에 관한 정보는 더욱 그렇다. 정보수집과 해석의 과정이 강고한 관방, 총무통제에 기초한 질서를 형성하고 있는 것은 아닌 것이다.

행정관료제에서 회의(미팅)가 많이 쓰이는 것은 이러한 정책정보의 분산상황과 연결되어 있다. 먼저 지적한 바와 같이, 관공서에서는 잇

따른 회의의 개최가 통례이고, 그 회의의 장에서는 계통제 질서로부터 자유롭게 의견교환이 장려된다. 이것은 젊은 직원의 직무상 훈련(OJT)을 겸하고, 그들의 참가의식을 높이기 위한 것이기도 하지만, 덧붙여 각과에 별개로 집적되어 있는 정책정보의 수집을 위한 것이기도 하다. 주관과의 실력 있는 과장보좌나 법령계장을 구성원으로 하는 법령심사회도 조직 내 축적된 정보를 효율적으로 수집, 해석할 목적을 겸비하고 있다. 각과에서 추적한 법안을 심사함으로써 어떠한 정보가 조직 내에 분산하여 존재하고 있는가를 알 수 있고, 분산된 정보의 통합적 이용을 도모하는 것도 가능하게 된다.

3) 조직의 기억과 부국철학(部局哲學)

행정기관에서 매년 이루어지는 인사이동에서는 수일 간 사무인계인수가 행해지고, 인계인수 후에 불명확한 점이 있는 경우에는 그때마다 선임자와의 전화연락 등을 주고받음으로써 대처된다. 이를 통해 알 수 있듯이, 일본에서는 개별직무마다 처리방법이 매뉴얼화 되어 있는 예가 적고, 행정기록이 문서화되어 있는 정도도 그다지 높지 않다. 바꾸어 말하면, 담당자 자신이 잘 이해하여 소화한 요령이나 감에 의지하는 경우나, 개인 차원의 기억에 의존하는 경우가 비교적 높다.

그러나 사람에 따라서 지나치게 좌우되는 것은 조직으로서의 강함을 발휘할 수 없다. 인간은 뇌에 기억을 보존하고 있지만, 조직은 집단적인 인공의 기억저장장치를 필요로 하고 있다. 행정기관에서 정보를 보존하는 방법은 문서의 파일에 의한 것이 일반적이지만, OA화의 영향으로 컴퓨터를 이용한 데이터의 기억과 처리가 급속하게 발달하고 있다. 직원의 급여계산에서부터 재무회계처리나 통계데이터의 처리에 이르기까지 컴퓨터가 위력을 유감없이 발휘한다. 정형적인 문서유형의 작성도 워드프로세서 기능의 이용으로 상당히 용이하게 되었다. 그러나 정책적인 의사결정정보에서는 이야기가 달라진다. 유사선례를 찾아 그 사건을 담당한 당사자에게 사정을 확인하게 된다.

문서주의가 원칙이어야 할 행정관료제에서 정책결정에 유의미한 행정기록이 그다지 문서화되어 있지 않고, 계통적으로 보존되어 있지 않은 것은 왜일까? 단적으로 말하며 그것은 원래 부외자(部外者)에 의한 이용을 상정하고 있지 않기 때문이다. 특정 사안에 관하여 부외자가 후에 왜 그리 되었는가, 그 사정이나 경위를 알려고 해도 좀처럼 적절한 문서자료가 없다. 있다고 해도 개인의 메모나 파일로 되어 있기도 한다. 정보공개청구로 개시를 요구해도 중요한 공문서정보가 남아있지 않은 것은 드문 일이 아니다.

그러나, 그럼에도 불구하고 당면한 정책문제에 관한 의사결정은 이루어진다. 그것을 가능하게 하는 것이 조직을 기반으로 한 인적 연결이고 그것을 지탱하는 조직문화나 조직풍토이다. 그리고 「부국철학(部局哲學)」이라고도 칭해지는 집단가치의 제도화에 의한 경우가 크다. 민간조직에서도 동일업종의 조직 간에 상당히 다른 조직풍토의 발전이 보이지만, 행정조직의 경우도 같은 현상이 있다. 성청에 의해 그 분위기는 상당히 다르고, 부문에 따라서도 다른 경우가 적지 않다. 시청 등에서도 같다. 「부국철학」의 경우는 조직의 전체가 아닌 그것을 구성하는 조직 단위 내에 발휘한 집단적 가치이며, 그 구성원은 장기간에 걸쳐 특정 프로그램을 계속하여 수행함으로써 그 프로그램에 매몰되어 있는 제 가치를 수용하고, 그것과 동일화하는 것을 통하여 구성원으로서의 일체감을 갖게 된다. 간단하게 말하면, 사물을 보는 방식, 생각하는 방식이 같아지고, 의사결정을 계속적으로 통합, 안정시키는 기능을 수행하고 있다.

4) 조직의 intelligence기능

일상의 단순노동을 행하는 공장과는 달리, 현재의 조직에서는 많은 경우, 고도의 기능과 지식이 필요하다. 대규모 외부환경이 복잡하게 되면 될수록 그 복잡함에 대응할 수 있는 기능과 지식의 고도화가 요청되어, 조직의 의사결정에 도움이 되는 정보의 효과적인 수집과 이용이 요구된다. 이것이 윌렌스키(Harold L.Wilensky)가 주장한 조직의 intelligence 기능이다.

그에 의하면, intelligence의 종류와 활용법은 ① 외부환경과의 상호작용, ② 조직내부의 제일성, 통일성, ③ 내부활동, 외부활동의 계획가능성, ④ 조직의 구조적 특성에 의하여 규정된다. 행정관료제와 같이 계통제가 발달하고, 분업이 철저하고, 더구나 집권적인 구조를 가진 조직에서는 특히 intelligence의 왜곡화나 방해가 생기기 쉽다. 그것을 방지하기 위해서는 ① 섭외의 전문가, ② 내부전달의 전문가, ③ 자료 분석의 전문가 등 intelligence 기능을 수행하는 전문가의 고용과 육성이 필요하게 된다.

전문가를 고용하는 것 이외에 조직의 intelligence 기능을 높이는 방법은 첫째, 성원에 대한 연수이다. 인사원이나 각 부서가 행하는 연수에는 초임자 연수를 시작으로 하는 계층별 연수나 분야별 전문연수 등이 있고, 폭넓은 교양의 습득과 깊은 전문영역의 지식, 기능의 향상이 목적이 된다. 상급공무원에 대해서는 외국 대학원에의 유학제도도 정비되어, 재외공관에 대한 파견과 함께 국제적인 intelligence 기능의 향상이 도모되고 있다. 지방자치단체의 직원연수도 국가의 그것과 대동소이하지만, 최근에는 정책연수나 정책관련 대학원에의 국내유학이 개시되고, 이것에 의하여 중견자치단체 직원의 정책능력 향상이 기대되고 있다.

두 번째 활용법은 심의회나 연구회에의 전문가 참가이다. 이들은 행정의 방패막이로서 종종 비판되고 있지만, 전문지식의 도입이라는 기능의 중요성은 여전히 사라지고 있지 않다. 현재는 심의회 위원으로서 전문가를 등용하지 않고, 분과회나 전문부회의 전문위원으로서 등용하거나 더 나아가 국장이나 과장의 사적간담회, 연구회에 참가를 요구하는 사례도 많아지고 있다. 그 중에는 전문지식의 정보원(情報源)으로서보다 행정기관 내부로부터는 나오지 않을 것 같은 독창적 발상이나 신규 착상이 기대되고 있는 경우도 있다.

세 번째로 업무의 민간위탁이나 외부 전문기술자의 일시채용에 의한 intelligence 기능의 도입을 들 수 있다. 이전의 민간위탁은 비용, 인원의 삭감과 절약을 목적으로 한 것이 많았지만, 최근에는 위탁업무 중 각 분야에서의 특화된 전문지식을 필요로 하는 업무가 증가해 왔다. 행정의 전문직화라 불리는 경향이 진행되었다 해도 필요한 모든 전문가를 상근공무원으로 임용할 수 있는 것은 아니다. 각종 검사, 설계업무를 민간에 위탁하거나 혹은 컴퓨터의 도입에서 시스템 엔지니어(SE)를 촉탁으로서 일시적으로 채용하거나 하는 사례는 자치단체에서 많이 나타나는 점이다.

위와 같이 보면, 과연 공무원을 전문가로 부를 수 있는 것일까, 공무원의 전문능력이란 무엇인가, 행정에서 전문지식이란 무엇인가라는 것이 재차 문제가 된다. 전문성의 원칙을 관료제의 이념형적 특징으로 하고, 전문지식에 의한 지배에 의하여 관료제 지배를 특징지운 베버가 고도의 전문적 기술인 "전문지식"(좁은 의미)과, 조직 속에서 할당된 특정업무에 정통함으로써 얻어지는 "집무지식"을 구별하고 있는 점이 여기서 시사적이다. 그 구분에 따르면, 일반의 행정관료제에 축적되어 있는 것은 오히려 집무지식이 아닐까? 단순한 직무지식을 고도의 전문지식인 것처럼 보이게 하는 점에서 관료제의 intelligence 기능을 둘러싼 문제가 있는지도 모른다.

5) OA화의 영향

정보관리의 장치로서 컴퓨터의 보급은 조직의사소통에 커다란 영향을 계속해서 미치고 있다. 컴퓨터는 일반적으로 관리비용을 경감하는 수단으로 보급되고 있는 것이지만, 새로운 몇 가지 문제도 생겨나고 있다. 현장수준과 전체수준의 두 개의 차원에서 설명해보자.

첫째는, 창구업무에 대한 영향이다. 호적, 주민등록, 외국인등록, 인감등록 등 사인들이 공증행정에 접할 기회는 수도 없이 많다. 행정업무 속에 가장 친근한 존재이고, 신속하면서 평등한 취급을 요청받고 있는 행정영역이라고도 말할 수 있다.

이러한 공증사무는 컴퓨터화가 진전되고 있는 까닭에 거기에 자치단체의 독자적인의 재량이 들어갈 여지가 적다. 예를 들면, 외국인등록에서 지문날인이 필요하지 않다는 법무성 통달이 시달되면 일제히 전국에서 획일적으로 실시되게 된다.

그렇다면 원래 기계적 처리가 가능한 영역인데, 왜 길목에 설치된 컴퓨터의 단말기에서 처리할 수 없는 것일까? 왜 시청에 갈 필요가 있는 것일까? 그 이유는 프라이버시 보호의 문제에 있다.

이들 업무는 사적인 개인정보를 취급하는 행정사무이기 때문에 창구에서 본인확인이 필요하다. 주민표의 취득자를 본인이나 본인의 의뢰인으로 한정하고 있는 지방자치단체가 적지 않은 것도 이러한 프라이버시를 배려하기 때문이다. 컴퓨터화의 진전에도 불구하고 본인확인과 기재내용의 검토라는 대인적 창구업무는 남는다. 또 관리운영을 의사회나 컴퓨터 회사에 업무위탁하고 있는 경우, 조직이 복수에 걸치기 때문에 프라이버시의 보호가 보다 어렵게 된다.

둘째는, 전자메일의 조직구조에 주는 영향이다. 발신된 전자메일은 네트워크의 메인컴퓨터 내에 설치된 일정기억영역 속에 모아지고, 수신자는 회선을 통하여 송신자의 메일을 끄집어낸다. 여기에는 대량의 메시지를 동시에 발송할 수 있는 장점이 있다. 정보양식의 단일화는 조직내부의 획일화와 효율화를 향상시키고, 업무의 속도 향상이나 근무지의 분산화가 가능하게 된다. 주민에 의한 질문에 전자메일로 회답할 수 있으면, 조직 내외의 의사소통 격차를 시정할 수 있고, 대외적 응답성을 향상시킬 수 있다.

그러나 여전히 프라이버시 보호의 문제가 남는다. 또 메일을 주고받는 가운데 정보가 기입되어 가기 때문에 소유권의 문제는 귀찮은 일이 된다. 과연 정보의 지적소유권은 법인으로서의 조직에 있는가, 아니면 성원인 개인에게 존재하는 것인가, 이와 같은 문제는 아직 해결되지 않았다.

또한 메일을 통하여 말단자와 최상위자가 직접 의사소통을 취할 수 있게 되면, 계통제의 계층은 감소하고, 조직은 피라미드 구조로부터 평평한 구조로 변화할 것이다. 중간관리자는 지금까지 조직 내에서 정보의 매개자로서 존재하고 있지만, 상위관리자의 전문직원으로서 방대한 메일을 처리하는 정보필터링 기능을 수행하게 될지 모른다. 적어도 중간관리자의 감소와 역할변화, 조직 내부에서의 전문기술의 향상은 필연적이 된다.

현재는 창구업무이든, 전자메일이든, 조직 일부에서의 의사소통에 한정되어 있고, 일반시민의 접근은 아직 장벽이 높은 것이 현실이다. 외부네트워크의 연계라는 시점이 행정 측에 결여되어 있는 것일까?

4. 인적자원과 리더십

1) 동기화(Motivation)

조직은 직무체계로서 이해할 뿐만 아니라 감정의 체계로도 이해하지 않으면 안된다. 왜냐하면 개인을 매개로 하여 조직이 운영되기 때문이다. 개인과 소집단의 욕구, 개성, 리더십, 태도, 유인(誘因)을 대상으로 한 조직연구를 인간관계론이라고 한다. 동기부여이론은 동기부여의 내용을 중시하는 내용설과 과정을 강조하는 과정설로 나뉘어 발달했다. 여기에서는 대표적 이론으로서 내용설의 욕구이론과 과정설의 기대이론을 다루고자 한다.

욕구이론의 선구는 매슬로우(Abraham H. Maslow)의 욕구계층설이다. 그는 조직관리가 성원의 욕구계층에의 대응으로 이해할 수 있다고 주장하고, 욕구의 계층이라는 가설을 주장했다. ① 생리적 욕구, ② 안전의 욕구, ③ 사회적 욕구, ④ 자기존중 욕구 순으로 개인의 욕구가 충족된다. 그리고 마지막으로 ⑤ 자아실현 욕구가 실현될 때까지 인간은 욕구의 충족을 위해 노력한다는 것이다. 각 단계의 욕구가 어느 정도 충족되면 그 욕구는 행동을 동기부여 하지 않고, 욕구만족화가 단계적으로 이동한다는 것이다.

또한 맥그리거(Douglas McGregor)는 과학적 관리법이나 고전적 조직이론을 X이론이라고 부르고, 이것에 대신한 Y이론을 주장했다. 그 차이는 인간관과 통제방식에 있다. 즉 X이론은 본래 게으르고 태만한 인간상을 전제로 하여 계층원리에 기초한 명령, 통제의 관리를 기본으로 한다. 그에 대하여 Y이론은 성선적(性善的)인 인간이 개인의 자기통제에 기초한 개인목표와 조직목표를 통합한다는 것이다. 관리자의 역할은 개인의 목표를 확대할 수 있도록 동기부여를 촉진하고, 관리조건을 창출하는 것이다. 또 맥클리랜드(David C. McClelland)의 달성동기부여설에서도 친화동기, 권력동기, 달성동기라는 욕구계층을 생각할 수 있다.

그러나 이들 가설은 실증된 것이 아니라 인간성의 회복이 강조되는데 불과했다. 보다 현실적인 이론은 허즈버그(Frederick Herzberg)의 2요인설(「동기부여-위생」이론)이다. 조직 속에는 달성, 승인, 일, 책임, 승진, 성장이라는 만족을 이끌어 내는 요인이 있다. 그는 이러한 내발적 요인을 동기부여 요인이라고 한다. 다른 한편의 상사, 동료, 부하와의 인간관계, 임금, 경영방침, 고용의 안정성, 직무환경은 일 그 자체가 아니지만, 외발적인 요인이 된다. 이와 같은 불만족을 야기시키는 요인이 위생요인이다. 허즈버그의 2요인설은 일의 안과 밖으로 나누어 동기화를 검토한 점에서 설명력이 있는 것이었지만, 두 개의 요인 개념은 명확하게 구분할 수 없고, 측정이 곤란하다는 문제도 남는다.

이와 같이 내용설에서는 조직성원을 동기화 하는 인간적 · 환경요인을 설명할 수 있지만, 왜 특정행동을 선택하는가라는 과정의 측면은 설명할 수 없다. 따라서 기대이론에서는 인간행동의 원인, 방향, 결말이라는 과정에 주목하고, 인간의 동기부여가 행동의 기대와 결과로부터 얻어진 가치로 규정된다고 가정한다. 직무수행의 노력이 보수를 가져온다는 기대와, 그와 같은 보수에 대한 주관적 가치가 되는 유의성(誘意性)의 두 개의 요인이 쌓여 동기화의 관계변수가 된다. 가장 유력한 Lawler의 설에서는 자신이 좋은 성과를 거둘 수 있다고 느끼고, 그 좋은 성과가 자신에게 가치 있는 것을 초래한다고 느끼는 한도에서, 좋은 성과를 거두는 것으로 동기부여 된다고 본다. 이 설은 합리적 인간행동을 전제로 하고 있는 것, 결정요인으로서 주관적 인지를 강조하는 것을 특징으로 하고 있는 점에서 내용설과 크게 다르다.

2) 집단의 인간관계

다음으로, 개인의 동기화로부터 집단차원으로 초점을 이동해보자. 앞 절에서 조직이 공식과 비공식의 두 개로 구성된다고 서술했지만, 비공식조직을 이론상 발견한 것이 메이요(Elton Mayo)와 뢰스리스버거(Fritz J. Roethlisberger)이다. 그들은 호손 공장실험에서 작업조건의 변화나 성원의 심리요인이 생산성에 어떠한 영향을 미치는가를 조사했다. 그 결과 작업 상황에서 안정된 사회관계나 인간적 요인의 중요성이 대두하게 되었다. 즉 능률향상을 위해서는 공식적 조직구조의 조작보다 인간관계의 개선이 필요하게 된 것이다. 이것은 고전적 조직이론의 조직관이나 인간관을 뒤엎고 인간관계에 관한 제 이론의 형성을 촉구했다.

그러면 집단의 인간관계를 어떻게 관리운영하면 좋을까? 리커드(Rensis Likert)는『경영의 행동과학』속에서 새로운 조직 디자인의 기초로서 작업집단의 이용을 상세하게 설명하고 있다. 새로운 관리유형을 시스템 4라 부르고, 거기에는 ① 지지적(支持的) 관계의 원칙을 확립할 것, ② 집단적 의사결정이나 집단적 관리방식을 채용할 것, ③ 높은 수준의 업적목표를 설정할 것의 세 원칙이 중요하게 된다.

우선 성원 간에 자기의 가치, 경력, 욕구, 기대의 모두에 관하여 지지를 얻을 수 있는 상호관계를 형성시킬 때, 지지적 관계가 있다고 한다. 그 집단의 성원으로 인정될 때, 집단에의 일체화와 귀속의식이 높아진다. 이것을 집단의 응집성이라 한다. 또 소집단을 조직의 구성단위로 하고, 구성단위 간의 상하좌우를 연결핀으로 연계한다. 개인은 이 집단에 참가하고, 집단은 연결핀조직을 구성함으로써 조직의 의사결정에 집단참가하게 된다. 이 집단적 의사결정방식에 의하여 개인의 동기화가 높아지는 것이다. 또 조직의 목표가 자기실현에 직결되어 있는 것을 교시한 뒤에 높은 업적 목표를 들고 그 달성에의 기대를 높이게 된다.

리커트는 이것이 집단에의 응집성, 동조성, 동일화(일체화에 의한 구속력)를 조장한다고 한다. 세 원칙을 원인변수로 하고 높은 신용, 신뢰, 상호작용을 매개변수로 정하여, 생산성의 향상이라는 성과변수가 생겨나는 것이다. 즉 원인변수, 매개변수, 성과변수 간에 상관관계를 찾아낸다. 노나카 이쿠지로(野中 郁次郎)에 의하면, 리커트 이론의 본질은 응집성이 높은 집단의 운동이 자연스럽게 생겨나는 동일화에 기초한 통제, 즉 동일화에 기초한 동료전원의 리더십을 조직 속에 박아 넣은 것(build in)에서 찾을 수 있다. 애정에 기초한 통제

(Control by Love)가 그 기본이고, 일본조직의 집단주의적 특성의 대부분을 이 이론으로 설명할 수 있다. 그러나 한계도 있다. 예를 들면, 맥락(context)의 요인을 무시하기 쉬우며, 개인, 집단, 조직의 갈등에 지나치게 낙관적이다.

이와 같이 인간관계론은 기대이론이나 리커드의 신(후기)인간관계론의 단계에서 감정이나 욕구의 차원에서 탈피하여, 조직구조와 인간행동을 이론적으로 통합하고자 했다. 더욱이 이 학파는 조직발전이라는 영역을 개척했다. 이 조직발전은 인간관계론의 응용이며, 조직내부에서 자기혁신(쇄신)을 계속하기 위해, 인적자원의 개발방법을 모색하는 행동과학의 접근방법이다. 또 가치의 문제에 적극적으로 관련된 새로운 행정학 운동, 직무만족과 성과 간의 관계를 검토하는 조직행동의 연구, 이들도 인간관계론으로부터 발전된 성과라고 말할 수 있을 것이다.

3) 조직실패

왜 사회는 개개인이 거래 교환하는 것이 아니라, 조직화되는 것일까? 이 사회의 조직화 문제에 하나의 답을 제공하고 있는 것이 거래비용(transaction cost) 이론이다.

신공공관리(NPM: New Public Management)의 이론적 지주인 신제도학파의 경제학 가운데, 윌리엄슨(O. E. Williamson)에 의하여 제창된 거래비용이론은 공공선택학파와 나란히 실무와 연구에 커다란 영향력을 미치고 있다. 그는 기업조직의 발생에 착안하여 그 본질을 궁리한 코스(R. H. Coase)의 생각을 발전시켜, 경제적 결정의 조정기구로서 시장과 조직(화)의 두 개를 들고 있다.

윌리엄슨에 의하면, 시장 메커니즘과 계통제 구조의 제도형태를 채용하는 결정요인은 거래비용에 있다는 것이다. 이 두 개의 제도형태 중 가장 유리한 제도형태는 거래비용의 수준에 좌우된다. 그 비용은 시장교환에 관한 것이고, 계약의 서면작성이나 감독비용을 예로 들 수 있다. 교환과정이 곤란 하거나 복잡한 경우 거래비용은 높아진다. 예를 들면, 상세한 계약이 준비되고, 처리되지 않으면 안된다든가, 생산물의 질을 평가하는 것이 어려운 경우가 그러하다. 이와 같은 상황의 경우, 계통제 조직 쪽이 시장교환의 과정보다도 효율적이다.

영국의 행정학자 왈슈(Kieron Walsh)는 『공공서비스와 시장 메커니즘』 속에서 종래의 경제학과는 다른 내부조직의 경제학의 시점을 강조한다. 즉 종래의 경제학이 기업을 생산관계변수로 간주하여 블랙박스로 취급해 온 것에 대하여, 거래비용이론은 시장이 거래비용이 높기 때문에 실패하는 것을 지적하고, 기업을 지배구조(governance)의 체계로서 간주한다. 시장의 거래비용이 0인 경우에 시장 실패문제는 해결되고, 역으로 조직의 거래비용이 높은 경우에 조직 실패가 성립하게 된다.

4) 「제3자」 정부론

정부의 역할이 서비스의 직접적 제공에서 간접적 조종으로 변화하고 있는 것을 나타내기 위해 살라몬(L. Salamon)에 의하여 「제3자 정부(Third Party Government)」라는 개념이 제창되었다. 1980년대 선진 제국에서는 민영화가 진전되고, 공공서비스 제공기구는 크게 변화했다. 즉 공무원에 의한 직영기관의 서비스 제공에서 민간기업이나 비영리조직에 의한 공공서비스 제공과 그것에 대한 행정기관의 감독으로, 제공시스템이 크게 전환하고 있는 점은 선진제국의 공통된 경향인 것이다. 복지국가를 재검토하는 가운데 각국이 선택한 새로운 제도배치라고 말해도 좋다.

살라몬에 의하면, 비영리조직이 정부의 파트너로서 공공서비스의 담당자가 되는 것은 민간 비영리조직의 경우 「자발적 실패(Voluntary Failure)」를 보완하는 의미가 있다는 것이다. 즉 자원생산의 불충분함(Philanthropic Insufficiency), 특정 사회집단에만 초점을 두는 특수주의(Philanthropic Particularism), 서비스 제공이 권리가 아닌 자선에 기초해서 행해진 온정주의(Philanthropic Paternalism), 대인적 문제해결시의 아마추어리즘(Philanthropic Amateurism)을 정부와의 관계 강화로 극복할 수 있다.

단, 공적재원의 도입에 의하여 효율이나 공평이라는 가치관의 중시나 정보 공개가 비영리조직에게 요청되고, 정부의 공공정책 담당자로서 자리매김하게 된다. 그것은 비영리조직의 자율이나 자치의 형태를 수정하지 않을 수 없게 되고, 딜레마에 빠지게 되는 경우도 많다.

5) 인사집중과 정보분권

일본의 조직에서는 상사에 의한 근무사정 결과, 부하의 임금이나 부가급부에 커다란 차이가 만들어지는 것은 아니다. 오히려 승진의 경로나 속도에 영향을 주는 것이다. 행정직원의 인센티브는 장기에 걸친 승진체계 속에서 구조적으로 이해하지 않으면 안된다. 사무관 경력직의 경우 계원과 계장은 과장보좌, 과장보좌는 과장의 사정을 받아 관방인사(비서)과에 의해 일괄적으로 승진, 승격이 결정된다. 직원이 소속조직 내의 인사이동에 최대의 관심을 기울이는 것을 보아 알 수 있듯이, 관방부문의 인사통제에 의한 통합기능은 커다란 역할을 수행하고 있다. 또한 의뢰인보다 대리인 쪽이 정보의 양에서 우위에 서고, 그 정보의 비대칭성을 해결하기 위해서도 인센티브 체계는 중시된다. 경력직의 사무관을 직접대상으로 하여 인센티브 장치로서의 직위계층을 검토해보자.

종신고용, 연공승진, 연공임금, 성과경시의 인사고과를 가리켜 행정조직은 강력한 Background(親方日の丸)로 비유되는 경우도 있지만, 현실적으로 인센티브 장치로서의 직위계층은 엄격한 선발제도이다. 省에 취직한 동기간에 치열한 선발 경쟁이 있고 로젠바움(James. Rosenbaum)의 토너먼트 경쟁모델이 타당하다.

확실히 선발 시기는 제 외국의 행정조직이나 민간기업보다 늦다. 구체적으로는 취업하여 15년-20년이 경과한 무렵, 과장보좌로부터 과장으로 승진하는 시기에 이른다. 그러나 이 사이 인사고과는 계속하여 이루어지고, 그 집대성이 제1차 선발에 나타난다. 이것은 인사고과를 공표하지 않고 직원에 대하여 장기에 걸쳐 높은 인센티브를 지속시키기 위한 것이다. 승진, 승격의 도중에 산하단체, 지방자치단체, 재외공관, 타 부처로 출향하지만, 법령심사위원 → 과장 → 유력과장 → 관방과장 → 국장 · 심의관 → 차관이라는 직위계층이 상승함에 따라 후보가 좁혀진다. 광범위한 업무 경험을 동기지우기 위해 2년 전후로 인사이동을 하고, 유력지위에의 취임이 경력형성의 판단기준이 되며, 제1차 선발에서 누락된 자에게 패자부활은 없다. 이처럼 엄격한 경쟁원리에 기초한 선발방식은 비시장 인센티브 지향의 내부등용, 비경력직과의 차별화, 탈락자의 신속한 낙하산이라는 전제에서 성립하고 있는 것이다.

인센티브 장치는 ① 늦은 선발공표, ② 치열한 동기 내 경쟁, ③ 광범위한 직무경험, ④ 관방의 인사통제라는 특색을 지니지만, 흥미로운 것은 동기들안에서 사무차관을 선발하게 하는 행동양식이다. 또한 후년차의 선두가 한 기수 전의 자를 넘어 승진하는 경우는 없다. 즉 완전자유경쟁은 아니고 제한된 경쟁이며, 규칙이 없는 경쟁이 아닌 규칙에 의한 경주라고 말할 수 있을 것이다. 이러한 경력직 사무관의 승진체계를 일괄관리하고 있는 것이 대신(장관) 관방인사(비서)과이다. 인사집중의 조직구조가 존재하고 있는 것은 중도채용, 퇴직이 적고(비시장지향의 인센티브), 이 경력직 사무관의 인사야말로 조직운영의 진수이기 때문이다.

이상 설명해온 것처럼, 업무조정의 비계통제적(수평적) 관리에도 불구하고, 일본의 행정직원은 직위계층 속에 자리 잡고 있다. 제1의 인센티브 장치로서 직위계층 내의 보다 높은 직위를 얻도록 하여 경력형성에서 치열한 경쟁을 벌인다. 이러한 인센티브 체계의 계통제적 특질은 업무조정의 비계통제적(수평적) 경향을 보완하고, 조직의 효율성과 통합성을 유지하는 것을 돕고 있다. 장기적인 인센티브 체계를 중시한 결과, 모니터링 비용을 절약할 수 있다.

장기에 걸친 공헌을 사정하고 있기 때문에 하위 차원에 실질권한을 위양할 수 있고, 계통제를 통한 상사의 지시를 받지 않아도 관리자의 권위에 따르도록 동기 지워지고 있다. 즉 정보기구와 인센티브 체계(인사구조)의 양쪽이 계통제를 통하여 활용될 필요는 없다. 계통제를 통한 해결 비용이나 모니터링 비용을 고려하면, 오히려 조정방식은 어느 쪽이든지 계통제를 통하고 있으면 된다. 조직이 효율적이고 더구나 내적으로 통합되기 위해서 일본의 조직은 정보의 수평적 기구와 인센티브의 직위계층에 의존하고 있다. 계통제를 통한 정보 조정을 네트워크로 보완하고, 집중적인 인사관리를 중시한다. 이것이 아오키 마사히코(青木 昌彦)가 정식화한 쌍방원리라 불리는 것이다.

6) 리더십과 그 한계

리더십이란 목표달성을 향해 사람들에게 영향을 미치는 과정을 의미한다. 곤란한 과제를 해결할 수 없을 때, 지도자의 리더십 부재가 비판되는 경우가 많다. 그 경우 육체적 특징, 지성, 교육, 인기 등 개인의 자질이 물어지게 된다. 그러나 이와 같은 개인의 자질을 특정화하려고 한 특성(자질)이론에서는 이론적 함의를 얻을 수 있는 경우가 적었다. 그 때문에 리더십 유형에 초점을 맞춘 행동이론이 전개되었다.

오하이오 주립대학에서는 구조형성과 배려, 미시간대학에서는 생산지향과 종업원 지향, 블레이크(Robert R. Blake)와 모톤(Jane S. Mouton)의 관리격자(managerial grid)는 생산에 대한 배려와 사람에 대한 배려, 미스미 쥬지(三隅 二不二)의 PM이론에서는 수행과 유지라는 두 연구차원의 명칭은 다양하다. 이들의 공통점은 업무와 인간관계의 두 개의 차원에서 리더십을 측정하려고 한 것이다.

그러나 이들 연구에는 상황요인이 충분한 차원으로 설정되어 있지 않다. 리더십은 개인의 자질로서의 개성과 상황에 의해 규정된다. 이것을 제창한 피들러(Fred E. Fiedler)의 상황적 이론에서는 LPC 척도에 의해 개성(욕구구조)과 상황요인(상황 호의성)의 관계를 실증하고, 호의적 상황과 비호의적 상황의 양극에서 과제(task) 지향(志向) 리더의 성과가 높고, 중간적 상황에서 인간관계 지향 리더의 성과가 높다는 것이 분명하게 되어 있다. 더욱이 SL이론에서는 부하의 성취도를 상황요인으로 하고, 목표-경로이론에서는 기대이론의 입장에서 목표달성 과정, 부하의 특징, 직무환경의 특징이 상황요인으로서 채용되어, 정밀한 이론구축이 목표로 되어 있다.

일반적으로 리더십론은 집단차원의 감독자를 상정해 왔지만, 이것보다 고위의 지도자 리더십을 논하고 있는 것이 셀즈닉의 제도적 리더십론이다. 그에 의하면, 최고관리자 리더십(top management leadership)은 집단차원을 넘어 행사되고, 이것을 statemanship이라고 한다. 조직에 가치가 주입되고 독자의 존재를 상징할 수 있게 될 때, 그는 그 이론을 제도라고 한다. 제도화의 리더십은 ① 제도의 사명과 역할의 정의, ② 제도에서의 목적의 구체화, ③ 제도의 일관성 유지, ④ 조직 내 갈등처리라는 기능을 한다. TVA의 사례연구를 통하여 환경의 불확실성이 높아짐에 따라 제도적 리더십의 비중이 높아지는 것이 셀즈닉에 의해 명확히 되었다.

소집단과 달리 일반적으로 대규모 조직에서는 자질보다도 상황요인에 좌우되는 정도가 높고, 리더십이 발휘될 수 있는 범위가 한정된다. 리더십을 유효하게 하기 위해서는 자질을 변하게 하는 것보다 상황을 변하게 하는 것, 즉 사전에 조직환경에 대한 영향을 주거나 틀을 만드는 것이 필요하다. 리더십의 역할을 강조하는 논자는 지도자의 개성이나 속성에 모든 문제의 요인을 환원시키기 쉽다. 이것은 리더십론이 주로 사회심리학에서 발달해 온 것과 관련이 있다. 전장에서는 조직과정에서 맥락의 중요성을 강조했지만, 리더십론에서 과도한 환원주의적 사고양식은 재고되어져야 할 것이다.

과연 개인의 리더십으로 역사를 변화시킬 수 있는 것일까? 아니면 누가 리더로 되더라도 큰 차이가 없이 커다란 역사 속에 표류하는 존재인 것일까? 리더십 문제는 환원론과 환경결정론의 대립에까지 미치고 특히 방법론상의 중요한 논점인 것이다.

7) 행정자원의 관련성

본장의 논술을 끝냄에 있어 마지막으로 권한, 재원, 정보, 인원이라는 행정자원의 관련성에 관하여 언급해 두고자 한다. 이미 제6장에서는 「A모델과 J모델」과 「인사집중과 정보분권」의 기술에서 통제라는 시각으로 행정자원의 관련이 일부 논해지고 있다. 단 그 이론모델은 통제의 제도적 보완으로서 각 자원이 각각 기능하고 있는 것을 설명할 때까지 자원일반의 관계를 설명하는 이론모델을 구축하기에 이르고 있지 않다. 그러나 대신관방의 역할에 주목하고, 프로그램의 변화와의 대응을 생각한다면, 행정자원에는 제도적 보완 이상의 관련을 갖고 있다. 후생행정에서의 예를 생각해 보자.

이전에 후생성에서는 국민보험체제가 실시되고, 연금보험이나 의료보험의 재정억제가 중요한 정책과제가 되어감에 따라 새로운 국이나 과를 창설하고, 정원이나 권한을 규정했다. 사회국의 생활보호 예산이 극감함에 따라 연금이나 의료예산은 확대되고 있었다. 연금이나 의료에 관한 새로운 정책을 위한 정보수집도 활발해졌다. 프로그램의 우선순위가 변화함에 따라 권한, 재원, 정보라는 행정자원이 변화하지 않을 수 없게 되고 있다. 그것에 수반하여 경력승진의 경로, 즉 인사도 변화했다. 사무차관 대기의 직위가 사회국장으로부터 보험국장으로 변화한 것이다.

이것은 프로그램의 변화와 각 자원의 변화가 연동하고 있는 예이지만, 인사의 변화는 다른 것보다 늦어지게 되기 쉽다. 왜냐하면 인사의 경로를 변경하는 데에 시간이 걸리기 때문이다. 그러나 경우에 따라서는 반대로 인사가 조직 내외의 상징기능을 적극적으로 수행하는 경우도 있다. 예를 들면, 대신관방의 과장지위, 특히 총무(문서)과, 회계과, 인사(비서)과의 3과와 각국의 총무(기획)과장은 부처부국 내의 타과보다도 입성년차(入省年次)에서 높은 직원을 배치한다. 조정직위를 다른 과장직위보다 연차를 높게 하는 것은 조정활동을 부드럽게 하기 위한 조직의 지혜이기도 하다.

또 사무차관 경쟁에서 선두를 달리고 있는 직원을 부처에서 최우선 과제의 정책을 담당하는 과에 배치하는 경우도 있다. 저출산에 대한 대책에 봉착하고 있는 시기에 아동가정국의 아동수당과장으로, 그리고 폐기물처리법의 개정으로 통산성이나 농수성과의 곤란한 교섭을 필요로 하고 있는 시기에는 수도환경부 계획과장으로, 후생성은 많은 사람들이 장래의 사무차관이라고 여기는 직원을 배치한다. 이것은 후생성의 정책과제로의 의기투합을 대내외적으로 PR하는 상징적인 인사이고, 실제로 그 때의 후생백서는 「장수사회에서의 자녀, 가정, 지역」(1989년도), 「진정한 풍요로움을 향한 사회시스템의 재구축-폐기물처리 문제를 생각한다-」(1990년도)라는 주제였다.

이처럼 행정자원 사이에는 유연한 연동성이 있고, 그 자원배분에 관여하는 중추가 대신관방, 특히 인사 메커니즘이다. 행정자원의 관계나 연동을 시사하는 현상은 다수 존재하지만, 그들에 관한 이론과 실증의 축적은 적다. 그 때문에 행정자원의 관련과 연동을 해명하는 이론모델을 구축하는 것이나, 그 조달과 운영에서 관방조직이 수행하고 있는 기능을 분명하게 하는 것이 행정학의 최우선과제가 되고 있다.

진주만 작전의 실패

비공식조직은 조직의 70%에서 80%를 차지하고 있다고까지 논의되고 있고, 호손실험에서 발견된 바와 같이 좋은 인간관계는 능률향상에 기여한다. 그러나 조직내부에서 합리적 체계를 넘어 인간관계가 과도하게 강조되는 경우 합리적인 사고나 판단이 저해되는 사례도 있다. 그 전형적인 예는 태평양전쟁에서 진주만 작전의 실패일 것이다.

진주만 작전은 대하(大河)나 3,000미터 급의 산맥을 넘어 미얀마에서 인도까지 침공하는 계획이었지만, 제15군사령관 무타 구찌(牟田 口) 장군은 보급계획을 제대로 세우지 않은 채 작전을 감행했다. 이에 반대한 3인의 사단장과 1인의 방면군참모장(方面軍參謀長)은 전원 경질, 해임되었다. 왜 논리적으로 불가능한 작전이 반대를 누르고 강행될 수 있었던 것일까?

일본군의 작전을 조직론적으로 분석한 아시베(戶部)에 의하면 인간관계를 과도하게 강조한 정서주의, 강렬한 개인의 희생을 허용하는 조직시스템, 인적 네트워크를 우선시킨 조직구조에 원인이 있다고 한다. 불가능한 작전임에도 불구하고, 무타구찌의 지휘명령계통상의 상위자, 미얀마 방면군사령관 와타나베(河辺) 장군은 「왠지 무타구찌의 의견을 통과시켜 주고 싶다」고 말하고, 육군성이나 참모본부의 반대자도 「남방군사령관 테라우찌원수 아래에서의 작전이기 때문에」라고 결국 묵인하기에 이르렀다. 또한 제15군이나 방면사령군의 참모들의 소극적 의견도 용감한 강행론 앞에 사라져 버렸다.

작전내용보다 작전기획자의 인간관계를 중시했을 뿐만 아니라 육군의 인사고과가 극히 파벌당파에 좌우되어 있었던 것도 이 인적 네트워크의 폐해 사례이다. 합리적 사고가 교육되어 있지 않았던 원인이 일본육군의 교육시스템에도 소급한다. 간부를 양성하는 육군대학에서는 정신주의를 강조하고, 보급 등 후방작전을 경시했다. 또 노몽항(Nomonhan)에서 몽고군과 격전하여 실패했음에도 불구하고, 실패로부터 배움이 없이 진주만이나 남태평양의 Guadalcanal에서도 같은 실패를 반복했다.

진주만 작전이 완전하게 실패한 결과, 사망자 3만명, 상병자 2만명의 피해를 내고, 미얀마 방위자체도 파탄되었다. 작전은 참담한 결과로 끝난 것이다.

참고문헌

戶部良外『失敗の本質 : 日本軍の組織論的研究』中公文庫, 1991

NHK取才班編『太平洋戰爭日本の敗因 4 責任なき戰場インパール』角用文庫, 1995

제7장 행정책임과 통제

[본장의 학습내용]

우리들의 일상생활은 행정활동의 좋고 나쁨에 의해 크게 좌우된다. 그럼에도 행정을 담당하는 행정관청은 우리에게서 유리된 존재가 되기 쉽다. 행정의 무책임함을 바르게 하고, 행정관청을 친밀한 존재로 하기에는 어떻게 하면 좋을까? 행정책임의 파악을 비롯하여 행정책임에 관한 유명한 논쟁과 그 속에 자리 잡은 유형을 대강한 뒤, 참여와 감시의 제도나 행정평가와 행정논리의 문제를 살펴본다.

1. 행정책임의 논리

1) 왜 행정책임인가?

학교 등의 공공시설에 어떤 사고가 일어나면, 시설관리자의 관리책임이나 현장 교사의 지도책임이 문제된다. 행정관청과 업자가 유착된 사건이 발생할 때에는 수뢰 등을 범한 당사자의 형사책임은 물론, 해당부서 관리직의 감독책임이 문제시 되곤 한다. 또한 자연재해에 대한 행정대응의 미흡이나 지연이 문제가 되기도 한다. 그것들은 의회에서 다루어지기도 하고, 시민들로부터 비판의 소리가 나오기도 한다. 때로는 재판에 회부되어 위와 같은 형사책임뿐만 아니라, 민사상의 배상책임을 행정이 부담하기도 한다. 매스컴도 묵과하지 않는다. 행정책임을 묻는 소리는 여러 부분에 걸쳐 여러 곳에서 나오고 있다.

우리들의 일상생활은 많은 점에서 행정활동에 의존하고 있기 때문에, 행정이 원활하게 움직이지 않으면 많든 적든 지장이 생긴다. 어떠한 이유에 의해 쓰레기 수집이 멈춰버리는 것 등을 생각해본다면 그것은 일목요연하다. 행정은 매끄러운 것이 당연한 것이고, 당연한 것이 당연하게 행하여지지 않으면 시민은 그것에 불만을 갖고 행정책임을 추궁하려고 할 것이다.

더욱이, 시민은 납세의무를 지고, 소득에 따라 세금을 부담하고 있기 때문에, 납세자의식이 높아지면 높아질수록, 자신들의 기대에 부응하지 못한 행정에 대해 비판의 목소리를 내게 된다. 자녀들이 공립고교에 다닐 때는 별론으로 하고, 그 자녀들이 고등학교를 졸업하여 사립대학에 입학하게 되면, 부모들은 세금을 납부하고 있는데 거기에 합당한 행정서비스를 받지 못한다고 불평한다. 거기에 행정관청의 불상사가 일어나기라도 하면, 행정은 무엇을 하고 있느냐며 분노를 터뜨리고, 행정책임을 추궁하게 될 것이다.

그런데, 시민들이 특정 사안에 대해 행정책임을 추구할 때, 행정 측은 어떻게 대응하는 것일까? 해당 특정 사안에 관해 책임을 지는 것은 누구인가? 재판에서 다툴 때에 소송당사자가 되는 이는 각 행정기관의 수장뿐인가? 책임이 제기된 행정상의 실수가 그의 부하의 판단 잘못에 기인하는 경우는 어떠한가? 그 부하에게 책임을 지게 하여 마무리하는 것이 가능한가?

행정조직뿐만 아니라 조직의 의사결정은 많은 구성원 개개인의 의사결정의 합성물이기 때문에, 특정 의사결정의 실수도 또한 개개인의 책임으로 돌리기 어려운 경우가 있다. 상사는 부하의 탓으로 하고, 부하는 상사의 탓으로 한다. 소관부서의 원활한 사무처리가 문제될 때에 관계부서로부터의 간섭이 없었더라면, 그러한 지체는 일어나지 않았을 것이라는 주장도 있을 수 있을 것이다. 혹은, 행정조직 밖의 의원과 이익집단으로부터의 압력행사가 이유가 될지도 모른다. 관료제는 '무책임의 체계'라고 일컬어지지만, 그럴수록 행정관료제에서의 책임확보 문제는 중요하다.

2) 책임관계의 원형 모델

행정책임이라고 한마디로 일컬어지더라도, 그것이 의미하는 것은 일률적이지 않다. 일상적인 용법에 있어서도 '책임이 맡겨진다'라든가 '책임을 진다'라고 일컬어지기도 하고, '책임을 가지고 행하다', '책임을 다하다' 또는 '책임을 지다'라고 일컬어지기도 한다. 동의적인 표현도 있지만, 경우에 따라 사용이 나뉘어지는 표현도 있다. 영어의 경우도 마찬가지다. responsibility 하나를 가지고도 다의적이지만, 거기에 accountability나 obligation 등을 덧붙이게 되면 서로 겹치게 되는 경우도 있지만, 겹치지 않은 부분도 있다. 우선은 '단어의 세탁'이 필요하다.

여기에서는, '책임' 개념에 대하여 중국어의 원래 의미까지 거슬러 올라가서, 그 본래 용법을 고찰했던 아다찌 다다오(足立 忠夫)의 개념정리가 참고가 된다. 아다찌 다다오에 의하면, 책임 관념은 제왕과 그가 일 처리를 맡긴 책임자와의 관계에서 발생한 것이며, 이것은 본인과 대리인과의 책임관계(본인-대리인 모델)로 추상화할 수 있다.

우선, 본인이 대리인에 대해서 특정한 사무 처리를 위임할 때부터 책임관계가 발생하고, 대리인은 본인에 대해 ① <임무적 책임>을 진다. 위임된 대리인은 임무의 수행에 관해서 본인의 지시에 따

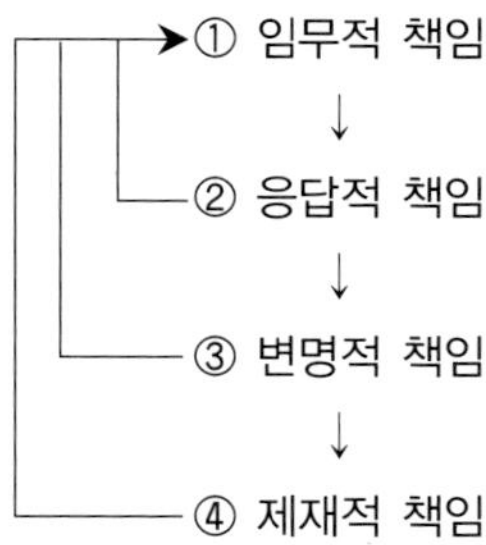

도표 7-1 책임관계의 순환구조

르고 그 지시대로 임무를 다하지 않으면 안된다. 이것이 ② <응답적 책임>이다. 만약, 대리인의 임무수행에 본인이 만족하면 더 새로운 임무가 부과되어진다. 그러나 본인이 대리인의 임무수행에 불만일 경우 왜 그런지, 어째서 그런지 대리인을 문책한다. 대리인은 본인의 문책에 응하여 해명 내지는 변명을 하지 않으면 안된다. 이것이 ③ <변명적 책임>이다. 대리인의 변명에 의해 본인이 납득하면 그것으로 일단락되고 더 새로운 임무가 부과되어지는 것이다. 그런데, 아무리 변명을 해도 본인이 납득하지 않으면, 그 때에는 대리인은 본인으로부터의 제재를 각오하지 않으면 안된다. 이것이 ④ <수난적 책임> 또는 <제재적 책임>이라고 불린다. 본인으로부터 대리인에게 가해지는 제재는 대리인의 교체를 수반하는 것인지도 모른다. 그 때는 새로운 대리인에 대해 새로운 임무가 부과되어지게 된다. 이 경우 새로운 본인-대리인 관계가 시작된다.

3) 본인-대리인 모델의 응용

아다찌 다다오에 의한 이러한 정리는 책임관계를 4가지 국면으로 나누고, 게다가 그것들이 순환구조를 취하는 것으로 구성한 것에 새로운 의미가 있다. 위의 설명에서도 알 수 있듯이 본인-대리인 모델은 계통제 구조를 취하는 조직체 내부에서 상사와 부하의 관계에 가장 잘 맞는 것이지만 거기에 그치지 않는다. 예를 들어, 이것을 시민-행정관계에 응용해보자. 시민이 직접 행정의 임무를 확정하고, 행정에 대해서 지시를 하려는 것은 아니지만, 여기서는 의도적으로 단순화해서 시민을 본인, 행정을 대리인으로 한다.

시민이 요구하는 것을 시민이 바라는 것처럼 행정이 그대로 실현해주면 문제는 없다. ① 임무적 책임과 ② 응답적 책임과의 순환에서 끝난다. 영어의 responsibility는 그것을 분해하면 response+ability이며, 응답능력을 의미한다. 행정이 시민의 요구에 민감하게 응할 수 있는 충분한 응답능력을 갖추고 있다면 그것으로 별 문제는 없다. 그렇지만, 행정에 의한 임무 수행에 의해 시민을 만족시키지 못하고, 왜 그렇게 밖에 못하느냐, 어째서 그런 불충분한 것밖에 할 수 없느냐고 행정을 문책하게 되면, ② 응답적 책임은 ③ 변명적 책임으로 이행한다. 즉, 행정은 이유를 제시하고 시민이 납득하도록 설명하고 변명하지 않으면 안된다. 이러한 국면에 해당하는 영어는 accountability이고, account+ability이기 때문에, 답변능력을 의미한다. 행정의 답변능력이 불충분해서 시민의 납득을 얻지 못하면, 행정은 시민으로부터의 '제재'를 각오하지 않으면 안된다. 이처럼 본인-대리인 모델을 시민-행정관계에 응용할 수도 있다.

우리나라에서는 정보공개법의 제정준비과정에서 '설명책임'의 확보가 그 기본이념으로서 채용되고, 게다가 '관에서 민으로'의 행정개혁을 추진하려고 했던 행정개혁위원회의 심의에서 'accountability'

의 확보가 기본원칙으로 되어진 이래, 행정절차법의 제정시에 도입된 "투명성"의 이념과 함께, 이러한 용어가 새로운 행정의 형태를 가리키는 핵심개념이 되어가고 있다. 이것은 국제적 조류의 표출이기도 하다.

상기한 행정-시민과 유사한 관계는 의원내각제에서의 의회-내각 또는 의회-행정관계에서도 보이고, 내각-행정관계 또는 행정-수탁계약기관의 관계에서도 나타난다. 요컨대 본인-대리인 모델은 2개 주체 간의 책임관계에 넓게 응용하는 것이 가능한 편리한 설명모델이다.

4) 책임관계 성립의 전제적 조건

그런데, 책임관계에 관한 본인-대리인 모델에서는 대리인이 본인에게서 지시·명령을 받아 전적으로 수임자로서의 책임을 일방적으로 부담하는 것으로 상정되어 있다. 책임관계가 제도화되어 조직화되어 가면, 대리인의 임무나 본인으로부터의 지시·명령은 그 때마다 명확해지는 것이 아니고, 대리인인 행위자의 임무를 정한 조직준칙 또는 임무의 수행방법을 정한 행위준칙은 일정한 규범형식에 의해 미리 정해져 있는 것이 통례이지만, 그 경우에도 행위자는 그러한 조직·행위준칙을 충실하게 따라 마치 기계의 부품처럼 행동해야 하는 것으로 상정되어 있는 것처럼 보인다.

그러나, 행정책임의 문제를 논하는데 있어서, 이러한 상정은 어디까지 관철하는 것이 가능한가? 법적 책임을 논할 때에 명확한 것처럼, 책임문제에는 책임을 부담하는 능력(책임능력)의 존재가 전제된다. 그것은 의사능력보다도 더 고도의 능력으로 간주되어, 예를 들어, 민사상의 과실책임의 원칙에서는 의사능력이 없는 자의 불법행위는 책임이 발생하지 않고, 감독의무자가 대신해서 책임을 지게 되거나 한다. '과실이 없으면 책임도 없다'라고 하는 과실책임주의를 그대로 행정에 적용하는 것에 대해서는 이견이 있지만, 행정책임을 일반적으로 논하는 경우에는 역시 의사능력이나 책임능력의 존재를 논리적으로 전제하여 논의하지 않으면 안된다.

위에서 본인-대리인 모델을 시민-행정관계에 응용하는데 있어서 행정의 응답능력과 답변능력을 구별하여 논했지만, 실은 거기에 이러한 문제가 깔려 있다. 행정의 대외적인 관계뿐만 아니라, 행정조직 내부의 대내적 관계에 대해서도 마찬가지이다. 행위준칙은 그것이 아무리 정밀하게 규정되어 있다 하더라도, 모든 상황에 적합하게 규정되어 있는 것은 아니다. 해석의 여지가 남아 있고, 당면한 상황하에서 독자적인 판단을 내리지 않으면 안되는 것도 있다. 변명이나 해명에 대해서도 변명·해명의 여지가 있어야 비로소 성립하는 것이며, 그것이 허락되지 않는 단순한 명령반응적인 관계가 상정되어 있는 것은 아니다.

5) 문제되는 책임주체

행정조직의 대사회적 행동도, 행정조직 내부에서의 직원의 행동도, 소여의 법적규범이나 위나 밖으로부터 주어진 명령·지시에 따르는 단순한 기계 또는 그 부품으로서의 행동은 아니고, 독자적인 판단능력을 가지는 책임주체로서의 행동이며, 그렇기 때문에 행정책임을 논할 의의가 있다고 할 수 있다. 그러나 이 경우 어떠한 주체성과 자율성을 어느 정도로 인용할 것인가? 이것이 행정책임의 파악방법을 나누는 중요한 쟁점이 된다.

예를 들면, 시민의 요구에 대한 응답성이 강하면 강할수록 좋다고 일반적으로 인식되지만, 시민의 요구라고 하더라도 그 내용은 다양하다. 도로정리를 요구하는 목소리가 있으면, 하수로의 정비를 요구하는 목소리도 있다. 시민복지의 확충이라고 해도 일률적이지 않다. 누워있기만 한 노인문제도 있으면 신체장애자문제도 있다. 공립병원의 건설과 정비라고 하는 과제를 중시하는 사람들도 있다. 한정된 재원 안에서 무엇을 최우선으로 하면 좋은가? 모두 행정에 의해서만 결정되어지는 것은 아니라 하더라도, 행정자체로서도 주체적으로 판단하는 의사와 능력을 가지지 않으면 안된다.

우선순위를 어떻게 정할 것인가? 의회의 다수파가 원하는 것은 항상 우선시 되지 않으면 안 되는 것인가? 단체장이 선거에서 공약한 것은 그것이 공약이기 때문에 우선시 되지 않으면 안 되는 것인가? 또한, 이해관계의 대립이 있는 경우에는 어떻게 하면 좋은가? 예를 들면, 쓰레기 처리시설을 긴급하게 정비할 필요성에 대해 많은 시민이 합의하고 있을 때, 건설후보지 구역의 주민이 반대하면 어떻게 해야 좋은가? 성질상 특히 정치적인 것이다.

이러한 사례에서 어떻게 처리해야 하는 것인가는 행정책임을 맡은 주체(행위자, 조직주체)를 어디에서 찾을 것인가, 그 주체에게 어느 정도의 주체성과 자율성을 인정하려고 하는가에 따라 바뀌어 질 것이다. 또한, 책임개념의 다양성보다도 행정책임에서 말하는 '행정'의 파악이 재차 문제시 되는 것을 알게 될 것이다. 더욱이, 위의 예시적인 설문에서는 시민이 요망하는 것에 대한 응답성의 관점에서 출발하지만, 그것과는 별도로 모든 행정활동이 목적으로 하는 "공공의 이익"의 가치에서 출발하는 것도 가능하다. 공공성의 가치를 받아들이는 방법에 따라 그것과 응답성이 양립하는 것도 있고, 양립하지 않는 것도 있다. 이러한 것에 유효성과 능률성, 경제성 등의 여러 가치를 덧붙여 생각해보게 되면, 이야기는 더욱 복잡하게 될 것이다(후술하는 4를 참조하기 바람).

행정책임의 문제가 행정학의 여러 연구자에 의해 다루어지는 것도 그것이 일목요연하지 않은 복잡한 문제를 제기하고 있기 때문이다.

2. 행정책임논쟁과 행정책임유형

행정학에서 가장 유명한 논쟁중 하나로 독일출생의 프리드리히(Carl J. Friedrich)와 영국출생의 파이너(Herman Finer) 사이에 1940년 전후에 벌어진 행정책임논쟁이 있다. 지금으로부터 이미 반세기 전 논쟁이지만, 오늘날도 여전히 그 의의를 잃지 않고 있다.

1) 프리드리히의 새로운 책임론

권력분립을 철저히 하려고 했던 미합중국의 연방통치기구에서도 전쟁기간의 세계 대공황과 이에 대한 뉴딜정책에 의한 대응을 거쳐, 행정기능의 확대와 행정권의 강화에 따른 행정국가화의 경향이 표면화되게 되었다. 그에 따라 행정의 역할이 법률의 집행과 정책의 집행에 멈춘 것이 아니고, 오히려 정부가 직면하는 각종 사회문제의 해결에 있어서 정책형성기능을 통해 적극적인 역할을 해야 한다는 견해가 점차 유력하게 되었다.

프리드리히의 논문 '공공정책과 행정책임의 성질'이 하버드 대학에서 발간된 “공공정책”지에 발표되었던 것은 그러한 배경 하에서이며, 그 주제에 관한 문제관심도 상기와 같은 행정의 적극적 이미지를 전제로 한 것이다. 프리드리히에게 있어서 새로운 책임론의 핵심은 다음 1절에 집약되어 있다. 즉, ‘책임 있는 행정관이란 기술적 지식(technical knowledge)과 대중책임(popular responsibility)이라고 하는 두개의 유력한 요소에 응답적인 행정관이다’라고 하는 1절이 그것이다.

기술적 지식과 대중책임이라고 하는 두 개의 요소에 대응시킨 형태로 프리드리히는 ‘기능적 책임’(functional responsibility)과 새로운 타입의 ‘정치적 책임’이라고 하는 범주를 설정했다. 전자는 특정분야의 기술적 · 과학적 지식에 관해 정통하고 있는 것을 의미하고, 그 기술적 · 과학적 지식에 기초한 정책의 타당성은 전문가들이나 외부의 과학적 집단에 의해 검토된다. 그에 대해 후자는 의회와 의원을 거쳐 대중의 요구에 응하는 것이 아니라, 행정이 직접 대중의 요구변화나 사회적 요구의 파악에 노력할 것을 의미하고, 그러한 행정의 대중에 대한 직접 책임을 확보하기 위한 통로로써 뉴딜기에 발달한 시민참여제도가 중시되었다.

프리드리히에 따르면, 단순히 과오를 범하지 않으려고 한 것만으로는 행정책임을 확보한 것이 되지 못한다. 급변하는 사회에서 발생하는 부적응의 제거야말로 중요한 것이고, 가령 잘못을 범할 위험이 있더라도, 행정이 솔선해서 일을 처리하려고 하는 것, 그리고 행정이 창조적인 능력을 발휘하는 것이 중요하다. 따라서 ‘공무원은 잘못한 행위에 대해서 책임을 지는 것과 마찬가지로, 부작위에 대해서도 책임을 지지 않으면 안된다’는 것이다.

2) 파이너의 민주적 통제론

위와 같은 프리드리히의 주장에 대해서 파이너는 다음 해 발간된 미국행정학회의 기관지 '행정학평론'지에서 반론을 전개했다. '민주적 정부에서의 행정책임'이 그 표제이다. 프리드리히가 새로운 범주를 제시하여 새로운 책임론을 제시했던 것에 대해서 파이너의 주장은 전통적인 민주적 통제론이었다.

파이너에 의하면, 책임은 두 종류로 나뉜다. 하나는 'X는 Y의 사항에 관해 Z에게 설명 · 변명할 수 있다'(X is accountable for Y to Z)라고 하는 공식이 성립하는 책임으로, 설명 · 변명에서 상대방의 외재성이 불가결한 요건이다. 또 하나는 '도덕적 의무로의 내재적 · 개인적 감각'이다. 후자는 우리들이 책임감이라고 부르는 것이지만, 이것만으로는 민주적 정부(민주정)가 성립되지 않는다. 민주정에서의 행정책임은 의회에 대한 외재적인 정치적 책임이 아니면 안된다. 파이너의 이해에 의하면, 개인적인 책임감에 호소하는 책임원리는 나치즘과 스탈린니즘에 있어서도 성립하고, 그것에 입각하여 전제주의가 대두하게 되었다. 프리드리히가 제창한 새로운 행정책임이라고 하는 것은 결국 행정의 내재적 책임이며, 그것에 그치는 한 공무원 독단의 증대를 초래하고, '새로운 전제주의'에 귀결하게 되는 것은 아닌가 하는 것이 된다.

파이너에게 외재적 책임의 논리는 앞서 소개한 아다찌 다다오의 본인-대리인모델과 동일하다. Z가 본인, X가 대리인, Y가 임무에 해당한다. 따라서 의회와 행정기관과의 관계에서는 앞서 지적했던 대로 의회가 본인, 행정기관이 대리인이기 때문에, 행정기관이 지는 행정책임은 의회에 의한 '제재'에 의해 최종적으로 담보되어지지 않으면 안된다. 의회의 행정기관에 대한 통제는 각 행정기관의 정점에 선 대신(大臣)을 정점으로 행정기관의 내부 및 개개 행정관의 행동을 규제하게 된다. 이것이 바로 고전적인 의회제 민주주의에서의 원리적 요청이었다.

3) 행정책임의 유형화

행정책임의 문제를 논하는데 있어서 프리드리히와 파이너의 행정책임논쟁은 많은 논자들에 의해 다루어져, 수많은 논평이 더해져 왔다. 쌍방의 주장은 행정의 민중에 대한 직접적 책임과 간접적 책임, 행정의 자율적 책임과 타율적 책임, 내재적 책임과 외재적 책임, 비제도적 책임과 제도적 책임 등의 대비로 그 대립점이 강조된 경향이 있지만, 예를 들면, 프리드리히의 책임론을 내재적 책임론이라 단정하고, 이에 대해 외재적 책임의 중요성을 설명하는 파이너의 반론 자체를, 반드시 프리드리히의 책임론에 대한 적절한 이해라고는 말할 수 없으며, 대립점에만 얽매이는 것은 현명하지 못하다.

여기에 한정하지 않고, 복잡한 현상을 파악하는 데에는 이른바 다각적인 방법이 필요하다. 이 점에서 행정책임에 관한 길버트(Charles

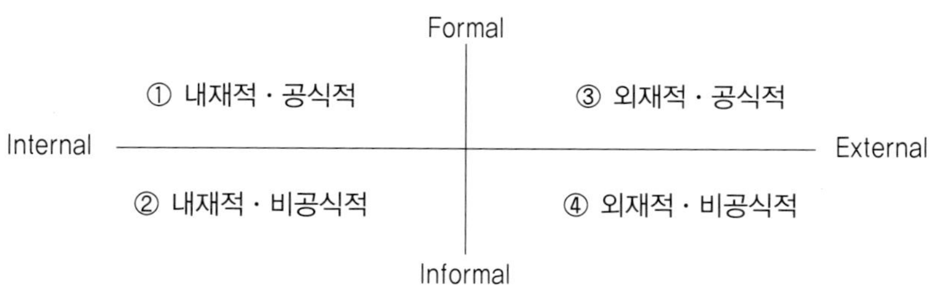

도표 7-2 Charles Gilbert의 유형화

Gilbert)의 유형화 작업이 참고가 된다. 그것은 상기 네 개의 개념집합에서 이루어지는 대비항목 중에서, 후반 두 개의 대비항목에 대응한 <내재적-외재적>(internal/external) 및 <공식적(제도적)-비공식적(비제도적)>(formal/informal) 축의 조합에 주목한 유형화이며, 1960년대 이후 그 정리 틀이 빈번하게 이용되었다.

4) 행정통제수단의 유형

길버트(Charles Gibert)에 의한 유형화는 행정책임을 확보하는 방안으로서의 행정통제수단의 유형화이기도 하다. 그러한 점에서 행정책임과 행정통제는 표리관계에 있다고 할 수 있다. 단지 이 경우에 프리드리히가 강조한 행정관·행정직원 자신의 내면적인 자기규율에 관련된 자율적 책임의 확보 문제는 우선 당장은 별도로 다룰 수 있게 되었다. 즉, 각각의 행정관·행정직원이 자기 내면의 양심에 따라 행동하는 국면에 대해서는 대체적인 대상 밖에 놓고, 행정윤리의 문제의 하나로서 별개로 다룬다.

행정통제의 제도는 통치기구의 일환을 이루는 것이기 때문에, 그 구체적인 존재형태는 각국의 헌법구조나 정치체제에 의해 규정된다. 아래에서는, 일본의 경우를 염두해 두고, 내재적·공식적 통제, 외재적·비공식적 통제, 외재적·공식적 통제, 외재적·비공식적 통제의 각각에 대해서 구체적인 예를 들어보도록 한다.

① 내재적·공시적 통제: 행정관료제 공식의 계통제 구조에 기초한 통제가 대표적이다. 각 행정기관 내부에서 상사의 부하에 대한 지휘감독, 관방(官房)·총무부서에 의한 관리통제, 국가의 각 성청에 대한 대장성의 예산·회계통제, 동일하게 총무청에 의한 기구·정

원관리와 행정감찰 등을 구체적인 예로서 들 수 있다.

내재적인가 외재적인가는 대상으로 하는 조직단위를 정하는 방법에 따라 다르게 된다. 예를 들면, 각 성청을 조직단위로 하면, 대장성 통제나 총무청 통제는 외재적으로 되지만, 행정조직의 전체에서 보면 내재적이다. 또한 내각으로부터 일정정도의 독립성을 가지는 합의제 기관인 인사원에 의한 각종의 인사관리제도나 회계감사원에 의한 회계검사도 동일하게 취급되어진다. 이처럼 내각을 정점으로 하는 국가 행정조직의 전체를 대상으로 하는 경우는 내각총리대신 또는 내각의 각 행정기관에 대한 통제 또한 여기에 포함해도 지장이 없지만, 내각을 집정기관으로서 행정기관과 구별해서 파악한다면, 그 경우는 외재적 · 공식적 통제에 속한다.

② 내재적 · 비공식적 통제: 행정관료제 내부에 있어서 위에서 기술한 공식적 통제에 의하지 않고, 구성원의 행동을 규율하는 방법은 모두 여기에 포함된다. 전적으로 행정관 · 행정직원의 자기규율에 위임되어진 국면은 별개로서, 그들의 의욕을 불러일으키거나 사기를 고무시키거나 하기 위해서 직장의 인간관계라던가 근무시간외의 교제를 배려하거나 하는 것 등은 여기에 포함해도 지장이 없다. 동일한 행정기관 내부 또는 다른 행정기관에 걸친 각종의 집단형성과 기존 집단으로의 귀속에 의한 영향도 적지 않다. 또한, 성청 등 행정부국 간에 발생하는 분쟁과 거기에 동반하는 파벌주의는 때로는 특히 정치적 색채를 띠지만, 그것들에 대한 관료제 내부에서의 사실상 통제도 무시할 수 없다.

③ 외재적 · 공식적 통제: 의회통제와 사법통제가 그 전형이며, 헌법상의 요청에 기초해 있다. 일본헌법은 「국회는 국권의 최고기관

이며, 국가의 유일한 입법기관이다」(41조)라고 규정하고 있고, 사법권에 대해서는 「모든 사법권은 최고재판소 및 법률의 정해진 바에 의해 설치되는 하급재판소에 속한다」(76조 1항)라고 규정하고 있다. 이러한 입법권과 사법권의 쌍방에 걸친 법치행정을 실현하기 위한 법원리가 '법률에 의한 행정의 원리'인 것이다.

국회의 입법권에 의한 통제에는 법률안의 의결, 예산・결산의 의결, 조약의 승인, 그것의 심의과정에서의 질의와 결의 등이 포함된다. 이외에도, 국정조사권, 탄핵재판, 내각총리대신의 지명, 내각의 불신임 등에 관한 규정이 헌법에 규정되어 있다. 또한 행정사건소송에 관해서는 전전(戰前)의 행정재판소제도가 폐지되고, 현재는 행정사건소송특례법(1948년)을 대신하여 제정된 행정사건소송법(1962년)에 의해 처리되며, 그 밖에 행정절차의 투명화・공정화를 목적으로 하는 행정절차법(1993년)이 제정되었다.

그 외 국민이 입법과정에 직접 참가하는 제도가 있다. 국가 차원에서는 특별법에 주민투표(95조)가 있지만, 유명무실화되었다고 할 수 있다. 나아가 지방자치법에 기초한 우리나라의 직접 청구제도는 구미의 국민투표(referendum)와 국민발안제도(initiative)와 같은 직접입법제도 그 자체는 아니고, 의회통제를 보완하는 제도에 그친다.

④ 외재적・비공식적 통제: 행정관료제의 외부로부터 공식 제도에 의하지 않고 행정관・행정직원의 행동을 통제하는 활동이다. 행정 창구 등에서 개별 시민으로부터 나온 고충, 요구, 진정에서부터, 행정정책에 영향력을 행사하기 위해 전개되는 시민운동・주민운동, 각종 이익단체의 압력활동도 모두 여기에 포함된다. 신문과 TV 등 매스미디어의 보도도 중요하다.

먼저 ①에서 다룬 내외의 경계선과 마찬가지로, 공식·비공식을 나누는 경계선에 대해서도 판단이 나뉜다. 예를 들면, 심의회 등 자문기관을 통한 활동은 행정조직의 부속기관으로 자리매김 것을 생각해보면, ①에 포함해도 좋고, 특히 지방자치단체에서 시민참여를 도모하는 구조로서 기능하는 것이 기대되어지는 경우에는 제도화의 형편에 따라 ③내지 ④에 분류해도 좋다. 직원노동조합의 활동도 또한 마찬가지이다.

5) 행정책임의 딜레마상황

행정책임을 확보하는 행정통제의 수단으로서 어느 것 하나를 선택하면 좋다는 것은 아니다. 유형화는 설명의 편의를 위한 것이기도 하기 때문에, 이미 위의 설명에서도 알 수 있듯이, 각 통제수단이 상호배타적 관계에 있는 것은 아니다. 각각의 수단을 조합시켜 통합적으로 행정책임을 확보하려는 노력이 요청된다.

그렇지만, 실제는 그리 간단하지 않다. 행정관료제 내부에서 직무에 종사하는 행정관·행정직원의 입장에서 생각해보면, 많은 경우 상호간의 모순·경합하는 역할기대를 받고, 그때그때 어떻게 행동해야 하는가에 대해 당황하지 않을 수 없다. 거기에서는 '이쪽을 세우면 저쪽이 서지 않는다'는 trade-off관계에 해당되는 것이 드물지 않다. 이것이 '행정책임의 딜레마상황'이라고 칭해지는 문제이다.

이런 딜레마상황은 길버트의 정리 틀에 따라 분류한 행정책임의 각 유형 내부에서도 일어나고, 유형 상호간에도 발생한다. 예를 들면, 본청에서의 지시와 현장 상사의 판단이 어긋난 경우에는

소진(Burn Out)현상이란 무엇인가

전문직은 노동집약형의 대인적인 업무이기 때문에, 스트레스가 쌓이기 쉬운 일이다. 간호사들은 열의에 찬 목적의식을 가지고 직장에 근무하면서도, 급여나 근무시간의 면에서 그렇게 보상받지 못하는 사람들은 없을 것이다.

전문직 사람들은 특히 업무에 몰두한 나머지, 완전히 기진맥진해 버리는 경우가 있는데, 이러한 정서적인 소모감을 주된 증상으로 하는 피로나 스트레스를 소진현상이라고 한다. 어제까지 의욕적으로 일하고 있던 사람이 갑자기 다른 사람처럼 의욕을 잃어 일하지 않게 되고, 도피적으로 되며, 인간관계가 원만하지 못하게 되어 출근하지 않는 현상을 가리킨다. 소진은 '완전히 태워버리는 증후군'이라고도 일컬어진다.

그러면 왜 전문직에서 소진이 발생하기 쉬운 것인가? 그것은 전문직의 직무환경의 구조적인 원인에 있다. 의료·보건·복지교육에는 목적의식을 가지고 어느 정도 신념이 강한, 이상주의적인 경향을 가진 사람들이 모여든다. 권한·시간·재원·사람·정보 등의 자원은 만성적으로 부족한 경향이 있기 때문에 부담을 개인이 끌어안거나, 과잉으로 일하는 경우도 적지 않다. 전문직의 일은 아무리 에너지를 쏟아도 목표를 달성할 수 없는, 그런 의미에서 '끝이 없는' 일이라고 일컫는다.

간호사에게 소진은 직업병처럼 취급되어진다. 이타주의나 봉사정신을 내면화할 것이 기대되기 때문에, 극도의 신체피로와 감정의 고갈을 나타내지 않을 수 없다.

전문직이 대상으로 하는 사람들은 사회적으로 제약을 경험했던 사람들이 적지 않기 때문에, 따뜻한 감정으로, 인간적인 대응으로 헌신적으로 일할 필요가 있다. 그런 의미에서 인간 정서가 넘치고 감수성이 풍부한 사람이 요구되어진다. 그렇지만, 인간의 생명을 좌우하기는 쉽지 않고, 고통스런 문제를 목전에 두고 일하지 않을 수 없는 직무여서, 냉정하고 침착한 행동이 요구되어진다. 그렇기 때문에 전문직 직장이란, 유연(Soft)한 마음과 엄격(Hard)한 두뇌를 겸비한 이율배반적인 역할을 동시에 수행해가는 역할갈등이 많은 영역이라 할 수 있다.

노력해도 보상받는 것이 적은 일이다는 것은 휴먼·서비스의 제공자인 대학교수들도 실감하고 있을지 모른다. 이러한 전문직의 소진을 줄이기 위해서는 업무를 합리화하거나, 인적자원의 부족을 개선해가는 수밖에 해결책이 없다. 그렇지만, 이것이 어려운 문제여서, 간호나 개호의 영역에서는 커다란 사회문제가 되고 있다(H·T).

참고문헌

田尾雅夫 『ヒューマン・サービスの組織』法律文化社, 1995

어느 쪽에 따라야 하는가? 혹은, 주민운동에 따른 이의신청에 대해서, 법령의 공정해석을 내세워 기정방침을 고수해야 하는가, 예정을 변경하더라도 지역주민의 납득을 얻을 수 있도록 노력해야 하는가? 전자는 내재적·공식적 책임 상호간에서의 선택이며, 후자는 외재적·비공식적 책임과 외재적·공식적 책임 내지는 내재적·공식적 책임과의 사이에서 선택의 문제이다. 유사한 선택문제는 빈번하게 발생한다.

이와 같은 선택에 직면하여 담당 행정관·행정직원은 어떻게 하면 좋은가? 딜레마상황을 그 자체로 방치하지 않고, 스스로의 책임으로 정면으로 대처하고 일정한 해결방침을 내는 것이 요청되고 있음에도 불구하고, 적극성이 없는 사안으로 하여 선택을 회피하거나, 상황의 호전을 바라며 선택을 미루거나 하는 것도 있을 수 있다. 어떠한 선택을 하든지 이러한 딜레마상황과 선택문제가 있기 때문에, 행정통제의 문제와는 별개로 행정책임의 문제를 논하는 의의가 있다고 할 수 있다.

3. 참여와 감시의 제도화

1) 시민이 「궁극적 본인」

민주적 정치 및 행정에 있어서 시민의 참여와 감시는 불가결의 의의를 가진다. 행정책임의 본인-대리인모델에 따르면, 시민(국민)은 이른바 '궁극적 본인'이어서, 국가든 지방자치단체든, 그 정부의 행정기구도 결국에는 '시민의 대행기구'에 지나지 않는다(松下 圭一).

행정책임을 확보하기 위한 각종의 통제제도에 있어서도, 그러한 실효성을 최종적으로 판정하는 것은 시민(국민)이며, 시민(국민)의 합의와 지지의 획득 없이 각 제도의 영속적인 존속을 도모하는 것은 어렵다. 그렇기 때문에, 행정책임을 확보하기 위한 통제제도를 구상할 때에는 그것이 누구를 위해, 무엇을 위해 있는지를 재검토하는 과정에서, '궁극적 본인'인 시민(국민)의 존재를 항상 유념하지 않으면 안된다.

가령 통제과정에 시민(국민)의 직접참여를 도입하는 것이 곤란하더라도, 통제활동의 결과에 대해서는 시민(국민)에게 널리 공표하고, 그 이해를 얻을 필요가 있다. 예를 들면, 헌법에서 국회에 제출이 의무지워진 회계검사원의 검사보고는 물론이고, 행정부 내부에서의 통제제도인 행정감찰의 결과라 할지라도, 매스미디어 또는 총무청 행정감찰국 발행의 월보와 연보를 통해서 개요가 명확해지고, 그것에 대해 시민(국민)의 관심이 환기된다. 시민(국민)이 검사·감사보고의 직접 당사자는 아니라 할지라도, 민주적 통치에서의 '궁극적 본인'이기 때문에, 그 존재를 빼놓고는 통제제도의 자립을 도모하기 어렵다.

2) 대의제 하에서의 직접 참정제도

우리들은 국민의 기본적 인권으로서의 참정권에 대해 이야기할 때, 대의제 하에서의 선거권 또는 선거제도의 문제로 논의하는 경우가 많다. 이것은 보통선거제도의 확립에 이르는 역사의 자취를 상기한다면 이해할 수 없는 일은 아니다. 그러나 동시에, 정치에 참가할 권리는 거기에 머무르는 것이 아니라는 점도 잊어서는 안된다.

잘 알려져 있는 것이, 각종의 직접 민주제이다. 그 역사는 오래되었고, 정치학에서는 일반적으로 고대 그리스 도시국가에서의 민주정치로부터 설명한다. 현대에도 스위스의 자치단체, 미합중국의 뉴잉글랜드 지방에서의 일부 자치단체에서는 주민총회(타운미팅)에 의해 지역의 공공문제가 심의 · 결정되고 있다. 그렇지만 그러한 직접민주정치는 매우 한정된 조건 하에서만 성립할 수 있다.

그 밖의 직접참정제도로서는 국민투표(referendum)나 국민발안(initiative)으로 대표되는 직접입법제도 및 특정 공직자의 해직을 요구하는 국민소환(recall) 제도 등이 유명하다. 국민투표는 헌법의 개정, 법률 · 조례의 제정, 중요안건의 의결 등에 관해서 입법기관의 의결로 최종결정하지 않고, 유권자의 투표에 의해 최종결정하는 국민투표 혹은 주민투표제도이다. 또한 국민발안은 유권자 자신이 헌법개정이나 법률 · 조례 제정을 발안하고 그 성안 내지 요강을 직접 청구했을 때에, 그것을 국민투표 혹은 주민투표에 부의하고, 그 채택여부를 결정하는 제도이다. 어느 쪽도 국민 또는 주민 자신이 투표에 의해 표결을 실시하는 것이어서, 대의제의 기능부진에 대한 비판에서 탄생된 현대적 제도이지만, 일반적으로 전자를 '국민(주민)투표제', 후자를 '국민(주민)발안제'라고 부른다.

우리나라에서 채택되어 있는 직접입법제도로서는 헌법개정의 국민투표 (96조) 외에, 하나의 자치단체에만 적용되는 특별법에 의한 주민투표 (95조) 제도가 있다. 후자의 주민투표제도는 실제로 거의 유명무실화되어 있지만, 국권의 최고 기관인 국회의 입법권에 대한 중요한 제약이 여기에 부과되어 있다는 의의는 결코 작지 않다.

또한, 그 이외에 지방자치법에서는 각종 직접 청구제도가 정해져 있다. 유권자의 50분의 1이상의 서명으로 성립하는 조례의 제정개폐

청구, 사무의 감사청구, 유권자의 3분의 1 이상의 서명으로 성립하는 의회의 해산청구, 의원·장·주요공무원의 해직청구가 그것이다. 언뜻 보기에는, 상당히 충실해 보이지만, 앞서 기술한 직접민주제의 제도와 비교하면, 그 직접참여의 의미는 한정될 수밖에 없다. 특히 조례의 제정개폐청구에 관해서는, 가령 청구가 유효하더라도 그대로 주민투표에 부의하는 것이 아니라, 채택여부를 주민투표에서 결정할 수 없기 때문에 그것을 국민발안의 하나로 볼 수는 없다.

또한, 몇 개의 자치단체에서는 1980년대에서 90년대에 걸쳐 주민투표 조례제정의 움직임이 구체화되어, 90년대 후반에는 원자력발전소의 설치나 산업폐기물 최종처리장의 설치를 둘러싸고 실제로 주민투표가 행해지게 되었다. 원자력발전소에서는 新潟縣卷町(1996년)의 사례가, 또한 산업폐기물 시설에서는 岐阜縣御嵩町(1997년)의 사례가 최초이다. 그 외에, 縣 수준의 사례로는 沖縄縣에서의 미군기지에 관한 주민투표(1996년)가 있다. 향후의 동향이 주목된다.

3) 행정과정에서의 시민참여

시민들의 직접적인 정치참여가 이상과 같은 직접참정제도에 의한 것만으로 한정되어지는 것은 아니다. 정치참여를 파악하는 방법에 따라 어디에서 어디까지를 정치참여로 간주할 것인가에 차이가 생기게 되지만, 개념규정을 너무 엄격하게 해 버리면, 참가의 다양한 형태를 파악하기 어렵게 된다. 특히, 행정과정에서의 시민참여 문제를 포함해서 논의할 수 있도록 해야 한다.

시민참여를 시금치에 비유한 논자가 있다. 모두가 자신에게 있어 좋은 것이라고 생각해 찬성하면서, 일단 그것을 '갖지 못한 자'로의 권력의 재배분을 의미하게 되면, 바로 반대를 부르짖기 시작한다는 것이다. 참여민주주의의 주장이 대두된 1960년대 말에 '시민참여의 사다리'를 제창한 아른테인(Sherry R.Arnstein)이 그 사람으로, 그의 사다리론은 다양한 형태를 취하는 시민참여의 단계적 발전을 파악하는데 유용하다.

아른테인이 말하는 시민참여란 시민에 대해 그들의 목표를 달성할 수 있는 권력을 부여하는 것이며, 그러한 의미의 권력을 수반하지 않는 참여는 시민참여라고 하는 것이 적합하지 않다고 한다. 예를 들어, 행정계획을 책정하는데 있어서 행정측이 시민참여를 주창

도표 7-3 시민참여의 사다리

하더라도, 그것이 단순히 립서비스이거나 행정정보의 일방적인 제공만으로 그치게 된다면, 참여의 권리를 보장한 것이 되지 못한다. 앙케이트와 같은 의견청취만으로도 안된다. 자문위원회의 성원에게 시민대표를 추가하는 방식도 하나의 수단이지만, 그렇다고 행정권력과 대등하다고는 말할 수 없다.

시민참여가 형식적인 것에 머무르게 된다면, 참여가 행정측에 '포섭' 또는 '이용당함'으로 전환될 가능성을 배제하기 어렵다. 거기에 머물지 않고, 행정측과 시민이 대등한 입장에서 일정한 역할을 담당하고, 권한을 행사할 수 있는 단계가 도표의 '파트너십'이나 '권한위임'이고, 그 위에 좀더 '시민통제'라고 불리는 단계가 위치하게 된다.

4) 행정 PR의 의의

이와 같이 철저한 시민참여를 도모하고, 실질적인 '시민권력'의 획득을 목표로 하는 관점에서 본다면, 그 이전의 여러 단계는 형식적·명목적인 것으로 간주되기 쉽다. 그러나 그와 같은 평가에 의해, 시민에 대한 정보제공이나 시민으로부터의 의견청취를 충실하게 하는 것 그 자체의 적극적 의의를 간과해서는 안된다. 우리나라와 같은 독특한 관민관계(행정-민간 관계) 하에서, '위정자는 인민에게 방침을 따르도록 하기는 쉬우나, 왜 이와 같은 방침을 따라야 하는지 설명하기 어렵다'라고 하는 전통적 기풍이 뿌리 깊은 곳에서는 특히 그렇다.

일반적으로 PR이라고 하는 것은 여러 조직체에서 행해지는 선전홍보활동을 말하지만, 그 원래 의미는 '공중관계'(public relations)라고 하는 개념에서 나타나듯이, 원래는 단순한 선전홍보활동(publicity)에 머무르지 않고, 좀 더 광범위한 여러 활동이 포함되어 있다. 특히 이념적으로는 '공중에 말을 걸다'라는 정보의 제공과 함께, '공중이 말하는 것을 듣는다'는 지식의 흡수라고 하는 쌍방향의 커뮤니케이션 과정으로 파악되고 있다.

우리나라의 행정에 PR이 받아들여지게 된 것은 전후의 일로, 점령군의 강한 압력 하에서 그것이 지방행정에 도입되었을 때는 큰 쇼크와 당혹감을 불러일으켰다는 것이다. 왜냐하면, 그것은 행정과 지역주민과의 사이에 효과적인 상호교통의 통로를 확보하고, 그에 의해 행정에서의 민주주의 실현을 목표로 하는 것이었기 때문이다. PR의 이념이라 할 수 있는 쌍방향의 커뮤니케이션 과정을 실현하기 위해, 자주 홍보활동과 공청활동을 세트로 추진해야 하는 필요성이 말해지지만, 그 양립을 꾀하는 것은 용이하지 않고, 현실적으로는 행정홍보의 확충에 주력해 왔다. 거기에 홍보담당부국이 담당하는 PR 프로그램과 각 사업부국이 담당하는 행정프로그램 사이의 상호제휴도 반드시 기대된 대로 작용하는 것은 아니다. 행정 PR의 의의에 일찍부터 주목한 이데 요시노리(井出 嘉憲)에 의하면, 그것은 행정체의 안과 밖을 PR(=공중관계)의 전 차원에서 매개하고, 통합하는 역할을 맡고 있다'고 하지만, 과연 현실의 행정 PR이 그 역할기대에 어디까지 부응할 수 있을 것인지 재차 점검해 볼 필요가 있을 것이다.

5) 정보공개제도의 도입

아무리 행정홍보가 발달해도, 사람들이 알고 싶어 하는 것이 홍보에 의해 충분히 알려지는 것은 아니다. 이윽고 참여민주주의의 주장이 세를 얻게 되면서, 보다 적극적으로 행정정보의 공개를 요구하는 목소리가 강해지게 되었다. '정보의 공개 없이 참가는 없다'라고 하는 문구가 그 움직임을 잘 표현하고 있다.

넓은 의미에서의 정보공개체계에는 행정홍보나 공문서관을 통한 정보제공 활동 외에, 행정절차의 일환으로서의 공표·고지 등도 포함되지만, 일반적으로 정보공개제도라고 하는 것은, 국민으로부터 정부보유 정보의 개시를 요구하는 청구가 있을 때, 정부기관에 대해 원칙적으로 그 개시를 의무화하는 것으로, 국민의 「알권리」를 보장하려고 하는 협의의 그것이다. 18세기 후반 스웨덴에서 법제화 되어 제2차 대전 후, 미국에서 정보자유법(1967년)이 시행된 것을 시작으로, 70~80년대에 덴마크, 노르웨이, 프랑스, 네덜란드, 캐나다 등에서 정보공개법이 연달아 제정되었다. 우리나라에서는 제2차 임시행정조사회에서 검토 과제로 된 뒤, 10여년을 거쳐 법률안이 마련되었지만, 1998년 현재 아직도 법률 제정에 이르지 않았다. 그러나 한편으로 정보공개조례 제정을 단행하는 자치단체가 잇따라, 조례에 근거한 개시청구가 각하된 것에 불복하여 소송을 제기하는 사례도 점차 많아지고 있다.

정보공개의 제도화에 즈음하여 중심적인 논점이 되는 것은, ① 청구권자의 범위(법률상의 국민·주민으로 한정하는지, 누구라도 청구할 수 있는지), ② 대상기관의 범위(행정기관은 모두 포함되는지, 자치단체의 일부사무조합이나 출자법인은 어떻게 되는지), ③ 대상정보의 범위(어떤 정보매개체라도 좋은지, 제도의 시행 전으로 거슬러 올라가는지), ④ 적용제외사항의 범위(정보공개 원칙의 예외가 되는 것은 어떤 정보인지), ⑤ 구제방법

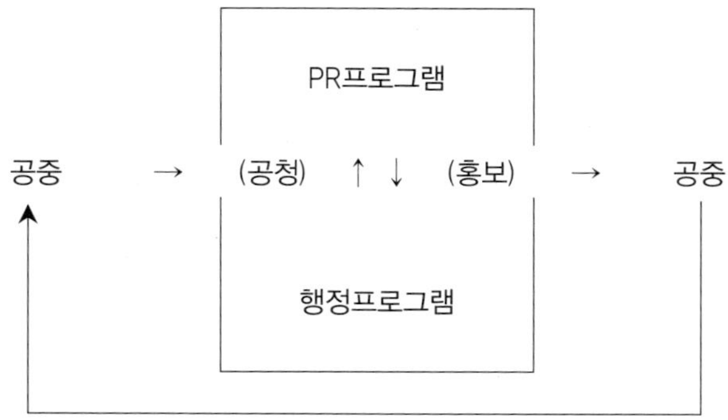

도표 7-4 행정PR의 순환과정

(개시청구가 인정되지 않을 때의 구제방법을 무엇인지) 등 여러 가지가 있다. 이러한 것들 중 가장 논의가 되는 것이 ④의 논점이며, 행정기관 내부에서의 의사결정과정의 정보나 관계기관이 존재하는 경우의 정보, 또는 공개함으로써 오히려 행정의 공정성이 손상될 우려가 있는 정보 취급 등을 둘러싸고 의견의 대립이 보여진다. 또한 개인의 프라이버시와 관련된 개인정보는 공개원칙의 예외로 되는 것이 통례이며, 정보공개제도와 개인정보보호제도와는 밀접하게 관련한다.

6) 자문위원회 제도의 활용

일반적으로 심의회의 이름으로 알려진 자문위원회 제도도, 넓은 의미에서 시민참여의 제도로 기능할 것이 기대되고 있는 제도이다. 아른테인에 의한 '시민참여의 사다리'에서는 '명목적 참여'의 수준에 머무르는 경우가 많고, 일반시민이 그것을 통해 정책결정에 실질적인 영향력을 행사하는 경우는 많지 않다. 그러나 지방자치단체에서는 시민대표위원의 공모제 등을 도입하고, 예를 들어, 앞서 기술한 정보공개제도와 개인정보보호제도의 운영심의회 등에 있어서도 그 시민대표위원이 효과적으로 활동하고 있는 실례도 있다.

국가행정조직의 체계에서는 국가행정조직법 제8조에 근거한 개별 법령에 의해 설치되어 있는 합의제 기관이 '심의회 등'의 범주로 묶고, 거기에는 자격심의·불복심사 등의 심사를 임무로 하는 심사기관도 포함되어 있다. 1980년대에 국가의 행정개혁을 주도한 임시행정조사회나 임시행정개혁추진심의회 등과 같이 독자적인 설치법을 가지고, 신조합주의(neo-corporatism)의 구체적 표현으로 파악되는 것과 같은 중앙정부의 정책결정기구의 정점부분을 구성하는 심의회도 있다. 또한 그러한 것들의 조직법제상의 근거를 갖는 심의회 등과는 별개로, 대신이나 국장의 사적 자문기관이라든지 개별정책이나 행정제도에 관한 비공식의 연구회 등도 다수 존재한다.

이처럼 일률적이지 않기 때문에, 심의회제도에 대한 평가 또한 일정하지 않다. 여기에 대한 비판으로서 가장 잘 알려진 것이, '카구레미노(입으면 모습이 보이지 않는 상상의 도롱이)'라는 비판이며, 심의회의 위원으로 등용된 학식경험자의 전문가로서의 역할에 대해서도 많은 비판이 쏟아지고 있다. '카구레미노'란 행정관료기구 쪽에서 사실상 준비한 답신안을 외부의 전문가로 구성된 심의회의 의견인 것처럼 은폐하는 방법을 가리키는데, 학식경험자에 대한 비판도 그들이 자신의 전문가로서의 식견을 충분히 발휘하지 못하고, 행정관료기구가 준비한 안에 따라 형식적인 심의를 하고, 안이하게 승인해 버리는 성향을 지칭하는 것이다.

이와 같은 비판이 있다 하더라도, 국가와 자치단체를 불문하고 심의회제도가 광범위하게 활용되는 데에는 그 나름의 이유가 있다. 행정에 대한 참가와 감시제도를 논하는 이곳의 문맥으로부터는 약간 일탈하는 것처럼 보일지도 모르지만, 참여나 감시의 주체로부터 접근하는 것이 아니라, 오히려 그 제도를 이른바 「통치의 수단」으로 자리매김하는 측으로부터의 접근을 조합해 볼 필요가 있을 것이다.

7) 행정절차법과 남은 과제

우리나라에서 행정절차법제의 정비는 오래 전부터의 과제였다. 고도성장기의 제1차 임시행정조사회에서 이미 일반적 행정절차법 제정이 제안되어, 최종답신의 부속자료로서 하시모토 전문위원(당시 중앙대학교수)에 의한 행정절차법 초안이 첨부되었다(1964년 9월). 그것은 「행정청의 처분 그 외의 공권력의 행사에 해당하는 행위에 대해서, 공통적인 사항을 정해, 행정의 통일적인 운영을 기한다」는 것을 목적으로 하고, 사전절차규정뿐만 아니라, 사후쟁송절차(불복심사절차), 나아가 비공식 구제절차인 고충처리절차도 정하는 그야말로 종합적 행정절차법의 체계를 취하는 것이었다.

하시모토 초안은 대략 미국의 「연방 행정절차법」(1946년)을 모방한 것이었지만, 그 공표 이후 우리나라에서의 행정절차법제 정비 움직임은 당분간 멈추어 버렸다. 그에 대해 국제적으로는 마치 영미 행정법에 특유한 것으로 간주되어졌던 이 법제도가 구서독의 「행정절차법」(1976년), 프랑스의 「이유부기법(理由附記法)」(1979년) 및 「행정과 이용자 국민과의 관계에 관한 지침」(1983년)과 같이, 대륙법의 국가들에서도 점차 정비되게 되어, 행정절차법제를 갖지 않고서는 선진국이라 할 수 없는 상황이 되기에 이르렀다.

이러한 가운데 우리나라에서도 1970년대 말부터 행정관리청(현총무청)에 행정절차법 연구회가 설치되어 제2차 임시행정조사회의 최종답신(1983년) 중에서, 정보공개제도와 함께 행정절차법 도입의 조사·검토가 권고된 것을 받아, 제2차 행정절차법연구회가 총무청에 설치되어, 80년대 말에 그 중간보고로서 「행정절차법요강안」이 공표되게 되었다. 그리고 임시행정조사회를 이은 행정개혁추진을 담당한 3차에 걸친 임시행정개혁추진심의회(행혁심)에서의 심의와 답신을 거쳐, 1993년 11월에 성립·공포, 다음 94년 10월에 시행되었다. 제1차 임시행정조사회의 최종답신 이래 실로 30년 만이다.

행정절차법은 「행정운영에서의 공정성의 확보와 투명성의 향상을 도모함으로써 국민의 권리이익 보호에 이바지하는 것」을 목적으로 하는 것이며(1조 1항), 이 법제도에 있어 전통적인 공정성의 확보에 덧붙여, 「행정상 의사결정에 대해서 그 내용 및 과정이 국민들에게 명확할 것」을 의미하는 투명성 향상을 명문상의 목적으로 하고 있는 것이 주목된다. 또한, 우리나라 행정을 특징지우는 행정지도에 관해 규율의 대상으로 하고 있는 점도 획기적인 의의를 갖는다.

그러나 다른 한편으로 많은 과제가 남아 있는 것도 사실이다. 제2차 행정절차법연구회의 중간보고를 기초로 법안 요강안의 작성에 참여했던 제3차 행혁심의 답신에 의하면, 「이번은 행정절차의 상대방인 국민의 권리이익에 직접 관계되는 분야에 대하여, 절차법제의 정비를 우선시키는 것이 적절하다는 인식을 취하기로 했지만」, 더욱 검토의 필요가 있는 것으로서 「각종 지역지정과 같은 이른바 일반처분에 관련된 절차, 행정처분에 의한 법적 효과의 실현을 확보하는 수단으로서의 행정상의 강제집행절차, 더욱이 행정부 내에서 制令이나 省令 등을 제정하는 데에 있어서의 절차(행정입법절차), 토지이용규제와 관련된 계획이나 공공사업과 관련된 계획의 책정절차(계획책정절차) 등을 들 수 있다」고 하고 있다. 이러한 검토와 함께 지방자치단체에 있어서의 행정절차조례 등의 정비도 또한 그에 뒤지지 않는 중요한 과제이다.

8) 옴부즈만 제도에 대한 기대

대외적인 행정책임을 확보하기 위한 공식적 제도로서 국제적으로 유명한 제도의 하나가 옴부즈만(Ombudsman)제도이다. 현대의 「호민관」이라고도 말해지는 이 제도는 19세기 초에 스웨덴에서 발족했지만, 세계 각국에 넓게 보급된 것은 1950년대 이후이다. 그 일반적인 원인은 정보공개제도나 행정절차법의 경우와 다름없다. 즉 전후 각국에서 정부의 행정활동이 비약적으로 증대하고, 거기에 따라 시민의 권리이익의 침해를 초래할 가능성이 더욱 더 높아졌음에도 불구하고, 그러한 상황에 유효하게 대응할 수 있는 구제제도가 갖추어지지 않고, 의회에 의한 행정통제도 충분히 기능하고 있지 않았던 것이 이 제도를 도입했던 각국의 공통된 배경이다.

옴부즈만 제도는 그것이 의회에 설치되느냐 행정부에 설치되느냐에 따라 의회형 옴부즈만과 행정형 옴부즈만으로 나눌 수 있다. 관할, 권한, 임명권자, 기능 등은 다양하지만, 거의 공통적으로 독립성 혹은 불편부당성이 요청되는 독임제의 공무원이며, 행정기관의 위법 · 부당한 행위나 바람직하지 않은 사실행위에 대한 시민의 고충을 받아들여, 그것에 대해 직권으로 조사를 실시하고 시정조치를 권고하거나 조사결과를 보고하거나 하는 것을 임무로 하고 있다.

일본에서는 1970년대부터 주목받기 시작해, 이에 대해서도 제2차 임시행정조사회의 최종답신(1983년)에서 기존의 행정감시 · 구제제도의 활성화를 도모하면서, 그러한 기존 제도로는 충분히 달성할 수

표 7-1 외국의 옴부즈만 제도의 예

국가명	스웨덴 (1810년)	덴마크 (1955년)	영국 (1967년)	프랑스 (1973년)	오스트리아 (1977년)
명칭	의회옴부즈만 (4명)	옴부즈만 (1명)	의회 commissioner (1명)	Mediateurdela Republique (1명)	호민위원회 (3명)
소속	의회	의회	의회	행정부	의회
임명	의회	총선거후의 의회	내각총리대신의 추천에 근거하여 국왕	각의결정에 기초하여 대통령	3정당이 1명씩 추천
임무	법령 준수사항 감독	공무원의 법령준수사항 등 파악	고충처리, 과오행정으로부터 국민구제	행정고충의 수리 및 조사	연방행정에 관한 고충처리
관할	정부, 지방공공단체, 법원, 군	정부, 지방공공단체, 법원, 군	국가의 행정	정부, 지방공공단체	연방행정
권한	조사 의견표명(권고) 소추 등	조사 의견표명(권고) 소추지시 등	조사 (권고)	조사 권고, 제안	조사 통지, 권고
스탭	60명	23명	55명	50명	34명
취급건수 (연간)	약 3,200건	약 1,300건	약 800건	약 6,900건	약 3,800건
인구	833만명	511만명	5,634만명	5,465만명	755만명

없는 역할을 담당하는 것으로서, 옴부즈만 제도의 의의와 기능을 적극적으로 평가하고, 우리나라의 풍토에 맞는 제도의 검토가 필요하다는 제안이 이루어졌다. 또한, 총무청에 설치된 옴부즈만 제도 연구회의 보고(1986년)에서는 「우리나라에서 기존의 고충구제제도의 활성화와 함께, 기본적으로는 기존 여러 제도에 덧붙여 옴부즈만적 기능을 갖는 구조를 도입하고, 기존 제도와의 연계를 도모하면서, 장래를 향해 만전의 체제를 확립하는 것이 바람직하다」고 하고, 구체적으로는 내각총리대신이 국회의 동의를 얻어 임명하는 3~5명 정도의 옴부즈만 위원회를 행정부에 설치하는 구상을 제시했다.

그러나 현재 정부차원에서는 기존 제도의 활성화, 특히 각 성청의 고충상담제도의 운용개선에 중점이 놓여져 있고, 옴부즈만 위원회 설치를 향한 움직임은 없다. 그런 와중에 1990년 가을, 거의 같은 시기에 발족한 카와자키시(川崎市)의 「시민 옴부즈만」, 동경・나카노구(東京・中野区)의 「복지 옴부즈만」(복지서비스고충조정위원)을 계기로 여러 지방자치단체에서 옴부즈만 제도 내지는 그것과 유사한 제도의 도입이 도모되고 있다. 자치단체차원에서의 선행적 시도가 어떠한 성과를 올리고, 또한, 정부수준에서의 제도화가 무엇을 계기로 촉진되게 될 것인가? 그것이 주목된다.

4. 행정의 제 가치와 행정윤리

1) 다원적 목적의 병존

행정의 세계는 일종의 복합체(conglomerate)이다. 한편으로는, 「사람의 생명은 지구보다 비중이 크다」라는 사고에 기초해 인명존중의 정책을 전개하는가 하면, 다른 한편에서는, 자위권의 행사라지만 타국민의 인명을 손상하는 것을 상정한 군사적 훈련도 실시한다. 또한, 한편으로 자연환경의 보전을 꾀하면서, 다른 한편으로 자연환경의 파괴를 수반하는 것 같은 개발행위를 하기도 한다.

이와 같이 상호 모순되는 것처럼 보이는 것 이외에, 실로 많은 목적이 내걸리고 그러한 목적의 실현을 향해 다양한 행정활동이 전개된다. 여기서 몇 가지 대표적인 법률의 목적을 점검해 보도록 한다.

① 「국가가 생활이 곤궁한 모든 국민에게 그 곤궁의 정도에 따라 필요한 보호를 실시하고, 그 최저한도의 생활을 보장함과 동시에, 그 자립을 조장하는 것을 목적으로 한다」(생활보호법)

② 「공해대책의 종합적 추진을 도모하고, 국민의 건강을 보호함과 동시에, 생활환경을 보전하는 것을 목적으로 한다」(공해대책기본법)

③ 「도시의 건전한 발전과 질서 있는 정비를 도모하고, 국토의 균형있는 발전과 공공의 복지 증진에 기여하는 것을 목적으로 한다」(도시계획법)

④ 「도로운송사업의 적정한 운영 및 공정한 경쟁을 확보함과 함께, 도로운송에 관한 질서를 확립함으로써, 도로운송의 종합적인 발달을 도모하고, 공공의 복지를 증진하는 것을 목적으로 한다」(도로운송법)

⑤ 「사립학교의 특성에 비추어 그 자주성을 존중하고, 공공성을 높임으로써, 사립학교의 건전한 발달을 도모하는 것을 목적으로 한다」(사립학교법)

⑥ 「소비자 이익의 옹호 및 증진에 관한 대책의 종합적 추진을 도모하고, 국민의 소비생활 안정 및 향상을 확보하는 것을 목적으로 한다」(소비자보호기본법)

2) 포괄적 가치로서의 공공성

이것들은 주요한 법률 속에서 무작위(at random)로 추출한 것에 지나지 않지만, 각각의 목적으로 된 가치는 도대체 어떠한 관계에 있는 것일까? 그것들은 시종일관 「목적의 계통제」라고 일컬어지는 것처럼, 목적과 수단의 정합성을 갖춘 정연한 체계를 구성하는 것일까?

위에 예시한 것처럼 기본적인 법률 하에서 각각의 행정기관이 구체적인 활동을 계속해서 펼쳐나가기 위해서는 당연한 것이지만 보다 더 많은 법률이 필요하다. 법령 집행의 거점이 되는 조직단위로서의 각성(各省) 각국(各局)의 원과(原課)에 주목한다면, 각과는 각각 독자적인 목적을 갖는 법령을 소관하고, 각각의 목적 실현을 향해 조직활동을 추진하는 책무를 지고 있기 때문에, 그런 의미에서 「일본 관료제는 과의 수만큼 존재한다」라고도 할 수 있다. 가령, 성청 조직의 계통제와 거기서의 「목적의 계통제」가 일치하는 것으로 상정한 뒤에, 특정한 정책 내지는 시책에 입각해서 그 목적을 말하고, 목적 실현 행동의 성패를 말하려고 한다면, 우리들은 아마도 성청차원에서 충분하다고 할 수 없다. 국차원에서도 아직 불충분하다. 구체적으로 무엇이 목적으로 되어 있는지를 분명히 하기 위해서는 과차원에까지 내려가지 않으면 안 되는 것이다.

그렇지만, 그런 한편 이러한 다수의 법률에 근거해 각 원과를 운영단위로 해서 전개되는 행정활동은 어느 것이나 「공공의 복지」내지는 「공공의 이익(공익)」의 증진을 목표로 하고 있는 점에서 공통점이라 생각된다. 전술한 예로 말하면, 도시계획법과 도로운송법의 규정에서는 「공공의 복지 증진」이라고 하는 표현이 직접 사용되고, 사립학교법에서는 「공공성을 높인다」는 표현이 사용되고 있다. 이러한 것들 이외에도, 예를 들면, 빈곤자에게 최저한도의 생활을 보장하고, 그 자립을 조장하는 것도, 국민의 건강을 보호하고 생활환경을 보전하는 일도, 국민의 소비생활의 안정과 향상을 도모하는 것도, 모두 공공의 복지 증진을 가져오거나, 거기에 기여하는 것으로 상정되고 있는 점에서 다를 바 없다. 성청 차원에서뿐만 아니라, 전 정부차원에서 공공의 복지나 공공의 이익의 증진이 이야기된다.

이처럼 공공성의 가치는 모든 행정활동이 목표로 해야 할 포괄적 가치이며, 「행정과 정부일반을 위한 목표」로 간주된다. 하지만, 그 반면에 그것은 너무나 포괄적이기 때문에, 오히려 목표 가치로서의 실효성을 갖지 못하는 것이 아닌가라는 견해도 생길 수 있다. 행정에 있어서의 이상적 가치에 대해서 고찰한 레드포드(Emmette S. Redford)에 의하면, 「공익의 개념은 너무나 포괄적이며, 그 변종과 심도가 너무나 풍부하고, 우리들의 생활에 너무 깊이 침투하고 있기 때문에, 한 가지 정의로 피할 수 있는 것도, 한 가지 정의로 정리될 수도 없는」 것이어서, 그것과 행정관료제의 운영단위인 각과에서 소관하는 각종 법률에서 목적으로 된 제 가치와의 사이에, 완전히 시종 일관된 목적-수단 관계가 확립해 있다고 생각할 수는 없다. 「동태적이고 자유롭고 다원적인 사회에서는 정부에 작용하는 힘, 정부

내부에서 상호작용하는 힘의 균형은 항상 이동하고 있기」 때문에, 「계획된 사회의 영상에서 예상되는 것과 같은 정책의 적합성을 사람들은 희망하기도 두려워하기도 할 수 없는 것이다」.

3) 공익관념으로의 접근

공공의 이익(공익)이란 무엇인가? 그것은 어떻게 파악하는 것이 좋은 것인가? 이 문제를 정면으로 다룬 몇 안 되는 연구자 중 한 사람으로 슈베르트(Glendon Shubert)가 있다. 그는 유권자, 의회, 대통령, 행정관, 사법부 5개 분야에서의 공익관념을 각각 들어 논하고 있지만, 그 가운데 행정관의 분야에서 그것에 관한 여러 학자의 견해를 3가지로 분류했다. 합리주의자(Rationalist), 이상주의자(Idealist), 현실주의자(Realist)가 그것이다.

합리주의자는 공중의 의지에 절대적인 신뢰를 두고, 거기에 따라 실행하는 것이 의원이나 재판관을 포함한 공무원의 임무라고 생각한다. 그들에게 있어 「백성의 소리는 신의 소리」(vox populi, vox Dei)이다. 따라서 행정의 의사결정과정은 가치중립적인 기술과정에 지나지 않고, 공중의 의지가 자동적으로 실현되도록 그것을 합리화함으로써 공익을 얻을 수 있다고 한다. 합리주의자가 공중 및 그 통로인 의회의 역할을 중시하는데 대해, 이상주의자는 그러한 것의 불충분함에 착안해서, 오히려 행정관이 행정의 의사결정과정에서 자유재량의 범위를 확대하고, 사회적 기술자(social engineers)로서, 공익의 판정과 그 실현에 적극적으로 행동할 것을 요구한다. 현실주의자는 공중의 의지라든가 공익이라고 하는 관념에 뭔가 실체적 내용을 포함시키려는 생각을 비판하고, 정부와 국민의 접촉점이 많은 민주적 정부에서 행정의 의사결정과정의 현실에 입각하여, 공익개념을 일종의 절차개념으로 파악한다. 이 입장의 논자 중 상당수는 이익집단의 활동에 긍정적이다. 따라서 여기에서의 관심은 제 이익간의 투쟁을 기존의 균형 상태에 될 수 있는 한 파란이 일어나지 않도록 하면서 계속적으로 조정하기 위한 구조나 절차에 대한 방안강구로 향해진다.

슈베르트가 이러한 유형화를 실시한 당시부터 한동안 정치·행정학에서 가장 유력시된 것은 3번째 현실주의자의 견해였다. 그 배경에는 벤트리이(Arthur F. Bentley) 및 트루만(David B. Truman)에 의해 대표되는 집단정치이론의 풍성한 해석이 있었다. 또한, 공익관념에 대한 회의적 태도는 다운즈(Anthony Downs)와 같은 공공선택의 연구에 의해 조장된 측면도 있다. 그렇지만, 공익관념에 대한 다양한 견해를 폭넓게 점검하고, 정책평가의 가치기준으로서의 유용성을 확정하려고 한 아다치 유키오(足立 幸男)가 정책과 가치에서 지적하듯이, 그것을 완전히 무의미한 개념이라고 보는 논자는 지금은 많지 않다. 정치·행정 과정에서 사적·특수적인 집단이익 이외에 어떠한 이익도 존재하지 않고, 사회구성원에게 공유된 공통의 이익 등 무엇 하나 존재하지 않는다고 단정하는 것은 조금 성급한 것인지도 모른다.

아다치는 공익(공공의 이익)관념에 대해 그것을 「공공」과 「이익」으로 분해하여 고찰한 뒤에 통합하고, 「사람들이 공중으로서(공중이라고 하는 자격에서) 공유하는 경우의 이익」이라고 정의한다. 그리고, 그것을 구성하는 행위나 정책에는 예상된 위험이나 부적당 등 바람직하지 않은 사태의 제거, 완화에 대한 사람들의 요청에 대응한 「소극적인」 것과, 보다 좋은 물자나 환경, 서비스에 대한 사람들의 요청에 대응한 「적극적인」 것으로 분류할 수 있다고 한다. 그러나, 이 이해에 의하면, 공익이 반드시 사회에서 최고의 이익이라고 하는 것도 아니며, 정부의 행위가 모두 공익에 관계하는 것도 아니다. 그뿐 아니라, 공익에 합치하는 정책이나 행위가 모든 사람들에게 있어 바람직한 것도 아니다. 정책평가의 기준으로서 그것을 이용하는 데에는 그 외의 다양한 「중간수준의 기준」에 대해서도 충분한 고찰을 하여, 「상호 관련 지워진 제 원리 내지는 가치 시스템」으로서 공익 관념을 재정식화하는 것이 필요하지 않겠는가 하는 것이다.

4) 가치상호간의 경합

행정에서 중요시되는 가치에는 공익이나 공공성의 가치 이외에도 다양한 것이 있다. 공공성과 마찬가지로 자주 궁극적인 가치목표로 여겨지는 민주주의 혹은 민주성의 가치, 그것을 구성하는 가치이기도 한 자유와 평등, 혹은 공정의 가치, 법치행정에서 핵심에 있는 합법성 · 적법성 · 합규성 등의 가치, 우리나라의 회계검사에서도 평가기준으로서 채용되는 경제성, 능률성, 효과성 등의 가치, 나아가 시민들이 스스로의 요구가 충족되어지고 있는지 어떤지를 묻는 응답성, 혹은 「다수의 전제」에 대해 주장된 사회적 정의의 가치 등 다채로운 가치의 총 출연(on parade)이다.

이러한 제 가치를 체계적으로 정리하고, 「상호 관련 지워진 제 원리 내지 가치의 시스템」을 정식화하는 것은 용이하지 않다. 더구나, 이러한 제 가치도 또한 때때로 「이쪽을 세우면 저쪽이 서지 않는다」라는 trade-off의 관계에 있다. 예를 들면, 잘 알려져 있듯이 전후 일본의 기본적인 행정제도를 설계하는데 있어서 민주성의 가치와 능률성의 가치가 동시에 목표 가치로 설정되었다. 국가공무원법에서는「공무의 민주적이고 능률적인 운영을 보장하는 것을 목적으로 한다」고 규정하고 있고, 마찬가지로 지방자치법에서도「지방공공단체에 있어서 민주적이며 능률적인 행정의 확보를 도모함과 동시에, 지방공공단체의 건전한 발달을 보장하는 것을 목적으로 한다」고 규정하고 있다. 그러나 민주적이려고 노력하면 비능률적이 되고, 능률적이려고 하면 비민주적으로 되기 쉽다. 이 쌍방을 어떻게 해서 양립시킬 것인가? 효과성과 능률성의 관계도 동일하다. 효과성이 의미하는 정책목표의 달성도를 높이기 위해서는 가능한 한 많은 행정자원을 투입하면 좋을지 모르지만, 그렇게 되면 투입(input)과 산출(output)의 비율을 의미하는 능률성을 해치게 되지 않을 수 없다. 반대로 지나치게 능률적이려고 하면 정책목표의 달성도가 낮아져 버릴 지도 모른다. 모든 가치를 동시에 만족시키는 것은 여간 어려운 일이다.

5) 윤리문제에 대한 관심

그런데, 행정에서의 가치문제는 행정책임을 논하는 문맥에서 개개의 행정직원에게 요청된 윤리의 문제로서도 논해진다. 그러나 일본의 행정학에서는 종래 행정책임을 논할 때에도 그다지 행정윤리에서 논급되는 것이 많지 않았다. 니시오 타카시(西尾 隆)의 표현을 사용하면 그것은「책임론의 광대한 미개척지」라고도 말할 수 있다.

오랫동안 현대 행정학의 주류를 형성해 온 미국 행정학에 있어서도 1960년대까지는 별로 변화가 없었다. 어느 논자에 의하면, 그것은 「무시된 관심사가 아니고, 거부된 관심사」였다. 뇌물비리나 스캔들이 발생했을 때 그 방지책으로서 책임의식이나 윤리의식의 향상이 말해진다 하더라도, 그 당시에 한해서 끝나버리고 만다. 역사적으로는 정치행정 이원론이 지배했던 시대에서부터, 당파성으로부터 자유로운 바람직한 공무원상이 추구되어, 또한, 하나의 전문직으로서 행정관을 양성할 필요성 때문에, 의학이나 공학 등의 전문직에 대비하여 행정의 전문직주의(프로정신)를 논하는 전통도 상당히 강하게 되었다. 그러나 슈베르트의 분류에서 말하는 합리주의적인 견해가 지배적인 영향을 끼치고 있었던 시대에는 일부러 윤리의식을 꺼낼 것까지도 없었고, 이상주의적인 견해를 취하는 논자의 경우에는 자칫하면 추상적인 당위론으로 끝나기 쉽다.

그런데, 1960년대 후반부터 사회적 동란, 그리고 워터게이트 사건의 발생을 계기로 행정학의 학문분야에서도, 행정실무의 세계에서도, 윤리문제로의 관심이 급격하게 높아졌다. 이리하여 미국에서는 1978년에 「정부윤리법」(Ethics in Government Act)이 제정되어 그 장(長)을 상원의 조언과 동의에 근거해서 대통령이 임명하는 정부윤리국이 신설되었다. 미국행정학회에서는 그로부터 6년 후인 1984년에 「윤리강령」(Code of Ethics)이 채택되었다.

6) 자각적 규율의 중요성

행정에서의 윤리문제는 반드시 개개 행정직원의 주관적인 윤리의식 문제만이 아니다. 따라서 행정직원의 내면에 호소하는 마음가짐론으로 일관하는 것은 아니다. 미국 정부윤리법의 기본적인 초점은 공무원으로서의 전문직업상 윤리기준을 정한 뒤에, 그것을 지키는 것보다도 법제도에 의한 통제라고 하는 전통적인 방법을 정비하는 데에 있다. 거기에서는 무엇을 이루어야할 것인가라는 적극적인 방향보다 무엇이 금지되고 있는가라는 것에 중점을 둔 소극적인 방향이 기본적으로 채용되어 있다.

그렇지만, 윤리문제는 그것을 아무리 객관화해서 파악하고 제도화하는 노력을 해도, 개개인의 내면에서의 주관적 이해를 무시할 수 없다. 외재적으로 설정된 윤리기준이 대상으로 하는 사람들에게 행위규범으로서의 실효성을 갖게 하기 위해서는, 사람들의 내면에 호소하여 그들 자신이 스스로 거기에 따라, 자각적으로 스스로의 행위를 규율하려고 노력하지 않으면 안된다. 외부로부터의 제재의 행사 또는 그 위협에 의해 강제적으로 복종시키는 것이 아니라, 개개인의 자각적 규율을 통해서, 이른바 자기실현의 방도로서의 구체적인 행위로 구현화되는 것이 바람직하다.

이러한 자각적 규율에 매개됨으로써 행정윤리도 무엇이 금지되어 있는가라는 소극론에서, 무엇을 이루어야할 것인가라는 적극론으로 전환할 수 있다. 미국행정학회가 채택한 윤리강령에 따르면, 그것은「잘못한 행위의 방지에 관해서만이 아니고, 책임의 시의 적절한 적극적인 집행을 통해서 추구되는 정의에 대해서도, (취해져야 할)행위를 지시하지 않으면 안된다」. 예를 들면, 권한의 남용이나 공적자금의 부정 이용, 뇌물 등의 방지에 노력하는 것은 소극론에 그치지만, 차례차례로 등장하는 쟁점에 직면하는 용기, 공적인 활동에서의 성실함이나 강한 인내, 공중에 대해서 적극적으로 대응하는 응답 서비스, 전문적 능력의 개발, 열린 커뮤니케이션 회로의 창조,

필요한 법령개정에 대한 적극적인 몰두 등등이 되면, 이것은 분명하게 적극론으로서의 행정윤리의 전개를 나타내고 있다.

물론, 이러한 소극론에서 적극론으로의 전개에 문제가 없는 것은 아니다. 이미 논한 행정책임의 경우와 마찬가지로, 행정윤리에 있어서도 딜레마상황이 발생한다. 또한, 타테마에(표면적 방침)와 혼네(본심)의 분리는 어디에서라도 볼 수 있지만, 무엇을 해야 할 것인가에 대한 표면적 방침을 이해하고 있다고 치더라도, 본심의 장면에서는 그것을 거절하여 실제 상황 속에서는 일종의 「이중구속」의 상태에 빠지게 된다. 윤리문제는 그것이 개개인의 내면의 양심 문제에 관련되기 때문에 속이 깊은 것이다.

롤즈와 노직(Rawls and Nozick)

효율 개념의 배경에 있는 공리주의에는 비판도 많지만, 효율이라고 하는 기준에 비해 공정이라고 하는 기준은 판정이 어렵다. 왜냐하면, 파레토(Pareto) 최적의 기준이 분명히 하고 있듯이, 동시에 다른 누군가의 상태를 나쁘게 하지 않고, 어떤 사람의 상태를 보다 좋게 하도록 자원을 재편성할 수가 없기 때문이다. 효율 개념에 비하여, 공정의 개념은 정립화가 논쟁적이고, 측정 가능한 개념이 되기 어렵기 때문에, 주관적인 판정 기준이 되지 않을 수 없는 특성을 가지고 있다.

이것을 극복하려고 롤즈는 『정의론』에서 공정으로서의 정의의 논의를 전개했다. 그에게 있어 공정이란 자유롭고 평등한 플레이어가 사회적으로 합의된 룰에 따라 정정당당하게 게임을 실시하는 자세, 공명정대한 태도를 말한다. 사회계약설에서 말하는 자연상태를 「원초적 상태」라 부르고, 사회생활을 시작하기 전에 필요한 규칙을 참가자 전원이 서로 합의해 결정하는 계약의 장을 설정한 것이다.

여기서 원초적 상태에 있는 사람들이 어떠한 배분이나 분배를 선택하는가라는 문제가 중요하게 된다. 사람들의 선택은 2가지 원리의 적용을 받는다. 제1의 원리는 기본적인 자유에 관해서는 전원에게 평등한 권리를 부여하는 것이고, 제2의 원리는 사회적 · 경제적 불평등을 ① 공정한 기회균등, ② 가장 불우한 사람들의 이익의 최대화라고 하는 2개의 조건에 근거해 조정한다는 것이다. 제1원리에서 기본적 자유의 우선성을 확보하고, 제2원리에서 평등과 효율의 조율을 요구한다. 이 제2원리를 「불평등원리」라고 한다.

이에 대해서, 노직은 『아나키 · 국가 · 유토피아』라는 책에서 「최소국가」의 개념을 제시하고, 누구의 권리도 침해하는 일이 없이 최소국가를 실현하려고 하는 무정부주의자(아나키스트)들의 생각에 반론을 덧붙이고 있다.

그의 주장은 주로 다음 3가지로 구성된다. 첫째, 폭력 · 절도 · 사기로부터의 보호, 계약 이행의 강제로 한정되는 「최소국가」만이 도덕적으로 정당화된다. 둘째, 소득 재분배 등 최소 이상의 기능을 수행하려고 하는 「확장국가」는 소유권 등 사람들의 권리를 침해하는 것이 되기 때문에 정당화할 수 없는 것이 된다. 셋째, 최소국가는 도덕적으로 정당할 뿐만이 아니라, 유토피아로서의 매력도 충분히 갖추고 있다.

그런데, 사회적 공정을 추구하는 활동은 궁극적으로 자원배분의 비효율성을 발생시킨다. 다른 면에서 시장 메카니즘을 중심으로 한 효율 추구는 빈부의 차이를 확대해 버린다. 쌍방의 가치가 사회에 있어 필수적이다는 것은 인식되고 있지만, 문제는 그 정도이다. 일반적으로 효율성을 중시하는 사람들은 고전적인 작은 정부를 지향하고, 반대로 공정을 중시하는 사람들은 큰 정부를 지향한다. 따라서 그 균형을 어디에서 찾을지가 과제가 되지만, 그것은 가치판단의 문제이며 각 국민의 선택의 문제가 된다.

이와 같이, 정책이나 행정을 둘러싼 공정과 효율의 가치대립은 오래된 것이면서 새로운 문제이다. 그것은 인간관이나 국가관에까지 미치고, 심오한 철학적 · 윤리적인 문제로 되어 있다(H · T).

참고 문헌

ジョン・ロールズ(矢島近次 監譯)『正義論』紀伊國屋書店, 1979

ロバート・ノージック(嶋津格譯)『アナーキー・國家・ユートピア』 木鐸社, 1994

제8장 행정학의 이론전개

[본장의 학습내용]

지금까지 각 장에서 다양한 이론이 소개되었다. 그것들을 다시 논의하는 것이 여기에서의 목적은 아니다. 행정학은 비교적 젊은 학문분야라고 여겨지고 있지만, 오늘날에는 그 독자적인 이론계보가 있다. 앞으로의 행정학을 전망하는 데에도, 지금까지 걸어 온 자취를 대체로 알아둘 필요가 있을 것이다. 여기에서는 일본의 대표적인 정리 방법에 따라 주요한 이론계보를 정리해 두기로 한다.

1. 행정학설의 취급방법

1) 2개의 계보

행정의 역사는 인간사회의 역사와 함께 오래되었다. 따라서 그 행정에 관한 지식의 집적을 행정학의 이름으로 부른다면, 행정학의 역사도 또한 시대를 거슬러 올라가지 않으면 안된다. 그러나 오늘날 일반적으로 행정학이라고 명명하고 있는 학문분야가 형성된 것은 보다 더 새로운 시대이다.

행정학의 기원에 대해 정설이 있는 것은 아니지만, 일본에서는 예전부터 독일의 관방학 및 거기에서 파생한 슈타인(Lorenz von Stein)의 행정학설을 한 편에 두고, 다른 편에는 지난 세기 말에 아메리카 합중국에서 탄생한 미국 행정학을 배치하여 오늘에 이르는 행정학설의 형성과 전개를 살펴보는 방법이 일반적으로 채용되고 있다. 이것은 일본의 행정학이 메이지 시대에는 전자의 관방학적 행정학으로서 출발하여 오랜 중단을 거쳐 다시 부활하고, 특히 제2차대전 후에는 후자인 미국 행정학의 강력한 영향 아래 놓여온 사정의 반영이기도 하다. 이에 여기서는 대체로 이러한 전통적인 정리방법에 따라서 양 학설을 개관해 보기로 하자. 그런 다음 일본 행정학의 역사를 개략적으로 살펴보고, 특히 전후의 전개를 염두에 두어, 그 전통과 특색을 요약해서 제시하고자 한다.

2) 학설사를 다루는 방법

물론 각각의 학설을 다루는 방법 내지는 이론계보를 정리하는 방법에는 몇 가지가 있다. 주요한 논자의 대표적 저작에 밀착해서 그 논지의 전개를 신중히 접근하는 방법도 있는 반면, 많은 논자들에 의한 다각적인 주장을 과감하게 개괄하고 의미 있다고 생각되는 이론의 흐름을 추출하는 방법도 있다.

같은 학설사에 대한 연구라 할지라도 전자와 후자는 그 기술 스타일이 상당히 다를 것이다. 전자는 한 사람 한 사람의 주요한 논자의 인식이나 이해를 통해서 각각의 시대상황과 이론상황을 이른바 뒤쫓아 체험하면서, 중심이 되는 개념이나 명제의 의의를 확인해 간다. 이에 비해 후자에서는 많은 경우 한 무리의 논자들에 의해 공통적으로 주목되는 실천적·이론적 문제의 발견이 우선이며, 그러한 공통항 부분에 대한 상호응수나 이론제기를 단서로 다소 조감적인 시각으로 흐름에 대한 파악이 이루어진다. 어느 쪽이 뛰어난가 하는 것은 아니고 양자를 분별해서 사용하는 것이 필요하다.

어떻든 이러한 것이 특정한 학문 분야에서의 학설사 검토 작업에서 이루어지는 이상, 공통적인 문제관심을 지배하고 있는 것이 통례이다. 다시 말해 각 학문분야에서의 공유재산의 재확인과 과제인식의 재검토가 그것이다. 도대체 어떤 「인식방법」이 축적되어 계승되어 왔는가, 무엇이 중요시되고 어디에 초점이 맞추어져 온 것인가, 어떤 논점을 둘러싸고 입장 차이가 나타난 것인가, 정설적인 견해는 어떻게 형성되어 왜 다른 견해에 그 자리를 양보하게 된 것인가? 이러한 질문을 통해서 각각의 학문분야의 정체성이 재확인되고 그 계승과 발전, 혁신이 도모되어 가는 것이다.

3) 학설사를 배우는 방법

어느 학문 분야를 보더라도 학설사 공부는 하여튼 무미건조해서 흥미를 잃기 쉽다. 학자들의 이름이 계속해서 나오고 그것들을 계통적으로 정리하는 것만으로도 힘이 든다. 평가가 거의 굳혀진 논자가 있는 반면, 크게 나누어진 논자도 있다. 예를 들면, 관료제의 이론으로 알려진 막스 베버(Max Weber)도 그 중 한 사람이다. 그 방대한 이론의 어디에 주목하는가에 따라 그에 대한 위치부여는 상당히 달라진다. 또한 정설적 이해라 하는 것도 오해와 일방적인 결론에 근거하는 것도 적지 않다. 그리하여 일목요연하게 될 수 없으며, 논의가 어수선해지기 때문에 스스로 어려움을 느끼게 된다.

첫 번째 극복 방법은 각 학설의 시대상황이나 배경과 결부시켜서 이해하도록 노력하는 것이다. 지식사회학적인 이해방법이라고 해도 좋다. 어떤 사회이론도 「시대의 산물」로서의 제약을 피할 수 없다. 따라서 어떤 시대 어떤 사회의 산물인가라는 것에 관심을 쏟는 것이 필요하다. 또 다른 방법은 그것을 전제로 어떤 핵심개념을 이용하여, 무엇을 어떻게 파악하려고 했는지에 유의하는 것이다. 「사물의 인식」은 대상이 되는 세계를 도려낸 것이며, 그 특정한 세계의 파악방법이기도 하다. 그러므로 핵심개념이라고 하는 것은 「사물의 인식」을 언어화(개념화)한 것에 지나지 않는다. 많은 경우 그것은 복수 개념의 조합에 의해 표현되어 추상화된 명제로서 제시되기 때문에, 각각의 개념뿐만 아니라 그 구성에도 주의 하지 않으면 안된다. 비유적으로 말하면, 그것은 주위의 광경이나 환경조건을 둘러보면서, 기와를 쌓고 주거를 만들어 가는 것과 같은 즐거움이 있는 작업인 것이다.

4) 행정학설사의 한정적인 취급

여기에서 다루는 행정학설사의 한정적인 취급방법에 대해서 재차 양해를 구하고 싶다. 상술한 바와 같이, 여기서는 대체로 일본에서 일반적이라고 생각되는 정리 방법을 따르고, 상당히 시대적·사회적 배경이 다른 2개의 주요한 행정학설의 계보를 개관하여, 그런 다음 일본 행정학의 개략적인 역사와 오늘날로 이어지는 전통 및 그 특색을 요약해 제시하는데 그친다. 이러한 취급방법은 현대 행정학의 공유재산의 재확인과 과제인식의 재검토에 도움이 될 수 있도록 하는 학설사의 검토 과제에 비추어 볼 때 매우 불충분할 수밖에 없다.

지금까지 각 장에서의 기술로부터 용이하게 추측할 수 있는 것처럼 현대 행정학에서 취급해야 할 학설이나 이론의 범위는 보다 더 광범위해진다. 이 점에 대해서는 이미 본서의 서론에서 기술한 대로 행정학의 하나의 특징이기도 하다. 오늘날 세계의 행정학 연구에서 이용되는 주요한 어프로치의 개요를 깊이 파악하기 위해서도, 또한 우리나라에서 행정학의 제 연구를 이해하기 위해서도 그 전개에 엄청난 영향을 끼친 인접영역의 이론연구 동향에 대해서 일정한 이해를 필요로 할 것이다. 더욱이 행정학 자체의 학설사적 검토로서도 예를 들어, 프랑스 행정학에 관한 학설연구가 출판되었고, 전전의 일본 행정연구의 역사적 전개를 살피기 위해서는 시정연구나 사회정책연구 등에도 시야를 확대해 몰두할 필요가 있을 것이다. 다음의 서술은 이러한 한계 하의 것이라는 점을 유념해 두었으면 한다.

2. 관방학과 슈타인의 행정학설

1) 관방학의 특질

이른바 관방학(Kameralwissenschaft, Kameralismus, Kameralistik, Cameralism)은 17세기부터 18세기말에 걸쳐 유럽의 거의 중앙부에 위치하는 독일지역에서 발달한 「관방으로부터의 통치」를 위한 제 학문을 총칭한 것이며, 그런 의미에서 「국가경영학」이었다. 따라서 오늘날의 행정학과 비교해서 그 대상범위는 현저하게 넓고, 국민경제 전체로부터 각종 실체적인 정책분야에 이르기까지 다양한 통치기술이 다루어졌다. 여기에서는 절대군주의 재정을 어떤 방안으로 번영시키고, 절대주의 관료제를 통해서 추진되는 그러한 방책을 신민의 복지와 어떻게 결부시켜서 정당화할 수 있을 것인가 하는 것이 중심과제였다.

영국과 같은 선진 자본주의 국가의 중상주의 하에서는 외국무역 내지 식민지경영에 의해 국내의 화폐축적을 증가시키는 데에 중점이 주어졌지만, 독일의 관방학에서는 국외보다 국내의 산업부흥에 주된 관심이 집중되어, 그만큼 각종 산업관련 시책을 보다 더 효과적으로 수행하기 위한 국내행정기구의 정비가 중시되게 되었다. 다시 말해, 선진 자본주의 국가보다 늦게 이른바 「자본의 원시적 축적」에 착수한 독일의 각 주에서는 봉건제에 뿌리를 둔 신분제적 특권이나 그것을 뒷받침하는 특권적 자유에 한 쪽에서는 대항하면서, 다른 쪽에서는 신민의 공사에 걸친 생활 영역을 통제하기 위해서 행정 기구를 통한 절대주의적인 「규율화」(Ordnung)가 필요하게 된 것이다.

이러한 일반신민의 생활의 윤리적 측면이나 경제활동에 대한 상세한 규제가 「Polizei」(경찰)라고 일컬어지는 국가활동이었다. 관방학은 「Polizei학」(경찰학)으로서 확립된 것이다.

2) 관방학의 전개

약 1세기 반에 걸친 관방학의 전개는 그것이 「Polizei학」으로서 확립된 18세기 전반을 경계로 크게 이분된다. 「전기 관방학」으로부터 「후기 관방학」으로의 전개이다. 30년 전쟁(1618~48년) 후 신성로마제국에서 영방주권이 인정된 각 영방국가의 군주들은 절대군주제의 확립을 목표로 해서 경쟁을 시작했지만, 영방군주를 보좌한 측근들이 궁정관리 내지는 그것과 분리한 영방행정을 담당하기 위하여 집무한 장소가 「관방」(Kammer)이며, 그 「관방으로부터의 통치」를 위한 학문으로서 관방학이 형성된 것이었다. J. J. Becher, P. W. von Hörnigk, V. L. von Seckendorff 그리고 W. F. von Schröder 등이 그 대표자다. 이들은 프로이센을 비롯한 각 영방의 군주들에 대하여 하나하나 구체적으로 실천적인 정책을 담은 저작을 앞다투어 집필했다. 도나우-라인 운하의 제창 등도 그 구체적 정책의 하나이다.

그러나 관방학이 「국가경영학」으로 각광을 받게 된 것은 18세기 이후이며, 프로이센 국왕 윌리암 1세의 명령에 의해, 20년대 후반에 하레대학, 이어서 프랑크푸르트 대학에 관방학 강좌가 마련되면서부터이다. 영방국가의 행정실무에 종사하는 인재를 육성하는데, 종전의 로마법 중심의 법학교육으로는 이미 충분하지 않아, 보다 더 행정실무에 대응한 관방학이 중요시 된 것이다.

18세기 후반이 되면 관방학 강좌가 점점 많은 대학에서 개설되어, 오스트리아에서도 빈 대학 등에 설강되게 된다. 이 과정에서 가정학, 재정학, 정치학, 국가학 등과의 관련에서 Polizei학의 윤곽이 명확히 되어 그 자립화가 도모되었다. Polizei학의 자립화와 그것을 중심으로 한 「국가경영학」으로서의 관방학의 체계화에 힘쓴 것으로 알려진 인물이 J. H. G. von Justi이다. 이 때문에 후년 「행정학의 아버지」라고 칭해지게 된 그는 프리드리히 2세(대왕) 치세 하의 프로이센에서 「Polizei학의 기본원리」, 「국가가정」, 「국가권력과 행복의 기초」 등을 잇따라서 출판했지만, 주요 저서 「국가가정」의 표제가 제시하는 바와 같이, 그에게 있어서 국가의 통치는 이른바 대규모적인 「가정」으로 파악되어, 그 주요 기능에 맞추어 국가의 통치 내지는 경영에 관련된 여러 학문이 계통적으로 배치되어 있었다. 다시 말해, 국가재산의 유지증대에 관련된 학문으로서의 정치학, 협의의 Polizei학, 가정학의 계보와, 국가재산의 합리적 사용에 관련된 학문으로서의 재정학의 계보로 크게 이분되어 그 쌍방을 포괄하는 관방학의 체계화가 시도된 것이다.

유스티 이외에도, 후기관방학을 대표하는 논자로서 오스트리아에서 다양한 법전편찬과 제도개혁에 참가한 J. von Sonnenfels, Polizei학을 법적으로 고찰한 선구자 G. H. von Berg 등이 알려져 있다. 18세기말부터 각 영방에서 왕성하게 된 법전편찬사업의 사상적 지주가 된 것은 자연법론 내지 자연법철학이 있으며, 19세기에 들어와 독일 각 영방이 나폴레옹에게 패배해 이미 명목적 존재가 되어 있던 신성로마제국이 붕괴된 이래, 관리임용시험에서의 중점은 관방학으로부터 법률학으로 재회전하게 되었다. 절대군주제의 종식과 함께 관방학은 쇠퇴하고, 내재적·외재적 요인에 의해 새로운 장식을 한 사회 제 과학으로 분해해 간 것이다.

3) 전환기의 이론 경향

뒤늦게 국민국가의 형성을 지향한 독일에도 드디어 「근대화」의 물결이 몰려들고, 근대적으로 재 정의된 정치와의 관계에서 행정의 본질을 재검토하려는 움직임이 주로 법학적 고찰을 통해서 이루어지게 되었다. 다시 말해, 19세기 초두의 나폴레옹 전쟁으로 3월 혁명후의 각 영방에서 헌법투쟁을 거쳐, 군주의 통치권력에 의해 유지할 수 있었던 Polizei의 작용을 의회에서 정립된 법률에 의해 구속하려고 하는 공법학적 관념이 서서히 정착되기 시작한 것이다.

19세기 전반 Polizei학을 강의하면서 행정법학의 독립을 지향한 Robert von Mohl은 바로 그 전환기를 대표하는 논자였다. 19세기 후반이 되면, 국가와 국민의 관계를 쌍면적인 관계로서 파악한 K. F. W von Gerber나 국법학의 P. Laband 등을 거쳐, Otto Mayer에 이르러 결국 근대적 행정법학이 확립되게 된다.

몰로부터 오토 마이어에 이르는 시기에 그들의 공법학적 고찰과 부분적으로 교차하면서, 그러나 그것과 비교하면 상당히 광범위한 관점에서, 독일에서의 현실적 국가와 사회를 이론적으로 파악하려고 하고, 행정의 본질을 구명하려고 한 사람이 로렌쯔 폰 슈타인이었다. 그도 또한 법학적 연구로부터 출발했지만, 프랑스 법제사의 연구를 위해서 파리에 간 그의 관심을 끌어당긴 것은 근대시민사회에서의 「가진 자」와 「가지지 못한 자」와의 계급적 대립이었으며, 이로부터 생성되는 사회운동의 모습이었다. 「국가」가 무엇인지를 알기 위해서는 그에 앞서서 「사회」를 알지 않으면 안된다. 「모든 국가의 역사는 본질적으로 동시에 사회의 역사이어야 한다」는 기본적 인식 아래, 슈타인은 시민사회를 「욕구의 체계」라고 파악한 헤겔(George. W. F. Hegel)의 철학과 생시몽(Claude Saint-Simon) 등과 같은 프랑스 사회사상에 의해 계발되면서, 독일의 현실에 적합한 독자적인 이론구축을 모색하였다.

슈타인이 프랑스 사회운동의 역사적 분석에서 배운 것은 「지난 세기 말 국민 속의 하나의 신분이 국가에 대한 투쟁에 일어선 것처럼, 이번에는 국민 속의 하나의 계급이 사회의 전복을 계획하고 있다. 다음 혁명은 바야흐로 사회혁명밖에 있을 수 없다」(브라지우스)는 것이었다. 그러나 당시의 독일은 어떠했는가? 독일에서는 국가통일을 목표로 한 국민적 정치운동과 자유주의적인 사회발전을 추구하는 운동이라는 상반된 2개의 운동이 서로 얽혀 끊임없는 긴장을 초래하고 있었다.

슈타인에게 전면적으로 공화주의적인 인민주권의 실현을 전제로 구성된 실정적 헌법이라고 하는 이념은 실체가 수반되지 않는 추상물에 불과했다. 즉 통일국민국가의 형성이라고 하는 대과제 앞에 공화주의적인 법치국가이념을 일면적으로 강조할 수는 없었던 것이다.

4) 슈타인의 행정이론

슈타인의 이론에 나타난 혁신성과 보수성의 양면성은 이처럼 그가 관심을 가진 프랑스와 그가 살아 온 독일·오스트리아와의 역사적 발전의 낙차에 기인하는 것도 컸다. 슈타인의 이해에 의하면, 계급적 균열에 시달린 사회는 이미 스스로 공동생활질서를 회복하고 그것을 유지할 수 없기 때문에, 그 질서를 회복해 보유하는 능력은 국가 측에서 제공하지 않으면 안된다. 유기적인 질서형성의 주체로서의 국가의 등장이다. 국가는 사회가 지배적인 이해에 봉사하기 위한 것이 아닌 사회생활 전체에 공통되는 이해를 최우선으로 하고, 끊임없이 발생하는 계급적 대립을 지양한다는 임무를 지게 된다. 프랑스 혁명에 대체할 수 있는 새로운 개혁모델이 제시되지 않으면 안 되었던 것이다. 사회에서의 부자유와 불평등의 극복을 목표로 하고, 동시에 유기적으로 통일된 국민국가를 실현하는 것, 이를 위해 슈타인이 내세운 것이 이른바 「사회왕제」이론이었다. 이것은 절대군주제의 부정과 인민주권의 부정이라는 양 측면을 갖는 일종의 국가유기체설에 다름 바 없다. 여기에서 국가는 「자율적이고 자동적인 인격으로 향상된 인간의 통일체」로 정의되어 고유한 의사와 행위의 주체로 설정되는 것이다.

국가의 제1원리가 국가의사의 형성에 관련된 <헌정>(Verfassung)이며, 그 제2원리가 국가의사에 근거한 집행행위에 관련된 <행정>(Verwaltung)이다. <헌정>이란 국민이 다양한 의사로부터 통일적인 국가의사를 형성하는 「형식」이며, 개개 국민의 국가의사형성에의 참여를 보장한 「국가적 자유」에 의해 유지되지 않으면 안된다. 이렇게 형성된 국가의사는 사회의 이해대립을 초월한 「중립성의 원칙」에 따라서 국가기관을 통해서 집행된다. 그것이 <행정>이다.

슈타인의 행정학설에서 중요한 것은 국가원리의 내용을 이루는 <헌정>과 <행정>과의 관계를 어떻게 볼 것인가 하는 것이었다. 그것을 집약적으로 표현하는 유명한 어구가 「행정 없는 헌정은 무내용이며, 헌정없는 행정은 무력하다」는 것이다. 이러한 표현은 쯔지기요아키에 의하면, 「행정은 어디까지나 헌정원리의 단순한 구체화 과정을 의미하는 것이 아니고, 오히려 헌정의 구체적인 가치 그 자체가 행정이 가지고 있는 현실적인 가치에 의해 규정되는 관계」에 있다는 것을 보여주고 있다.

헌정과 행정의 관계는 일방적·일면적인 것이 아니다. 「행정에 대한 헌정」과 동시에 「헌정에 대한 행정」이라는 이중의 의미 관계가 함의되어 있는 것이다. 행정은 이미 절대제 군주의 무제약적인 의사에 근거지워진 것이 아니다. 헌정원리에 의해 틀 지워져 구속되는 관계에 있다. 그렇다면 행정에 대한 헌정의 절대적 우월성을 나타내는 법치행정의 이념과 다를 것이 없지 않은가? 일면에서는 확실히 그렇다. 그러나 거기에 머물지 않는다. 상술한 바와 같이 부자유와 불평등의 연원이 사회에 있다고 한다면 그 사회를 구성하는 시민층이 국가의사형성에 참가하는 것만으로는 불충분하며, 사회에 불가피하게 출현하는 부자유나 불평등의 극복을 위해서 사회개혁이

행정정보의 수집술(1) : 출판정보

출판정보를 수집하는 비결은 자신이 고안할 수밖에 없다. 왜냐하면 지적 무장의 방법은 평상시 네트워킹의 산물이기 때문이다. 나의 출판정보는 3단계 수집방법을 통한 것이다. 나의 출판정보 수집술을 소개한다.

첫째, 서점에서의 정보수집이다. 서점에 일정한 사이클로 드나들면 신간서적 정보를 얻기 쉽다. 나의 경우 서점은 집 근처의 서점, 대학서점, 대형서점, 전문서점 4종류가 있다. 가까운 전문서점, 10% 할인의 대학서점, 양이 많은 대형서점, 양서나 헌책 전문점, 이처럼 서점은 각각 개성이 있기 때문에 그 잇점을 최대한 살리는 편이 좋다. 어떠한 책이 놓여 있는가? 책표지에는 무엇이 쓰여 있는가? 출판사와 서점이 소비자에게 보내는 메시지를 주의 깊게 보면서, 그들의 영업노력을 즐겨보는 것도 좋다. 丸善, 紀伊國屋書店, 北澤書店에 가서 직접 손에 들고 읽는 경우가 많다. 참고로 서점의 점원이 양서를 찾을 때에는 서명 아래 출판사명으로 찾는다고 한다.

둘째, 출판사의 각종 정보를 이용하는 것이다. 나는 신간도서정보를 수집하기 위해서 동경대학출판회의 『UP』, 有斐閣의 『書齋の窓』, 岩波書店의 『図書』, みすず書房의 『みすず』, 일본서적출판협회가 월 2회 발행하는『これから出る本』 등을 활용하고 있다. 거기에 게재되어 있는 잡문도 흥미롭게 보면서, 간행예정 정보나 타 출판사의 출판광고를 주의 깊게 볼 필요가 있다. 책표지나 광고문은 출판편집자가 한정된 글자수로 필요 최대한의 정보를 제공하려고 하는 것이기 때문에, 이것을 무시하거나 소홀히 하지 말기를 바란다.

내 연구실에 매월 1회, ナウカ, 極東書店, 丸善, 紀伊國屋書店 등으로부터 재고목록 정보가 오는데, 이것도 중요한 정보원이다. 또한 인터넷을 통해 책을 검색하고, 해외로부터 직접 구입하는 방법도 모색하기 바란다. 서점에 갈 때에는 반드시 무료 출판정보 책자를 받기 바란다.

그러나 셋째, 무엇보다 중요한 것으로, 신뢰할 만한 간접적인 정보원을 갖는 것이다. 나는 문제관심이 가까운 여러 연구자의 업적을 계통적으로 마크해서 읽고 있다. 나는 이것을 「추적:おっかけ」이라 부르는데, 전반적으로 신뢰할 수 있는 연구자들이 인용하고 있는 책이나 잡지를 수첩에 메모하는 것이 일과이다. 나의 수첩은 구입해야 할 책이나 복사해야 할 논문으로 가득 차 있다.

더욱이 귀로 들은 학문도 뺄 수 없다. 친구나 선배들이 여럿 모이면, 최근 발행된 책 중에서 재미있는 책이 화제가 되는 경우가 많다. 귀로 정보를 얻을 수 있는 중요한 원천이다. 예전에 지도교수의 연구실에 갔을 때 쌓여져 있는 영서책을 반드시 수첩에 메모해 두었다. 「그

> 것들은 아직 책값을 지불하지 않았기 때문에(대금 미지불로 구입할 지 말지 아직 결정하지 않았기 때문에 빌려줄 수 없음) 빌려줄 수 없다」고 했지만, 「나는 괜찮다」고 하면서 빌려서 복사하였다. 지금 생각하면 부끄러운 일인데, 뻔뻔스러운 신경을 가지고 있었던 것이다(H · T).

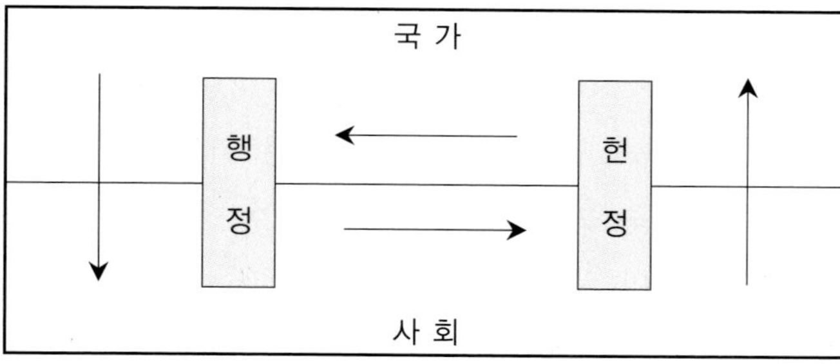

도표 8-1 슈타인의 헌정 · 행정이론

필요한 것이고, 거기에 행정의 헌정에 대한 독자성과 그 중요성의근거가 인정되는 것이다.

슈타인의 경우 「사회왕제」 내지 「사회개혁의 왕제」라고 하는 것은 틀림없이 입헌군주제의 통치형태이며, 그가 그 옹호자이었던 것은 확실하다. 그러나 여기에서 중요한 것은 행정을 「활동하는 헌정」 내지는 「살아있는 헌정」이라고 파악하고, 헌정원리로 해소할 수 없는 행정의 독자적 가치를 찾아낸 그의 통찰력이 그 입론의 시대적 제약성을 넘어, 현대국가에서의 행정의 역할을 분석하려고 하는 우리들에게 중요한 시사를 주는 것이다. 기술한 대로 관방학이 쇠퇴하고 나서의 독일에서 행정이론의 중심은 행정법학이며, 「법률에 의한 행정의 원리」가 그 기축에 놓이게 되었지만, 그것만으로는 파악할 수 없는 행정의 적극적 기능에 착안하는 시각이 제시되고 있었던 것이다.

3. 미국 행정학의 형성과 전개

1) 미국 행정학의 형성배경

독일에서 근대적 행정법학이 확립된 시기에 대서양 건너 미합중국에서는 전혀 다른 역사적 배경 하에서 독자적인 행정이론을 형성하려는 움직임이 시작되고 있었다.

유럽의 절대군주제 국가로부터 이탈해온 이민에 의해 황야에 건설된 국가인 미합중국에서는 당초부터 근대 민주제의 확립이 과제로 되어 독특한 미국식 민주주의가 전개되었다. 연방주의자와 반연방주의자와의 타협의 산물인 합중국헌법 체제 하에서 철저한 권력분립·견제균형원리의 제도화가 추진되어 연방의회와 대통령과의 대항관계도 그 일환을 구성하는 것이었다.

거기에는 집권적인 관료제에 대한 경계심이 널리 보이며, 대통령의 관직임명권에 관해서도 상급공무원의 임명에 대해 상원의 권고와 동의를 필요로 하는 취지의 규정이 헌법에 놓여져 있다. 이에 대해 대통령은 의회의 다수파에 대항할 수 있는 신임할 만한 부하 확보에 노력하지 않으면 안되었지만, 동일한 정치적 신조를 공유할 것을 임명기준으로 하게 되면, 자연히 소속정당에 의해 판단되지 않을 수 없다. 합중국의 통치기구를 특징짓는 이원적 대표제 하에서는 정당에 대해서 선거민의 의사를 매개하는 그 본래적 역할 이외에 경합하는 대통령과 의회를 연결지우는 독자적인 연결기능을 수행할 것이 기대되어, 정당정치의 형태에 의해 행정의 형태도 강하게 규정되게 되었다.

정당정치의 전면적 지배의 귀결이 공무원인사에서의 정실임용

(patronage)의 발달이며, 엽관제(spoils system)의 정착이었다. 상급공무원의 경질정책은 반 연방주의 진영의 리더였던 제퍼슨(Thomas Jefferson)이 제3대 대통령이 된 19세기 초부터 이미 현저하게 나타나지만, 엽관제가 정착한 것은 이른바 버지니아 족벌의 추방을 진척시킨 제7대 대통령 잭슨(Andrew Jackson)의 시대였다. 잭슨니안 민주주의 하에서 정착한 엽관제는 한 줌의 특권적 관료집단의 형성을 저지하려고 한 민주적 관념이 뒷받침되었지만, 그 뒤 미국 사회가 남북전쟁을 거치고, 농업사회에서 공업사회로 변용됨에 따라 예기치 못한 전개를 보이게 된다. 계속된 경제적 불황과 그에 따른 실업의 증대, 도시 슬럼의 발생, 노동운동의 대두, 트러스트 형성 앞에 각 수준의 정부는 효과적으로 대응하지 못하고, 정치적 · 사회적 부패가 대도시를 중심으로 극에 달하게 되었다. 그리고 그러한 부패에 대항해서 광범위한 개혁운동이 20세기 초반에 걸쳐 전개되게 된 것이다.

개혁자들에게는 개혁의 대상이 된 「정치」란 부패한 정당정치였다. 그것은 공식적인 통치기구 밖의 정당 기계에 의해 마음대로 지배되는 이른바 「machine politics」이며, 선거전의 전리품(spoils)으로서의 공직분배를 만들어 내는 「spoils politics」였다. 그러한 의미에서의 「정치」로부터 행정을 떼어내는 것, 그것이 그들의 목표가 된 것이다. 이러한 개혁운동의 전개를 배경으로 한 각 수준에서의 「좋은 정부」(good government)의 실현을 위해 형성된 것이 정치 · 행정 이원론을 주축으로 한 미국 행정학이다.

2) 윌슨과 굿나우

미국 행정학은 제28대 대통령이 된 윌슨(Woodrow Wilson)이 젊은 시절에 기고한 소론「행정의 연구」(1887년)에 의해 탄생되었다. 그것은 공무원제도 개혁의 역사에서 획기적인 의의를 가지는 펜들톤법(Pendleton Act)이 제정된 지 4년 째, 그리고 연방행정의 확대를 나타내는 구체적 표상인 주간통상법이 제정된 그 해였다. 그 후 굿나우(Frank J. Goodnow)의『정치와 행정』(1900년)을 거쳐, 제1차 세계대전 직전에 윌슨이 대통령에 취임한 때에 벌써 행정학은 정치학의 1분야로서 인지되게 되었다.

윌슨은 잡지 정치과학에 게재된 상기의 논문에서 행정연구의 목적을 정부가 해야 할 일의 확정과 그것을 최대한의 능률과 최소한의 경비로 실시하는 방법의 발견을 위해, 이른바 전제조건으로서 정치와 행정의 명확한 구별을 주장했다. 그의 이해에 의하면, 정치의 본래적 기능은 통치의 일반적 계획을 정하는 데에 있으며, 그 일반적 계획을 구체적으로 수행하는 수단으로서의 행정과는 직분을 달리하는 것이었다. 정치와 행정의 관계에 대해서 윌슨의 언설은 분명 명확하지 않은 부분이 있지만, 정치와 행정의 개념상의 구별 자체보다도 현실의 광범위한 정치개혁에 도움이 되는 새로운 학문적 노력의 필요성을 주장하는 데에 그의 의도가 있었다.

이리하여 윌슨은 행정의 영역을 정치 고유의 영역 밖에 있는「사무(business)의 영역」으로서 파악하고, 미국과는 달리 강고한 관료제 조직을 가지고 있었던 독일이나 프랑스와의 비교를 통해서 당시의 실천적인 정치개혁과제에 부응할 수 있는 행정학을 수립하는 것이 필요하며, 나아가 그것이 가능하다는 것을 주장한 것이다. 물론 독일이나 프랑스와의 차이를 무시해서 이러한 주장을 한 것은 아니다. 그들 절대국가의 중추를 이룬 전통적 관료제에 대한 민주적 통제가 과제로 된 데에 비해서, 근대부터 출발한 미합중국에서는 정당정치의 전면적 지배 하에서 행정의 영역이 용이하게 분화·자립하지 못하고, 관료제라 할 수 있을 만큼의 확고한 행정기구가 확립되지 않았기 때문에, 부패한 정당정치 앞에 근대적·합리적인 관료제를 만들어 낼 필요에 직면하여 거기에 이바지하는 것으로서 행정학의 수립이 요청되게 된 것이다.

윌슨보다 다소 늦게 더욱 상세하게 능률적인 행정을 가능하게 하기 위한 정치와 행정관계의 바람직한 방향에 대해서 검토를 가한 것은 행정법학자로서 출발한 굿나우이다. 그도 또한 독일이나 프랑스 등 서구 여러 나라와 미국의 비교연구에 종사하면서 州權으로부터의 도시의 독립을 요청한 개혁운동의 실천에도 관여하고, 도시의 자치헌장(Home Rule Charter) 제정에 힘쓴 한 사람이었다.

굿나우는 상기의 저작에서 국가의사의 표현을 정치, 그 집행을 행정으로 한 이원론을 제시하고, 후자로부터 사법을 제외한 협의의 행정에 대해서 다시 3개로 나누어 설명했다. 즉 ① 법률의 일반적 규제의 범위 내에서 구체적 사안을 심사하는 준사법적 기능, ② 단순히 법률의 집행에 그치는 집행적 기능, ③ 복잡한 행정조직의 설립 및 보유에 관련된 기능이다. 그의 이해에 의하면, 이들 가운데 정당의 통제가 필요한 것은 ②이며, ① ③에 대한 정당의 개입은 선보다는 악을 낳는 결과가 되기 쉽다는 것이다.

여기서 볼 수 있는 것처럼, 굿나우의 문제는 정치와 행정을 단순히 구분할 뿐만 아니라, 민주정치 하에서 필요하고 정당한 행정에 대한 정치적 통제의 범위와 그 한도를 찾아내는 데에 있었다. 그에 관해서 「정치와 행정의 분리를 행했을 뿐만 아니라, 동시에 양자의 관련을 민주주의와 행정의 조정 문제로서 제출했다」(辻清明)라고 말하여지는 까닭이다.

3) 과학적 관리법

정치와 행정의 분리를 슬로건으로 하면서 공무의 실천적 개혁을 과제로 하여 형성된 미국 행정학은 테일러(Fredrick W. Taylor)의 「과학적 관리법」으로 대표되는 기업조직의 능률증진운동 및 그것에 결부되어 등장한 대도시를 중심으로 한 행정조사운동의 영향을 받으면서, 1920년대부터 30년대에 걸쳐서 급속한 발전을 이룩하게 되었다.

공장생산의 작업능률을 높이려고 한 능률증진운동은 19세기말부터 전개되었지만, 그것을 체계적으로 제창한 것이 테일러였다. 그의 주요 저서는 『직장관리』(1903년) 및 『과학적 관리의 제 원리』(1911년)이다. 후자가 널리 사회의 주목을 끌고, 과학적 관리법의 이른바 바이블로 여겨져 왔다. 당초는 노동운동의 반발을 초래했지만, 테일러의 의도는 과학적 관리 메커니즘 적용에 의한 노사 쌍방의 「정신적 태도 및 관행의 완전한 혁명」을 통해서 노사간의 우의적 협조를 도모하는 것이었다.

테일러에 의하면, 관리란 엔지니어링와 마찬가지로 정확한 법칙에 의거해서 질서 지워져야 할 아트(art)이지, 그것을 「인간의 문제」로 해소해 버려서는 안된다. 일의 내용을 과학적으로 분석하고, 그 분석 결과에 근거해서 합리적인 작업방법을 결정하는 것이 아니면 안된다. 여기서 말하는 과학적 방법이라는 것은 「시간연구」(time study) 또는 「동작연구」(motion study)이다. 그 과학적 데이터에 근거해서 표준작업량, 과업의 배분, 임금 지불방법을 정하고, 주어진 조건 하에서 「유일한 최선의 방법」(one best way)을 모색하지 않으면 안된다는 것이다.

능률증진운동을 뒷받침한 과학적 관리법의 관념은 국제적으로 유포되고, 러시아 혁명의 지도자 레닌(V. I. Lenin)에 의해서도 논평될 정도였지만, 그러한 국제적인 보급뿐만 아니라, 그 영향은 기업의 경영관리분야를 넘어 공공행정에서도 더욱 넓게 미쳤다. 1906년에 설립된 뉴욕 시정조사회에 의해 최초로 이루어진 행정조사 운동도 그 하나이며, 윌슨에 의해 「사무의 영역」이라 규정된 행정을 능률화하고 「과학화」하는 데에 과학적 관리법 철학은 다대한 공헌을 한 것이었다. 1911년의 「절약과 능률에 관한 대통령 위원회」, 1910년에 시작된 시정관리인제(city manager system) 운동, 1921년의 예산회계법의 성립, 1923년의 직계법(職階法)의 제정 등은 모두 사기업의 합리화된 관리체계를 모범으로 진행된 개혁운동의 성과였다.

4) 정통파의 하이눈

공공행정도 사경영도 같은 행정(administration)인 점에서 공통의 법칙적 관계를 가지고 있을 것이며, 동일한 원리·원칙에 의해 지배되고 있을 것이라는 신념을 뒷받침으로 미국 행정학은 1930년대까지 사기업을 주된 대상으로 한 당시의 「관리의 과학」과 일체화되게 되었다. 미국 행정학에서 최초의 체계적인 교과서인 화이트(Leonald D. White)의 『행정학 입문』(1926년)이나, 윌로비(Williham F. Willoughby)

『행정의 제 원리』(1927년)를 거쳐, 30년대 후반에는 「정통파의 하이눈」이라 일컬어지는 절정기를 맞이한 것이다.

이 시기의 대표적 저작이 워익(Lyndall F. Urwick)과 귤릭(Luther H. Gulick) 두 사람에 의해 편집된 『관리과학 논집』(1937년)이다. 워익은 제네바의 국제경영연구소의 소장도 역임한 국제적 경영학자이며, 테일러의 과학적 관리법과 프랑스의 페이욜(Henri Fayol)의 관리이론을 결부시키고, 더욱이 무니(James D. Mooney) 등의 관리조직이론을 많이 배워, 경영관리이론 체계화를 시도한 인물이었다. 또한, 귤릭은 전통이 있는 뉴욕 시정조사회에 부설된 미국 전미행정연구소의 소장을 장기에 걸쳐 역임하면서 수많은 연방부처 및 주지방정부의 조사연구활동에 종사했지만, 그중에서도 루즈벨트(Franklin D. Roosvelt)대통령에 의해 설치된 「행정관리에 관한 대통령자문위원회」에서 3명의 위원 중 한 명으로서 예산국을 중심으로 한 대통령부의 중추관리기구 구상을 추진한 것으로 알려져 있다. 두 사람이 편찬한 상기의 『관리과학 논집』은 대통령자문위원회의 심의에 이바지하기 위한 참고자료였다.

19세기 말에 윌슨 및 굿나우에 의해 정치학을 모태로 하여 형성된 미국 행정학은 이렇게 1930년대 후반에 이르러, 기업조직을 대상으로 하나의 경영관리론 내지 「관리의 과학」과 일체시키고, 39년에는 미국 정치학회의 일부분으로부터 독립하여 미국 행정학회를 설립하게 되었다. 탄생 이후 40여 년을 거치면서 독립된 학문분야로서 제도적으로 자립화한 것이다.

5) 행정관리론의 확립

1930년대 후반에 하나의 정점을 맞이한 미국 행정학을 일컬어 「POSDCORB행정학」이라고 자주 칭한다. 여기에서 POSDCORB란 귤릭이 페이욜의 관리이론으로부터 시사를 얻은, 조직체의 주요한 7개의 관리 기능(planning, organizing, staffing, directing, coordinating, reporting, budgeting)을 나타내기 위해서, 이들의 머리 문자를 조합시켜서 만들어 낸 조어이지만, 「POSDCORB행정학」이라고 하는 경우는 대체로 그 조어에 집약적으로 표현된 전통적 행정학의 학문적 미숙함을 강조하고 비판적으로 파악하려는 맥락에서 사용되고 있는 것 같다.

그러나 POSDCORB행정학을 문자 그대로 대표하는 귤릭의 관리 및 조직에 관한 개념화는 윌슨 및 굿나우의 시대와는 다른 시대적 배경과 문제관심 하에서 형성된 행정관리론으로서의 미국 행정학의 확립을 가리키는 것으로서 학설사상 정당한 자리매김이 되어져야 한다. 그는 30년대 전반에 뉴딜과 관련지워서 정치와 행정의 관계를 논한 논문에서 행정의 과정은 「결정-행동-결정-행동의 연속적 과정」에 지나지 않으며, 정책결정과 집행을 준별할 수 없다는 인식에서 행정학의 아버지들이 주창한 정치·행정 이원론에 대체하여 「정책거부권」(policy veto)과 「정책의 입안·집행」(policy planning and execution)과의 「권력분할의 신이론」을 제창한 것이었다. 나아가 「관리과학 논집」에 수록된 관리조직이론을 전개한 것이다.

따라서 POSDCORB의 조어도 그것과 함께 유명한 그의 部省편성론도 그리고 「행정의 가치척도에서의 제1공리」로써 능률의 가치를 설정한 것도, 종전의 정치·행정 이원론과는 단순히 동일시할 수 없는 문제관심에서 구성된, 종전의 개념화를 재검토하는 작업의 중간적 보고로써 파악할 필요가 있을 것이다. 그가 위원으로서 참여한 대통령자문위원회의 보고 이후, 공공행정에서 빈번히 이용되는 「행정관리」(administrative management)의 개념도 그 예외가 아닌 것이다.

「행정관리」의 개념은 보는 바와 마찬가지로 administration과 management를 결합시킨 개념이지만, 그 어느 쪽을 상위에 둘 것인가, 각각 어떻게 정의할 것인가는 차치하고, 30년대까지의 관리조직이론에서는 거기에 organization을 덧붙여 3개의 개념을 명확히 구별하고 각각의 고유한 분야를 다른 것으로부터 준별해서 설정하는 개념화의 방법이 주류를 점하고 있었다. 여기에 대해 귤릭은 정책결정에 관련된 administration과 인사관리를 포함하는 협의의 management를 결부시키고, 그것들을 포괄한 관리조직이론을 구성하려고 한 것이었다.

워익과 공동편집한 『관리과학 논집』에서는 독자적인 기능주의이론을 전개한 폴레트(Mary P. Follett)나 이른바 인간관계론을 만들어 낸 「호손실험」의 이론적 지도자들의 논문도 수록되어 있으며, 이것은 결코 「인간적 요인」을 무시한 「기계 모델」에 의해 지배된 것은 아니다. 오히려 「인간적 요인」의 중요성을 재인식하고, 그 이론적 포섭을 도모하려고 한 점에서 행정관리론이 성립할 수 있었던 것이다.

6) 이원론에서 일원론으로

정치 · 행정 이원론을 주축으로 형성된 미국 행정학은 뉴딜기를 배경으로 집정권의 강화에 이바지하기 위한 행정관리이론으로서 확립됐지만, 그때까지의 정통파 행정학에 대한 각 방면으로부터의 통렬한 비판이 일어나고, 드디어 「정체성의 위기」에 부딪치게 된다. 무엇이 또한 누가 정통파인지가 구별하기 힘들게 된 것이다.

정통파 행정학에 대한 비판 중에서 제일 먼저 들지 않으면 안 되는 것이 종전의 정치·행정 이원론에 대한 비판이다. 앞서 지적한 대로, 30년대 전반에 이미 귤릭에 의해 행정학의 아버지들의 이원론은 「시대의 산물」에 지나지 않으며, 그것을 극복하지 않으면 안된다는 것이 명확히 인식되었지만, 30년대 후반이 되면 정치-행정 관계를 배타적인 것으로서가 아니라, 「정합적」 「연속적」과정으로 간주하는 견해가 잇따라 표명되어, 1940년에는 새로운 행정책임이론을 제시한 프리드리히(Carl J. Friedrich)에 의해 「동일과정에 밀접하게 연계된 2측면」에 지나지 않는다고 선언되기에 이르렀다.

제2차 대전 이후도 이러한 경향이 계속되어 정치-행정 관계를 단순히 「정합적」 「연속적」으로 파악할 뿐만 아니라, 행정부에서의 정책입안·형성기능에 중점을 두어 그 정치적 측면을 강조하는 견해가 예를 들어, 애플비(Paul H. Appleby) 등의 행정실무 경험자로부터 나타나게 되었다. 애플비의 저작 『정책과 행정』(1949년)은 「행정이란 정책형성(policy making)이며……많은 기본적 정치과정의 하나이다」라고 결론지우고 있다.

애플비로 대표되는 견해는 50년대에 유행한 사례연구에 의해 보강되어, 《정치로서의 행정》(public administration as politics)으로 요약된 시각이 성립하게 되었다. 이리하여 50년대 중반에 다시 귤릭에 의해 전통적 이원론의 붕괴 선언이 나온 것이다. 이것이 「정치·행정 이원론에서 정치·행정 일원론으로」라고 개괄되는 학설사상의 회전이다. 정치학의 모태로부터 만들어진 미국 행정학은 한 때 기업조직을 주요한 생성 토양으로 하는 관리조직이론과 일체화하면서, 여기에 다시 정책결정과정의 분석을 중심으로 정치학의 한 분야로서의 자리매김을 부여받게 된 것처럼 보인다.

7) 연구 방법의 비판

정통파 행정학에 대한 비판이 상기 이원론에 대한 공격을 시종일관한 것은 아니다. 현실의 행정이 수행하고 있는 정책형성기능에 초점을 둔 현실주의로부터의 비판에 덧붙여, 보다 이론적인 비판이 신진기예의 정치·행정학자들에 의해 차례차례로 이루어졌다. 달(Robert A. Dahl), 사이먼(Herbert A. Simon), 왈도(Dwight Waldo)에 의한 비판이 그 대표적인 예이다.

달은 자연과학과 동일한 의미에서의 「행정의 과학」이 성립할 수 있을 것처럼 사고하는 나이브한 견해에 대해서 의문을 제기하고, 규범적 가치의 명확한 자리매김, 인간행위의 경험적 분석, 비교연구에 의한 일반화 노력이 필요하다고 주장했다. 또한, 사이먼은 실무경험에 의거해서 관리나 조직의 일반원리를 추출하자고 한 「원리 접근」에 엄중한 비판을 가하고, 대개 원리화하는 것은 그것만을 보면 지극히 그럴 듯하지만, 많은 경우 마찬가지로 그럴 듯하게 보이는 서로 대립하는 다른 원리와 세트가 되어 있으며, 일종의 격언에 지나지 않는다는 것을 지적했다. 그리고 왈도도 또한 자연과학적 방법의 직접 적용에 부정적인 입장에 서서 「원리 접근」을 비판함과 동시에 특히 정통파 행정학에서 금과옥조처럼 여겨진 능률가치에 대해서, 능률 그 자체보다도 무엇을 위한 능률인가가 중요하다는 것을 강조한 것이었다.

정통파 행정학에 대한 이러한 비판은 제2차 대전 직후에 집중되어 있지만, 그 충격이 너무나 컸기 때문에, 그로부터 당분간은 사이먼 등의 예외를 제외하고 행정연구에서의 체계적인 이론화의 노력을 거의 볼 수 없는 상황이 연출되었다. 물론, 정통파 행정학을 짊어진 사람들이 전면적으로 후방에 물러나 버린 것은 아니다. 귤릭은 물론 『행정학 입문』(초판, 1926년)으로 알려진 화이트도 1939년에 제2판을 출판한 뒤에, 1948년, 1955년에 각각 제3판, 제4판을 출간하고 있다. 일면적인 분리는 금물이지만, 대전 후의 정통파 행정학에 대한 비판·공격은 그 주축을 이룬 기본적 관념과 방법론에 향해진 것인 만큼 심대하고도 심각한 영향을 초래하게 되었다. 미국 행정학의 「위기」가 시작된 것이다.

8) 정체성의 위기

미국 행정학에서의 「정체성의 위기」(crisis of identity)는 1930년대에 확립된 정통파 행정학의 핵심적 부분에 대한 철저한 비판·공격에서 시작되지만, 그것에 의한 초점의 분열뿐만 아니라 주변영역으로부터의 침입 내지는 상호침투에 의해 한층 가속화되었다. 어떤 학문분야이든 그 발전에 따라 연구자의 문제관심이 다방면에 걸치고 연구주제가 다양해지는 것은 피하기 어렵지만, 전후의 미국 행정학의 전개에 있어서 특히 심각한 의미를 갖는 것은 대상이 되는 행정을 본질적으로 정치현상으로 볼 것인가, 아니면 관리현상으로 볼 것인가 라고 하는 기본적인 시각의 대립이 그러한 연구초점 확산의 밑바탕에 깔려있었기 때문이다.

사이먼은 60년대까지의 행정이론을 되돌아보고, 「행정학은 격심한 정신 분열증을 보이고 있는 분야다. 왜냐하면 정치에 대한 행정 연구와 내부관리의 연구와의 사이에 상대적으로 공통적인 것이 거의 없기 때문이다. 정치-행정관계의 연구는 행정학을 정치학에 결부시키지만, 내부관리의 연구는 행정학을 관리와 조직의 이론에 결부시킨다」라고 말하고 있다.

이미 밝힌 대로, 정치학의 모태로부터 분리되어 「관리의 과학」측에 결부되어 있던 미국 행정학은 전후, 《정치로서의 행정》이라는 시각의 성립에 따라 일면에서는 「정치학으로의 회귀」라고도 말할 수 있는 경향을 내보였다. 그러나, 그렇게 되었다고 해서 이전부터의 《관리로서의 행정》이라는 시각이 모습을 감춰버린 것은 아니었다. 50년대 중반에 창간된 잡지 『관리과학』이 대표하는 바와 같이, 행태과학적 방법에 의해 세련된 새로운 「관리의 과학」의 융성과 함께 《관리로서의 행정》의 시각도 장식을 새롭게 하여 존속하게 된 것이다.

9) 사회과학의 존재의의

1960년대 말부터 70년대 초에 걸쳐 미국 행정학에 하나의 운동이 일어났다. 「신행정학」(New Public Administration)을 요구하는 운동이 그것이다.

이 시기의 미국은 밖에서는 베트남전쟁에서 패배가 확실시되고, 안에서는 흑인, 여성, 청년에 의한 기성질서에 대한 이의신청이 잇따르고, 정치적으로도 사회적으로도 큰 동요를 피할 수 없었다. 일종의 소란(騷亂) 상황이었다. 그 가운데 특히 학원가에서의 학생운동

(student power)의 대두를 배경으로 넓게 미국의 사회과학의 역할에 대해 재검토하는 움직임이 표면화하고, 사회학이나 정치학을 비롯하여 기성의 각 학문분야에 종사하는 연구자들도 각각 자기의 학문적 입장을 재차 선명하게 할 필요성에 봉착하게 되었다.

예를 들면, 사회학의 분야에서는 「급진 사회학」의 운동이 잘 알려져 있다. 제5장의 관료제 조직 연구로 등장하는 구드너(Alvin W. Gouldner)도 종래의 강단사회학에 대한 비판을 진지하게 받아들인 한 사람이며, 사회학의 급진적인 변혁과 재생을 위한 노력을 거듭한 것으로 일본에서도 알려져 있다. 또한 정치학에도 미국 정치학회에서의 이스톤(David Easton) 회장의 강연 「정치에서의 새로운 혁명」(1969년)이 파문을 불렀다. 여기서 「새로운 혁명」이라고 하는 것은 미국의 사회과학에서 지배적인 행태과학적 방법의 사회적 의의 내지는 그 「사회적 적절성」(social relevance)에 의문을 제기한 이른바 「탈행태론 혁명」에 다름없다.

미국 행정학에서의 「새로운 행정학」 운동도 이러한 움직임과 전혀 관계가 없는 것은 아니다. 단, 거기에서는 대체로 「급진 사회학」에서 보여진 정도의 급진성은 보이지 않고, 정치학과의 관련에서도 정치학과 행정학의 제도적 분화가 진행되고 있기 때문인지 전혀 공통의 신조에 의한 쌍방의 연계행동이 취해진 것도 아니다.

10) 「신행정학」의 등장

「새로운 행정학」 운동의 발생은 일찍이 사이먼과 함께 전통적 행정학에 엄격한 비판을 행한 사람 중에 한 명인 왈도의 영향이 크다. 사이먼이 행정학 분야를 떠나 조직이론이나 의사결정론에 관심을 가진데 비해서, 왈도는 사이먼의 방법론적 기초(논리실증주의)에 대해서도 엄격한 비판적 자세를 견지하고, 당시의 행정학에서 확고한 지위를 쌓고 있었다. 왈도가 시라큐스 대학의 한 회의장에서 젊은 행정연구자와 실무가를 초청하여 행정의 이론과 실천을 주제로 한 심포지움을 개최한 것이 미국뿐만 아니라 세계 각국에서 학생운동이 빈발한 1968년의 일이었다. 그리고, 그 다음해 상술한 이스톤 강연이 있었던 정치학회에서 왈도는 다시 젊은 연구자를 모아서 토론회를 개최한 것이었다.

60년대 말에 개최된 이 2개 회의의 보고·토론은 2~3년 후에 연속적으로 간행되었다. 마리니 편저『새로운 행정학을 위해서』(1971년) 및 왈도 편저『소란의 시대에 있어서의 행정』(1971년)이 그것이며, 이것에 의해「신행정학」의 주장이 널리 알려지게 되었다. 주장의 요점은 다음 3가지로 요약할 수 있다.

첫째, 이미 지적한 점이지만「사회적 적절성」의 회복이다. 행정학이 필요로 한 것은 검증가능한 과학적 지식이라기보다, 혼란한 사회환경 속에서 대응을 재촉 받는 공적조직이 현실적으로 유의미한 행동지침을 제공할 수 있는 규범적 지식이라는 것이다.

둘째,「사회적 형평성(social equity)」이라는 가치의 적극적 수용이며, 이 점이 거듭 주장된다. 다시 말해, 다수파의 요망에 민감하게 응답할 뿐만 아니라, 정치과정에서 무시되기 쉬운 사회적·경제적 약소 집단 또는 사회적 약자의 입장에 서서 사회적 불공평을 제거하는 것이야말로 행정에 요청되고 있는 점이라는 것이다.

셋째, 이상의 두 가지 점에서 도출되지만, 환경변화에의 적응 능력의 증대이다. 탈공업화 사회에서의 행정은 단지 정치적으로 중립인 것보다도, 사회적 약자의 요구에 민첩하게, 기득이익과의 충돌도 회피하지 않고, 필요한 변혁에 적극적으로 몰두해 가는 것을 요청받고 있다는 것이다.

11) 운동의 진정화(鎭靜化)와 조류(潮流)의 분산

이러한 주장에 근거하여 「신행정학」 운동에 동조한 연구자나 실무가로부터 각종의 개혁에 대한 제언이 이루어졌다. 약소집단의 목소리를 반영시키기 위한 「대표 관료제」나 「고객지향의 관료제」의 구체화, 조직성원의 태도 변화를 촉진하는 「조직발전」의 적극적 도입, 집권적 계통제를 분권화한 「수정된 계통제」의 정비 등이 그 예이다.

그렇지만, 「신행정학」이라고 하는 것에 어울린 내용을 갖춘 새로운 접근방법이 정식화되어 이론구축이 행해졌는가 하는 점에 대해서는, 대체로 부정적이지 않을 수 없을 것 같다. 사회적으로 유의미한 규범적 지식이라고 해도 적절성 판단은 다양할 수 있고, 규범적이 되면 될수록 그 과학적 근거가 의문시되지 않을 수 없는 측면도 있다. 미국 행정학회의 『행정학 평론』에서 「새로운 행정학」의 문자가 사라져버린 것이 상징적이었다. 이 점에 대해서 중심인물의 한 사람인 프리드릭슨(H. George Frederickson)은 편집 담당인 왈도나 그가 학회지를 선전수단으로써 사용하지 않을 것을 결정한 것에 지나지 않고, 「신행정학」의 개념이나 착상은 70년대를 통해서 광범위하게 보인다고 설명하고 있지만, 최소한 학회 전체를 뒤덮는 것 같은 지배적인 영향력을 갖지 못했던 것은 확실하다.

상기의 요약에서도 명확한 것처럼, 이 운동은 분명히 사이먼流의 방법론에 대한 공격을 포함하고 있었다. 사이먼의 논리실증주의를 비판하고, 행정에서의 가치의 문제에 집착해온 왈도 자신은 이 운동을 전후해서 「Professional approach」를 주창하고, 그것에 의한 「정체성의 위기」의 극복을 호소해 왔지만 그 영향력에도 한계가 있었다. 예를 들면, 란도우(Martin Landau)와 같이 사이먼처럼 의사결정을 핵으로 한 경험적 이론구축의 가능성을 주장한 논자도 있었던 것이다.

그 밖에 1970년대에는 공과 사의 차이에 초점을 두고 「공적조직의 정치경제학」을 제창한 웜스리와 잘드(Gary L. Wamsley and Mayer N. Zald), 미국 건국의 아버지들에게 되돌아가서 「민주적 행정」의 패러다임을 주창하고, 「공공선택」 접근방법의 유용성을 역설한 오스트롬(Vincent Ostrom), 이런 오스트롬을 비판하고 일련의 「미니 패러다임」을 제시한, 그중에서도 특히 「조직발전」 접근방법을 전개한 골렘뷰스키(Robert T. Golembiewski) 등이 연이어 등장했다. 어느 쪽의 업적도 무시할 수 없는 문제제기를 포함하고 있으며, 각각 후진 연구자에게 일정정도의 영향을 미치고 있다.

그러나, 70년대 후반부터 80년대 전반에 걸쳐 두 개의 주요 잡지(『행정학 평론』과 『행정과 사회』)에 게재된 논문을 총괄적 평가대상으로 한 평자에 의하면, 미국의 행정연구는 여전히 확산적이며, 주로 응용적이어서 비축적적이며, 불충분하게 지지받고 있지 못하다고 한다. 「정체성의 위기」는 극복되지 않고 있는 것이다.

4. 일본의 행정학

쯔지 기요아키(辻 清明)의 정리에 의하면, 일본 행정학의 역사는 창시기(明治期), 부활기(戰前期), 발전기(戰後期) 3기로 나눌 수 있다.

쯔지 기요아키는 창시기와 부활기에 중점을 두고, 특히 창시기에 대해서 자세하게 취급하고 있지만, 「부활」한 이래 이미 70여 년을 경과하고 있는 오늘날에는 부활기와 발전기에 오히려 중점을 두고 그 변천을 더듬어 갈 필요가 발생했다. 그러나 여기에서는 유감스럽게도 그 과제에 응할 수가 없다.

1) 강단 행정학으로서 출발

일본의 행정학은 다른 사회 제 과학과 마찬가지로 서양사상의 계수에 힘을 쏟은 메이지 10년대에 국립대학의 강단에서 강의된 「강단 행정학」으로서 정돈되기 시작했다. 다시 말해, 내각제도가 발족하기 3년 전(1882년)에 동경대학 문학부 정치학과에 행정학 과목이 처음으로 설치되어 법정학부에 그대로 계승되었다. 제국대학령(1886년)에 근거하여 동경제국대학이 되고, 이것을 구성하는 법과대학에서도 잇따라서 교과과정의 개정 · 정비가 이루어져 재정학이나 외교학와 함께 행정학 강의와 연습이 2학년, 3학년 과정에 각각 배치되게 되었다. 강의 담당 교수는 독일에서 초빙된 법학자 라쓰겐(Karl Rathgen)이었다.

그런데, 과목설치 후 10년째에 행정학 과목은 벌써 동경제국대학 법과대학의 교육과정으로부터 모습을 감추어 버렸다. 제국의회가 개설되고, 대일본제국헌법이 시행된 직후의 일이다. 마치 그 시기에 제국대학 법과대학에서는 일본 법전을 주로 교육할 방침이 정해짐과 함께, 각종 법전의 정비가 진행됨에 따라 법률학의 수요가 급속히 높아지게 된 것이다.

이리하여 일본에서는 행정에 관한 학문이라고 하면 행정법학이라고 받아들이는 편이 되어버렸지만, 근대국가의 출발점에서 지극히 짧은 기간이기는 하지만 행정학의 의식적 도입이 도모되었다는 것을 잊어서는 안된다. 단, 그 행정학은 독일 관방학의 계통을 이어받은 행정학이었다. 이것은 행정학의 과목폐지 전에 독일에 입국한 라쓰겐의 강의록(1892년)에서도 확인할 수 있다. 그에게는 국법학이 행정학의 모범이며, 쯔지 키요아키에 의하면, 「국가활동 일반과 행정과의 경계를 명확히 하지 않음으로써 행정권이 우월한 명치헌법 체제의 구축을 준비하고 있었던 정부의 수용에 절호의 학문적 논거를 부여한 역할을 수행했다고 말할 수 있다」.

라쓰겐 이상으로 당시의 일본에서 유명한 학자가 제1절에서 소개한 슈타인이다. 「헌법조사」를 위해서 유럽으로 향한 이토 히로부미가 그에게 가르침을 받고 나서, 「슈타인 참배」라고도 불리어질 만큼 그를 방문하는 젊은 법제 관료가 잇따른 것 같다. 슈타인의 『행정 학』이 원로원 서기관에 의해 번역된 것은 미국에서 윌슨의 논문 「행정의 연구」가 발표된 해(1887년)였다. 그 다음해에는 슈타인의 강의록도 공개되었다.

슈타인 행정학의 영향은 원로원·추밀원 서기관을 거쳐 동경대학, 와세다대학에서 사회학이나 국제법 강의를 담당하고 있던 아리가 나가오(有賀 長雄)의 『행정학』 상권(1890년)에서 엿보인다. 라쓰겐이 「국법학적 행정학」이었다면, 빈에 유학해서 슈타인이나 굼프로비쯔(Ludwig Gumplowitz)의 영향을 강하게 받은 아리가의 상기 저작에 나타난 설명은 「사회학적 행정학」이며, 거기에는 행정을 국가목적과 법률을 실시하는 행동으로서 파악하는 단순한 이해를 넘은 슈타인流의 통찰이 필요하게 되었다.

행정정보의 수집술(2): 히어링

히어링은 익숙해지는 것이다. 등산과 마찬가지로 초심자에게는 어려운 점도 있기 때문에, 숙련자와 함께 가는 것부터 시작하도록 하자. 참고로 나는 선배들과 함께 등산함으로써 숙련된 등산가가 되었다. 물론 민폐도 끼치고 실수도 많았다. 거기서 배운 몇 가지 교훈을 정리해 본다. 히어링 때에 참고하기 바란다.

교훈 1. 「약속은 반드시 잡아라」

당연한 것이지만 중요한 것이다. 상대의 일을 방해하러 가는 것이기 때문에 약속시간은 반드시 지키는 것이 예의다. 사전에 전화로 용건을 전하고, 날짜와 시간을 묻고, 날짜와 시간, 내방자, 사람 수, 히어링 사항, 연락처 등을 미리 문서로 보내면 좋다. 사전에 상대방의 개괄적인 정보를 알아두는 것은 상식이다. 참고로 나는 과자를 선물로 가져가는 경우가 많다.

교훈 2. 「히어링에는 여러 명이 가라」

히어링은 실시자의 독단적이고 주관적인 해석에 빠질 가능도 있다. 여러 명이 가는 편이 안전하다. 기록정보를 보완하거나 확인하는 것도 가능하다. 또한 학문분야가 다른 사람과 조를 짜면, 자신과 다른 각도에서 질문이 나와 좋다. 다만 많은 수가 가게 되면 시찰과 같이 되어 상대방도 준비가 번거롭다. 5명까지가 한도일 것이다.

이 경우 대화를 녹음하는 것은 장단점이 있다. 녹음은 이야기 하고 있는 내용을 확실히 기록할 수 있지만, 녹음을 의식해서 상대가 이야기를 억제할 위험도 있다. 나는 전적으로 노트에 기록할 뿐이다.

교훈 3. 「관계가 없는 것 같은 정보도 수집해 두어라」

나는 관공서에 히어링 가면, 반드시 시정요람을 받아 둔다. 고령자 복지가 목적이더라도 인구, 면적, 재정상황, 산업 등의 정보가 게재되어 있는 요람은 논문작성 때에 필요한 경우가 많다. 직접 인용하지 않더라도 예비지식으로써 알아 두는 것이 바람직하다. 히어링 항목도 조금 넓게 설정하고, 넓게 망을 치는 것이 비결이다. 자료도 가능한 한 많이 모집하고, 상대가 가지고 있는 내부자료는 염치불구하고 복사를 부탁해보자. 응해주면 행운이다.

교훈 4. 「가능한 한 많은 사람과 만나라」

폭 넓게 정보를 수집하기 위해서는 직접 담당하는 부문뿐만 아니라, 내외 관련부문에도 히어링 하는 것이 중요하다. A시 복지공사의 홈헬프에 대해서 히어링 하더라도 헬퍼 뿐만 아니라 코디네이터, 관리직원, 시복지과직원, 재정과, 기획조정과, 노동조합에도 히어링 해 두어야 할 것이다. 출장직원인가 담당직원인간에 따라 견해가 다를 것이며, 관리담당자와 현장직원 사이에서도 지향성과 행동양식이 다른 것이 일반적이다. 현장직원이 비판적 견해를 말하지 못하도록 중간관리직이 동석할지도 모르지만, 따로 따로 히어링 하는 것이 좋다. 그런 편이 상대방도 말하기 쉽다. 가능하면 명함을 받아두고 뒤에 전화나 만나서 확인하는 방법도 있다.

교훈 5. 「관련된 다른 정보를 말하도록 만들어라」

일반사무직에서 자신의 직장을 비방하는 사람은 없다. 자신이 근무하는 곳의 자랑은 그것대로 들어두고, 다른 시, 다른 부문에 대한 견해를 요청하자. 의외로 가볍게 응해줄 것이다. 그러한 이야기를 상호 체크하면서 면담이 진행된다면 히어링의 달인이다. 특히 부문간에 대립하고 있는 경우에는 유효한 방법일 것이다. 비판이나 비방에는 오해나 편견도 적지 않지만, 일종의 진실이 들어있는 경우도 많다. 모든 정보를 의심을 가지고 밀어붙이는 식으로 질문하게 되면, 상대가 경계하여 말하지 않게 되므로 서로 편한 상태에서 핵심에 들어가는 것이 바람직하다. 당연한 것이지만 일정한 공부를 하고 예비지식을 가지고 히어링에 가는 것이 상식이다. 용건을 묻는 것처럼 「뭔가 있습니까」라는 히어링은 최악의 패턴이다(H · T).

2) 부활한 행정학 강좌

대학의 강의로부터 종적을 감춘 행정학은 명치기에는 결국 부활하지 못했지만, 독립된 강좌로서는 그렇다 하더라도 법률학을 넘는 행정학적 연구의 필요성은 부정되지 않고 있었던 것 같다. 명치 후기부터 다이쇼(大正) 초기까지 도쿄 제국대학에서 헌법·행정법을 강의한 이찌키 키토구로(一木喜 德次郎)가 『국가학회 잡지』에 게재한 논문 「행정학의 범위 및 정치학과의 경계」(1907년)에서 그 일면을 살펴볼 수 있다. 그것은 국가활동을 해명하기 위해서는 3권분립적인 형식적 분류가 아닌, 「국가활동의 실질」에 근거하지 않으면 안되며, 「法政」으로부터 구별된 「행정」에도 행정법규를 제정하는 「행정입법」이 있다는 것에 주의를 촉구한 다음, 「행정법규 및 행정행위의 이해득실」을 논하는 행정학과 「국법법규 및 정치행위의 이해득실 행위」를 논하는 정치학과의 차이를 논하는 것이었다.

이미 법률학의 지위가 확립되어 있었던 명치 말기이기 때문에 논의는 실정법학의 영역을 벗어나고 있지 않다. 그러나 그로부터 얼마 후, 이번에는 동경대학 법학부의 정치학 쪽에서 「행정의 문제」를 대학의 교육과정에서 독립하여 취급할 필요성에 대한 인식이 강해지고, 행정법학의 쪽에서도 그것을 인정하고, 30년 만(1921년)에 행정학 강좌가 동경 · 교토의 양쪽 제국대학에서 변경되어 설치되기에 이르렀다. 동경대학은 학생에 따라 담임된 것 같지만, 대표적인 사람은 로우야마 마사미찌(蠟山 政道)이며, 쿄토대학의 담당자는 다무라 토구지(田村 德治)이다.

쯔지 키요아키(辻 清明)의 지적에 의하면, 「로우야마 · 다무라 양 교수의 행정학은 창시기의 행정학과 달리, 20세기에 발전한 구미의 행정학이나 이것에 관련한 사회과학분야의 성과를 섭취하면서 구축된 업적이며, 전후에 개화한 일본 행정학의 계보로부터 말하면, 오히려 그 참된 창시자라고 해도 과언은 아니다」. 단지 행정학의 자립화를 목표로 하는 데에는 양자의 궤적이 대조적이기는 했다. 먼저 로우야마교수는 당시 국가학의 구속으로부터의 탈각을 목표로 하고 있었던 정치학에 몸을 담고, 행정제도의 구조나 기능이 갖는 일정한 독자성에 눈을 돌리고, 실로 광범위한 분야에 대상을 펼치고 있었다. 국가학으로부터의 독립을 의식하고 있었던 점에서는 다무라교수도 동일하지만, 그의 경우는 그와 동시에 법률학의 방법으로부터의 해방을 강하게 의식하고, 인류사회의 발전을 촉진시키는 「공공사무의 처리」를 행정이라고 규정하는 독자적인 입장에서 로우야마교수에 비해 방대하고 웅장한 행정학의 체계를 구상했다.

한편, 전전(戰前)에 행정학을 전공하고, 전후(戰後)의 행정학을 짊어진 대표적 연구자 중에서 로우야마교수의 지도를 받은 사람이 쯔지 키요아키(辻 清明)이며, 다무라교수의 지도를 받은 사람이 나가하마 마사토시(長浜 政寿), 요시토미 시게오(吉富 重夫)이다. 이런 의미에서도 「부활기의 행정학은…종전 후 일본의 행정학이 개화한 토양을 가꾸는 역할을 수행한 것이다」(辻).

3) 일본 행정학회의 성립

태평양전쟁의 패배에 따라 전전에서 전후로의 전개는 일본의 행정학에도 중대한 획을 그었다. 이미 다이쇼(大正)기에 부활되었다고는 해도, 전전에는 연구면의 긴 공백 상황과 행정우위의 국가상황 속에서 행정학 연구를 지향하는 것이 반드시 많다고는 말할 수 없었다. 그러나 종전에 의해 전전·전중의 중압감으로부터 해방되어 「관제대권(官制大權)」에 의해 지탱되고 있었던 행정에 관한 자유로운 비판적 분석이 가능하게 되었다. 와세다 대학을 비롯하여 행정학 강좌를 개설한 사립대학도 서서히 증가했다.

대학뿐만 아니다. 행정실무의 세계도 「민주화와 능률화」의 과제에 직면하여 다양한 제도개혁에 몰두하지 않으면 안 되며, 그 때문에 미국을 중심으로 한 선진국의 실정이나 현실의 행정운영, 또는 실제의 제도를 뒷받침하는 「사고방식」이나 이론을 배우고자 하는 기운이 높아지고 있었다. 국가의 행정기관에서는 인사원, 행정관리청(현 총무청), 자치청(현 자치성)이 지방자치체에서는 동경도나 오사카시가 적극적이었다.

이리하여 독립 2년 전(1950년) 로우야마를 초대 이사장으로 한 일본행정학회가 설립되었다. 설립 총회가 열린 곳은 오사카의 나카노시마 공회당이다. 사무국은 동경대학 법학부(쯔지연구실)에 설치되어, 창립시부터 동경 시정조사회의 성원이 지원한 것 같다. 명치 10년대, 일본의 대학에서 행정학이 강의되기 시작하고 나서부터 약 70년, 긴 공백기를 거쳐 다이쇼기에 부활이후 약 40년이다.

학회설립의 목적은「내외의 행정에 관한 연구 및 그 연구자 상호의 협력을 촉진하고, 더불어 외국의 학회와의 연락 및 협력을 도모하는 것」(규약 제3조)에 있는데, 후단의 취지를 실현하기 위해서 국제행정학회에 가맹(1954년) 하고, 그 뒤 동아시아행정학회에도 가맹했다(1961년). 그런데 같은「행정」이라는 단어를 명칭에 사용한 일본계획행정학회가 설립되었지만(1977년), 양자가 밀접불가분한 관계에 있는 것은 아니다.

4) 전후 행정연구의 특색

일본 행정학의 특색은 어디에 있는 것일까? 학회창립 30주년을 기념해서 창립회장인 오사카의 나카노시마 공회당에서 개최된 1981년 학회에서 니시오 마사루(西尾 勝)의 보고「일본의 행정연구」에 의하면, 전후 일본의 행정연구의 특징은 ① 역사의식의 강함, ② 관료제 연구로의 경사, ③ 지방제도 연구로의 경사, ④ 체제구조 분석의 지향이라는 4가지 점으로 요약할 수 있다고 한다.

제1의 특징은 어떠한 제도연구도 우선 현대 일본이 역사발전 단계의 어디에 위치하고 있는가를 확인하고, 여기에서 당면한 행정과제를 식별하고 인지하려고 하는 지향성이 강한 것이다. 쯔지의

「이중의 과제」이론, 즉 근대사의 흐름을 절대주의-근대 민주주의-현대 민주주의로서 파악하고, 일본은 근대 민주주의를 거치지 않고 현대 민주주의로 직접적으로 이행했기 때문에, 근대적인 민주화를 이룩함과 동시에 현대적인 상황에도 대응하지 않으면 안된다는 인식이 그 전형적인 예이다. 이러한 역사연구의 지향은 외국을 대상으로 한 비교연구와 병행하고, 일본의 전 근대적인 문화적 특질을 강조하는 경향을 만들어 내기 쉽게 된다.

제2의 특징은 연구 주제가 관료제 연구 또는 공무원제도 연구에 치우쳐 집중해 온 것이다. 辻清明『일본 관료제의 연구』(1952년, 신판 1969년), 足立忠夫『근대 관료제와 職階制』(1952년)로부터 河中二講『현대의 관료제』(개정 증보판 1972년)를 거쳐, 伊藤大一『현대 일본 관료제의 분석』(1978년), 村松岐夫『전후 일본의 관료제』(1981년), 井出嘉憲『일본 관료제와 행정문화』(1982년) 등에 이르는 일련의 제 업적에 그것이 구체화되어 있다. 덧붙이자면, 쯔지(辻)가 동경대학을 떠날 때에 정리한 2권의 기념 논문집의 표제도『현대 행정과 관료제』(1974년)이였고, 타계한 직후에는 쯔지의 논문집『공무원제의 연구』(1991년)가 출간되었다.

제3의 특징은 지방제도, 지방행정, 지방자치에 관한 업적이 압도적인 비중을 차지하고 있는 사실이다. 로우야마가 종전 후 처음으로 출간한 단행본은『영국 지방행정의 연구』(1949년)였고, 나가하마(長浜)도 비교적 이른 시기에『지방자치』(1952년)를 출간하고 있다. 그리고 나서 나가하마(長浜)의 지도를 받은 마쯔무라(松村)의 저작『지방자치』(1989년)에 이르는 사이에, 阿利莫二, 赤木須留喜, 高木鉦作, 佐藤竺, 加藤一明, 大島太郎 등의 많은 분들에 의해 수많은 저작과

논문이 발표되어 왔다. 여기에 『도시문제』 『도시문제연구』 『자치연구』 등을 비롯한 월간잡지에 발표된 논문을 추가하게 된다면 그야말로 일일이 셀 수 없을 정도이다.

제4의 특징은 제1로부터 제3의 특징이 누적됨으로써 형성되어 온 총합적인 귀결이며, 연구의 궁극적인 목표가 일본 행정의 기본적인 뼈대를 이루고 있는 전체구조를 총체적으로 파악하는 데 설정되어 온 것이다. 우리들이 「일본 관료제」에 대해서 말할 때, 개별의 중앙부처조직만이라는 측면은 예외적이고, 많은 경우 중앙에서 지방에 미치는 관료제 지배의 구조를 파악하려고 노력한다. 행정연구자의 대부분이 지방자치의 문제에 관심을 가지는 것도 이와 무관하지 않다. 이른바 지방에서 중앙을 쏘는 것이다. 그렇지 않다고 하더라도, 예를 들면, 테시마 타카시(手島 孝) 『현대 행정국가이론』(1969년)이나 가타오카 히로미쯔(片岡 寬光) 『행정국가』(1976년)에서 볼 수 있는 바와 같이, 정치학자 이상으로 거시적인 관점에서 현대국가의 특질을 밝히고자 하는 경향이 강하다.

5) 미국 행정학의 수용?

일본의 전후 행정학은 미국 행정학의 강한 영향 아래 놓여져 왔다고 일컬어진다. 실제로 본장의 모두에서도 학설의 정리 방법에 입각해서 그렇게 지적했다. 그러나 어떠한 의미에서인가? 이에 대해서는 두 가지 점을 지적할 필요가 있다. 하나는 행정연구와 이론연구의 차이이며, 또 하나는 이론연구 자체의 왜곡이다.

위와 같은 전후 행정연구의 특징을 적출한 뒤에, 니시오(西尾)는 미국 행정학과의 차이를 언급하고, 일본의 현실행정을 소재로 한 연구 업적과 「미국 행정학의 이론 틀의 영향이 농후」한 이론연구와의 사이에 커다란 격차가 발생해 온 것을 지적하고 있다. 확실히 그렇게 간주하더라도 틀림없을 것이다. 이러한 것을 같은 학회에서 보고하게 된 무라마쯔 미찌오(村松 岐夫)는 다음과 같은 모형(matrix)을 이용하여 설명하고 있다. 다시 말해, 무엇을 연구대상으로 삼을지에 관한 축을 「일본」인가 「외국」인가로 나누고, 연구관심을 「이론」인가 「응용」(실천에서) 인가로 나누어 모형을 만들어 보면, 일본의 행정학은 지금까지 대체로 A와 D에 무게를 두어 왔고, B와 C에 비교적 관심이 엷었던 것이 아닐까 하는 것이다. 외국의 연구자가 자국의 이론가설을 일본의 현실에 적용하는 것을 별론으로 하더라도, 외국의 이론연구와 일본의 개별적 실증 연구가 따로따로 행하여지고, 상호교류가 없다고 하는 것은 역시 문제일 것이다.

게다가, 미국 행정학을 받아들이는 방법 자체에도 문제가 있었다. 이미 살펴본 바와 같이, 미국 행정학은 행정관리론으로서 일단 확립되고, 거기에 철저한 비판을 거쳐 「정체성의 위기」에 빠지면서도, 《정치로서의 행정》의 측면과 동시에 《관리로서의 행정》의 측면을 경시하는 것과 같은 일은 없었다. 그런데, 종전 후 일본에서 미국 행정학의 연구가 활발한 때에는 전통적 행정학에 대한 비판이 융성하고 정치·행정 일원론이 기세를 얻은 시기였다. 그 때문에 그전의 행정관리론 뿐만 아니라, 그 후의 《관리로서의 행정》의 측면에 대해서도 관심이 주어지지 않았고, 《정치로서의 행정》의 측면에 관심이 기울어지기 쉽게 되어 버렸다.

이러한 왜곡을 가져온 원인에 대해서 필자(今村)는 이것도 같은 30주년 기념 학회에서 왈도의 조감적 학설사 이해를 다소 무비판적

	외 국 (역사)	일 본 (역사)
이 론 (일반)	A	B
응 용 (개별)	C	D

(출전) 村松岐夫(1983)「行政学の課題と展望」日本行政学会編[年報行政研究17]『行政学の現状と課題』ぎょうせい, p.49.

도표 8-2 일본 행정학의 연구 관심도

으로 받아들인 점이 요인 중의 하나가 아닌가 하는 점을 제시했다. 왈도에 대한 「경도적 편향」이라고 명명한 미국 행정학을 받아들이는 방법이 그것이다. 미국 행정학의 전통이 왈도가 간파한 대로 「특별히 통치에 관한 사항에서 행정을 떼어버리고, 조직 및 관리와 일반론적으로 동일화하려고 해 왔다」는 점에 있다고 하더라도, 그 전통을 비판한 나머지, 발전이 눈부신 「조직 및 관리의 일반론」이나 그 현실행정으로의 적용에 둔감해서는 안된다.

일본의 행정학은 1970년대 중반 『행정학 강좌』(동경대학 출판회) 전 5권의 간행에 의해 그 지반을 굳혔다. 그로부터 20년 가까이를 경과하고, 다시 『강좌 행정학』(유비각) 전 6권이 1994년부터 95년에 걸쳐서 잇따라 간행되었다. 무엇이 변하고, 무엇이 변하지 않는가를 각자가 반드시 확인해 보기를 바란다.

5. 최근의 동향과 과제

1) NPM의 영향

1970년대 말에서 90년대에 걸쳐서 행정학의 관리론에 대한 큰 충격을 준 조류로서, 일반적으로 NPM의 약칭으로 알려진 「신공공관리」(New Public Management)의 움직임이 있다. 단적으로 말하면, 「관리주의」(Managerialism)의 일종이라고 해도 좋다. 행정학의 이론형성 그 자체에 대한 영향이라고 하는 것보다, 어느 쪽인가 하면 각국에서 몰두해 온 실제의 행정개혁에 미친 impact쪽이 강하고, 그것을 통해서 NPM으로의 관심이 모아지게 되었다.

NPM은 계통적으로 정리된 명제로부터 생성된 이론이 아니고, 이전의 과학적 관리법의 주장이 그랬던 것처럼, 기업의 경영관리 방식이나 그것을 뒷받침하는 사고방식을 공공부문에 적용·도입하고, 경직화된 전통적인 행정 스타일을 현대화하려고 하는 실천적인 일련의 개혁·개선방침에 머무른다. 단, ① 비용의 삭감을 주안점으로 한 능률(효율)의 향상, ② 민영화나 외부위탁의 촉진, ③ 경쟁원리의 도입 등에 의한 인센티브의 제공, ④ 결과에 의한 통제를 통한 공공서비스 질의 향상, ⑤ 고객 내지 소비자로서의 시민의 자리 매김과 선택의 자유 확대, ⑥ 계통제 조직을 대신하는 유연하고 분권적인 관리조직제도의 창출, ⑦ 설명의무(accountability)의 명확화와 확보 등의 모든 면을 강조하는 점에서 대체로 공통되고 있다.

기본적으로 시장경제 하에서의 경영관리 개선을 주안점으로 하는 사고방식이기 때문에 공과 사의 부문 차이는 중요시하지 않고, 각국의 문화적 배경의 차이도 고려하는 경우가 없다. 시장경제가 발달하고 있는 곳에서는 어디에서나 맞는다는 사고 위에 깊이 뿌리박혀 있다. 그것이 강점이기도 하며 약점이기도 하다. 종래의 관리주의 주장과 비교해볼 때 신제도학파의 경제학의 입장을 채용하고 있는 데에 새로운 면이 있지만, 「거래비용」의 대소에 의해 경제적 결정의 조정기구를 시장과 계통적 조직으로 구분하는 그 중심적인 가설에 따라 정부활동의 수비 범위를 일도양단(一刀兩斷)할 수 있는 것이 아니고, 타당한 경영관리의 조직형태나 방식까지 특정화할 수 있는 것도 아니다. 공공서비스의 질이나 설명의무를 확보하기 위한 구조가 되면 더욱 그렇다.

그러나, OECD기관의 요구도 있어서, NPM의 주장에 따른 제 개혁이 몇몇 국가에서 현실적으로 추진되어 그 나름대로의 성과를 거둔 것도 사실이다. 그 중에서도 정책의 기획·입안 활동과 집행활동을 구별하고, 후자의 집행 부분을 독립된 조직단위로서 설치하는 「행정기관의 책임운영기관(agency)화」의 움직임은 영국, 오스트레일리아, 뉴질랜드에서 구체화하고, 세계적인 주목을 받게 되었다. 일본에도 그 영향이 미치고 있으며, 중앙성청 등 개혁 기본법(1998년)에 의해 결실을 맺은 중앙정부의 행정개혁에서 새롭게 제도화된 「독립행정법인」은 「일본판 책임운영기관」라고도 한다.

2) 정책연구와의 교류

일본 행정학의 연구동향을 개관하여 나타나는 하나의 특징은 1980년대 중반부터 개별 정책분야를 대상으로 삼은 실증적 연구가 잇따르고, 그 성과가 축적되어 온 것이다. 정책연구에 대한 관심이 높아지고 있는 것은 앞서 지적한 일본 행정학에서의 2개의 강좌, 『행정학 강좌』와 『강좌 행정학』을 비교해 보는 것만으로도 쉽게 알 수 있다.

원래, 정책에 대한 관심의 고양은 행정학 분야에만 보이는 경향은 아니다. 이미 서론에서도 지적한 대로, 행정학은 각 수준의 정책의 실체·과정·분석방법을 다루는 정책과학이나 정책연구와도 밀접하게 관련되어 있으며, 학부에서부터 대학원에 이르기까지 정책 관련 교육연구과정의 제도화에 따라 실로 다채로운 연구 분야의 연계, 상호교류가 이루어져 왔다. 행정학을 포함한 정치학의 분야에서 새롭게 일본공공정책학회가 설립된 것도 주목할 수 있다. 그 초대이사장인 마쯔시타 게이이찌(松下 圭一)의 주장에 의하면, 「정책형 사고」는 이른바 정책지식인에 특유한 것도, 학문의 세계에 가둬 두어서 좋은 것도 아니다. 그것은 지금은 시민들의 불가결의 일상 사고가 되었으며, 시민들이 정책형 사고에 익숙함은 드디어 시민문화로서 축적되어 가는 것이 된다. 이러한 언설이 만들어 질 정도로 정책에 대한 관심은 넓어지고, 심화되어 온 것이다.

행정학이 정책문제에 관심을 쏟고, 정책연구의 성과를 배우는 것은 필연이기도 하지만, 그러나 다른 면에서 정책연구에서의 행정학의 독자성이 점점 의문시되기도 한다. 행정이란 법률의 집행활동이라기보다 공공정책의 실현 활동이기 때문에, 중앙·지방정부가 내놓는 각종 실체적 정책의 내용과 그 정책과정을 분석의 대상으로 하는 것은 당연하다. 그렇지만 그것만으로는 부족하다. 정책연구에 대한 행정학의 독자적인 공헌도 이야기할 수 없다. 행정학이 하나의 학문분야(discipline)로서 자립하기 위해서는 그 대상의 설정뿐만 아니라, 대상을 분석하고 해명·설명하는 방법론이 문제가 되는 것이다.

3) 거버넌스의 탐구

일본에 한하지 않고, 구미의 행정학도 포함하여 그 새로운 동향을 시사하는 핵심개념의 하나로서 「거버넌스」의 개념이 있다. 어원은 「Government」와 같아서 「통치」라고 번역되는 경우가 많지만, 정치적 지배의 기구에 대해서 뿐만 아니고, 조직화된 복합적인 시스템에서의 조직 제어작용을 널리 가리키고 있다. 어떤 사회시스템도 내부에 문제를 안고, 외부환경과의 적응을 도모해가지 않으면 안된다. 그러한 내우외환에 대처하고, 조금이라도 양호한 상태로 나아가 기 위해서는 중앙의 사령탑으로부터의 일원적인 지시나 통제에만 끝까지 의지할 수는 없다. 「Corporate Governance」가 그런 것과 같이 책임을 묻는 방법도 바뀐다.

지역 수준에서부터 국경을 넘은 국제 수준까지 공과 사의 경계가 뒤얽힌 공공서비스의 공급시스템을 대상으로 삼는다면, 이미 지금까지처럼 국가 수준의 정부기관만을 특별시하고, 그 규제 작용을 중심으로 논하는 것은 할 수 없게 된다. 도시지역의 「Urban Governance」를 논하고, 지구대의 시야에서 「Global Governance」를 논하지 않으면 안 되는 시대에 들어와 있는 것이다.

영국의 둔사이어(A. Dunsire)의 지적에 의하면, 1970년대는 「행정」이라고 하던 것이 80년대에는 「공공정책과 관리(management)」가 되고, 90년대에는 「거버넌스」가 되었다고 한다. 이런 의미에서 행정학은 정부의 행정활동에 관한 학문으로부터 지금은 「거버넌스의 學」으로 되려 하고 있다고도 할 수 있다.

행정정보의 수집술(3): 도서관의 이용

졸업논문이나 세미나 논문을 작성할 때에는 먼저 선행연구를 조사하는 문헌조사를 하지 않으면 안된다. 자신이 생각하고 있는 논문 주제는 누군가가 반드시 다루었을 것이다. 세미나나 강의 등에서 소개된 책, 그 책에서 인용된 논문, 나아가 그 논문에서 인용된 논문 등, 나무의 줄기에서 가지로 더듬어 가는 작업과 같은 것이 필요하다. 일본정치학회나 일본행정학회 등의 관련 학회지와, 『도시문제』, 『계간 행정관리연구』, 『Jurist』 등의 전문잡지, 『국가학회잡지』를 비롯한 대학기요는 필독해야 할 잡지이다. 선행연구를 조사하고, 논문의 초점이 좁혀지면, 그 다음에 자신의 주제에 따른 자료를 수집할 필요가 있다. 통상백서나 통상산업성사 등의 정사(正史), 법령해석집, 관료들의 일기·회고록, 통계류, 행정감찰자료, 통지통달집, 신문, 관청관련의 월간지, 주간지 등을 조사해보자.

그리 알려져 있지 않지만, 법원의 판례는 행정활동의 사실관계가 제시된 귀중한 행정정보이다. 『판례시보』나 『판례타임즈』는 물론 『판례체계』 『행정판례집성』 등의 판례집을 읽어보도록 하자. 특히, 하천행정이나 공해행정 등과 같이 행정책임을 재판에서 다투는 정책이슈의 경우는 복잡한 행정내부의 메커니즘을 이해할 수 있는 경우가 있다. 이것을 이토 다이이찌 (伊藤 大一) 교수는 '법학정보'라 한다. 판례라는 법학적 정보를 사용하여 조직내부에서의 관리기구의 실태에 접근한 논문이 이토 교수의 "조직외 제재에 의존하는 행정본질-법학적 정보를 소재로 하여", 일본행정학회편, 행정에서의 조직과 인간(연보행정연구11), ぎょうせい, 1975년이다. 이 논문은 국가공무원제도의 규율질서가 외적 제재에 의존하고 있는 것을 명확히 한 것인데, 참고로 한 행정정보가 판례였다.

이 논문에서 인용되고 있는 것은 하급법원 형사판례집, 고등법원 형사판례집, 행정재판 판례, 노동판례집, 행정판례집성이라는 판례집이며, 판례시보, 판례타임즈, 법률시보라는 전문잡지이다. 판사에게 제출된 자료나 판결문에는 외부인에게는 획득하기 어려운 행정내부기구에 관한 정보가 있다.

만약 자료수집에서 어려움에 직면하게 되면, 대학도서관의 사서에 상담하도록 하자. 사서들은 다양한 정보를 가지고 있을 것이다. 대학도서관이 전문도서관 협의회에 가입해 있으면, 전문도서관을 소개받을 수 있다. 또한 서적정보사로부터 매년 발행되고 있는 『동경북마크』라는 도서안내 책자를 보면, 전문서점, 국회도서관 등의 대도서관, 미국센터나 시정조사회 도서관 등의 전문도서관이 개략적으로 해설되어 있다. 이것은 동경에서 정보를 수집하는

데 빼놓을 수 없다.

행정기관, 외곽단체, 노동조합의 보고서나 자료도 수집대상이 된다. 나의 경험에서 말하면, 행정기관의 경우는 다른 기관으로 가보라고 하는 경우가 많아 여러 곳을 다니게 된 적도 있지만, 예기치 않은 행운도 있었다. 대장성 재정금융연구소에 소개장을 가지고 방문한 차에 정보공개담당실을 방문했지만, 그곳 책임자가 친절하게도 비공개 대장성 문고를 소개해 준 것이다. 복사가 불가했기 때문에 1주일간 아침부터 저녁까지 다녀, 회계법 제46조에 근거한 감사결과를 노트한 적이 있다.

공무원은 집에 가지고 가서 일을 하기 때문에 당시의 담당직원에게 묻는 것도 유익하다. 자료를 대학도서관, 전문도서관, 연수기관 등에 기부하고 있는 예도 있다. 행정기록은 30년 지나면 공개되는 것도 있기 때문에 끈질기게 인내심을 갖고 찾아야 한다.

여유가 있으면, 업계단체나 관련단체에 연락해 보아야 할 것이다. 예전에 석사논문을 작성할 때에 결핵예방회도서실에서 1945년대의 결핵행정에 대해서 조사하고 있었을 때, 흰색가운을 입은 노의사와 이야기를 할 기회가 있었다. 그는 결핵전문의로 당시 상황을 생생하게 이야기해 주었다. 「그 때는 결핵이 유행이었다」라는 말이 지금도 인상에 남아있다.

또한 대학원생 때 아르바이트로 섬유산업에 대한 산업정책을 조사한 적이 있다. 섬유업계의 단체를 방문하여 지금은 그 단체에서 은퇴한 사람을 소개받았다. 연락을 하여 그 사람의 자택을 방문하였는데, 거기에는 전동식 이동서고에 섬유산업에 관한 책이 가득 수집되어 있었다. 대략 만 권 정도였다.

행정은 정책과는 달리, 관리(administration) 조사에 약하기 때문에 그 정보수집이 용이하지 않다. 행정정보를 수집하는 과정에서 각자가 제도나 정책과 다른 「행정이 되는 것」이란 무엇인가를 발견·확인하는 작업을 하게 된다. 행정정보의 수집 그 자체가 행정학의 중요한 걷는 공부인 것이다(H·T).

참고문헌

教科書

足立忠夫(1992)『行政學(新訂)』日本評論社
片岡寛光 / 辻隆夫編(1988)『現代行政』法學書院
加藤一明ほか(1985)『行政學入門(第2版)』有斐閣
川野秀之ほか(1983)『現代の行政』學陽書房
田口富久治(1981)『行政學要論』有斐閣
辻清明(1966)『行政學概論(上卷)』東京大學出版會
西尾勝(1992)『行政の活動』放送大學教育振興會
西尾勝(1993)『行政學』有斐閣
堀江湛監修(1994)『現代行政學の基礎知識』ぎようせい
村松岐夫編(1985)『行政學講義(新版)』青林書院
森田朗(1996)『現代の行政』放送大學教育振興會

講座

辻清明ほか編(1976)『行政學講座』東京大學出版會
第1巻「行政の理論」; 第2巻「行政の歷史」; 第3巻「行政の過程」
第4巻「行政と組織」; 第5巻「行政と環境」
西尾勝 / 村松岐夫編(1994-95)『講座行政學』有斐閣
第1巻「行政の發展」; 第2巻「制度と構造」; 第3巻「政策と行政」
第4巻「政策と管理」; 第5巻「業務の執行」; 第6巻「市民と行政」

一般書

青木昌彦(1992)『日本経済の制度分析』(永易浩一譯)筑摩書房

青木昌彦(1989)『日本企業の組織と情報』東洋経済新報社

赤木須留喜(1978)『行政責任の研究』岩波書店

赤木須留喜(1991)『〈官制〉の形成：日本官僚制の構造』日本評論社

足立忠夫(1952)『近代官僚制と職階制』學陽書房

足立忠夫(1978)『職業としての公務員』公務職員研修協會

足立忠夫(1990)『行政サービスと責任の基礎理論』公務職員研修協會

足立幸男(1991)『政策と価値』ミネルヴァ書房

足立幸男(1994)『公共政策學入門』有斐閣

石村善助(1969)『現代のプロフェソシヨン』至誠堂

伊藤大一(1980)『現代日本官僚制の分析』東京大學出版會

井出嘉憲(1982)『日本官僚制と行政文化』東京大學出版會

稲継裕昭(1996)『日本の官僚人事システム』東洋経済新報社

今川晃(1993)『自治行政統制論への序曲』近代文藝社

今村都南雄(1978)『組織と行政』東京大學出版會

今村都南雄(1988)『行政の理法』三嶺書房

今村都南雄(1997)『行政學の基礎理論』三嶺書房

今村都南雄編(1992)『リゾート法と地域振興』(行政管理研究センター監修)ぎようせい

今村都南雄編(1993)『「第三セクター」の研究』(行政管理研究センター監修)中央法規出版

今村都南雄編(1997)『公共サービスと民間委託』(地方自治總合研究所監修)敬文堂

今村都南雄編(2002)『日本の政府体系』成文堂

岩井奉信(1988)『立法過程』(現代政治學叢書)東京大學出版會

鵜飼信成・長濱政壽・辻清明編著(1956)『公務員制度』勁草書房

後房雄(1990)『グラムシと現代日本政治』世界書院
宇都宮深志(1996)『環境理念と管理の研究』東海大學出版會
宇都宮深志 / 新川達郎編(1991)『行政と執行の理論』東海大學出版會
衛藤幹子(1993)『医療の政策過程と受益者』信山社
大怱原伸夫(1996)『政策・決定・行動』木鐸社
大獄秀夫(1990)『政策過程』(現代政治學叢書)東京大學出版會
大橋洋一(1989)『行政規則の法理と實態』有斐閣
大橋洋一(1993)『現代行政の行爲形式論』弘文堂
大森欄(1987)『自治体行政學入門』良書普及會
大森彌(1990)『自治行政と住民の「元氣」：續. 自治体行政學入門』良書普及會
大森欄(1994)『自治体職員論』良書普及會
大森鰯 / 佐藤誠三郎編(1986)『日本の地方政府』東京大學出版會
大谷貴・太田進一・眞山達志編(1998)『總合政策科學入門』成文堂
大山耕輔(1996)『行政指導の政治経濟學』有斐閣
岡田彰(1994)『現代日本官僚制の成立』法政大學出版局
貝塚啓明 / 金本良嗣編(1994)『日本の財政システム』東京大學出版會
片岡寛光(1976)『行政國家』早稲田大學出版部
片岡寛光(1982)『內閣の機能と補佐機構』成文堂
片岡寛光(1990)『國民と行政』早稲田大學出版部
片岡寛光(1992)『行政の構造』早稲田大學出版部
片岡寛光編(1985)『國と地方：政府間關係の國際比較』早稲田大學出版部
加藤一明(1980)『日本の行財政構造』東京大學出版會
加藤一明編(1978)『現代行政と市民參加』學陽書房
加藤芳太郎(1982)『日本の予算改革』東京大學出版會
加藤芳太郎(1982)『自治体の予算改革』東京大學出版會
河中二講(1983)『政策と行政』良書普及會
河中二諺(1984)『政策決定と社會理論』良書普及會

神原勝(1986)『轉換期の政治過程：臨調の軌跡とその機能』總合勞働研究所
行政監察制度研究會編(1990)『新時代の行政監察』ぎょうせい
行政管理研究會編(1984)『行政管理』(現代行政全集)ぎょうせい
小島昭(1984)『自治体の予算編成』學陽書房
齊藤達三(1990)『自治体の事業別予算』學陽書房
齋藤優(1995)『國際開發論』有斐閣
佐藤竺(1965)『日本の地域開發』未來社
佐藤竺(1990)『地方自治と民主主義』大藏省印刷局
佐藤功(1979)『行政組織法(新版)』(法律學全集)有斐閣
佐藤慶幸(1991)『官僚制の社會學(新版)』ダイヤモンド社
塩野宏(1989)『行政過程とその統制』有斐閣
篠田徹(1989)『世紀末の勞働運動』岩波書店
白鳥令編(1990)「政策決定の理論』東海大學出版會
社會保障研究所編(1992)『福祉國家の政府間關係』東京大學出版會
新川敏光(1993)『日本型福祉の政治経濟學』三一書房
新藤宗幸(1986)『行政改革と現代政治』岩波書店
新藤宗幸(1989)『財政破綻と稅制改革』岩波書店
新藤宗幸(1992)『行政指導』岩波新書
新藤宗幸(1995)『日本の予算を讀む』ちくま新書
新藤宗幸(1996)『福祉行政と官僚制』岩波書店
新藤宗幸(1998)『行政って何だろう』岩波ジュニア新書
田尾雅夫(1990)『行政サービスの組織と管理』木鐸社
田尾雅夫(1991)『組織の心理學』有斐閣
田尾雅夫(1995)『ヒューマン・サービスの組織』法律文化社
田口富久治編(1982)『主要諸國の行政改革』勁草書房
武智秀之(1996)『行政過程の制度分析』中央大學出版部
武智秀之(2001)『福祉行政學』中央大學出版部

渓內謙ほか編(1974)『現代行政と官僚制(上・下)』東京大學出版會
田中豊治(1994)『地方行政官僚制における組織変革の社會學的研究』時潮社
田中度滋・御船洋・横山彰・飯島大邦(1998)『公共経済學』東洋経済新報社
辻清明(1969)『日本官僚制の研究(新版)』東京大學出版會
辻清明(1976)『日本の地方自治』岩波新書
辻清明(1991)『公務員制度の研究』東京大學出版會
辻山幸宣(1994)『地方分權と自治体連合』敬文堂
手島孝(1969)『現代行政國家論』勤草書房
手島孝(1982)『行政概念の省察』學陽書房
手島孝(1995)『アメリカ行政學(新版)』日本評論社
長浜政詳(1973)『現代國家と行政』有信堂
中野實編(1986)『日本型政策決定の変容』東洋経済新報社
中野實(1992)『現代日本の政策過程』東京大學出版會
中部章 / 竹下讓編(1984)『日本の政策過程』梓出版社
中祁章(1991)『アメリカの地方自治』學陽書房
西尾隆(1988)『日本森林行政史の研究』東京大學出版會
西尾勝(1975)『權力と參加』東京大學出版會
西尾勝(1990)『行政學の基礎概念』東京大學出版會
日本公務員制度史研究會編(1993)『官吏・公務員制度の変遷』第一法規出版
野口悠紀雄(1982)『公共経濟學』日本評論社
野中郁次郎ほか(1978)『組織現象の理論と測定』千倉書房
畠山弘文(1989)『官僚制支配の日常構造』三一書房
平松毅(1983)『情報公開』有斐閣
曆瀬克哉(1989)『官僚と軍人』岩波書店
古瀨幸廣・曆瀬克哉(1996)『インターネットが変える世界』岩波新書

本田弘編(1993) 『行政管理のシステム』(行政管理研究センター監修)勁草書房
增島俊之(1980)『行政管理の視点』良書普及會
增島俊之(1996)『行政改革の視点』良書普及會
松下圭一(1991)『政策型思考と政治』東京大學出版會
松下圭一(1995)『現代政治の基礎理論』東京大學出版會一
眞渕勝(1994)『大藏省統制の政治経濟學』中央公論社
眞山達志(2001)『政策形成の本質』成文堂
御廚貴(1996)『政策の總合と權力』東京大學出版會
水口憲人(1985)『現代都市の行政と政治』法律文化社
水口憲人(1995)『「大きな政府」の時代と行政』法律文化社
水谷三公(1987)『英國貴族と近代』東京大學出版會
水谷三公(1995)『イギリス王室とメディア』筑摩書房
宮川公男(1994)『政策科學の基礎』東洋経濟新報社
宮川公男(1995)『政策科學入門』東洋経濟新報社
武藤博己(1996)『イギリス道路行政史』東京大學出版會
村松岐夫(1981)『戰後日本の官僚制』東洋経濟新報社
村松岐夫(1988)『地方自治』(現代政治學叢書)東京大學出版會
村松岐夫(1994)『日本の行政』中公新書
森田朗(1988)『許認可行政と官僚制』岩波書店
森田朗編(1998)『行政學の基礎』岩波書店
藥師寺泰藏(1987)『政治家 vs. 官僚』東洋経濟新報社
藥師寺泰藏(1989)『公共政策』(現代政治學叢書)東京大學出版會
山內一夫(1984)『行政指導の理論と實際』ぎようせい
山口二郎(1987)『大藏官僚支配の終焉』岩波書店
山口二郎(1989)『一党支配体制の崩壞』岩波書店
山倉健嗣(1993)『組織間關係論』有斐閣
山崎克明(1984)『公務員労働關係の構造』九州大學出版會

山谷清志(1997)『政策評価の理論とその展開』晃洋書房
寄本勝美(1989)『自治の現場と「參加」』學陽書房
寄本勝美(1993)『自治の形成と市民』東京大學出版會
寄本勝美(1998)『政策の形成と市民』有斐閣
蠟山政道(1965)『行政學研究論文集』勤草書房
渡遙柴文(1995)『行政學のデジャ・ヴュ：ボダン研究』九州大學出版會

飜譯書

M .アルブロウ(1974)『官僚制』(君村昌譯)福村出版
G.Tアリソン(1977)『決定の本質』(富里政玄譯)中央公論社
O.E.ウイリアムソン(1985)『市場と企業組織』(淺沼万里・岩崎晃譯)日本評論社
A.ウイルダフスキー(1972)『予算編成の政治學』(小島昭譯)勤草書房
H.L、ウイレンスキー(1972)『組織のインテリジェンス』(市川統洋ほか譯)ダイヤモンド社
M.ウェーバー(1960)『支配の社會學(Ⅰ. Ⅱ)』(世良晃志郎譯)倉文社
J.ウソドワード(1970)『新しい企業組織』(矢島釣 / 中村壽雄譯)日本能率協會
J.K.ガルブレイス(1984)『權力の解剖』(山本七平譯)日本経濟新聞社
J.C.キャンベル(1984)『予算ぶんどり：日本型予算政治の研究』(小島昭 / 佐藤和義譯)サイマル出版會
A・ゴールドナー(1963)『産業における官僚制』(岡本秀昭 / 塩原勉譯)ダイヤモンド社
H.A.サイモン(1989)『経營行動』(松田武彦ほか譯)ダイヤモンド社
H.A.サイモン(1969)『意思決定の科學』(稲葉元吉 / 倉井武夫譯)産業能率大學出版部
H.A.サイモン(1970)『人間行動のモデル』(宮澤光一監譯)同文館

H.A.サイモン(1977)『システムの科學(新譯)』(稲葉元吉 / 吉原英樹譯)ダイヤモンド社
H.A.サイモンほか(1977)『組織と管理の基礎理論』(岡本康雄ほか譯)ダイヤモンド社
L.シュタイン(1991)『社會の概念と運動法則』(森田勉譯)ミネルヴァ書房
C.ジョンソン(1982)　『通産省と日本の奇跡』(矢野俊比古監譯)TBSブリタニカ
F.ステイシー(1980)『オンブズマンの制度と機能』(宇都宮深志 / 砂田一郎監譯)東海大學出版會
P.セルズニック(1974)『組織とリーダーシップ(新譯)』(北野利信譯)ダイヤモンド社
P.セルフ(1981)『行政官の役割』(片岡寛光監譯)成文堂
S.ダウマ / H、シュルダー(1994)『組織の経済學入門』(岡田和秀ほか譯)文眞堂
A.ダウンズ(1975)『官僚制の解剖』(渡辺保男譯)サイマル出版會
デニスC.ミューラー(1993)『公共選擇論』(加藤寛監譯)有斐閣
I.デ・ソラ・プール編(1970)『現代政治學の思想と方法』(內山秀夫ほか譯)勤草書房
J.D・トンプソン(1987)『オーガニゼーション・イン・アクション』(高宮晋監譯)同文館
V.A.トンプソン(1970)『ビューロクラシーと革新』(大友立也譯)日本経營出版會
P.ノネ / P.セルズニノク(1981)『法と社會の変動理論』(六本佳平譯)岩波書店
C.I.バーナード(1968)『経營者の役割(新譯)』(田杉競譯)ダイヤモンド社
M.J.ヒル(1976)『行政の社會學』(渡辺保男譯)學陽書房
F.E.フイードラー(1970)『新しい管理者像の探究』(山田雄一監譯)産業能率短期大學出版部
M.P.フオレツト(1963)『経營管理の基礎一自由と調整』(齊藤守生譯)ダイ

ヤモンド社
M.P.フオレット(1972)『組織行動の原理』(米田清責 / 三戸公譯)未來社
M.P.フオレット(1993)『新しい國家』(三戸公監譯)文具社
D.K.プライス(1967)『政府と科學』(中村陽一譯)みすず書房
D.K.プライス(1969)『科學と民主制』(中村陽一譯)みすず書房
P.ブラウ(1958)『現代社會の官僚制』(阿利莫二譯)岩波書店
H.G.フレデリクソン(1987)『新しい行政學』(中村陽一監譯)中央大學出版部
C.ベイトマン(1977)『參加と民主主義』(寄本勝美譯)早稲田大學出版部
G.ヘツデイ(1972)『政治体系と官僚制』(中村陽一譯)福村出版
C.ベロー(1973)『組織の社會學』(岡田至雄譯)ダイヤモンド社
C.ベロー(1978)『現代組織論批判』(佐藤慶幸監譯)早稲田大學出版部
R.ベンデイックス(1980)『産業における勞働と權限』(大東英祐 / 鈴木良隆譯)東洋経濟新報社
R.ベンデイックス(1988)『マックス・ウェーバー(上午)』(折原浩譯)三一書房
R.ベンディックス(1981)『國民國家と市民的權利(Ｉ・Ⅱ)』(河合秀和譯)岩波書店
N.ヘンリー(1986)『現代行政管理總論』(中村瑞穗監譯)文具堂
R.マインツ(1986)『行政の機能と構造：ドイツ行政社會學』(縣公一郎譯)成文堂
A.H.マズロー(1987)『人間性の心理學(辻訂新版)』(小口忠彦譯)產業能率大學出版部
J.G.マーチ(1992)『あいまいマネジメント』(土屋守章 / 遠田雄志譯)日刊工業新聞社
J.G.マーチ(1994)『やわらかな制度』(遠田雄志譯)日刊工業新聞社
J.G.マーチ / J.P.オルセン(1986)『組織におけるあいまいさと決定』(遠田雄志ほか譯)有斐閣
J.G.マーチ / H.A.サイモン(1977)『オーガニゼーションズ』(土屋守章譯)ダイヤモンド社

R.マートン(1961)『社會理論と社會構造』(森東吾ほか譯)みすず書房
G.マヨーネ(1998)『政策過程論の視座』(今村都南雄譯)三嶺書房
H.J.ラスキ(1959)『議會・內閣・公務員」(辻清明 / 渡辺保男譯)岩波書店
R.リカート(1968)『経營の行動科學』(三隅二不二譯)ダイヤモンド社
M.リプスキー(1986)『行政サービスのデイレンマ』(田尾雅夫 / 北大路信郷譯)木鐸社
S.R.リード(1990)『日本の政府間關係：都道府縣の政策決定』(森田朗ほか譯)木鐸社
E.S.レッドフオード(1973)『行政における理想と實際』(中村陽一 / 君村昌譯)中央大學出版部
T.J.ロウイ(1981)『自由主義の終罵』(村松岐夫監譯)木鐸社
F.E.ローク(1981)『官僚制の權力と政策過程(第２版)』(今村都南雄譯)中央大學出版部
P.R.ローレンス / J.W、ローシユ(1977)『組織の條件適応理論』(吉田博譯)産業能率大學出版部
D.C.ローワノト(1989)『世界のオンブズマン構想』(川野秀之監譯)早稻田大學出版部
D.ワルドー(1966)『行政學入門』(足立忠夫譯)勤草書房
D.ワルドー(1986)『行政國家』(山崎克明譯)九州大學出版會

學會年報

日本行政學會編 (1983)『行政學の現狀と課題』(年報行政研究17)ぎようせい
(1984)『日本の行政裁量』(年報行政研究18)
(1992)『統治機構の諸相』(年報行政研究27)
(1993)『新保守主義下の行政』(年報行政研究28)
(1994)『行政學と行政法學の對話』(年報行政研究29)

(1995)『地方自治のクロスロード』(年報行政研究30)
(1996)『分權改革—その特質と課題』(年報行政研究31)
(1997)『比較の中の行政と行政觀・災害と行政』(年報行政研究32)
(1998)『行政と責任』(年報行政研究33)
日本政治學會編 (1981)『政治學の基礎概念』(年報政治學1979)岩波書店
(1984)『政策科學と政治學』(年報政治學1983)
(1986)『現代日本の政治手續き』(年報政治學1985)
(1989)『轉換期の福祉國家と政治學』(年報政治學1988)
(1990)『近代化過程における政軍關係』(年報政治學1989)
(1992)『戰後國家の形成と経濟發展』(年報政治學1991)
(1995)『現代日本政官關係の形成過程』(年報政治學1995)

調査研究資料

井上誠一(1981)『票議制批判論についての一考察：わが國行政機關における意思決定過程の實際』行政管理研究センター
今村都南雄ほか(1995)『政府体系の研究』(研究報告第16号)中央大學社會科學研究所
村松岐夫ほか(1985)『政策實施過程における負担と關与の在り方に關する調査研究報告書』行政管理研究センター
行政管理研究センター編(1996)『データ・ブソク日本の行政'96-97』實務教育出版
總務廳(1995)『總務廳年次報告書』
總務廳行政管理局監修(1995)『行政機構図1995年版』
辻山幸宣ほか(1995)『分權化時代の行政計畫』行政管理研究センター
西尾勝ほか(1978)『主要國における行政組織制度に關する調査研究報告書』行政管理研究センター
西尾勝ほか(1985)『行政活動の基本構造(上・下)』行政管理研究センター

西尾勝ほか(1989-93)『組織と政策(Ⅰ～Ⅴ)』行政管理研究センター
野口悠紀雄ほか(1979)『予算編成における公共的意思決定過程に關する研究』経濟企畫廳経濟研究所

후 기

텍스트북이라는 용어는 「직물」(texture)로부터 유래된 것이라 한다. 직물이라면, 씨줄과 날줄이 있어야 한다. 행정학이라는 직물을 짤 경우는 무엇을 씨줄로 하고, 또한 무엇을 날줄로 해야 하는가? 우리들이 이런 것을 포함하여 의견교환을 개시한 것은 1993년 봄이었다. 그로부터 3년 이상 지났다.

의외로 생각될지 모르지만, HORN BOOK 시리즈의 교과서를 만들게 된 것은 먼저 가로쓰기로 행정학 교과서를 만들어 보고자 하는 마음이 있었기 때문이다. 그러나 그로부터 얼마되지 않아 니시오 마사루(西尾 勝) 교수의 『行政學』(有斐閣)이 출판되고, 곧이어 전6권으로 구성된 『講座 行政學』(有斐閣)의 기획이 구체화되었다. 벌써 가로쓰기 교과서는 행정학 분야에서도 점차 많아지게 된 것이다.

권말의 참고문헌표의 첫머리에 표기한 바와 같이 행정학 교과서도 많아졌다. 거기에 끼려고 하면, 어느 정도는 새로운 맛을 내지 않으면 안된다. 새로운 맛을 내기 위해 강구한 것 중 하나가 장별의 구성이다. 서장은 별론으로 하고, 제1장의 정부체계의 구조에서 시작한 8장 구성이 이 교과서의 최대의 특징이라 말할 수 있을지 모른다. 그 구성은 공공서비스의 공급시스템의 확산 속에서 각 수준의 정부활동을 파악하고, 행정관료제를 중심으로 그 관리조직과의 관련에 유의하면서 정책과 정책과정의 제도적인 제약요인을 해명할 것, 그것이 행정학의 과제라는 인식에 근거하고 있다.

일본행정학의 하나의 전통적 특징은 지방자치분야를 중시하고 있는 점이지만, 이 교과서에서는 독립된 장을 마련하지 않았다. 이것은 지역수준에서의 정치나 행정을 경시한 것을 의미하는 것은 전혀 아니다. 그러나, 특히 지방자치의 제 문제에 관심을 기울이는 독자의 입장에서는 참고문헌을 포함하여 미진한 점이 있을 것이다. 그런 분들은 다른 저작에서 보충하기를 바란다.

또한, 행정학설사를 다루는데 망설인 부분이 있다. 초학자에게는 이것이 각별한 의미를 갖는 것은 아닐지 모른다. 그러나 한편으로 본서를 공무원시험을 위한 참고서로 이용하고 싶어하는 사람들에게는 학설사를 개설한 장이 있는 편이 편리할 것이다. 더구나 본서와의 인연으로 행정학 공부를 계속하고 싶어하는 학생들을 염두에 두면, 그 형성과 전개에 관한 체계적 이해를 바탕으로 각자의 면학에 힘쓰기를 바라는 기대가 타오른다. 마지막 제8장에 그것을 배치한 것은 이와 같은 판단 때문이다.

본서는 근무하는 대학이 각각 다른 4명의 필자에 의한 공저이다. 같은 대학인으로 근무하면서, 각각 소속하는 대학의 사정 등에 의해 긴밀한 협력망을 갖추지 못한 채 시일이 경과한 것이다. 때로는 공동연구프로젝트에 참가할 경우도 있었지만, 전원이 모여 심도 있게 의견교환을 할 기회를 갖는 것은 상당히 어려웠다. 그런 점에서 각

자가 생각 이상으로 시간을 소비하고 말았다.

무엇을 씨줄로, 무엇을 날줄로 하든 쌍방의 실을 꿰맴으로써 수미일관 희망한 직물을 짜내는 것이 용이한 일은 아니다. 부상시키려고 한 모양이 중도에 어정쩡하게 된 경우도 적지 않았다. 자주 작업이 중단됨으로써 당초의 구상이나 계획에서 상당히 멀어진 부분도 있다. 불충분하지만 이 교과서를 이른바 공통의 날줄로써 사용하면서 각자가 전문적인 분야를 씨줄로 하여 조합함으로써 공통성과 독자성을 겸비한 4인 4색의 강의를 할 수 있는 것이 아니겠는가? 그것이 우리들이 애초에 일치한「비결론적」결론이다. 보다 더 나은 책을 만들기 위하여 학생 및 학계의 여러분들로부터 솔직한 가르침과 지적을 부탁드리고자 한다.

본서의 출판기획에 대해서는 전공분야가 다른 가네코 마사시(兼子仁) 교수(동경도립대학)의 추천에 의해서이다. 이 기회를 빌어 진심으로 감사드린다. 또한 약속대로 일이 진행되지 못함으로써 北樹出版의 登坂 治彦사장에게는 큰 폐를 끼쳤다.

감사와 함께 사과를 드린다.

1996년 6월

집필자를 대표해서

이마무라 쯔나오(今村 都南雄)

개정판 후기

초판의 출판으로부터 3년 가까이 밖에 지나지 않았지만, 그 사이 일본의 행정을 둘러싼 상황은 상당히 큰 변화가 있었다. 특히 여러 차례의 지방분권추진위원회의 권고에 근거해 책정된 지방분권추진계획, 행정개혁회의의 최종보고를 거쳐 중앙성청등개혁기본법으로 결실을 맺은 성청재편·개혁을 둘러싼 동향은 일본의 기간적인 정치·행정제도의 개편을 초래한 것이었다. 그렇지만, 이러한 것들에 대한 관계법제도의 정비는 아직 끝나지 않았고, 더구나 국가공무원제도의 개정은 그 기본적 방향도 정해지지 않았다.

이러한 가운데, 우리들은 본서의 개정을 해야 하는지에 대해서 망설임이 있었다. 실제로 텍스트로 이용해보면, 여러 가지 미진한 부분과 갱신하고 싶은 데이터도 있었다. 그러나 기간적 제도의 개편기이기 때문에 최소한 성청재편의 시기로서 설정된 21세기 초두까지 기다리는 편이 좋겠다는 의견도 있었다. 그러한 형편이었지만, 이윽고 부분적으로 개선을 하기로 의견일치를 보았다. 이번 개정에서 장의 구성을 그대로 두고, 각장의 내용의 개선을 주안점으로 한 것은 그러한 이유 때문이다.

위와 같은 근간적 제도의 개편에 덧붙여, 예를 들어, 개호보험법이나 특정비영리활동촉진법(NPO법)의 제정·시행에서 보이는 것처럼 우리들의 신변에서 다양한 정책·제도의 변화가 진행 중이다. 사회생활에서 행정이 수행하는 역할 또는 행정활동을 파악하는 방법에 변화가 일어나지 않을 수 없다. 우리들의 개정작업도 부분적으로는 그것을 반영하고 있다. 본서를 통해서 독자 한 사람 한 사람이 그러한 점을 유념해주기를 바란다.

초판과 마찬가지로 北樹出版의 登坂 治彦 사장으로부터 이해와 배려를 받았다. 이 자리를 빌어 감사한다.

1999년 2월

집필자를 대표해서
이마무라 쯔나오(今村 都南雄)

사항색인

ㅇ

ㅈ

저자 약력

이마무라 쯔나오 (今村 都南雄)

1941년 山梨県 출생
현직: 中央大學 法學部 敎授
주저: 『組織と行政』(東京大学出版会), 『行政の理法』(三嶺書房),
『行政学基礎理論』(三嶺書房) 등

무토우 히로미 (武藤 博己)

1950년 群馬県 출생
현직: 法政大學 法學部 敎授
주저: 『イギリス吐露行政史』(東京大学出版会), 『行政学の基礎』(共著・岩波書店),
『社会資本投資の費用・効果分析法』(共著・東洋経済新報社),
『第三セクターの研究』(共著・中央法規出版),
『講座行政学第3巻 政策と行政』(共著・有斐閣) 등

마야마 다쯔시 (真山 達志)

1955년 滋賀県 출생
현직: 同志社大學 法學部 敎授
주저: 『政策形成の本質』(成文堂), 『総合政策科学入門』(共編著・成文堂),
『講座行政学第5巻 業務の執行』(共著・有斐閣) 등

다케지 히데유키 (武智 秀之)

1955년 福岡県 탄생
현직: 中央大學 法學部 敎授
주저: 『福祉行政学』(中央大学出版部), 『行政過程の制度分析』(中央大学出版部),
『自治体の構想第4巻機構』(共著・岩波書店), 『日本の政府体系』(共著・成文堂) 등

역자 약력

김성기

현 : 전남대학교 법과대학 행정학과 교수
고려대학교·동 대학원 행정학 박사
Visiting Scholar: 미국 University of Missouri-Columbia, 정치학과
The George Washington University, 행정학과
National University of Singapore, Lee Kuan Yew 정책대학원
한국행정학회 이사, 한국정책학회 부회장 역임
논저 : 조직에서의 목표-합리적 행위에 관한 비판
현대 행정이론에 관한 비판론적 고찰
현상학적 행정이론에 관한 연구
사회정의와 사회질서(공저)
고급행정이론(역서) 등

민병로

현 : 전남대학교 법과대학 법학과 교수
일본 와세다대학 대학원 법학석사·법학박사
일본 와세다대학 법학부 연구조수
한국공법학회 이사, 한국비교공법학회 이사
논저 : 일본의 사법심사제(저서)
사법권의 개념과 헌법소송
인간의 존엄과 미출생 생명의 헌법상 지위
한국의 국가보안법의 과거, 현재, 그리고 미래
일본의 사법제도 개혁의 현황과 과제
일본국헌법 개정에 관한 고찰
憲法訴訟と「機関訴訟」
韓国憲法裁判所10年史(共訳)
東アジアにおけるアメリカ憲法(共著) 등

행정학

인쇄 | 2007년 4월 10일
발행 | 2007년 4월 20일

저자 | 今村 都南雄·武藤 博己·真山 達志·武智 秀之
역자 | 김성기·민병로
발행 | 강정채
발행처 | 전남대학교출판부

등록 | 1981. 5. 21. 제53호
주소 | 500-757 광주광역시 북구 용봉동 300
전화 | (062) 530-0571~3
팩스 | (062) 530-0579
홈페이지 | http://altair.chonnam.ac.kr/~cnup

값 15,000원

ISBN 978-89-7598-607-9 (93350)

이 도서의 국립중앙도서관 출판시도서목록(CIP)은 e-CIP홈페이지
(http://www.nl.go.kr/cip.php)에서 이용하실 수 있습니다.
(CIP제어번호: CIP2007001300)